國立中央大學國學圖書館小史

盋山案牘 合刊

（下冊）

柳詒徵 撰　武黎嵩 李昕垚 整理點校

商務印書館
The Commercial Press

江蘇省立國學圖書館第六年刊（二十一年度）案牘

致首都警察廳第五局第五分所函（1932年7月6日）

徑啓者：敝館前於民國十六年九月函請南京公安局飭西區警察署，撥派警士一名前來敝館門首防護，旋即蒙飭西區撥派警士在案，數載以來，敝館賴以安堵。迨至十八年六月，首都公安局及西區第一分署來函，以派在敝館之警士須撤回服務，敝館當以未能撤回理由函復，並蒙允諾取消原議。至本年四月派在敝館之警士徐鵬飛退伍後，敝館當即函請貴所續派一名前來，迄今未荷續派，現敝館門首時有閒人滋擾，典藏重地，似不可不特別注意。用再函請貴所查照原案，即日派警一名駐館，以資防護，無任公感。此致 首都警察廳第五局第五分所巡官朱

國學圖書館啓二十一年七月六日

江蘇省立鎮江圖書館籌備處來函（1932年7月7日）

敬啓者：請將貴館會計處所用支出預算書、支出計算書、收入計算書、收支對照表、財產目錄共五種表格各賜二份，如無現存者，祈代購雙份寄下，以便仿製，代價容日奉上。勞神感感，并頌台綏 江蘇省立鎮

国立中央大学国学图书馆馆小史　盋山案牍　合刊

江图书馆筹备处启二十一年七月七日

　　首都警察厅第五警察局第五分驻所来函（1932 年 7 月 8 日）

　　径复者：接准台函，藉悉一切。兹因敝所自奉令改组后，区域扩大，警力不敷分配，致将派赴贵馆警士一名撤回，未能续派。现贵馆门首时有闲人滋扰情事，除饬附近岗位随时注意保护。如贵馆必须警士驻守，请向敝局接洽，相应函复查照。此致

　　江苏省立国学图书馆　首都警察厅第五警察局第五分驻所启七月八日

　　复镇江图书馆筹备处（1932 年 7 月 8 日）

　　敬复者：接诵大函，承索敝馆会计处所用表格。敝馆表格只有三种，兹各寄上二分，即希察收，其余各种实无处可购，请向审计院及教育厅一索，或可索得。专复，即颂台绥　国学图书馆七月八日

　　函教育厅（1932 年 7 月 19 日）

　　谨启者：兹将本馆二十一年一月至六月收支计算书及对照表六本、二十年一月至六月、七月至十二月、二十一年一月至六月专款收支计算书三本、单据粘呈簿三本，又特别费收支计算书及单据粘呈簿共二本函送钧厅，即祈鉴核。再上年九月所领临时费五千元，内支印《三朝辽宁实录》及《谢氏后汉

四八○

《書補逸》費一九八七元○二九，又支補助建築窟室費一○三元二二八，現印《嘉靖平倭通録》《鄭開陽雜著》《山海漫談》三種已支七八七元九七七，先後共二八七八元二三四，因尚未結束，故暫不能呈報，合併聲明。

謹呈　江蘇省教育廳廳長周　　附呈計算書等二十本　　江蘇省立國學圖書館館長柳詒徵七月十九日

第十九路軍總指揮部駐滬辦事處謝函（1932 年 7 月 22 日）

國學圖書館諸先生惠鑒：中華民國二十一年一月念八日，倭寇犯上海，光鼐等率十九路軍本守土衛國之義，禦之於吳淞、閘北間，父老兄弟諸姑姊妹相與庇饘糧、輸財物，所以厚軍實、撫戰士者無所不至，民族禦侮精神於以發皇。嗟乎，斬將搴旂，已挫封豕長蛇之氣；節衣縮食，深知仁人志士之心。謹識數言，永銘高誼。第十九路軍長蔡廷鍇，淞滬警備司令戴戟七月二十二日

致首都警察廳函（1932 年 7 月 24 日）

敬啓者：敝館前於民國十六年九月函請南京公安局飭知西區警察署，撥派警士一名前來敝館門首防護，旋即蒙飭西區撥派警士在案，數載以來，敝館賴以安堵。至十八年六月，首都公安局西區第一分署來函，以派在敝館之警士須撤回服務，敝館當以未能撤回理由函復，並蒙允許取消原議。至本年四月派在敝館之警士徐鵬飛退伍後，敝館曾一再函請貴廳第五局第五分所續派一名前來，迄今未荷續派，現敝館門首時有閑人

滋擾，典〈藏重地，似應特別注意。用特函懇貴廳長查照原案，飭局仍派警士一名駐館服務，以資防衛，實紉公誼。此致

首都警察廳廳長吳　江蘇省立國學圖書館館長柳詒徵七月二十四日

書館謹啓八月七日

上海商務印書館來函（1932 年 8 月 7 日）

江蘇省立國學圖書館台鑒：接七月二十九日大函，承示此次所奉清單與去年底結單存數相差過多，是否尚有分存於各分館，究竟被毀若干，囑為開單報告云云，敬已聆悉。敝館總廠於國難中被燬，所有寄售簿冊，盡付一炬，故各寄售客戶所損失之書籍究有若干，實已無法稽考。此次清單所開數目，係根據上海發行所存數及各分館彙存報告結算，此外各書均已被燬。來單所抄《三朝遼事實錄》《後漢書補佚》兩種，適於一二八寄到，尚未收賬，亦連帶被燬，故清單中並未列入也。諸希亮察為荷。復頌公安　上海商務印

教育廳指令（1932 年 8 月 17 日）

呈暨附件均悉。查該館二十年度一至六月經常費支出共一〇三〇·七五三元，比較六個月預算減二八一五·二四七元，核對書據，尚屬相符。專款收支書據及特別藏書費書據均經詳核，數目無訛，各件併准存查。臨時費書據辦理結束後迅即呈核，並仰知照。此令。　江蘇省教育廳廳長周佛海八月十七日

中央國醫館來函（1932 年 8 月 17 日）

徑啓者：敝館須購備各項醫學書籍，以資參考，貴館書目如有印本，希見惠一部，倘無印本，則擬在貴館將醫學書目照抄一份，茲派敝館職員吳君鍾嶽前來，祈賜接洽爲荷。此致 江蘇省立國學圖書館 中央國醫館啓 八月十七日

致南京市財政局（1932 年 8 月 25 日）

徑啓者：敝館曾於本年二月函請貴市政府酌撥山地以資應用，蒙囑徑向中央研究院商借，旋經該院允許，敝館已將地價交由研究院轉繳貴局在案。查該地地主有一陳姓名志清者，茲來敝館聲稱，前赴貴局領取地價，貴局以無契據呈驗，囑請敝館爲之證明云云。查敝館曾於民國元年十二月向陳姓租借空地一方，立摺按季收租，摺內聲明地契因兵燹遺失，則今次收購之地與之毗連，陳姓所稱契據遺失，可以此類證。特函奉達，即希查照。此致 南京市財政局 國學圖書館 八月二十五日

教育廳訓令（1932 年 9 月）

處務字第一〇二一八九號函開「查九一八國難瞬屆周年，所有紀念辦法，經中央第三十五次常會決定，是日案奉教育部第七一四八號訓令內開「案奉行政院第三四零四號訓令內開『案准中央執行委員會秘書

全國停止娛樂，全體黨員，公務員及軍警，各機關、各學校、各工廠、各商店、各住戶，應於上午十一點鐘時停止工作五分鐘，起立默念，誓雪國恥，並對東北及淞滬殉難同胞致沉痛之哀悼在案。除分行外，特此函達查照，轉行各屬一體遵照辦理」等因，准此，除函復並分令外，合行令仰該部即便遵照，並轉行所屬一體遵照。此令」等因，奉此，除呈復並分令外，合行令仰該廳即便遵照，並轉行所屬一體遵照。此令」等因，奉此，除分行外，合行令仰遵照。此令。

江蘇省教育廳廳長周佛海九月

致國民政府文官處函（1932 年 9 月 6 日）

敬啓者：北平編印之《清史稿》前經運存國民政府，部數孔多，比聞官立、公立各圖書館均經具牘請領，送蒙頒發在案。敝館近隸都市，職在典藏，謹擬援案請領該項《清史稿》一部，增益藏書之數，敬希俯准，以便祗領。此致

國民政府文官處

國學圖書館九月六日

致警察廳第五局函（1932 年 9 月 8 日）

敬啓者：敝館向蒙貴局派有警士駐館，以資保衛，自本年四月警士徐鵬飛退伍後，迄今未荷續派，曾由教育廳函請貴警察廳派一名駐館，敝館亦經正式函請，並派員向貴警察廳面懇，貴廳以警士不敷支配。蒙允電知貴局將收兵橋崗位移動，飭警士常在敝館門前梭巡，迄未見諸實行，而敝館門前時有閑人滋擾。務懇遵

照貴廳將收兵橋崗位移動之命，迅予飭知警士常來敝館門前梭巡，以重典藏而資防護，無任公感。此致　首

都警察廳第五局局長　國學圖書館館長柳詒徵九月八日

國民政府文官處文書局來函（1932年9月13日）

徑啓者：奉文官長交下貴館函，爲援案請領《清史稿》一部，希俛准以便祗領等由一案，奉諭照發等因，

相應檢送一部，函請查收，仍希見復爲荷。此致　江蘇省立國學圖書館　計檢送《清史稿》一部，計一三一

本　國民政府文官處文書局啓九月十三日

首都警察廳第五警察局來函（1932年9月13日）

徑復者：准貴館函開：「以本館門前時有閑人滋擾，請將收兵橋崗位移動，飭知警士常來梭巡，以重典

藏而資防護」等由，准此，當飭該管巡官轉飭第四三五號到望，隨時到該館門前梭巡，注意維護。相應函

復，即希查照爲荷。此復　江蘇省立國學圖書館　第五警察局啓九月十二日

復國民政府文官處文書局（1932年9月22日）

徑復者：案准大函，承賜《清史稿》一部敬領，除編目珍藏供衆閱覽外，肅函鳴謝。此致　國民政府文官

處文書局　國學圖書館九月二十二日

教育廳訓令（1932 年 10 月）

案奉省政府第一六七二號江代電開「奉行政院東電開『本年國慶紀念現經中央決定，只舉行紀念，不必舉行慶祝，是日各機關概不放假』，又奉續電開『案奉國府訓令，現在國難未已，本年雙十節應一律停止慶賀，各機關概不放假，仰飭屬一體遵照』各等因，希即遵照並轉飭所屬一體遵照」等因，奉此，除分令外，合行令仰遵照。此令。　江蘇省教育廳長周佛海十月

南京三民中學函（1932 年 10 月 5 日）

徑啓者：敝校後山桑樹地原屬敝校所有，查貴館已在該處建築圍墻，殊為不合，應請貴館即日撤去，以重界限而免糾紛，是為至荷。　此致　江蘇省立國學圖書館　南京市私立三民中學啓十月五日

復三民中學函（1932 年 10 月 6 日）

徑復者：敝館圈用後山之地，曾先與市政府土地局接洽。據土地局查勘，復稱該地業為中央研究院所徵收，應由敝館徑向研究院商借，敝館因即照辦。迨既得研究院允許，遂會同丈量所需地段，遵依土地局規定

之地價交由研究院轉繳土地局，取得收據在案，然後編竹爲籬，以清界限。敝館圈地手續如是，在法律上並無不合，前荷垂詢，當即據實詳告。頃奉大示，似仍含有敝館侵占山地之意，是於此中原委尚未明瞭。茲特檢齊關於此事之先後檔案照錄一份奉上，藉備參考，倘仍不蒙諒解，可直接向土地局、研究院質問，恕敝館不再負答復之責任也。此致　三民中學　江蘇省立國學圖書館十月六日

南京三民中學來函（1932 年 10 月 7 日）

逕啓者：接閱復書，深滋詫異。來書所稱後山之地，即貴館所圈用者，確爲曾家所有，曾氏祠產業交敝校全權經理，貴館未經與該地所有權之代表者的敝校接洽，而輾轉向漠不相關之市府土地局交涉，且牽涉及於中央研究院以取得徑行圈用之權，此等誤認對象，不合法律手續之行爲，敝校斷難容認。土地局以堂堂市府機關，何能強劃人家所有之土地歸之中央研究院，中央研究院既不明該地之所有者爲誰，何而徑行徵收，且以之轉借於第三者，更屬非法。敝校茲均不欲過問，惟圈用該地者爲貴館，敝校當代表該地所有權者執行主權，限貴館於接信後三日內將該項不合手續之建築一律撤去，否則敝校當代貴館執行此項手續，以明主權而清界限。相應函達，統希亮察爲荷。此致　江蘇省立國學圖書館　南京市私立三民中學啓十月七日

復三民中學函（1932 年 10 月 8 日）

徑復者：接奉來函，殊深駭異。查敝館所圈之地，係遵市府辦法繳價徵收，各業戶早已驗契具領，土地局有案可稽，此敝館之合法手續也。執知業戶領價已經數月，貴校突用曾祠代表名義向敝館提出責問，且不向市府調查清楚，依合法手續進行，竟欲自動撤去敝館依合法手續所建築之竹籬，此豈合於法律手續之行爲乎？如貴校竟冒不韙，爲法律以外之行動，凡關於此事一切損失，均由貴校負責。相應函復，統希諒察。此

致 三民中學 國學圖書館十月八日

致首都警察廳第五局（1932 年 10 月 8 日）

徑啓者：敝館前以國難期間戰事緊張，擬造窟室以護圖書，遵奉前市政府土地局函示商准中央研究院，就館後該院所徵收之地借用畝餘，照繳地價，由研究院轉交土地局，分給地主收訖在案。事隔數月，三民中學忽強詞勒索此地，并聲言如不照辦，即自由撤毀敝館所築竹籬。查該地屬貴局管轄之區，理應先事報告，并請飭警防範，以重公安。此致 首都警察廳第五局 國學圖書館十月八日

致中央研究院函（1932 年 10 月 8 日）

徑啓者：敝館前以國難期間戰事緊張，擬營窟室以護圖書，曾商得貴院同意，借用館後山地一畝六釐五

四八八

毫四絲，繳地價一百二十七元八角四分，由貴院轉交市府土地局在案，乃三民中學假借曾祠代表名義累來滋擾，指敝館爲強占曾氏祠產。按敝館所圈之地，原主李、陳二姓及曾公祠均無異詞，三民中學所租者爲曾祠，何得并祠後曾氏業已受價之地而攙取之？如其來函云云，不獨蔑視敝館主權，且并貴院而加以謾辱，實屬刁頑，不可理喻。此事應請貴院即日函達市府從速依法處治，並立即通知該管警局保護，以免該校實現暴行，致敝館受其損失，而貴院亦受其侮辱也。此致

　　中央研究院　附上三民中學來件　國學圖書館十月八日

致財政局函（1932年10月8日）

徑啓者：敝館前請撥給山地，蒙土地局調查，敝館所擬撥之地已由中央研究院請准內政部公告徵收，囑向中央研究院商借，旋經研究院允許借用，隨立借據，照發地價交由研究院轉繳土地局實行徵收在案。現三民中學迭次來函，稱該地爲該校所有，囑將敝館所有建築物撤去，敝館當將徵收該地經過情形函復，並鈔錄前後公牘附去，俾得明瞭，詎知該校仍固執己見，目敝館圈地爲不合法律手續，限三日內撤去竹籬。竊思敝館應用該地係請准土地局，並得研究院之同意，立有借據，繳清地價，絕非強佔公地者可比，三民中學妄行干涉，強迫撤去一切建築，是奪敝館主權而損市府威信。用特函請貴局立刻制止三民中學實現暴行，而免糾紛，至紉公誼。關於此案前後公牘及三民中學來函，各鈔錄一份，附奉台察。　此致

　　南京市政府財政局局長

江蘇省立國學圖書館館長柳詒徵十月八日

致財政局函（1932年10月12日）

經啓者：敝館請准貴市府借用國立中央研究院所徵收之山地，內關於曾公祠之地，三民中學屢次來函謂係該校所有，限敝館三日內撤去竹籬，如不照辦，該校將自由撤除。敝館得信後，曾於本月八日函請貴局制止，時已四日，未蒙辦理，亦未見復。現三民中學又聲言限期於昨日爲滿，將有舉動，用再函請貴局立即設法制止，以免糾紛，并祈賜復爲荷。　此致

南京市政府財政局局長　江蘇省立國學圖書館館長柳詒徵十月十二日

呈教育廳文（1932年10月15日）

爲呈請撥給臨時費由。　查本年二月內，本館呈請鈞廳於二十一年度撥給臨時費，一爲刊印全館書目及影印古書，一爲建築水泥鐵筋善本書庫及改造閱覽室，約計銀二萬元。旋奉指令第一一六八號，似認爲在二十年度請領此款，有「暫毋庸議」字樣，實則本館聲請在二十一年度預算案內支配，非在二十年度籌撥。現二十一年度已經過數月，年穀順成，迥非去歲水災之比，經費委員會議定各項預備費計已經鈞廳規畫分配。伏查本館事業亟須進行，所有普通書目業已編成油印，理合備文呈奉一部，敬請鑒核，此項書目，中外人士時來查詢，非即付刊不能厭學者之望。又閱書人數日益增多，原有閱覽室勢不能容，急需將本館西院改建較大之閱覽室。至善本書庫之費，則請領已閱多年，前所請求係從極少數之估計，爲小規模之保藏，亦屬緩無可緩。理合再行聲述事由，伏祈鈞廳查明，前所呈請之臨時費二萬元准予撥給，俾便發展，無任盼禱之至。　謹呈

江蘇省教育廳廳長周　江蘇省立國學圖書館館長柳詒徵十月十五日

南京市財政局來函（1932 年 10 月 18 日）

徑復者：送准貴館兩次函請設法制止三民中學侵害地產以免糾紛等由，過局正核辦間。據三民中學呈同前由前來，除批「呈悉，查該產在中央研究院徵收範圍以內，國學圖書館係向研究院借用，經過合法手續，並非侵佔行為。曾公祠對於徵收本案如有異議，仰即提出確據，以憑核辦。此批」等語揭示外，相應錄批函復，即煩查照。此致

　　　江蘇省立國學圖書館　南京市財政局局長程遠帆十月十八日

教育廳指令（1932 年 10 月 20 日）

呈悉。查二十一年度臨時費，依照預算支配大綱規定，應俟第二學期開始，視歲收情形再行核定支配，所請應俟臨時費可以支配時再行核奪，仰即知照。此令。　書目存。　江蘇省教育廳廳長周佛海十月二十日

教育廳指令（1932 年 10 月 20 日）

呈暨附件均悉。查預算支配，大致尚合，應准照行，仰即知照，附件存。此令。　江蘇省教育廳廳長周佛海十月二十日

國立中央研究院院來函（1932 年 10 月 27 日）

徑啓者：前準貴館本月八日箋，以借本院盋山山地手續完備，近有三民中學前來滋擾，請速函本京市政府依法處置，並通知該管警局保護等由，當經照辦在卷。茲准該市政府第五四二五號復函事由，爲準函三民中學滋擾國學圖書館借地一案，經飭據財政局核復情形，函復查照等由，相應錄函，送請貴館爲荷。此致　江蘇省立國學圖書館　附錄函一件　國立中央研究院十月二十七日

鈔南京市政府公函府字第五四二五號二十一年十月二十五日

案准貴院箇字第一四零號函，以准國學圖書館函稱，爲借用本院盋山山地手續完備，不料有三民中學前往滋擾，囑爲查照依法處治并復等由，准經轉飭本府財政局辦理去後，茲據復稱「正擬辦間，續據江蘇省立圖書館及三民中學分別函呈同由，過局當經併案核辦。查此案在前土地局卷內，曾公祠確在中央研究院徵收範圍之中，圖書館借用館後山地一畝六釐五毫四絲，照繳地價一百二十七元八角四分，曾由研究院轉交前土地局有案，國學圖書館既經合法手續，當無侵佔行爲。曾公祠對於徵收本案如有異議，亦應提出確據，以憑核辦。奉交前因，除查案分別函復批示外，理合具文呈復，仰祈核轉」等情，據此，除指令外，相應據情函復查照。

教育廳訓令（1932 年 11 月）

案查江蘇省立教育機關經費稽核委員會簡章，前經訂定飭遵，歷年照辦在案，茲就原列各條略加修正，除分行外，合行檢發一份令仰該館長知照。此令。

江蘇省教育廳廳長周佛海十一月

東北義勇軍後援會來函（1932 年 11 月 1 日）

徑覆者：接准大函，敬悉貴館愾念東北義軍艱苦奮鬥，爲國殺敵，深感給養缺乏，特捐國幣三十六元四角二分以資濟助。熱忱高誼，欽感殊深，除已照收入冊迅速彙送東北外，用特備函奉覆，並致謝悃，至希察照爲荷。此致

江蘇省立國學圖書館　東北義勇軍後援會啓十一月一日

鎮江省立民眾教育館來函（1932 年 11 月 9 日）

案奉江蘇省教育廳第一七二六號訓令轉奉江蘇省政府令「委趙鴻謙接充江蘇省立鎮江民眾教育館館長」等因，並頒發委任狀一紙，奉此，鴻謙遵於本月六日到館視事。除呈報並分函外，相應函達，即希查照爲荷。此致

江蘇省立國學圖書館　江蘇省立鎮江民眾教育館館長趙鴻謙十一月九日

教育廳代電（1932 年 11 月 10 日）

省立各教育機關、各縣教育局、私立東吳大學、南通學院、無錫國學專修學校鑒：奉省政府佳代電開

「奉行政院佳電開**本年總理誕辰紀念儀式，因值國難期間，經中央規定，應依本年國慶紀念例辦理，不放假，不召開民衆大會，惟須由各地高級黨部召集各界代表舉行紀念會。合亟電仰轉飭各屬一體遵照」**等因，除分電外，希即轉飭所屬一體遵照」等因，奉此，除分電外，合亟轉電知照。 教育廳蒸印十一月十日

致第五警局第五分駐所函（1932 年 11 月 11 日）

敬啓者：敝館屋後山地所圍竹籬，時有閑人攀拆，近又被毀數處，敬請貴所飭警時加巡察，妥爲維護，以重典藏而保安寧，實爲公便。 此致

第五警局第五分駐所巡官秦 國學圖書館十一月十一日

致趙棣華函（1932 年 11 月 12 日）

棣華先生大鑒：敝館收買館後山地，三民中學橫生枝節，其始末情形曾經油印函稿一分送請台閱，承先生爲之調處，得以平息，感刻無涯。 惟昨又發見靠近三民中學一面之竹籬完全傾倒，拆毀者何人雖未目覩，不便武斷，但該校前既有拆毀之聲明，今竟見諸事實，似不免涉於嫌疑。 除已聲報警局請爲防護外，敬以奉達，台從得暇晤該校校長時，請煩代言協同注意爲禱。 有瀆清神，容謝不盡。 專此，即頌大安 柳詒徵十一月十二日

函南京市社會局（1932年11月18日）

　　逕啓者：敝館於淞滬戰事緊張之時，擬築窟室以護圖書，遵奉貴市府土地局函示商准中央研究院，就館後該院所徵收之山地借用畝餘，照繳地價，由研究院轉撥土地局分給地主在案。事隔數月，三民中學校忽來函勒索該地，敝館當即具覆并附録全案，該校竟置貴市府及中央研究院案牘不顧，復來函限敝館三日内撤除建築物，聲言如不照辦，即將自由撤去。其來函云云，非獨劫奪敝館主權，且并貴市府及國立中央研究院而加以侮辱，實屬刁頑，不可理喻已極。查三民中學曾呈准貴局立案，既自認爲教育機關，又在此黨治之下，乃竟不顧一切，將不合法律之行爲欲爲嘗試，尤屬出人意外，所致敝館函牘，該校校長應否負完全責任。現下限敝館撤除建築物期行將屆滿，除函達財政局及國立中央研究院並直接函復該校外，竊思該校爲貴局所直轄，應請貴局立即制裁，俾不致實現暴行，以維持貴市府原案而尊重貴局威信。關於此案全卷及該校無理之函件油印附奉，并希台察。　此致

　　　南京市政府社會局局長　江蘇省立國學圖書館館長柳詒徵十一月

十八日

上海市通志館來函（1932年11月21日）

　　翼謀先生大鑒：敬啓者，本館編纂《上海市志》，凡屬本市之文獻史迹，均應搜充材料，敢懇先生飭胥將貴館所有關於上海市檔案目録代抄一份見惠，至於與上海有關之書籍，亦祈將目録抄下一併寄擲。抄費

若干，當由本館認付，尚希賜辦爲荷。專此，即頌懍綏　弟朱少屏敬啓十一月二十一日

南京民衆教育館來函（1932 年 11 月 22 日）

逕啓者：前准貴館送慰勞前敵將士捐款大洋十八元、小洋十四角，合計大洋十九元一角五分，當以滬戰久已停止，情勢已變，爲尊重捐款人急公爲國之意起見，遂連同敝館經手捐款改寄天津大公報館，轉送東北義勇軍。茲接該報館復函並收據二紙，相應將發給貴館收據一紙，連同鈔錄來函一件，送請查收，並希將敝館所發臨時收據檢交來人帶回，以清手續，至紉公誼。此致

　　江蘇省立國學圖書館　南京民衆教育館啓十一月二十二日

致南京石市長公函（1932 年 11 月 22 日）

逕啓者：首都自來水之籌設，爲時已久，及貴市長榮任以後始積極進行，規定設水塔於清涼山，敝館館址適在清涼山麓，方謂近水樓臺，必先拜賜。惟近見水管由清涼山接至漢中路，經過龍蟠里口，相距咫尺，未見敷設，諒以地非通衢，暫難顧及。敝館在龍蟠里中，與文化學院、三民中學、各文化機關所需飲料固多，而對於消防尤爲必要，可否請貴市長飭局向北設一支管通過里中，俾敝館等於飲料、消防均得便利。想貴市長愛護文化，夙具熱腸，倘蒙俯允，曷勝公感。此致

　　南京市市長石　江蘇省立國學圖書館館長柳詒徵十一月二十二日

四九六

教育廳指令（1932年11月26日）

會呈已悉。查寬籌社會教育經費積極推廣社教事業，為本省教育上、設施上已定方針，年來省教育經費雖年患短絀，而社會教育經費仍年有增加，本廳審核各縣預算時，對於社會教育經費應占成數監督至為嚴密，絕不容有設詞改撥或暗中挪移情形。來呈所陳各節，深察時代需要，見解自甚正當，甚望我全省社教同人此後對於經費之增籌、事業之推廣、內容之充實、設施之改進共同努力，互加策勵，以求本省社會教育實際效率之增進，而樹訓政之基礎，勿徒騖虛名，浪費公款，而引起社會人士之反感，至阻礙社會教育之進行。本廳長有厚望焉。此令。

江蘇省教育廳廳長周佛海十一月二十六日

南京市政府公函（1932年12月10日）

經復者：案准貴館公函，請飭局設一自來水支管通過龍蟠里，俾於飲料、消防均得便利等由，准此，當經轉飭工務局核辦去後，茲據復稱「查現在裝埋之自來水管，係第一期水管網計劃中之一部分，該館所請埋設龍蟠里支管一節，須俟繼續完成第一期水管網時，方可安設，如該館需取飲料甚急，請轉函該館於出水後暫行裝設水表」等情，據此，除指令外，相應據情函復查照。此致

江蘇省立國學圖書館　南京市

長石瑛十二月十日

呈教育廳文（1932年12月13日）

為呈復，遵照江蘇省立教育機關經費稽核委員會簡章修正各條，繼續辦理經費稽核事由。案奉鈞廳訓令第一七五四號內開「案查江蘇省立教育機關經費稽核委員會簡章，前經訂定飭遵，歷年照辦在案。茲就原列各條略加修正，除分令外，合行檢發一份，令仰該館長知照。此令。計發江蘇省立教育機關經費稽核委員會簡章一份」等因，查本館經費稽核委員會久已照章成立，歷年履行無或間斷，此後自當謹遵鈞會修正各條繼續辦理，合行具文呈復。謹呈

江蘇省教育廳廳長周

江蘇省立國學圖書館館長柳詒徵十二月十三日

致南京市政府工務局公函（1932年12月31日）

逕啟者：敝館居城西龍蟠里，負盎山而面蛇山，中間為烏龍潭，相傳為唐顏真卿所置之放生池，清涼、石頭諸峰環翼迴互，風景絕佳，為金陵勝蹟之一，歷史悠久。現在潭心尚有一亭，即明肥月亭之舊址，潭之東西各亘以堤，徑達蛇山之麓，為行人往來必經之路。西堤原有木橋二座，今俱毀焉，東堤有磚石橋一座，亦有傾圮，兩堤之身，日見剝削，若不速加修理，不獨行人危險，尤恐勝蹟日湮，深滋可惜。竊思龍蟠里為歷來儲書講學之區，東南文化之淵藪，而烏龍潭擅山水之美，於京市文化與風景均有深切之關係。查貴局長建設京市，愛護古蹟，夙具熱忱，擬請派員涖潭履勘，所有橋堤圮毀之處，即祈飭工迅予修理，以重古蹟而利行人，實為公感。此致

南京市政府工務局局長俞

江蘇省立國學圖書館館長柳詒徵十二月三十一日

四九八

教育廳訓令(1933 年 1 月)

案奉教育部第一〇八五一號訓令開「案奉行政院第四九三六號訓令開「案奉國民政府京字第二八號訓令開「現在國難未已,所有二十二年新年各機關應即一律停止慶賀,除分飭外,合行令仰遵照,並轉飭各屬一體遵照。此令」等因,奉此,除分行外,合行令仰遵照,并轉飭各屬一體遵照。此令」等因,奉此,除呈復暨分行外,合行令仰遵照,并轉飭所屬一體遵照。此令」等因,奉此,除分令外,合行令仰遵照。此令。

江蘇省教育廳廳長周佛海二十二年一月

教育廳訓令(1933 年 1 月)

案奉省政府第一九三號訓令內開「案准豫鄂皖三省勦匪總司令部參謀處函開「查豫鄂皖三省地方,赤匪蔓延,為禍最烈,前經大軍痛勦,幸已次第敉平,此後一切設施,端賴軍民合作。茲為各界同胞易於明瞭勦匪經過情形起見,特製成三省勦匪軍事進展要圖五幅,隨函奉達,希即查照宣傳,以資觀感」等由,並附圖一份到府,業經本府將原圖縮小翻印多份,除令發民政廳及各縣政府並函送省黨部轉發所屬外,茲特檢發該廳三十份,仰即查收并轉發所屬各校,以廣宣傳。此令」等因,奉此,除分行外,合行檢同要圖一幅,令發該館查收遵辦。此令。 計發三省勦匪軍事進展要圖一份

江蘇省教育廳廳長周佛海一月

教育廳來函（1933 年 1 月 12 日）

徑啓者：案奉省政府函開「准上海各慈善團體賑濟東北難民聯合會董事長許世英等函送捐册，敬希鼎力提倡，廣爲勸募等由，查東北民衆既遭兵災，復罹水患，集款賑救，實爲急不容緩之舉，相應函請查照，迅予鼎力提倡，代爲勸募，一俟集有成數，即希解府，以便彙轉」等因，奉此，除分行外，相應函請查照辦，俟集有成數，即希解廳，以便彙轉。此致

　　江蘇省立國學圖書館　　江蘇省教育廳啓　一月十二日

復江蘇教育廳函（1933 年 1 月 16 日）

敬復者：案奉鈞廳函知「上海各慈善團體賑濟東北難民聯合會勸募賑款，請查照核辦，俟集有成數，即希解廳以便彙轉」等因，奉此，本館茲集有大洋二十元，合行繳呈鈞廳彙轉。謹呈

　　江蘇教育廳　　計呈大洋二十元

　　江蘇省立國學圖書館二十二年一月十六日

呈教育廳文（1933 年 1 月 21 日）

爲修正館章呈請備案施行由。案查本館章程久經呈奉鈞廳備案施行在案，茲爲適應讀書之趨勢，將善本閱覽售券價格減低，以便學人閱覽，並謀增加內部工作之效率，覺原定章程尚有需斟酌損益之處，爰經本館館務會議議決修正，以利進行。合行具文連同修正條文一份，呈請鑒核備案施行。謹呈

　　江蘇省教育廳

廳長周　江蘇省立國學圖書館館長柳詒徵　一月二十一日

呈教育廳文（1933 年 1 月 21 日）

爲遵章改選本館稽核委員會委員呈請備案由。案奉鈞廳第一七五四號令「發江蘇省立教育機關經費稽核委員會簡章，仰即知照」等因，查本館經費稽核委員會，業經遵照鈞廳修正各條繼續辦理呈復在案。茲於二十一年度按照簡章第四條「各省立教育機關經費稽核委員會應於每年十月以前組織成立，呈報教育廳備案」之規定改選委員，經選出五人，并於五人中推定王煥鑣爲主席，合行具文呈請鑒核備案。謹呈

江蘇教育廳廳長周　江蘇省立國學圖書館館長柳詒徵　一月二十一日

教育廳指令（1933 年 2 月 8 日）

呈悉，准予備案，仍將委員姓名具報備查，仰即知照。此令。　江蘇省教育廳廳長周佛海　二月八日

呈教育廳文（1933 年 2 月 8 日）

爲援例請贈已故保管員兼編輯汪汝燮三個月薪由。竊查本館保管員兼編輯汪汝燮，於民國八年一月來

五〇一

館任職，迄今已歷十四年，學望優深，服務勤慎，以積勞成疾，竟於本年二月病故。該故員家境貧寒，身後蕭條，實堪憫惻。茲卷查本館前編輯兼保管部主幹范希曾及前庶務員錢耀宗均於民國十九年病故，擬請贈予范主幹月薪三個月，錢庶務月薪二個月，以示體恤，經先後呈奉，鈞廳指令第七〇四六號及二六二號准在本館積餘項下撥給各在案。該故員汪汝燮事同一律，而歷年最久，資望較深，懇請援照前例在本館積餘金項下贈予三個月薪，計銀一百九十二元，以昭激勸。可否撥給，理合具文呈請鑒核示遵。謹呈　江蘇省教育廳廳長周　江蘇省立國學圖書館館長柳詒徵二月八日

呈教育廳文（1933年2月15日）

為刊印全館書目及修理馬公祠以供閱覽庋書，呈請撥給臨時費并請派員蒞勘核估由。案查本館上年二月呈請鈞廳撥給臨時費，為刊印書目、建築水泥鐵筋善本書庫及改造閱覽室，約共需銀二萬元，經奉指令第一一六六八號，以二十年度省教育經費受時艱歲荒影響，應暫毋庸議等因，嗣於十月續行呈請照撥，并呈奉油印普通書目一部各在案。緣本館聲請實在二十一年度預算案內支配，并非在二十年度籌撥，現二十一年度已過一半，所有經費委員會議定各項預備費計已經鈞廳規劃分配，刻本館急待進行事業甚多，尤以刊印本館全部書目為最，迫不容緩，中外人士時來詢問，非速付刊不足以饜學者之望。其刊印程序，須先印就底本，校對舛誤，然後再付排印，手續繁重，需費時日，亟應著手進行，萬難再延。再有本館閱覽室本甚逼仄，不能

容納多人，而閱者日漸增加，亦宜設法擴充以圖補救。又添購書籍亦逐年增多，原有書庫已不敷庋儲，擬將本館所屬之馬公祠加以修治，以供閱覽庋書之用。以上二項，均屬緩無可緩。茲經分別招致印刷所及瓦木工作詳細估勘，開具估單，其所估工料費雖未能即視爲確定之數，然實際上當無多大出入，茲以最低限度約計，刊印書目及修理馬公祠共需銀一萬餘元，懇請在二十一年度預算案內支配，迅賜撥給臨時費，以資進行。

除已與印刷所先行洽商刊印書目手續，免致稽延時日外，所有修理馬公祠工程，應請鈞廳派員蒞勘核估，再行興工。爲此備文連同估單呈請核奪示遵，至建築善本書庫一節另案詳呈，合併聲明。謹呈

江蘇省教育廳廳長

周

附呈仁德印刷所估單一份、童順記估修馬公祠價目單一份　江蘇省立國學圖書館館長柳詒徵二月十五日

呈教育廳文（1933 年 2 月 15 日）

爲建築善本書庫，呈請查照前案，於本年度臨時費項下撥給的款由。案查本館急需建築水泥鐵筋善本書庫，業於上年二月及十月一再呈請鈞廳，在二十一年度預算案內支配撥給臨時費各在案。緣本館藏書著於海內，歷史深遠，所儲宋、元、明、清珍本秘籍及名賢手稿墨蹟甚多，洵爲研究文化之庫藏，亟應妥慎珍存，倍加愛護。惟原有舊式書庫設備簡陋，極不合現代儲書之用，一遇潮霉天氣，輒易發生白蟻及蟲蛀之患，實深可慮，更值敵寇橫行之際，本館密邇清凉山要塞，設有不測，流彈橫飛，池魚殃及，詎堪設想，勢非先事預防爲未雨綢繆之計不足以策安全。是以一再呈請撥款建築水泥鐵筋書庫，庋儲珍秘，藉垂久遠而免危害，爲本

館應有設備計，爲愛護文化計，均屬急不容緩之舉。明知省庫支絀，不能爲精美之設備，祇有先謀免除危害，作小規模之儲藏。現經延請工程師切實估勘，繪具圖樣，擬在本館原有書樓後院及新領之山地建造書庫，分上下兩層，下層深入地面之下，由前樓造隧道通入，計全部工程需銀三萬二千元。伏思北平、浙江各館建築書庫之費，多者數十萬，小亦十數萬，詒徵在事多年，年具預算請如燕、浙之建築，率以工鉅費艱，未蒙當事之採納。今者時艱日亟，事變多虞，設不期其立可施行，恐又等於徒爲空論。是以迭與工師商榷，縮小範圍，僅就能容善本五六萬卷之面積估計，其普通書暫仍舊貫，工師反復研究，雖亦竭力從撙節著想，而所需仍不能不達此數，縱物價時有漲落，預估不無出入，大體殆亦不甚過遠。夫以館藏善本價值數十萬，或且不止數十萬，溢出《四庫全書》數倍之書，僅僅靳造一三數萬元之書庫，是亦可謂廉矣，倘再靳此而不爲，萬一不虞，則公家所損失寧止此數！且兩年以來江蘇教費雖號稱竭蹶，然某某設備費，某某救濟費臨時增發者，往往溢出預算，甚至學校不愼動致焚如，刻期興工，立增巨款，以之相較，與其俟焦頭爛額而加以矜全，無寧求曲突徙薪而實爲節省。詒徵爲此夙夜徬徨，不得不竭誠呼籲，既爲藏書請命，兼爲公家節財，僅謀局部之安全，不憚再三之瀆請。爰再具牘連同圖樣說明，呈請鈞廳查照前案，審核圖說，俯允於本年度臨時費項下指撥該款全數，俾得立即興工，或在本年度先撥若干，於下年度開始時再撥若干，總期款不虛糜，事能實現，庶已往著述刊印寶藏之先哲及現在未來讀書稽古之學者感拜鴻施於無既矣。迫切陳詞，伏候核奪示遵。　謹呈

江蘇省教育廳廳長周　　附呈圖樣一張、說明書一紙　江蘇省立國學圖書館館長柳詒徵二月十五日

鎮江圖書館來函（1933 年 2 月 20 日）

逕啓者：《十髮居士遺墨》駐鎮經售處昨送來貴館購件發票一頁，計價洋一百十元正，款已由敝館代為墊付，茲將發票一頁挂號附上，至希查收，並祈見復為荷。此致

　省立國學圖書館館長柳　鎮江圖書館啓二

月二十日

致鎮江圖書館會計股函（1933 年 2 月 22 日）

逕啓者：頃接大函並《十髮居士遺墨》駐鎮經售處發票一紙收悉，購件款洋業由貴館代為墊付，甚感。茲由中國銀行匯上大洋一百十元，歸還尊墊，即希察收示復為荷。此致

　江蘇省立鎮江圖書館會計股　國學圖書館二月二十二日

呈教育廳文（1933 年 2 月 24 日）

為具報本館經費稽核委員會委員姓名及兩月工作報告呈請備查由。案查本館經費稽核委員會本年度遵章改選委員組織成立，業於一月二十一日呈報，經奉鈞廳第一〇五四號指令准予備案，並令仍將委員姓名具報備查等因，奉此，遵將改選委員姓名計王焕鑣、張夢巖、陳兆鼎、張繼曾、汪聞五人，並附同本館二十一年十二月份及本年一月份工作報告表各一份，一併備文呈請鑒核備查。謹呈

　江蘇省教育廳廳長周　附呈工

國立中央大學國學圖書館小史　盋山案牘　合刊

作報告二份　江蘇省立國學圖書館館長柳詒徵二月二十四日

教育廳來函（1933 年 2 月 28 日）

徑啓者：案准貴館函送賑濟東北難民捐款洋二十元，業經如數收訖，存候彙轉，相應函復即希查照。

此致

省立國學圖書館　江蘇省教育廳啓二月二十八日

教育部社會教育司來函（1933 年 3 月 6 日）

徑啓者：本部編輯《教育年鑑》爲時已久，而各方材料迄未寄齊，以致無從着手。茲奉部長手諭限期出版，現在時間已迫，無可再延，相應函請貴館於函到一星期內按照附表迅將概況編就，快遞本司，以便編入《年鑑》而免遺漏，至紉公誼。此致

江蘇省立國學圖書館　教育部社會教育司啓三月六日

教育廳指令（1933 年 3 月 8 日）

呈暨附件均悉，准予存查。此令。　附件存。

江蘇省教育廳長周佛海三月八日

五〇六

教育廳訓令（1933 年 3 月）

案准江蘇教育經費委員會公函內開「案查本會第三十二次會議准貴廳提議，本年度第二學期業已開始，所有預算內之臨時費應即支配以應需要，請公決一案，當經決議，『除原案規定儘先籌撥之十三萬五千元、專科師範開辦費一萬元、職業設備費四萬五千元、工業學校開辦費八萬元外，再由管理處照原定之臨時費數目先籌三分之一即八萬元，擇其最急要者儘先撥發，其餘之數應俟至六月底再行支配』等語記錄在卷，相應錄案函達即希查照，酌予支配，並轉知管理處分別籌撥爲荷」等由，准此，查本年度省教育臨時費，除原案規定儘先撥發之專科、師範開辦費等共十三萬五千元外，規定於第二學期開始後支配者，計爲普通教育臨時費十五萬元、職業學校設備費業另案支配。茲經本廳詳核各教育機關需要情形，將本年度全額臨時費通盤一次支配完竣，再分別需要緩急，核定分期撥給，計第一次總數爲八萬元，第二次總數爲十五萬元，除分行外，合行檢發該館本年度核定臨時費表一紙，令仰該館長知照，仰即遵照指定用途另造詳細計劃，呈經核准後，再候函處籌發，一俟專業辦理終了，並仰將本年度臨時費報銷書據專案呈報核奪。此令。計發該館二十一年度核定臨時費一覽表一紙　江蘇省教育廳廳長周佛海三月

教育廳訓令（1933 年 3 月）

查美術及工藝作品於文化上佔有重要地位與價值，於學生之智力思想均有深刻之測驗和表現，亟應力加倡導，藉圖改進。茲為研究探討起見，本廳擬搜集此項作品以資甄審，合行令仰該館長於文到十日內將圖畫、習字、雕塑、木刻、攝影成績、工藝物品等嚴格精選，量不求多，攝影送廳以憑考核，其優良者得以登載本廳月刊，由本廳酌予獎勵，勿延。此令。　　江蘇省教育廳廳長周佛海三月

致首都電燈廠函（1933 年 3 月 8 日）

逕啟者：茲查各學校、機關咸蒙貴廠優待減成徵收電費，以示贊助教育之至意，維護熱忱，良堪欽佩。敝館係社會教育機關，其直接影響於民眾較學校為廣，懇請援照學校之例減收電費，以利民眾而彰高誼，無任感荷。　此致

建設委員會首都電燈廠　　國學圖書館　三月八日

首都電燈廠來函（1933 年 3 月 11 日）

逕復者：准　月　日大函以每月電費囑照優待計算等由，當經敝廠審查貴處性質，核與現行特別用戶用電收費辦法第二條，尚符，准自本年三月份起每度照一角五分計算，以示優待。　相應函復，即希查照為荷。　此致

省立國學圖書館建設委員會　　首都電廠啟三月十一日

呈教育廳文（1933 年 3 月 19 日）

為遵令擬具印書目詳細說明單及款不敷尚鉅，請先將核發各費函處撥給，以資進行由。案查本館為急需刊印書目、修理馬公祠及建築善本書庫，業於本年二月分別呈請鈞廳，在二十一年度撥給臨時費各在案。茲奉訓令第三三七號并核定臨時費一覽表一紙，令即遵照指定用途另造詳細計劃，呈經核准後再候函處籌撥等因，仰見鈞廳愛護文獻，維持社教之至意。惟查核定表內印書目費三千五百元，視前呈估單削減大半，本館原估之數，實難依此緊縮。茲就各方面儘量設法，其紙張價值本難確定，現擬由本館派員逕行赴滬選擇較廉而合用之貨，成批蒐購交與印刷所，預計可以節減，至頁數、冊數亦將行款擠緊，用紙亦可較少，復經與仁德印刷所竭力磋商，排印裝訂亦照最廉之價，綜計全書印成必需六千元之譜，較核定數目尚差二千五百元上下，兩比不敷甚鉅。惟印刷時間不必遽付全款，排印、校訂為期孔長，先就核發之數分期請領，即可積極從事，所有虧短應行如何補苴，擬俟至下年度再行請示祗遵。為此具文陳述實情，連同核減說明書，呈請將已經核發之數及提存書庫建築費迅賜函處撥發，以資分別進行。再有建築書庫之詳細計劃及說明書圖樣均具前呈中，不另擬，合併聲明。謹呈

江蘇省教育廳廳長周

江蘇省立國學圖書館館長柳詒徵三月十九日

南京三民中學來函（1933 年 3 月 20 日）

經啓者：查由龍蟠里口至貴館門口暨有電桿八根，每根洋十五元，共計洋一百二十元，概由敝校繳納

電廠。現貴館業已裝置電燈，照文化學院辦法，貴館應攤全費三分之一，相應函達查照，即請將該款交下
爲荷。此致

江蘇省立國學圖書館　南京市私立三民中學三月二十日

南京市政府工務局來函（1933 年 3 月 22 日）

徑復者：案查本年一月四日接准大函，以烏龍潭爲金陵勝蹟之一，其潭之東西各亘以堤，爲行人往來
必經之路，西堤原有橋二座，今已俱毀，東堤磚石橋亦有傾圮，兩堤堤身日見剝削，請飭工迅予修理，以重
古蹟而利行人等由，准經派員前往查勘，復稱「烏龍潭東西兩堤確被水冲壞，似應加以修理，並擬將西堤靠
岸橋座填塞，其中間之橋座則擬埋設溝管，此外東堤之磚橋亦須略予修理，計共需材料費二百元、工資一
百元」等情，經查核無異，自應迅予修理，以利行人。惟值兹市庫奇絀，財力實有未逮，擬請貴館及鄰近住
戶或其他機關補助材料費二百元，如荷贊許，即希籌撥過局，以便提前興修。相應復請查照見復爲荷。此
致

江蘇國學圖書館　工務局長侯家源三月二十二日

致南京民眾教育館朱堅白先生函（1933 年 3 月 24 日）

徑啓者：接准大函并附江蘇省立社會教育機關聯合會第四次會議記錄一份，兹依照第一議案第二項之
決議，敝館應攤認前方慰勞經費四十元，合將該款隨函送上，即希察收，掣給收據并見復爲荷。此致　南京

民衆教育館朱堅白先生　江蘇省立國學圖書館三月二十四日

南京三民中學來函（1933年3月30日）

敬啓者：查龍蟠里現有電桿係敝校備價安置，貴館既已裝燈，應請負擔電桿費三分之一，前經函達並派員交涉，詎意貴館迄今無具體答復，一若坐享其成，認爲正當，而不思敝校乃私立性質，經費極其困難，貴館爲省有團體，經費自較豐裕，今以公用之電桿，何能偏累敝校備價？用特再函前來，務希將三分之一電桿費即交敝校，倘有其他用意，請於三日内函復，否則割斷火綫，勿謂太無情面也。此請查照，並希見復爲荷。此致

國學圖書館　南京市私立三民中學啓三月三十日

致首都電燈廠函（1933年4月2日）

逕啓者：頃據南京市私立三民中學校函稱「龍蟠里現有電桿係敝校備價安置，請貴館負擔電桿費三分之一，并限於三日内答復，否則割斷火綫」云云，似此情形，是該校以公路上之電桿視爲私有，向敝館自由徵收桿費，未詢根據廠章何項規定，非但妨害地方之建設，抑且破壞貴廠行政之統一。當貴廠派員蒞館察勘，允許接電時，並未言及該項電桿係三民中學私産，不屬廠有，足見敝館之通電，於公私兩方無絲毫不合法之處，乃該校於敝館通電後忽來强徵電桿費，是否經貴廠之許可，龍蟠里公路電桿是否屬該理由事實均極明瞭。

校所有，抑已於該校電費內陸續扣還歸爲廠有，均不知悉。設該校竟或擅自處分，割斷火線，事關貴廠行政，并妨礙敝館辦公，應如何辦理，用特函達，即希查照示復，並防止割線致蒙損害，實爲公便。此致　首都電燈

廠　江蘇省立國學圖書館四月二日

首都電燈廠來函（1933 年 4 月 5 日）

徑復者：接准本月二日大函，爲三民中學現向貴館索取貼桿費，如何之處請查復等由，查三民中學當時貼桿接綫按照本廠廠章辦理，所有主權均屬本廠，該校此種索取貼費情形，本廠未有知悉，惟查貴館前曾與三民中學共同來廠請求立桿，是否貴館與該校私人另有交涉，不得而知。除函告三民中學不得剪綫外，相應函達，即希查照爲荷。　此復　省立國學圖書館　首都電燈廠啓四月五日

李煜瀛先生快郵代電（1933 年 4 月 5 日）

江蘇省立國學圖書館公鑒：世界文化合作中國代表團成立二年，稚暉先生及煜致力此項工作，近更附設中文圖書館，宣傳國光及供給材料，於國際聯盟關係重要，祈即賜寄出版品，交滬福開森路三九三號代表團事務處裝寄日來弗，至爲感盼。李煜瀛叩四月五日

復世界文化合作中國代表團辦事處函（1933 年 4 月 8 日）

徑復者：案准代電以世界文化合作中國代表團成立二年，近更附設中文圖書館，宣傳國光及供給材料，於國際聯盟關係重要，祈即賜寄出版品等由，准此，茲將敝館各項出版品檢送一份，計四十種共九十五冊，交由轉運公司運上。相應函達，至希察收見復爲荷。此致 世界文化合作中國代表團事務處 江蘇省立國學圖書館四月八日

教育部來函（1933 年 4 月 12 日）

徑啓者：案准外交部函開「案據駐馬尼拉總領事館呈稱『斐利濱政府組織之商業調查團來華，茲將該團團員銜名及在華考察日程呈送鑒察。該團團員係高級官吏，請予優待』等情，查日程內調查各項與工商、交通、路政、教育均有關係，如何招待之處，除分函外，相應抄同該團團員銜名及考察日程，又該領館來呈各一份函送貴部，即希查照籌備爲荷」等由，經由本部會同各關係機關商定招待辦法，並訂就該團來京參觀日程，除分函外，相應抄同日程一份函達查照，即希妥爲準備招待爲荷。此致 江蘇省立國學圖書館

附日程 一份 教育部啓四月十二日

国立中央大学国学图书馆馆小史　盋山案牍　合刊

世界文化合作中國代表團上海事務處來函（1933年4月14日）

敬復者：頃接台函并《東萊書說》等書四十種計共九十五冊，均已收悉，具見熱心贊助，曷勝感佩。除

將該書裝寄日來弗外，特此函謝，並頌公綏。　世界文化合作中國代表團上海事務處啓　四月十四日

呈教育廳文（1933年4月20日）

爲造送二十一年七月至十二月各項收支計算書及本年二、三兩月工作報告表，呈請備查由。　謹將本館

二十一年七月至十二月支出計算書及收支對照表六冊、單據粘存簿六冊、專款收支計算書一冊、單據粘存簿

一冊，又本年二、三兩月份工作報告表各二份，備文呈送鈞廳鑒核備查。　謹呈　江蘇省教育廳廳長周　計呈

支出計算書及收支對照表六冊、單據簿七冊、專款收支計算書一冊、二三兩月工作報告表各二份　江蘇省立

國學圖書館館長柳詒徵　四月二十日

訓練總監部軍學編譯處來函（1933年4月22日）

逕啓者：敝處日前派陸軍達節前往貴館，磋商借印明劉寅《武經直解》一書，以廣流傳，曾蒙賜予接

洽，曷勝感荷。　查貴館對於影印此書提出兩種辦法，均屬妥善，惟敝處既有印刷所，即歸敝處擔任印刷發

行事務，而獨酌贈貴館新書若干部，以表借印善本，津逮學者之謝意，此項辦法，似尤利便。　至應如何立約

以便從速付印，仍請與陸編輯詳細面商爲荷。此致　江蘇省立國學圖書館　訓練總監部軍學編譯處啓四

月二十二日

趙光濤先生來函（1933年5月）

徑啓者：日前經省立各社教機關聯合會決定，由各機關捐款五百元，推派朱堅白、孫枋二先生及光濤

三人代表，北上慰勞前方抗日將士，當於四月五日會同朱、孫二先生北上，並以五百元在津購辦鋼帽五百

頂，交由軍事委員會北平分會交際委員會代爲支配分發各軍應用。茲接該會來函鳴謝，並附收據一紙，囑

轉交存查等由，除將收據一紙寄交南京民衆教育館朱堅白先生保存外，特將該會原函附抄於後，祈爲查照

是荷。　此致　省立國學圖書館　趙光濤謹啓五月

朱堅白、孫枋、趙光濤三先生來函（1933年5月）

敬啓者：案查本省立社教機關請比照中等學校提早發放一月經費案，業經教廳轉教費管理處核辦，

四月二十五日復由管理處提交稽核委員會討論，當經決定送請經費委員會核辦在案。知關台注，特達查

照。　此致　國學圖書館　朱堅白敬啓五月

教育廳指令（1933年5月13日）

呈暨附件均悉。核閱各項收支計算書據，大致無訛，工作報告亦合併准存查，惟嗣後關於該項工作報告，應按月專案呈送，毋庸彙同計算書據併報，實爲至要，仰即知照。附件存。此令。江蘇省教育廳廳長

周佛海五月十三日

中央圖書館籌備處公函（1933年5月20日）

徑啓者：案奉教育部第三零二九號令開「派蔣復璁爲國立中央圖書館籌備處主任，仰即遵照。此令」等因，奉此，遵於四月二十一日租定本京沙塘園七號爲籌備處，業經開始籌備，除呈報暨分函外，相應函達即希查照。按國立中央圖書館之籌設，責在促進學術，發展文化，蒐藏圖書，供衆閱覽，徵集刊物尤宜求備，素仰貴館出版刊物，讜論宏旨，後學津梁，務懇頒賜全份，藉光典藏，曷勝感荷。此致

江蘇省立圖書館

國立中央圖書館籌備處主任蔣復璁五月二十日

金陵大學圖書館函（1933年6月3日）

敬啓者：茲有敝校圖書館學班學員八人，擬於下星期四下午二時半，由該班教授曹祖彬帶領前來貴館參觀，以廣見聞，務祈俯允，並希屆時指示。一切如何，尚乞即示爲盼。此致

國學圖書館館長台鑒　金

陵大學圖書館啓六月三日

全國度量衡局函（1933年6月8日）

徑啓者：頃據本局度量衡檢定人員養成所教授陳儆庸函稱「本京江蘇省立國學圖書館希望鈞局贈送庫平制度量衡器一套，並各種刊物全份，是否可行，祈鑒核」等情，據此，查貴館搜羅有價值之書物以供歷史上之參證，意至良美，自應准予照辦。茲將贈送各器及刊物開列清單一紙，送請查收，見復爲荷。此致

國學圖書館　附器物清單一紙　　局長吳承洛六月八日

復全國度量衡局函（1933年6月13日）

徑復者：頃奉大函，承贈度量衡器一套及各項刊物，照來單逐一點收無訛，景仰高誼，嘉惠學人，曷勝感紉。除存列敝館供衆閱覽參考外，特函申謝。此致

全國度量衡局　江蘇省立國學圖書館六月十三日

致陳儆庸先生函（1933年6月14日）

儆庸先生遵席：日前台駕蒞館，暢聆明教，並荷致函全國度量衡局爲敝館索贈度量衡器，藉供歷史上之參證。昨日由局贈到度量衡器一套並各項刊物，足徵熱忱贊助，曷勝銘感，特函申謝。祗頌教祺　國學圖書

館六月十四日

致石市長函（1933年6月17日）

蘅青市長先生勛鑒：久隸帡幪，未親榘範，第聞直聲介節，溢於衢頌，竊與凡民同深景仰。茲有啓者：城西烏龍潭爲南都一小小名勝，近年潭上橋堤傾圮，行旅病之而莫能修建。詒徵匏繫盎山，不揣檮昧，曾上書於工務局，請於冬末春初略事修繕，局中亦曾派員測勘，需費三百金，以局一民二之法屬釀金送局，以便興工，敝館僅能籌措五十元，他無可募，事遂不舉。頃見新關城垣正在修築，工役雲集，城磚闌委，其地距烏龍潭甚近，未識可否因利乘便，略移磚石，分撥匠人，就潭橋及東堤慨予修葺，戔戔館款，備犒勞焉。材不旁求，工非遠役，惠而不費，澤及平民，兼使志乘名蹟藉政而益彰，所謂一舉而數善備者也。管見所及，自忘其愚，冒昧上干，惟大君子不遺荒陋而察納焉。　肅頌政綏，不一　柳詒徵謹啓六月十七日

呈教育廳文（1933年6月21日）

案查本年三月奉鈞廳第三七七號訓令，并核定二十一年度臨時費一覽表一紙，計開印書目費三千五百元分期撥發及逐年提存建築書庫費六千元等因，業經鈞廳函知江蘇教育經費管理處，將第一期印書目費二千元撥付在案。現二十一年度刻即告終，各學校機關應領第二期核定費，大都照領，敝館事同一律而待款孔

殷，爲此備文呈請鈞廳鑒核函知管理處，將第二次印書目費一千五百元及建築費六千元一併迅予撥發，以濟急需，實爲德便。謹呈 江蘇省教育廳廳長周 江蘇省立國學圖書館館長柳詒徵六月二十一日

教育廳訓令(1933 年 6 月 23 日)

案查二十二年度預算支配大綱，業經教育經費委員會核議通過，所有各機關二十二年度經常費概數，亦經根據大綱規定通盤核定。查該館二十二年度經常費概數，仍照二十一年度概數編列，合行令仰該館長遵照規定，編造詳細預算書，於七月底以前呈候核奪彙編。此令。 江蘇省教育廳廳長周佛海六月二十三日

教育廳訓令(1933 年 6 月 23 日)

案准教育經費委員會公函內開「案查本會第三十三次會議由高委員陽臨時提議，社會教育機關因每學期開學時無學宿費收入，即教育學院每學期開學時亦只可收學宿費一千元左右，擬請照小學及鄉師發放經費辦法提前一個月發放一案，經決議通過，農業、女蠶、水產、漁村、師範五校均照此案辦理等語，記錄在卷，相應錄案函達，即希查照辦理，并分別轉知爲荷」等由，准此，除分行外，合行令仰該館長知照。此令。 江蘇省教育廳廳長周佛海六月二十三日

美國顧立雅先生函（1933 年 6 月 27 日）

柳先生鑒：余自寧北旋，誦讀先生大著《中國文化史》，不但大有興味，且極感愉快。余將假以時日讀完此書，並敢決言，在任何科目中，此為有最大興趣之工作也。余最近計劃擬來館住讀，期在秋間九月來寧，然屆時或發生情形以阻礙行期，亦未可知。余深感尊處之便利，縱遲至來年，亦必實現其住讀之計劃，諸祈見允，屆時再謝盛誼。余婦亦念及襄年夫婦來館參觀，伊此番將不能偕來進謁，極深抱憾，謹致誠悃，余則希望九月間即來京面謁先生也。　顧立雅謹啟六月二十七日

致北平顧立雅先生函（1933 年 6 月 29 日）

顧立雅先生大鑒：奉到手書，欣悉先生擬於秋間九月來館住讀，極表歡迎，屆時當可多聆教益。如定准九月來京，請於八月內先來信告知，以便準備住室為要。　詒徵擬於八月內來平一行，屆時或能面晤，亦未可知。　先此奉復，順頌健康　柳詒徵謹啟六月二十九日

江蘇省立國學圖書館第七年刊（二十二年度）案牘

教育廳指令（1933 年 7 月 2 日）

呈悉。應准轉函管理處即予撥發，仰即知照。此令。江蘇省教育廳廳長周佛海二十二年七月二日

呈教育廳文（1933 年 7 月 2 日）

爲遵令呈報二十二年度預算書由。案奉鈞廳第一三一三號訓令內開「案查二十二年度預算支配大綱，業經教育經費委員會核議通過，所有各機關二十二年度經常費概數應仍照二十一年度概數編列，合行令仰該館長遵照規定編造詳細預算書，於七月底以前呈候核奪彙編。此令」等因，奉此，謹遵照規定，仍依二十一年度概數依式編造二十二年度經費預算書三份，備文呈送鑒核彙編。謹呈

江蘇省教育廳廳長周　江蘇省立國學圖書館館長柳詒徵七月二日

國立中央大學國學圖書館小史　盋山案牘　合刊

駐京日本總領事館來函（1933年7月12日）

徑啓者：東京帝國大學名譽教授、文學博士常盤大定氏曾於民國十七年遊歷考察廣東、福建兩省內各地之禪宗史迹，返國後著有《支那佛教史迹記念集》評解及同圖版二書出版，茲將該書二部贈送前來，爲此相應轉贈尊處，即希查照，並賜示復爲荷。此致

江蘇省立國學圖書館　　駐京日本總領事館七月十二日

致駐京日本總領事館函（1933年7月12日）

敬復者：頃奉大函，承贈常盤大定博士所著《支那佛教史迹記念集》評解及同圖版二書，搜羅宏富，理解精當，圖亦優美，謹爲庋藏，供衆閱覽。特函鳴謝，至希查照爲荷。此致

駐京日本總領事館　　江蘇省立國學圖書館七月十二日

教育廳指令（1933年7月16日）

呈暨附件均悉。查預算支配大致尚無不合，應予照准，仰即知照。附件存。此令。　江蘇省教育廳長周佛海七月十六日

南京市工務局來函（1933 年 7 月 26 日）

逕啓者：查修復烏龍潭橋堤工程，業經本局編造預算呈奉市政府核准在案，該項工程現擬招工比賬即行興修，貴館前認協助工料費洋五十元，務祈迅予繳納過局，以資應付。相應函達，即煩查照見復爲荷。

此致

　江蘇省立國學圖書館　　南京市工務局啓七月二十六日

復南京市公務局函（1933 年 7 月 27 日）

逕復者：頃奉大函，具悉修復烏龍潭橋堤工程業經貴局規劃，刻日興工，極深欣幸。謹將敝館所認協助工料費五十元專人齎上，祈予收據，並希迅速興工，俾便行旅，無任感荷。此致

　南京市工務局　江蘇省立國學圖書館七月二十七日

致鎮江縣政府函（1933 年 7 月 31 日）

敬啓者：頃准江蘇教育經費管理處育字第二五一號通知書内開「國學圖書館二十一年度臨時費金額四千元業經核定，應即照填四聯式總收據，派員赴鎮江領取」等由，此項經費係由貴處撥發，敝館刻急需用，即日專員齎正式印據前來具領，敬希迅速如數撥付，無任感荷。此致

　鎮江縣縣長張　江蘇省立國學圖書館七月三十一日

致丹陽縣政府函（1933 年 7 月 31 日）

徑啓者：頃准江蘇教育經費管理處育字第二五二號通知書內開：「國學圖書館二十一年度臨時費金額三千五百元，業經核定，應即照填四聯式總收據，派員赴丹陽領取」等由，此項經費係由貴處撥發，敝館刻急需用，即日專員齎正式印據前來具領，敬希迅予如數撥付，無任感荷。此致　丹陽縣縣長郭　江蘇省立國學圖書館七月三十一日

呈教育廳文（1933 年 8 月 4 日）

為增設特種借書處呈請鑒核示遵由。竊本館鑒于青年有志讀書而苦無適當門徑，覺有設立特種借書處之必要，緣本館普通書雖有一部分可以借出，以供嗜學之士研閱，惟其範圍廣泛，非以初學門徑之書爲限，且有部冊浩繁而保證金甚巨者，勢難普及。特選關於國學初步必讀之書若干種，每種儲備多份，俾有志國學之青年能以充分時間假歸研閱，依類探求，而得漸進深造之資。爰經本館館務會議議決，擬自二十二年度起於閱覽部增設特種借書處，以利進行，是否有當，理合具文連同特種借書規約一份呈請鑒核示遵。謹呈　江蘇省教育廳廳長周　江蘇省立國學圖書館館長柳詒徵八月四日

致丹陽縣郭縣長函（1933年8月11日）

于野年兄縣長勛鑒：日前齎函晉謁，藉聆聲欬，曷深欽幸。茲以敝館二十一年度各項事業正在開始進行，待款孔亟，懇祈迅將撥款日期示知，俾便派員前來具領，無任感盼。溽暑政勤，諸深欽念，即希賜察。肅頌治綏　柳詒徵八月十一日

五百元，係由貴政府撥發，業荷面允於本月內先撥一千五百元，刻因本年度各項事業正在開始進行，待款孔

總理陵園管理委員會來函（1933年8月12日）

翼謀先生尊鑒：久不親聲欬，諸深馳仰，盛暑惟道體多綏，文史清娛爲慰。光承乏園林建設，鑒於陵園尚闕具體之記載，不揣庸陋，近有《陵園一覽》之編，各項材料現已集得八九，惟界內之明孝陵乃前代巨工，有歷史文化關係，其圖志、掌故擬略爲參考。素仰先生國故大師，省館又藏書繁富，公私著作中不知有專本否，光定日內趨謁，尚祈先生撥冗指教爲幸。先此奉啓，敬頌道安　晚傅焕光敬啓八月十二日

復傅志章先生函（1933年8月12日）

志章先生大鑒：接奉手簡，藉諗林泉逸致，興趣多佳，至深欣企，大著《陵園一覽》定爲漢京生色，何日殺青付梓，引領望之。承詢孝陵掌故公私著述，雖有可稽，然搜討需時，近日《國風》雜誌上載有王焕鑣君《孝陵

考》一篇，采輯詳明，可供參閱。特此奉復，即頌撰祉　柳詒徵頓首八月十二日

呈教育廳文（1933 年 8 月 13 日）

為造送二十二年一月至六月經費及專款收支計算書據呈請備查由。謹將本館二十二年一月至六月經費支出計算書及收支對照表六冊、單據粘存薄六冊，又專款收支計算書一冊、單據粘存薄一冊，備文呈送鈞廳鑒核備查。謹呈　江蘇省教育廳廳長周　計呈收支書據十四冊　江蘇省立國學圖書館館長柳詒徵八月十三日

丹陽縣政府來函（1933 年 8 月 15 日）

翼謀年兄先生賜鑒：頃奉大函，敬悉履候綏愉，至為慰頌。日前台旆涖止，匆促間不及款待，疚歉何似，承囑一節，準於本月三十日設法集款，以便尊處派員來取。昨與吳委員談，知貴館需款孔殷，業經會銜向主管處陳述，請在新收項下暫行全數移挪，倘得請再當奉達不誤，專復。敬頌勳綏，惟希亮照　年小弟郭曾基拜上八月十五日

河南省第四水利局來函（1933 年 8 月 15 日）

徑啟者：今付郵寄奉安陽殷虛出土古器物一盒，計二十八件，即希檢收賜覆為感。此致 江蘇省立國

學圖書館　馮翰飛謹啟 八月十五日

教育廳指令（1933 年 8 月 16 日）

呈悉。所請援照前例在該館積存經費項下撥給已故館員撫恤費三個月薪金一節，尚無不合，應予照

准，仰即知照。此令。　江蘇省教育廳廳長周佛海 八月十六日

教育廳指令（1933 年 8 月 16 日）

呈件均悉。核閱所擬規約，大致尚合，准予備案。件存。此令。　江蘇省教育廳廳長周佛海 八月十六日

致張蓬生君函（1933 年 8 月 18 日）

蓬生仁弟台偉鑒：日前尊寓暢敘，叨及郇廚，極深快慰，并晤貴友王世鏜先生，書法精妙，無任欽遲。茲

以敝館第六年刊不日付印，封面題簽擬懇弟台轉，請王先生賜題章草，以資榮幸。題簽大小格式，統與第五

年刊一樣，即希轉達。寄上第五年刊二冊，一奉贈，一煩轉贈王先生，至感至感。耑泐，順頌台綏　柳詒徵頓

國立中央大學國學圖書館小史　盍山案牘　合刊

致蔣慰堂先生函（1933年8月21日）

慰堂先生有道：日前枉駕過從，暢聆教益，尊翁七秩令誕，謹以俚語當頌祝，希指正爲幸。茲有懇者：前國學書局之書均存貴館，內有前江楚書局所印《御纂七經序錄》及《經典釋文序錄》兩書，敝館擬各備四部，可否以敝館印行之書交換？寄上書目單一紙，祗候選擇，尚祈見允，並盼示復爲荷。專泐，順頌公綏　柳詒徵

頓首八月二十一日

首八月十八日

復馮翰飛先生函（1933年8月23日）

徑復者：接奉八月十日大函，承贈安陽殷虛出土古器物一盒，計二十有八件，業經收到無訛，屢荷高誼嘉惠，學人同深感佩。除妥爲陳列供考古學者之研究外，特函鳴謝。此致　馮翰飛先生　江蘇省立國學圖書

館八月二十三日

國立中央圖書館籌備處來函（1933年8月24日）

翼謀先生道鑒：日前趨謁，獲承教益，茅塞頓開，正深感激，又以家嚴誕辰蒙頒佳章，曷勝銘謝。承示

尊處需用江楚書局所印《七經綱領》及《經典釋文序録》兩書各四部，按上列二書係江楚書局所印，向歸國學書局經管，現雖奉部令由敝處接收，以正在整理，故印刷、發售均暫停止，而一切章則均在擬訂，尚未核准。惟重以尊命，特檢奉《七經綱領》四部共計八册，至《經典釋文序録》因已售罄，並無存書，未能報命，諸希鑒原是荷。　專肅，順頌撰安

丹陽縣政府來函（1933 年 8 月 25 日）

翼謀先生年兄閣下：前上寸函，計登籤記，即維履端晋福，爲頌無量。弟前與吳委員會呈省處之件，刻已奉令准予變通，全數移發，一俟吳君到丹接洽之後，即向建昌支取，大約本月三十日可待交也。知注奉達，敬頌台綏。　年小弟郭曾基拜上 八月二十五日

蔣復璁謹啓 八月二十四日

復蔣慰堂先生函（1933 年 8 月 25 日）

慰堂先生道鑒：接誦大札，並承贈敝館《御纂七經綱領》四部，曷勝感荷，謹交敝館編目庋藏，供衆閱覽。

兹特檢送敝館出版之《圖書小史》及《書目答問補正》各一部，贈存貴館，藉資交換，即希察納爲荷。耑泐鳴謝，順頌公綏　柳詒徵謹啓 八月二十五日

致丹陽縣郭縣長函（1933 年 8 月 29 日）

于野縣長年兄閣下：接奉八月二十二日錦翰，藉諗台端前與吳委員會呈省處之件已奉令准予變通，全數移撥，并示及本月三十日可待交等因，極深感篆。比維佳秋薦爽，琴治清娛，定符遠頌，茲派敝館館員王震保君齎具正式印據前來晉謁，即希察照前因，將敝館二十一年度臨時費全數交付該員領回，無任鳴感之至。專肅，祗頌政綏　柳詒徵謹啓　八月二十九日

教育廳指令（1933 年 9 月 10 日）

呈及表據均悉。查該館二十一年度下期經費收支各數，大致無訛，惟總核週年，實超出預算二九二・九八五元，係以上年結餘移資抵補，姑予存查。嗣後應力求撙節，不得再有超支，致干賠墊。專款收支，核尚相符，併予存查，仰即知照。此令。表據存。　江蘇省教育廳廳長周佛海 九月十日

呈教育廳文（1933 年 9 月 16 日）

爲申述二十一年度經費超支緣由，并懇於支配年度臨時費時酌撥修繕費，暨函教費管理處支撥故員恤金，俾便歸還結餘由。案奉鈞廳第八零四九號指令開「呈及表據均悉。查該館二十一年度下期經費收支各數大致無訛，惟總核週年，實超出預算二九二・九八五元，係以上年結餘移資抵補，姑予存查，嗣後應力求撙

節，不得再有超支，致干賠墊。　專款收支，核尚相符，併予存查。仰即知照。此令。表據存」等因，奉此，查二

十一年度經費收支超出預算二九二·九八五元，其原因一為修繕費，從前疊經呈請鈞廳撥給，迄未蒙准，而本

館屋宇年久失修，大半破爛，補苴罅漏，無月不有，若不修葺即無以應用，且亦斷無視其廢壞不治之理。公家

既無法請款，祇有就經常開支中竭力節縮，冀資挹注，必不得已，始在積餘項下略事彌補，如本年六月修理東

院，七、八月間重換閱覽室、招待室兩處地板，及添闢雜誌報章閱覽室，安設窗戶等，均屬萬不容已，計每處工

程皆在一二百元不等。此項修繕費，既不在預算之列，又無的款可資，縱於各方面力事節縮，然數目較大，勢

亦有所不能。　一為故員恤金，本年二月，館員汪汝燮積勞病故，經呈准鈞廳由積餘金項下撥給三個月薪計一

百九十二元在案，該項恤金本應由教育經費管理處依照學校教職員恤金條例支給，詒徵顧念公家庫款支絀，

故以本館歷年撙節之餘呈准撥發。　職茲兩種原因，是以溢出預算二百九十餘元。　伏讀鈞令，嗣後不得超支

致干賠墊，體諒深至，敢不凜遵，第以本館破爛之屋宇百孔千瘡，年須修治，倘無的款應付，又不能在積餘項

下挪用，再四思維，計無所出，惟有一方面仍從經常費上節縮，一方面擬懇乞鈞廳於每年度支配臨時費時酌

撥修繕費，藉資維持。　再有故員汪汝燮之恤金，并懇函達管理處支撥，俾便歸還積餘，則嗣後支出自不致溢

出預算。　是否有當，理合具文申述緣由，伏候鑒核示遵。　謹呈

館館長柳詒徵九月十六日

　　　　江蘇省教育廳廳長周　　江蘇省立國學圖書

致南京市政府秘書處張純一先生函（1933年9月22日）

徑啓者：頃接貴處電話，詢及敝館一切狀況以便載入刊物等情，第詳情非電話中所能罄述，茲送上敝館《概況》一册、二十一年度全館工作表一份、藏書統計表一份，即祈察收轉致爲感。再者貴政府修理烏龍潭，已將材料存儲敝館多時，未諗何日興工，乞便中示及是盼。此致　張純一先生　江蘇省立國學圖書館九月二十二日

教育廳訓令（1933年9月25日）

查本省省立各教育機關對於本機關内各項圖書、儀器、標本、校具暨現有校館場舍及校館場基之管理辦法，尚無明文規定，本廳更無相當報告可資查考。茲爲劃一管理辦法，以便考核而重公物起見，特訂定《江蘇省立各教育機關圖書儀器標本校具管理辦法》暨《江蘇省立各教育機關校館場舍及校館場基管理辦法》各一種，除呈報省政府鑒核備案並分令外，合行檢發一份，令仰該館長遵照辦理，並仰於文到二個月内將應報各件依限呈送。事關要政，幸勿延遲，是爲至要。此令。　計發《江蘇省立各教育機關圖書儀器標本校具管理辦法》《江蘇省立各教育機關校館場舍及校館場基管理辦法》　江蘇省教育廳廳長周佛海九月二十五日

南京市工務局來函（1933 年 9 月 27 日）

接准大函，誦悉一是，並荷繳納修復烏龍潭橋堤工程補助費洋五十元，已如數收訖，除派工前往修理外，約計一星期可以蔵事，用特函復，即希查照爲荷。此致

　　江蘇省立國學圖書館　南京市工務局啓九月二

十七日

教育廳訓令（1933 年 9 月 28 日）

案查二十一年度早經告終，所有全年度內各館推行教育事項至繁且重，或就原有事業而整理，或就現有事業而擴充，或爲新興事業而推進，要不外乎行政設施、經費整理、學術研求諸大端，而皆切合實際需要推行，迫不容緩，本廳爲結束年度事務計，特將各館二十一年內應辦之重要事項施以總檢查，乃有本廳頒行之件未盡遵報結束者，似此遷延，殊屬非是。邇來行政機關下級接奉上級法令，往往視爲具文，敷衍塞責，效率不彰，久已成爲通弊。教育機關行政素重科學化，遇法令之推行應如身之使臂，臂之使指，上下聯貫，成效立收，不宜陽奉陰違，染此惡習，更不因事未舉，認爲時效已失，遂束之高閣，其已辦事項有連續性者，尤應隨時檢查，力求推進，以免事久玩生之弊。茲特製定各館二十一年度內應行趕辦事項表一種，其有某機關對於某事項未辦或未報者，悉於表內註明，一覽便知，除分令外，合亟檢發前表，令仰該館於文到五日內一面查案，將趕辦報結日期先行具文聲復，一面依照表內填注事項逐一辦結報核，毋得再延爲

國立中央大學國學圖書館小史　蠹山案牘　合刊

要。　此令。　附發二十一年度内應行趕辦事項表一份　江蘇省教育廳廳長周佛海九月二十八日

致石蘅青市長函（1933年9月29日）

蘅青市長先生勛鑒：前瀆籲請貴市府於新闢城垣之便，略移磚石修理烏龍潭，業蒙俯允，飭局勘修，曷勝感忭。頃已興工，正在補築潭堤，惟查原有橋座，其橋面及橋欄均係石條鋪砌，間有少許傾墮水中，必須起出，以復舊觀而臻鞏固。第恐工人偷惰，不能恢復原狀，轉失市長維護古蹟之至意，特再瀆請飭局轉飭工人，務照原狀修治。再有潭心宛在亭本已殘敝，從前堤坍水中，人不能至，現在修理後亭堤銜接，游人衆多，難免無人作踐，而無知細民甚或竊取浮動之欄杆磚石等，恐不及日久，即見毀壞，可否飭局略予收拾，俾獲穩固不至動搖，并懇函知警廳隨時巡視保護，以重古蹟。冒昧上干，拜感鴻施，伏乞垂察。　祗頌　政綏　柳詒徵拜啓九月二十九日

呈教育廳文（1933年10月2日）

為報結二十一年度内應行趕辦事項由。案奉鈞廳第一九一零號訓令「將二十一年度内趕辦事項依照表内填注逐一報結。附發二十一年度内應行趕辦事項表一份」等因，奉此，謹查表內屬於本館範圍各項，一為二十二年度預算，業於本年七月造具詳細預算書，呈奉指令第六一九四號應准照行在案；一為造送報銷之年

度月份（二十一年六月以後），查本館經費報銷，二十一年七月至十二月份業於本年四月呈報，二十二年一月至六月亦於本年八月呈報，經奉指令第四一六六號、第八〇四九號准予存查各在案；一為圖書設備，遵即繕造藏書統計表一份，并卷查歷年遵案辦理之教育統計表，亦屬年度內應辦事項，合併繕造一份，備文呈送鑒核備查。

謹呈

江蘇省教育廳廳長周　計呈表二份

江蘇省立國學圖書館館長柳詒徵十月二日

教育廳訓令（1933 年 10 月 8 日）

案奉教育部第九六九八號訓令內開『案奉行政院第四三五七號訓令開『案奉國民政府第四一七號訓令開『案據本府文官處簽呈稱『准中央執行委員會秘書處函開『查關於征收各地娛樂捐及機關救國飛機捐，前經分別決定統以六個月為限，并經通飭遵行各在案。茲查上兩項捐款限期已滿，各機關多未能按期解繳。現奉常務委員諭函『國民政府通飭各機關，即將所有征收娛樂捐及飛機捐統限於本月底止，一律掃數清解，其未征足六個月者，並應繼續按月解繳，以重捐款』等因，特錄諭函達，即希查照轉陳通飭辦理為荷』等由，理合簽呈鑒核』等情，據此，除關於娛樂捐一項另令轉飭各地方主管征收機關遵辦外，合行令仰遵照，並轉飭所屬一體遵照』等因，奉此，除分令仰遵照，合行令仰遵照，並轉飭所屬一體遵照』等因，奉此，除分令外，合行令仰遵照並轉飭所屬一體遵照。此令』等因，奉此，除分令外，合行令仰於本月底一律解清為要。此令。

江蘇省教育廳廳長周佛海十月八日

葉定侯先生來函

翼謀先生閣下：久欽芝宇，時切馳思，近維起居曼福，公私順遂，爲頌爲慰。弟近得盛時泰《元牘記》二卷，後附謝山《田舍借書鈔》一卷，爲吳枚庵茂才翌鳳舊藏，似是明時鈔本，較貴館刊本爲完足。擬乞賜以貴刊一部校補寄奉，以便續刻附後，傳古人不敝精神，代以續命，想亦台從所樂許也。貴館刊出至何期，並祈示知爲感。 手頌文安 弟葉定侯

一日

致葉定侯先生函（1933 年 10 月 11 日）

定侯先生史席：頃奉大札，藉悉新得舊鈔本《元牘記》較敝館刊本完足，並囑寄館本代爲校補，曷勝感幸，兹交郵寄上二部，一奉贈，一呈校補賜還。 又查神州國光社景印《魏稼孫手校蒼潤軒碑跋》，實即《元牘記》也，并以附聞。 敝館年刊已出至第五期，第六期本年內出版，屆時寄奉。 特復，祗頌譔祺 柳詒徵頓首十月十

教育廳指令（1933 年 10 月 14 日）

呈悉。 查所稱尚係實情，所有二十一年度決算超支之數，應准在上年積餘項下抵補。 以後關于呈准動支積餘之款項，應另案造報，不必混入本年經常費內列支，以清眉目，仰即知照。 此令。 江蘇省教育廳

致教育廳公函（1933年10月14日）

敬啓者：詒徵于本年十月七日奉到國民政府文官處十月六日遞送簡派狀一件內開「派柳詒徵爲高等考試典試委員。此狀。國民政府主席林森、考試院院長戴傳賢」等因，詒徵遵于本月十四日赴考試院會同各典試委員處理高等考試事宜，所有本館應行事務，援照館章，委託本館主任張逢辰代理，詒徵一俟高等考試事竣，即行到館服務。理合備函聲述，敬祈鑒照。　謹呈　江蘇省教育廳廳長周　江蘇省立國學圖書館館長柳詒徵十月十四日

廳長周佛海十月十四日

呈教育廳文（1933年10月26日）

爲遵令呈解救國飛機捐款由。案奉鈞廳第一九八三號訓令，限本月底將救國飛機捐一律解清等因，奉此，謹卷查本年四月奉鈞廳第六二八號訓令，內有教職員自由捐助之規定，社教機關事同一律。經由全館職員於月薪下按月認捐，扣足六個月計共大洋二百四十八元一角，除將該款交由中國銀行匯解外，理合備文開具職員捐款名單一併呈請核收，實爲公便。　謹呈　江蘇省教育廳廳長周　計呈名單一紙　江蘇省立國學圖書館館長柳詒徵十月二十六日

盋山案牘

五三七

教育廳指令（1933 年 11 月 4 日）

呈悉。應予照准。此令。 江蘇省教育廳廳長周佛海十一月四日

教育廳指令（1933 年 11 月 18 日）

呈悉。救國飛機捐款二百四十八元一角，如數收訖，仰候彙轉。名冊存。此令。 江蘇省教育廳廳長

周佛海十一月十八日

復葉定侯先生函（1933 年 11 月 22 日）

定侯先生台鑒：頃奉手教，袛悉一是，并收到郵局寄下朱筆親校館刊《元牘記》，雅誼殷勤，至深感篆。按館刊本後附校正表，與尊藏本同者查有二十七條，內有數條原本不誤而排印誤者。承贈《説文考證》二部，遵示一存館，一拜領。又示及新從道州何氏得王菉友《説文句讀》最後定本，並經緩曳、石洲評校，洵屬藝林珍籍，可否賜假敝館傳鈔，俾與館藏手稿參互校勘，藉窺作者心詣？如荷俞允，關於傳鈔手續，敝館於尊藏稿本當負完全責任也。寄上第四、五年刊各一册，第六期俟出版寄奉。特此泐復，順頌譔安 柳詒徵謹啓十一月二

十二日

葉定侯先生來函（1933 年 11 月 23 日）

翼謀先生左右：前奉台函，敬悉一是。《元牘記》已遵命校畢，並家刻《説文籀文考證》二部交郵寄上，一部奉陳鄰翥架，一部存之館中，至祈察納。貴館年刊四、五、六期聞已出版，能各賜一份以廣見聞否？王蓉友《説文句讀》《釋例》稿本，貴館所藏爲第四次手稿，弟從道州何氏得王最後定本，《釋例》經張石洲以硃筆校補、校誤，蓉友復從而增省，又經蝯叟墨筆手評句讀，則石洲校誤未完，蓋王、張凶終隙末即在是時，故參訂未得竟功，迄後付刊，則並去石洲之名矣。順以附聞，手頌譔安。 弟葉定侯頓首十一月二十三日

呈教育廳文（1933 年 11 月 30 日）

爲遵照頒布管理法將應報各件呈送鑒核備查由。案奉鈞廳第一九〇一號訓令「頒發《江蘇省立各教育機關圖書儀器標本校具管理辦法》暨《江蘇省立各教育機關校館場舍及校館場基管理辦法》各一份，限於文到二個月内將應報告各件呈送」等因，奉此，除遵照頒布管理法辦理外，謹將關于本館應報各件製就圖表，計館舍、館基平面合圖一份，圖書分類目録統計表一份，館具分類目録統計表一份，理合具文呈送鈞廳鑒核備查。 謹呈

江蘇省教育廳廳長周 計呈平面合圖、附表各一份，圖書分類目録統計表一份，館具分類目録統計表一份

江蘇省立國學圖書館館長柳詒徵十一月三十日

教育廳訓令（1933 年 12 月 1 日）

本廳長此次視察淮陰、淮安、高郵、寶應等省縣社會教育機關，工作人員能努力盡職者固屬甚多，而因循萎靡、敷衍塞責者實屬不少，甚或終日安閑，無所事事，亦在所不免，推知其他未經視察各省縣社教機關，當亦同此現象，亟應整刷振作。嗣後各省立、縣立社會教育機關職員，務必人各有事，事無不舉，群策群力，相與推進，不得稍形懈怠，意存敷衍。茲並訂定省縣社教機關職員工作日誌一種，分發仿製，各機關自主任人員以下各職員均應一律按日填寫，月終分別彙訂成册存置本機關，或備查學人員就地考詢，或由本廳抽調查閱，以爲考績獎懲之根據，各機關每月根據報告是否實在，亦以此爲印證。除分令外，合行檢發日誌式樣一份，令仰該館長於文到後即日做印，並將開始填寫日期連同所印日誌一份呈報備查。此令。

檢發社教機關職員日誌式樣一份。

江蘇省教育廳廳長周佛海十二月一日

呈教育廳文（1933 年 12 月 10 日）

爲呈報二十二年度七、八、九三個月經常費及十九年度臨時費收支計算表册由。謹將本館二十二年度七、八、九三個月經常費造具收支對照表及支出計算書三册、單據粘呈薄三册。又卷查前領十九年度景印善本書臨時費五千元，經陸續印就《謝氏後漢書補逸》《三朝遼事實錄》《平倭通錄》《鄭開陽雜著》《山海漫談》《賊情彙纂》《醫說》七種，計支印費四九〇八·一七三三元，又支補助建築臨時藏書宧室費一〇三·二二八元，合

計共支五〇二一.四〇二元，不敷二二.四〇二元即於本館專款項下支撥應用，刻經結束，理合造具收支對照

表及支出計算書一冊、單據粘呈薄一冊，隨同經常費報銷一併呈送鈞廳，伏祈鑒核示遵。　謹呈　江蘇省教育

廳廳長周　計呈收支對照表及支出計算書一冊、單據粘呈薄四冊　江蘇省立國學圖書館館長柳詒徵十二月

十日

書館十二月十五日

致張詠霓先生函（1933 年 12 月 15 日）

詠霓先生道鑒：頃承惠賜尊輯《四明叢書》全部都六十冊，浙東文獻薈爲大觀，拜仰高風，欽企曷極。謹

當編目珍藏，藉供眾覽，琳琅鉅帙，東壁增輝，津逮藝林，學人載誦。　蕭箋鳴謝，敬頌道綏　江蘇省立國學圖

書館十二月十五日

吳詩初先生來函（1933 年 12 月 19 日）

江蘇省立國學圖書館諸位先生鑒：茲郵奉《麓雲樓書畫記略》，汪士元撰，書後有汪親筆勘誤，一冊，此

書中國書店定價二元；《井眉軒長短句》，吳九珠撰，一冊；《蘭石軒印草》，龐絅量，四冊；《有美草堂畫學書

目》一冊。願交換貴館經售之《南京圖書局書目二編》附《書畫目》一種，或僅換《書畫目》及《陶風樓書畫

目》一種亦可，如荷贊同，回件請寄蘇州城中張家巷十三號鄙人收可也。專此，即頌公綏　又前托貴館傳

鈔吳其貞《書畫記》、《鳴野山房書畫記》將好否？ 吳詩初啓十二月十九日

呈教育廳文（1933年12月19日）

爲呈送職員日誌開始填寫日期并仿印式樣一份備查由。案奉鈞廳第二三五八號訓令「頒發社教機關職員日誌式樣一份，於文到後即日仿印，並將開始填寫日期連同所印日誌一份呈報備查」等因，奉此，除遵照頒布式樣印就外，並於本月十九日開始發給各職員按日填寫，俟月終分別彙訂成冊，存館備查，爲此具文將開始填寫日期連同仿印日誌一份呈請鈞廳察核備查。 謹呈 江蘇省教育廳廳長周 計呈職員日誌式樣一份

江蘇省立國學圖書館館長柳詒徵十二月十九日

復吳詩初先生函（1933年12月19日）

徑復者：頃奉大函，並開示《雲麓書畫紀略》等四種，擬與敝館交換《江南圖書局書目二編》附《畫目》及《陶風樓畫目》，謹承雅誼，即照來示辦理。書交郵另寄，合先奉復。 此致 吳詩初先生 江蘇省立國學圖書館十二月十九日

教育廳指令（1933 年 12 月 21 日）

呈暨附件均悉。核閱該館七、八、九三個月經常費支出計算書表，郵電、購置、雜項均有超出，於十月份起撙節開支，以資彌補。單據粘存簿七月份內預字第四號單據，八月份內書字第五號、第十三號、第十六號至第十九號單據，又鈔字第二號單據均未附粘印花，應即發還，補具手續。十九年度臨時費計算書書據尚屬無訛，應予存查，仰即知照。七、八、九月經常費單據粘存簿發還，餘件存。此令。　計發還七、八、九三月份單據簿三件　江蘇省教育廳廳長周佛海十二月二十一日

世界文化合作中國協會籌備委員會來函（1933 年 12 月 23 日）

徑啓者：敝會現正搜集關於全國學術機關組織沿革之材料，以備編印專刊，藉爲對外之介紹。茲將調查各項另紙開列，敬乞撥冗分別詳細開示，如經編有中西文化專冊，亦請檢賜一份。因前項專刊之編印，有待於材料之齊集，故深望能於二十三年一月內彙齊，俾可早日着手。種種煩瀆，曷勝感企。此致　江蘇省立國學圖書館　世界文化合作中國協會籌備委員會敬啓十二月二十三日

致朱騮先先生函（1933 年 12 月 29 日）

騮先部長先生勛鑒：久暌榮範，時切景慕。側聞貴部新刊《中華民國郵政輿圖》，并於《方志月刊》中拜讀

弁辭，藉誌測繪精確，編製完備，山川都邑、水陸路線朗若列眉，洵近代中國輿圖中未有之鉅製，藝林珍幸，自不俟言。敝館年來搜集圖書供國人研閱，多荷各界贊助，數量日增，而貴部新刊輿圖尚屬闕如，殊無以饜學者之望。擬懇惠賜全份，俾資陳列，以供眾覽，無任感盼之至。耑肅佈忱，藉頌政綏　柳詒徵拜啓十二月二十九日

呈件均悉。件存。此令。　江蘇省教育廳廳長周佛海十二月三十一日

教育廳指令（1933 年 12 月 31 日）

國立中央大學來函（1934 年 1 月 5 日）

徑啓者：國學典籍，卷帙浩繁，敝校圖書館廣搜博採，雖具相當規模，但仍未能盡臻完備，師生中有欲從事專題研究者，每感參考資料不充，工作進行困難，尤以中國文學、哲學、史學、社會學各方面，端賴鈎稽舊籍，始可得有創獲，敝校圖書館尚不足以應此項需要。貴館收藏珍籍甚為豐富，用特專函奉商，對於敝校學生作學術研究前來閱覽者，予以特別通融，藉便參考。事關學術，務祈惠允，並希見復，是為至荷。此

致

國學圖書館　國立中央大學啓二十三年一月五日

復中央大學函（1934 年 1 月 4 日）

徑復者：頃准大函，藉悉貴校學生欲作學術研究，擬來敝館閱覽書籍，請予特別通融等由，極表歡迎。嗣後貴校學生爲專門學術之研究來館閱覽者，除依照規章辦理外，關于書籍種類、册數，可隨時與以充分之參考，不爲數量之限制。特函奉復，即祈查照爲荷。此致

國立中央大學　江蘇省立國學圖書館 一月四日

朱家驊拜啓 一月五日

朱騮先部長來函（1934 年 1 月 5 日）

翼謀先生台鑒：接奉惠教，敬已誦悉。郵政總局出版之《郵政輿圖》，係備各局自用所印，餘册不多，故對於各圖書館均未分送，既承尊囑，兹特轉飭郵政司檢奉貴館一册，至希察存是荷。尚此奉復，敬頌公祺

朱騮先部長先生勛鑒：頃奉手教，祇悉一是。辰維歲祉更新，爲深馨頌。比荷飭司檢贈《中國郵政輿圖》一

復朱騮先先生函（1934 年 1 月 5 日）

册，具徵隆誼，嘉惠學人，曷勝感篆。除交敝館編目庋藏以供衆覽外，特函鳴謝。藉頌政綏　柳詒徵拜啓 一月五日

呈教育廳文（1934 年 1 月 23 日）

為呈請通令所屬本省並咨行各省教育機關購備本館圖書總目增進讀書便利由。竊本館圖書總目業於

上年底將經部印就，經呈送鈞廳備閱在案，現正校印史部，其子部、集部亦賡續進行，刻期完竣。查是項總

目，係將本館承有錢塘丁氏八千卷樓、武昌范氏木犀香館二家之藏書及本館歷年購置與海內外各界贈送之

書統計十八萬餘冊，分類編目，并將各叢書之子目亦分別析出，依類隸屬，供閱者易於尋檢，節省時間，研究

學術者便於蒐簡資料，從事編目者依類編排，避免種種繁重之工作，一般學者得選擇其閱書之途徑，藏書家

獲佐證參稽，資以考訂。蓋經歷數年之久，始克藏事，誠不能謂為完備，然亦頗蒙海內人士之贊許，自發行預

約以來，各方訂購者殊形踴躍，然猶恐未能普及，有未悉本館藏書之內容者，於社會讀書方面遺憾實多。擬

懇鈞廳加以倡導，通令所屬本省各中等學校圖書館、民眾教育館等各購備一部，并咨行各省教育廳轉飭所屬

同樣辦理，以冀增進學者讀書之便利，而適應社會之需要。是否有當，理合具文呈請鑒准施行，併附呈預約

單等各一百二十份，藉備隨令分發，伏候示遵。謹呈

江蘇省教育廳廳長周　　計呈預約單等各一百二十

份

江蘇省立國學圖書館館長柳詒徵　一月二十三日

致南京市工務局函（1934 年 1 月 23 日）

逕啓者：龍蟠里烏龍潭橋堤業經貴局飭工修理，將次完竣，堤面鋪砌碎石，甚形鞏固，行人稱便，石城風

景爲之生色，京市名勝藉以永垂，仰見貴局維護古蹟之熱忱，曷勝欽幸。惟是沿堤風景，尤賴有樹木點綴，茲諗貴局興修馬路，路旁植樹必有多餘樹苗，擬懇趁便移植潭岸，不獨風景益增美觀，而於堤身更資以保護，都人士游燕於是地者，誦詠甘棠，寧有涯涘。用特函懇，尚乞俞允是荷。此致 南京市政府工務局局長侯 江蘇省立國學圖書館館長柳詒徵 一月二十三日

復世界文化合作中國籌備委員會函（1934 年 1 月 28 日）

徑復者：前准貴會函稱，現正搜集關于全國學術機關組織沿革之材料，以備編印專刊，藉爲對外之介紹，并開具調查事項，請檢寄一份等由，均悉一是。茲依照所開各項分別提要輯録，連同敝館《小史》一册隨函送請察收，並希見復爲荷。此致 世界文化合作中國籌備委員會 江蘇省立國學圖書館 一月二十八日

南京市工務局來函（1934 年 1 月 29 日）

大函奉悉。承囑栽植烏龍潭堤旁樹木一節，業經函請公園管理處撥發樹苗，一俟撥到，即行栽種。准函前由，相應函復請查照爲荷。此致 江蘇省立國學圖書館館長柳 南京市工務局啓 一月二十九日

國立中央大學國學圖書館館小史　盦山案牘　合刊

教育廳訓令（1934年1月31日）

查二十一年度省立各教育機關核定臨時費業經先後撥發清訖，各機關亦經陸續動支，茲爲明瞭各機關動支實況起見，特製定調查格式一種分發照填，以便彙集統計，除分令外，合行檢發一份令仰該館長遵照填報，並限于二月十五日前呈送到廳。事關要政，幸勿延誤。此令。計發表式一紙　江蘇省教育廳

長周佛海　一月三十一日

呈教育廳文（1934年1月31日）

爲修改本館閱覽參觀規程呈請鑒核備案由。本館爲力謀推廣社會教育，增進讀書便利，業於本年一月將雜誌報章閱覽室晚間繼續開放，藉便社會人士閱覽，并經館務會議議決，將館章內閱覽部規程及參觀規程重加修正，以利進行。爲此具文連同修正各條文一份呈請鈞廳鑒核，准予備案施行。謹呈　江蘇省教育廳

廳長周　計呈修正條文一份　江蘇省立國學圖書館館長柳詒徵　一月三十一日

呈教育廳文（1934年1月31日）

爲遵章改選本館經費稽核委員會委員呈請備案由。案查本館經費稽核委員會委員業經任滿一年，遵照

鈞廳頒布簡章，應即重行改選，茲經選出委員張夢巖、王煥鑣、汪闓、張繼曾、陶鎔貴五人，并推定張夢巖爲主

席，將該會組織成立，賡續進行。為此具文呈請鑒核備案施行。謹呈　江蘇省教育廳廳長周　江蘇省立國學圖書館館長柳詒徵一月三十一日

致警察廳第五局函（1934年2月2日）

徑啓者：龍蟠里烏龍潭夙稱京市名勝，原有水亭石橋及沿潭堤岸，歷年以來遭人作踐，圮毀過半，經敝館申請市政府飭工務局修理，以存古蹟，藉利游覽，並函請工務局向公園管理處撥發樹苗，栽植堤旁，點綴風景，兼護堤岸，第經此修理後，凡屬民衆均宜倍加愛護，以重公益。乃時有居民不顧公衆清潔，於堤邊道上養鴨飼猪，澣衣滌器，魚腥雞穢，狼藉路途，妨礙人行。並將一切垃圾傾倒潭中，以致潭水日濁，天氣稍暖，穢惡觸鼻。似此隨便作踐，非但破壞公益，損壞建築，實於京市觀瞻與市民衛生有深切之關係。夙仰貴局長維護古蹟，倍具熱忱，用特函請予以切實保護，於路旁植立揭示牌，禁阻作踐，并請飭知附近分所及崗位不時邏察，遇有任意作踐、攀折樹木及竊取磚石等情，隨時究辦嚴懲，以做將來而維古蹟，無任感盼。至希查照辦理，並乞見復為荷。　此致

　首都警察廳第五局局長

　江蘇省立國學圖書館館長柳詒徵二月二日

教育廳指令（1934年2月3日）

呈件均悉。查所報各件尚屬詳細，應准存查，惟租用地契約抄件未據呈送，圖書及館具價格亦未填

報，仰即分別查明具報備核。　附件存。　此令。　江蘇省教育廳廳長周佛海二月三日

首都警察廳第五警察局來函（1934年2月7日）

案准大函略開以「烏龍潭堤岸及潭水時被居民作踐，囑為切實保護，於路旁植立揭示牌禁阻，即希見復」等由，准此，當經轉飭該管分所隨時查察，嚴加禁止，切實保護，以重古蹟。至於揭示牌，本局未便代製，應由貴館自行辦理。准函前由，相應函復，即希查照為荷。　此致

江蘇省立國學圖書館　第五警察

局長曹傑二月七日

教育廳指令（1934年2月18日）

呈悉。　應准備案，仰即知照。　此令。　江蘇省教育廳廳長周佛海二月十八日

教育廳指令（1934年2月18日）

呈件均悉，准予備案。　件存。　此令。　江蘇省教育廳廳長周佛海二月十八日

呈教育廳文（1934年2月21日）

爲遵令填報二十一年度臨時費動支實況表由。案奉鈞廳第一七五號訓令「頒發二十一年度省立各教育機關臨時費動支實況表式一紙，限於二月十五日前填報呈送」等因，奉此，謹遵照表式繕造一份，具文呈報鈞廳鑒核備查。謹呈　江蘇省教育廳廳長周　計呈臨時費動支實況表一份　江蘇省立國學圖書館館長柳詒徵二月二十一日

呈教育廳文（1934年2月21日）

爲造送本館二十二年七月至十二月專款報銷呈請核銷備查由。案奉鈞廳第一七五號訓令「頒發二十一年度省立各教育機關臨時費動支實況表式一紙，限於二月十五日前填報呈送」等因，奉此，謹遵照表式繕造一份，具文呈報鈞廳核銷備查。謹呈　江蘇省教育廳廳長周　計呈報銷造具收支計算書一册、單據粘存簿一册，備文呈報鈞廳核銷備查。謹呈　江蘇省教育廳廳長周　計呈本館二十二年七月至十二月專款收支計算書一册、單據粘存簿一册　江蘇省立國學圖書館館長柳詒徵二月二十一日

教育廳指令（1934年2月24日）

呈件均悉，仰候分別咨令令可也。此令。　江蘇省教育廳廳長周佛海二月二十四日

国立中央大学国学图书馆小史　盋山架牍　合刊

李拔可先生来函（1934 年 2 月 24 日）

翼谋先生有道：前奉还教，知斋呈影印《雍熙乐府》一部，已蒙鉴察。新春和煦，伏审道履增胜，企颂为慰。兹有启者：敝馆于民国十八年四月间曾与贵馆签订借影善本之约，事经数载，迄未履行，今敝馆辑印《四部丛刊续编》，因旧藏日奔，被燬殆尽，正向各方蒐求，并拟仍恳贵馆许为通假，想前订之约，当然继续有效，伏希台洽见示遵办。抑有请者，闻贵馆藏有明嘉靖间徐献忠刻《唐百家诗》中之《皇甫冉皇甫曾集》，又有明正德覆宋刻此两集单行本，敝处为校雠上需要关系，拟恳慨借一读，如蒙允诺（此不在影印之列），可否乞交南京敝分馆王诚章兄转寄敝馆，应如何负责之处，均乞示遵，一俟校毕，即仍妥慎寄还，不敢有误。专肃奉渎，尚祈察谅为幸。此颂著祺，鹄候赐复　春寒，惟为道自卫　弟李宣龚顿首二月二十四日

复李拔可先生函（1934 年 2 月 24 日）

拔可先生史席：去秋京市良晤，屡荷教益，时切深衷。比奉大章，藉谂履祉春和，至为颂慰。示及拟景印《四部丛刊续编》，艺林盛事，极所欣企，所有民国十八年与贵馆订立借景之约，自可继续履行，候示照办。惟校雠《皇甫曾皇甫冉集》，以事不在约内，馆章例不借出，倘必需要，尊处可寄一他本来，由敝馆代校奉上如何？尚复，即希亮察为荷。　顺颂譔绥　弟柳诒徵谨启二月二十四日

呈教育廳文（1934年2月24日）

爲呈請查照前案補撥印書目費及提存建築費，并懇指撥的款，以資修繕，候示祇遵由。案查本館爲印圖書總目及建築善本書庫，業於二十二年二月十五日分別呈請鈞廳，於二十一年度臨時費項下撥給的款，經奉訓令第三三七號并核定臨時費一覽表在案。惟原呈印書目費估單需七千餘元，建築書庫設計說明書需三萬二千元，表內核定建築費逐年提存六千元，而印書目費只有三千五百元，不敷甚鉅，當就各方面盡量節縮，綜計全書印成必需六千元，與核定數目尚差二千五百元，經於三月十九日將不敷及節縮詳請具文申述。呈奉指令第二八七九號內開「既據盡量核減，無法再行緊縮詳核，所呈估計計單尚屬詳實，姑准照行，其不敷之數俟下年度再行核奪」等因各在案，現經部目業經印竣，史部目已在校印中，而核定費所餘已屬無幾，以下接續付印，待款孔亟，不容間斷，究應如何設法，擬請鈞廳查照前案，於二十二年度臨時費項下迅予補撥印書目費二千五百元，俾得剋期完成，以應急需。其二十二年度應行提存之建築費六千元，並請照案撥發。再有本館房屋陳朽，大半破損，急待修理，歷年叠經呈請，未蒙俯准，倘若任其圮毀，非但無以應用，而於公家損失更屬不貲，并懇於臨時費項下指撥一千元，以資修繕。所有上述各節，均在鈞廳洞鑒之中，茲屆支配二十二年度臨時費之時，理合具文呈請鑒核，伏候裁奪示遵。　謹呈

江蘇省教育廳廳長周　江蘇省立國學圖書館館長柳

詒徵二月二十四日

國立武漢大學圖書館來函（1934年3月2日）

徑啓者：貴館第三、四兩年刊均已承贈閱，至紉厚意，惟第一、二兩年刊惜付闕如，擬請再行惠贈一份，俾成完璧，無任感盼。嗣後貴刊出版時仍請繼續賜下，而敝館當以本校《文哲季刊》一種長期寄贈，如何之處，並盼見復爲荷。　此致　江蘇省立國學圖書館　國立武漢大學圖書館啓三月二日

致南京市政府社會局函（1934年3月3日）

徑啓者：本月十二日爲總理逝世紀念，全國例行植樹，敝館山園隙地尚多，懇請貴局撥給樹苗若干，俾于是日種植，再有烏龍潭夙稱京市名勝，沿潭蛇山、盍山從前林木大都摧毀，童山高卓，勝地荒蕪，可否趁便由貴局撥一部分樹苗移植是地，于風景造林均獲裨益。用特函懇，至祈俞允辦理，並盼示覆爲荷。　此致　南京市社會局局長　江蘇省立國學圖書館館長柳詒徵三月三日

南京市社會局來函（1934年3月8日）

准大函敬悉。查本局尚無苗圃之設備，尊囑撥給樹苗，無以應命，至以爲歉。惟查實業部中央模範林區管理局設有推廣苗木一項，無償發給各機關及人民，貴局所需，似可徑函接洽。此復，即希查照爲荷。此致　江蘇省立國學圖書館　南京市社會局啓三月八日

致中央模範林管理局函（1934 年 3 月 8 日）

逕啓者：本月十二日爲總理逝世紀念，全國例行植樹，查貴局設有推廣林木一項，無償發給各機關及人民。敝館山園隙地甚多，請貴局發給樹苗若干，俾于是日種植，以資紀念。用特函達，即希查照辦理爲荷。

此致

中央模範林管理局　江蘇省立國學圖書館三月八日

復武漢大學函（1934 年 3 月 9 日）

逕復者：頃奉大函，承索敝館第一、二年刊，並荷以貴校出版之《文哲季刊》長期寄贈，至以爲感，茲交郵寄上第一、二年刊各一册，即祈察收。再有前蒙貴校長允贈之《理科季刊》《社會科學季刊》兩種，亦請查照按期賜寄，俾供衆覽，以餉學人，無任盼禱。此致

國立武漢大學　江蘇省立國學圖書館三月九日

教育廳指令（1934 年 3 月 11 日）

呈暨附件均悉。核閱該館二十二年七月至十二月專款收支計算書據，尚屬無訛，應准存查，仰即知照。此令。

江蘇省教育廳廳長周佛海三月十一日

王獻唐先生來函（1934 年 3 月 23 日）

翼謀先生左右：奉手教敬悉，《印帚》《匋文》二書遵即寄上，因工料過費，統按八折計算，稍資把注，附

上發單一紙，統祈察收。《穆傳》係用影印，作兩次印，先墨後朱，製板亦用兩次，因此製板費須加倍。《穆

傳》共印六百册，每葉印六百份（訂工在内），需八元（紙費在内），若印一色，只用四元，前在上海文明書局

估價與此間無甚出入，若多印當能克己也。外上鄘著《邾分三國考》一册，希交貴館，不足存也。專上，并

請道綏

　弟王獻唐頓首三月二十三日

復王獻唐先生（1934 年 3 月 27 日）

徑復者：接奉大函附下發票一紙，均悉一是。承示套印書籍詳情，並荷惠贈《邾分三國考》一册、漢壽州

石羊拓本二張，極深鳴感，謹編目庋藏，以供衆覽。茲交郵匯上《印帚》《古匋文》兩書價款洋三十元八角六

分，即祈察收是荷。此致　山東省立圖書館館長王　江蘇省立國學圖書館三月二十七日

呈教育廳文（1934 年 4 月 5 日）

爲書樓風墻欲坍，呈請派員履勘估工，撥款興砌由。竊查本館書樓二幢中院兩邊均有風墻連接，高與樓

齊，因年久風雨震撼，致連接處發生離縫。上月二十日大風，墻身被吹搖動，岌岌欲墜，當飛速雇工將墻身兩

邊用木支撐，以免倒坍。現在每遇大風，墻仍動搖，緣該墻外實內空，雖用木撐，不能着力，故仍屬危險異常，

非重砌實墻不克期臻鞏固。詒徵以書樓爲館中辦事人員朝夕往來之地，而來賓參觀者亦日必數起，誠恐該

墻倒坍，發生意外之事，而書樓必遭牽動，將受重大之影響，經召工估計，開具估單，重砌實墻約需工料四百

餘元。惟查本館經常預算，逐年均無絲毫修繕經費，該墻須砌實屬萬分急迫，用特具文連同滕禎記估單一

紙，呈請鈞廳迅賜派員履勘估工，撥款興砌，俾免發生危險，損及書樓，無任急切，感懇之至，伏候察奪示遵。

謹呈

江蘇省教育廳廳長周　計呈估單一紙　江蘇省立國學圖書館館長柳詒徵四月五日

致劉翰怡先生函（1934年4月10日）

翰怡先生道席：久稽良覿，想切深衷，辰維動定春和，爲符慰頌。茲有懇者：敝館近擬景印萬曆本《正氣

堂集》，印就當寄奉一部呈閱，惟敝藏略有缺葉，貴樓如藏有萬曆本或其他重雕本，可否賜予鈔補，俾成完書，

供學人研覽，則拜惠無涯矣。假鈔時間約以十日，一切手續當負全責，用特專函奉商，至希俞允示復爲荷。

即頌時綏　柳詒徵拜啓四月十日

商務印書館來函（1934年4月17日）

江蘇省立國學圖書館大鑒：敬啓者，日前承惠假珍藏集部四種，業已奉到，《陶貞白集》當即付照完畢。

其《何陰合集》惜係新抄，《青陽集》附錄中《青陽山房記》及程廷珪《送余公赴大學詩》與正統本重出，似難配合，故均未留影。茲將原書四種計三冊一並保險寄繳，仍由敝分館經理王誠彰君送還，敬祈察收，並謝盛意。專此布達，祇頌公安　商務印書館謹啓四月十七日

劉翰怡先生來函（1934 年 4 月 17 日）

翼謀先生左右：箋候久疏，輒飢正切，展誦手畢，敬審圖書，枕葄即事，多欣如頌爲慰。承示貴館近擬景印萬曆本《正氣堂集》，流通古籍，至堪欽仰，敝樓藏弄只有道光刊本，業囑檢出郵呈，俾供鈔補，尚祈如約寄還，至爲紉感。肅此奉復，敬頌撰安　期劉承幹頓首四月十七日

復商務印書館函（1934 年 4 月 19 日）

逕復者：接准大函，藉悉借景各書已付照完畢，並將原書保險寄繳南京貴分館經理王誠章君送還等由，該書業由王君交到，計《陶貞白集》《何陰合集》《青陽集》附錄四種共三冊，經檢收無訛。並悉此次僅照《陶貞白集》一種，其餘均未留影，倘或需要敝藏其他書籍假景時，仍可照此辦理。相應函復，即希察照爲荷。此致

商務印書館　江蘇省立國學圖書館四月十九日

致周佛海廳長函（1934年4月20日）

佛海廳長勳鑒：睽違榘度，彌仰山高，為深景頌。茲以敝館史部總目編印竣事，謹檢寄一部，藉備瀏覽，

另二部一贈存廳中圖書館，一致菊潭同志，乞轉致為感。惟是二十一年度核定之印書目費不敷甚鉅，史部印

就後，款殆無餘，應如何設法接印子、集兩部，已另具牘詳呈，尚乞鼎力籌劃，俾克依限完成，無任盼切。耑泐

布陳，伏希亮察。　敬頌鈞綏　柳詒徵謹啓四月二十日

呈教育廳文（1934年4月22日）

為遵造二十一年度臨時費動支報銷并請查案補撥印書目費及提存建築費候示祗遵由。案奉鈞廳第六

一三號訓令，催二十一年度及二十一年度以前之各項臨時費報銷，限文到十五日以內造送候核等因，奉此，

查本館二十一年度以前之各項臨時費均經陸續造送報銷在案，二十一年度之臨時費，一為提存建築善本書

庫費六千元，儲存銀行未經動支；一為印書目費三千五百元，前已印就經部總目，現史部亦排印竣事，材料工

資均經先後付訖，計共支洋三千三百零五元三角七分二釐，所餘一百九十四元六角二分八釐，為數寥寥，以

下接印子、集兩部，其卷冊數量較經、史約有二倍，所需材料工資自必比例加增，綜計全書印成，視原來核定

之數殆逾一倍，業於去年三月十九日具文申述，經奉指令第二八七九號，有「俟下年度再行核奪」等字樣，續

於本年二月二十四日呈請，在支配二十二年度臨時費項下補撥各在案。刻子、集二部即須付印，待款孔殷，

國立中央大學國學圖書館小史　盋山案牘　合刊

迫于眉睫，究應如何設法，懇請查照前案迅賜補撥，俾應急需，并有應行提存之建築費亦請照案撥給，以資儲

存備用，無任盼切之至。爲此具文，遵將二十一年度臨時費動支款數繕造收支計算書據三冊呈送鈞廳鑒核，

伏候裁奪示遵。　謹呈　江蘇省教育廳廳長周　計呈收支計算書二冊、單據粘存簿一冊　江蘇省立國學圖書

館館長柳詒徵四月二十二日

呈教育廳文（1934 年 4 月 22 日）

爲造報圖書及館具價格并租用地契約抄件由。案奉鈞廳第一〇一〇號指令，將租用地契約抄件、圖書

及館具價格分別查明具報備核等因，奉此，遵即查明繕造圖書及館具價格表各一份，并租用地契約抄件一

份，呈送鈞廳鑒核備查。　謹呈　江蘇省教育廳廳長周　計呈圖書價格表一份、館具價格表一份、租用地契約

抄件一份　江蘇省立國學圖書館館長柳詒徵四月二十二日

致第五警察局函（1934 年 4 月 24 日）

徑啓者：龍蟠里烏龍潭係京市名勝，曾經敝館函請市政府飭工務局修理，并於堤岸栽植樹苗，當於本年

二月二日函請貴局予以切實保護，禁阻作踐，業荷函復照辦在案。乃附近居民不顧公益，並不因此稍戢，堤

上樹苗被毀折者甚多，近且將護樹木樁有私行竊取者，似此有意破壞公家建設，殊堪痛惡，若不嚴行究辦，勢

五六〇

必益無忌憚。用特函請貴局查明竊椿毀樹之人，重加究辦，藉儆效尤而肅刁風，并請重申禁令，飭知附近分所崗位不時邏察，以維勝蹟，無任感盼，至希查照辦理見復為荷。　此致

　　首都警察廳第五局局長　江蘇省立國學圖書館館長柳詒徵四月二十四日

教育廳來函（1934 年 4 月 26 日）

翼謀先生道鑒：惠書及史部目錄三部已收到，謝謝。其餘二部，已遵囑轉致，勿念。二十二年度社會教育臨時費為數無多，原指定為舉辦電影教育專款，茲已設法酌撥數千元，為貴館編印書目及建築書庫之用。　知注耑復，並頌道安　周佛海四月二十六日

呈教育廳文（1934 年 5 月 2 日）

為設計擴充閱覽室等呈請將本館影壁前民地咨請南京市政府歸館徵用由。竊查本館各閱覽室原係前惜陰書院舊屋，地位仄狹，不能容納多人，實為社會讀書方面一大障礙，急應設法擴充，建築較大之閱覽室，以適應環境之需要，因年年省庫支絀，尚未能着手進行。去歲會添闢雜誌報章閱覽室，亦祇容數十人，為一時補救計。近頃人數激增，有時至無容席之地，則駐足而觀，尚有住館讀書室亦供不應求，似此情形，向後讀書趨勢，自屬有加無已，若不設計籌劃，其影響於社會教育至為重大。　茲查本館影壁前現有民地數畝，擬徵

收作建築地基、位置、面積均極合宜，第恐爲人購去，則將來欲求一適當之地勢屬甚難，詒徵熟思至再，擬請

鈞廳咨請南京市政府，依照土地徵收法圈歸本館隨時備價徵用，藉應需要。事關教育，用特具文呈述，懇祈迅

賜鑒准施行，無任盼切，伏候示遵。謹呈　江蘇省教育廳廳長周　江蘇省立國學圖書館館長柳詒徵五月二日

教育廳指令（1934 年 5 月 4 日）

呈件均悉，准予存查。此令。　江蘇省教育廳廳長周佛海五月四日

首都警察廳第五警察局來函（1934 年 5 月 4 日）

徑復者：前准大函略開「龍蟠里烏龍潭堤岸樹苗，復被附近居民毀折者甚多，並有竊去護樹木樁，請予

查明嚴辦，并飭崗警查察，以維勝蹟，至希辦理見復」等由，准此，自應照辦。除已飭該管分所嚴查竊樁毀

樹之人送局懲治，並飭屬隨時注意切實保護外，相應函復，即希查照爲荷。此致　江蘇省立國學圖書館

首都警察廳第五警察局啓五月四日

教育廳指令（1934 年 5 月 12 日）

呈件均悉。　前項風墻，既據陳明年久失修，傾坍堪虞，擬重砌實墻，以臻鞏固，所需工料四百元，應准

在該館積餘項下如數動支，仰即知照。附件存。此令。　江蘇教育廳廳長周佛海五月十二日

無錫圖書館協會來函（1934年5月16日）

為建議組織圖書館學講習所事。查發展事業，首重人材，現圖書館設立日多，專門人材需要日亟，奈培植此項人材學校，只有武漢圖學專科一所，因此人材寥落，各館所用人員多係學非所用，在服務期間雖得經驗，而於學識尚虞缺乏。今為發達圖書館事業起見，不得不於現任館員予以學習機會，以為整理之資，故利用假期設立圖書館學講習所，洵為必要之舉。其辦法，因廳方頒布分區指導制，凡本省公私立圖書館暨學校附設立圖書館均在本省省立圖書館直轄之下，由三處省圖書館合設講習所一所，最為適當，聘請專家教授，通令本省各公私立圖書館、各學校附設圖書館選派人員學習，膳宿旅費由該校、該機關供給。以上擬議，經敝會大會提案決議作為建議事宜，以備貴館采擇，可否施行，敬請卓裁。又尊處為省圖書館首席，其餘蘇州、鎮江二省圖書館請即轉知，不再另函，理合附聞。此致

　　江蘇省立國學圖書館館長柳

附呈本屆大會會議記錄一份

　　無錫圖書館協會執行委員會主席陳然五月十六日

復無錫圖書館協會函（1934年5月16日）

徑復者：案准大函內開「建議本省省立圖書館利用暑假組織圖書館學講習所」等由，并本屆大會會議記

録一份，祇悉一切，經將原件抄轉鎮江、蘇州圖書館，俟徵集意見後再行詳細奉答，特先函復，即祈查照爲荷。

此致

無錫圖書館協會　江蘇省立國學圖書館五月十六日

致童履吉、陳渭士先生函（1934 年 5 月 16 日）

履吉同志、渭士先生大鑒：頃接無錫圖書館協會公函，建議本省立圖書館利用暑假組織圖書館學講習所，茲將原件抄轉台覽，卓見是否贊同，請詳示一切，以便會同答復。設贊同組織，是否應先向教廳探詢，由廳方令行組設，抑由省立各館會呈請求，以及下列各點：（一）教授人材。是否由省館遴選館員擔任，抑另聘專家。（一）地點。本省各縣市公立、私立圖書館極多，爲便利遠道來學，計宜擇一適中之地。（一）組設經費。預算約需幾何，如何籌措。（一）課程。若何編製。（一）時期。若何規定。均有愼重考慮，約同洽商討論之必要，用特函達，即希裁酌是荷。　順頌公綏　柳詒徵拜啓五月十六日

何叙父先生來函（1934 年 5 月 22 日）

翼謀、剛主先生有道：翼公過訪，失迓爲悵。歸杭檢書，尚存明版善本若干，當與分存瓦當及拓本函一並奉呈，以爲家慈壽日紀念也。北平圖書館弟已另有覆函，不一一。敬請撰安，弟遂拜手五月二十二日

五六四

國立中央大學國學圖書館小史　盋山案牘　合刊

呈教育廳文（1934年5月23日）

為遵照指定用途，繼續進行上年度事業，不足款項懇於下年度補足，并聲明詳細計劃已具前案由。案奉

鈞廳第八九〇號訓令「檢發該館二十二年度核定臨時費表一紙，仰即遵照指定用途，另造詳細計劃呈候核准動支，一俟事業終了，并應將本年度臨時費報銷書據專案呈報核奪」等因，奉此，謹查表內指定用途，一千元補助印書目費，三千元提存書庫建築費，此兩項事業均於上年度三月分別擬具詳細計劃，呈奉訓令三三七號、指令二八七九號核准施行各在案，現在事業尚未終了，自應遵照指定用途賡續前案計劃進行，以副鈞廳於省庫支絀之中竭力維持社教之至意。惟查上年度核定臨時費表內，建築費逐年提存六千元，本年度只有半數，印書目費三千五百元，經印就經、史兩部總目，計支材料工資洋三千三百餘元，所餘無幾，以下接印子、集兩部，卷冊數量均較經、史爲多，材料工資比例加增，所有詳情業於本年二月及四月先後呈報在案。本年度補助印子、集尚不敷二千數百元，惟有先將一部從事排印，不敷之數擬請鈞廳於下年度支配臨時費查照前案，連同建築費一併補足，以資完成，俾無間斷，無任感懇之至。爲此具文呈請鑒核示遵。再有本年度臨時費用，係繼續進行上年度未完事業，詳細計劃已具前案，合併聲明。　謹呈

江蘇省教育廳廳長周

江蘇省立國學圖書館館長柳詒徵五月二十三日

蘇州圖書館來函（1934 年 5 月 26 日）

翼謀先生大鑒：接展惠函並附下無錫圖書館協會建組講習所議案一件，均已敬悉。承示尊處對於舉辦此項事務考慮各節，均係切要，謹當贊同，未識鎮江圖書館意見如何，倘寧、鎮二處如有共同意見，則敝館無不欣從也。先此奉復，餘再候示洽。草此，順請台安　陳定祥拜啓五月二十六日

何叙父先生來函（1934 年 5 月 29 日）

翼謀先生撰席：日前因事赴杭，頃始歸京，接奉手示並承寵招，未克赴約，罪甚歉甚。附函乞代達北平圖書館，照取贈品及拓件爲荷。杭州帶來明版書數部，細檢尚有缺本、缺葉，容俟整理，如有可藏價值，當即送呈也。敬覆，敬請道安　弟何遂頓首五月二十九日

童履吉先生來函（1934 年 5 月 30 日）

翼師尊鑒：頃奉手教暨無錫圖書館協會建議本省省立圖書館利用暑假組織圖書館學講習所議決案紀錄一份，祗悉種切，當經提交敝館館務會議討論，結果原則贊同，即請貴館擬具詳細計劃，會呈教廳核示。相應函復，即希查照。專此肅復，祗請公安　生童致旋謹上五月三十日

復何叙父先生函（1934 年 5 月 30 日）

叙父先生惠鑒：頃奉手教，祗悉一是。附函二件即轉北平圖書館，贈品拓件已去函照示辦理，敬拜嘉貺，榮幸無已。又承示明版書蒙允整理見惠，尤深感激。匆復鳴謝，即頌公綏　柳詒徵拜啓五月三十日

三十日

致孫洪芬先生函（1934 年 5 月 30 日）

洪芬先生有道：久闊未裁書奉候，思仰日深，辰維首夏清和，起居佳勝，兼審代長北平圖書館編削摩研，定多著述，爲深欽慰。頃有敝友何君叙父云有贈品拓件留存敝館，爲將附函奉達，即懇查照檢寄，拓件工資示知照給。另有何君致劉先生一函，亦乞轉致爲禱。匆布，不罄所懷，敬系賜察，并頌公綏　柳詒徵拜啓五月

復童履吉函（1934 年 5 月 30 日）

履吉同志大鑒：頃奉手示，藉悉尊處對於無錫圖書館協會請組暑期講習所一案原則贊同，茲將蘇館來函鈔上台閱，如貴館決意組設，敝館當附驥以從，自無異議。會呈一節，匆見略於前函述及，或會呈請求，或由廳方令行，請就便先向廳方探詢意旨，再作計較。至于詳細計劃，事關全體，非敝處所敢擅擬，當俟各方意見一致，決定組設，屆時即由尊處擇定地點，會同洽議可也。特此奉達，一切仍候早裁示知爲盼。并頌公祺

柳詒徵拜啟五月三十日

無錫圖書館協會來函（1934 年 6 月 3 日）

徑啟者：前接貴館覆札內述「公函並決決議案一份照收均悉。經將原件分別抄轉鎮江、蘇州圖書館，俟徵得意見後，再行詳細答覆」等情，明知茲事體大，籌措經費、聘請專家均成困難問題，然當此知識飢荒，喁喁渴望之秋，爲適應需要計，務請貴館等出其全力，以成此偉舉。此事實現後，小之可推進本省圖書館事業，大之可爲各省樹風聲，其影響匪細。暑期在邇，辦與不辦亟宜解決，用特續函瀆請，務乞賜覆爲荷。

此致
　江蘇省立國學圖書館館長柳

無錫圖書館協會執委會主席陳然六月三日

復無錫圖書館協會函（1934 年 6 月 3 日）

徑復者：頃奉大函，備悉種切。關於組設暑期講習所一案，經於上月十六日將貴會第一次公函分別轉致鎮江、蘇州圖書館徵集意見，當於上月二十六日及三十日先後接到兩處復函，原則上均表贊同，惟於實行計劃，尚未作具體之表示，刻正從事磋商中，一俟計議決定，即行函達。特先奉復，并希查照爲荷。此致
　無錫
圖書館協會執委會
　江蘇省立國學圖書館六月三日

致第五警察局公函（1934年6月5日）

径启者：查本月三日早间，有人拆毁敝馆後山竹笆竊取桑葉，經發覺逸走并遺下梯子一具，當將該梯即時送交龍蟠里貴派出所，請予偵查，現竹笆甫經修竣，而東院後牆又於本日早間發見搭脚痕迹，四處挖去磚塊，經報由貴派出所派警到館查勘在案。敝館係典藏圖書重地，在貴局管轄區内，接連發生此種事情，殊屬詫異，恐有不肖潛迹其中，設或發生其他不測事故，於地方治安及敝館圖書均有重大之影響，應請飭屬嚴密澈究，以杜後患。再卷查敝館從前向蒙貴局派有警士駐館防護，自民國二十一年四月警士徐鵬飛退伍後，迄未續派，旋經江蘇教育廳及敝館正式函請貴警察廳查案照派，以警士不敷支配，蒙允電知貴局將收兵橋崗位移動，飭警士常在敝館門前梭巡在案，惟梭巡未久，即未繼續實行。現在連日發生事故，用再函請貴局查照收兵橋崗位移動之命，迅予飭知警士常來敝館前後梭巡，以重典藏而維治安，無任公感。此

致

　首都警察廳第五局局長　江蘇省立國學圖書館館長柳詒徵六月五日

　　　月八日

盋山案牘

孫洪芬先生來函（1934年6月8日）

翼謀先生史席：奉教知道履康吉，至慰懷念。附下何叙甫君致劉子植君函及館函已分别轉交。尊處所需拓件，已囑主管部分代辦，俟辦妥即行郵奉。先此佈復，至祈朗照爲幸。順頌塈祺

弟孫洪芬拜上六

五六九

呈教育廳文（1934 年 6 月 9 日）

（闕）機捐款詳細數目應從速公佈等因，轉飭遵照等因，奉此，卷查本館全體職員認繳飛機捐款款計共洋二百四十八元一角，連同詳細數目名單業於上年十月二十六日呈解鈞廳，經奉第一〇六七〇號指令，有「如數收訖，仰候彙轉」等字樣，當隨時給職員傳觀各在案。 此項捐款詳細數目，應候鈞匯轉某機關，某機關以何種方式公布，俟奉明文再行轉佈，以昭大信，是否有當，理合具文聲述，呈請鑒核示遵。　謹呈　江蘇教育廳廳長周　江蘇省立國學圖書館館長柳詒徵六月九日

首都警察廳第五警察局來函（1934 年 6 月 12 日）

案准貴館公函「以本館連日發生拆毀竹笆及挖磚情事，函請飭屬查究，并查照原案飭知收兵橋崗位警士不時來館梭巡」等由，准此，當經轉飭該管石鼓路西口分所注意查察去後，茲據復稱「查國學圖書館發生拆毀竹笆及挖磚情事，除已飭長警關增華等嚴密查究外，并於每日夜添派巡邏警士，於圖書館四周圍切實校巡，以重典藏。 至收兵橋係固定崗位，守望警士不能移動遠離，報請察核」等情前來，據此，經復查屬實，相應復請查照爲荷。 此致　江蘇省立國學圖書館館長　首都警察廳第五警察局啓六月十二日

教育廳指令（1934年6月25日）

呈悉。應准據情轉咨南京市政府核復辦理，仍仰遵照土地徵收法之規定，徑向市政府接洽。又該項圈用民地估價若干，此項地價擬從何款支撥，並仰聲復候奪。此令。 江蘇省教育廳廳長周佛海六月二十五日

復無錫圖書館協會公函（1934年6月20日）

徑啟者：前准貴會大函，建議利用暑期組設圖書館學講習所一案，當分別函轉鎮、蘇兩館徵集意見，先後函達在卷。茲經三館疊次洽商，僉以事關全省，區域遼闊，一切手續自必熟籌妥善，本年時期迫促，事實上勢難組設。刻正會擬詳細計劃，編製課表，呈請教育廳核定經費，編列二十三年度預算，俟奉批准，屆時再行奉達。相應函復，即希查照為荷。 此致

無錫圖書館協會 江蘇省立國學圖書館六月二十日

呈教育廳文（1934年6月25日）

為酷暑輪休時期，因曝晾圖書呈請暫停閱覽由。案奉鈞廳第一二七三號訓令內開「奉教育部規定社會教育機關休假辦法，仰即遵照」等因，奉此，查本館藏書數近二十萬冊，內多珍本秘笈，每年須於伏日將各書庫廚門箱匣等開啟通風，拂除潮霉天蘊伏之氣，藉免生蛀，并須逐廚逐箱檢察，有經受潮氣者，即隨時取出曝

晾整理，不能供人閱覽。緣此情形，故於酷暑輪休期內暫停閱覽，各員在輪值時期曝晾整理，此數量巨大之圖書，其工作實較平時尤形繁重，此係本館之特殊情形，載在館章，與其他社會教育機關不同。現奉廳令，一切自應遵照辦理，惟暑期閱覽方面，因各類圖書有須取出曝晾及檢點整理等情形，可否仍廢前辦法，暫停閱覽，爲此具文呈請鑒核示遵。謹呈　江蘇省教育廳廳長周　江蘇省立國學圖書館館長柳詒徵

六月二十五日

呈教育廳文（1934 年 6 月 25 日）

爲本館年刊是否應照辦法第三條乙項繼續印行，抑將稿件呈核，與其他教育機關彙刊發表由。案奉鈞廳第一一二八號訓令內開「令發江蘇全省教育機關刊物統一暫行辦法，仰遵照」等因，奉此，查辦法第三條乙項，有其他必需出版之刊物，須分別呈請廳局核准後方得印行之規定，本館逐年刊行年刊，現已出至第六期，內容爲學術專著、圖書目錄及本館行政設施統計報告並其他重要文件等，各期均經呈奉鈞廳備閱在案。此項年刊頗蒙海內各界之贊許，並以與國內外各學術機關團體等交換刊物，現奉廳令，是否應照第三條乙項辦法繼續刊行，抑將學術專著及行政統計報告等呈由鈞廳審核，與其他教育機關彙刊發表，理合具文呈請核示祇遵。謹呈　江蘇省教育廳廳長周　江蘇省立國學圖書館館長柳詒徵六月二十五日

陈渭士先生来函（1934 年 6 月 26 日）

翼谋先生大鉴：连日为敝县行政会议赴崑出席，由苏馆转来惠函，为图书学讲习事。此事敝馆接展第一次函后即开馆务会议，对于尊处所提各节完全赞同，并拟先行预备图书学讲习资料，冀图稍有贡献。惟弟赴崑之前，此项筹备工作未能就绪，深恐盼复，先将敝馆筹备情形佈告大略，至于具体办法，仍惟贵馆意见是从。匆此佈复，顺颂著安。　　弟陈定祥顿首六月二十六日

呈教育厅文（1934 年 6 月 29 日）

为砌书楼风墙竣工，缮造收支计算书据呈送核销，并将需添阔阅览室修理工料估单呈请派员勘估拨款修葺由。案查本馆前因书楼风墙欲坍，业于四月五日呈请勘估拨款兴砌，经奉钧厅第四六三四号指令内开「所需工料准在该馆积余项下如数动支」等因，奉此，遵于五月一日兴工重砌实墙，刻已竣事，即在本馆积余项下支付工料洋四百零七元七角八分五釐，理合具文缮造支出计算书据各一份，呈送核销。再有本馆杂誌报章合併一室阅览，原属一时权宜办法，近因阅览人数激增，地位万不敷用，拟更于东院添阔一室，将杂誌报章分别部居，以利阅览，惟东院系前马公祠旧屋，经过驻军修械，破损极多，非重加修理不能应用，而本馆经常预算历年以来略无丝毫修缮费。上月三十一日钧厅派员莅馆视察，业将需添设阅览室详情面陈一切，并陪往东院履勘一周，兹以适应阅者之需求，势难再缓，爰召瓦木油漆作分别切实估计，开具估单，约共需工并陪往东院履勘一周，兹以适应阅者之需求，势难再缓，爰召瓦木油漆作分别切实估计，开具估单，约共需工

料洋四百八十餘元外，裝設電燈及白鐵檐漏尚需數十元，合併呈請鑒核，迅賜派員勘估撥款修葺，俾資應用，無任急切。感懇之至，伏候示遵。謹呈　江蘇教育廳廳長周　計呈修砌風墻支出計算書據各一份、修理東院閱覽室瓦木油漆作估單各一份　江蘇省立國學圖書館館長柳詒徵六月二十九日

江蘇省立國學圖書館第八年刊（二十三年度）案牘

呈教育廳文（1934 年 7 月 1 日）

爲呈送二十三年五月份經常費報銷由。謹將本館二十三年五月份經常費報銷繕造收支對照表及支出計算書一册、單據粘存簿一册，具文呈送鈞應鑒核備查。謹呈 江蘇省教育廳廳長周 計呈收支計算書據各一册 江蘇省立國學圖書館館長柳詒徵七月一日

教育廳指令（1934 年 7 月 1 日）

呈一件：遵照指定臨時費用途繼續進行上年度事業，不敷之款懇於下年度臨時費補足由。呈悉。所有不敷之款，應俟下年度臨時費可以支配時再行核奪辦理，仰即知照。此令。 江蘇省教育廳廳長周佛海二十三年七月一日

致劉晦之先生函（1934 年 7 月 5 日）

敬啓者：敝館搜集各類圖書，供專門學家及社會人士之研覽，荷蒙各界熱忱贊助，得以漸臻完備。夙仰大著《善齋吉金圖録》一書爲近代金石名著，學人爭以一覩爲快，用特專函奉懇惠賜全部，俾資插架以供衆覽，無任銘感之至，并希俞允示復爲荷。 此致

劉晦之先生　江蘇省立國學圖書館七月五日

教育廳指令（1934 年 7 月 5 日）

呈一件：爲本館年刊是否應照辦法第三條乙項規定繼續印行由。呈悉。查此項年刊確爲研究國學之專門刊物，應准繼續印行，惟嗣後除關於學術專著、圖書目録及特殊文件外，其他普通文件務宜選擇登載，藉以省節篇幅，力免靡費爲主，仰即知照。此令。　江蘇省教育廳廳長周佛海七月五日

劉晦之先生來函（1934 年 7 月 11 日）

敬啓者：接准大函，索拙著《善齋吉金録》一部，兹特寄奉，即希查收爲荷，相應函復。此致　江蘇省立國學圖書館　劉晦之拜啓七月十一日

呈教育廳文（1934年7月18日）

爲呈送修正館章條文，仰祈核准備案由。案查本館規程因遵奉部章及鈞廳先後頒發各項規條并最近擴充閱覽室等情形，於館務進行方面有必須增刪修改之處，茲值年度開始，爰經館務會議議決，將應行增刪修改事項分別加以修正，俾能適應事實，而於工作進行藉資順利。爲此具文連同修正條文一份呈請核准備案施行，實爲公便。　謹呈

江蘇省教育廳廳長周　　計呈修正條文一份

　　　　　江蘇省立國學圖書館館長柳詒徵七月十八日

呈教育廳文（1934年7月18日）

爲遵奉部章擬訂酷暑時館員更番休息日期，呈請核示備案由。案奉鈞廳第一二七三號訓令內開「奉教育部規定社會教育機關休假辦法，仰即遵照」等因，奉此，謹遵照規定第一項「在嚴寒酷暑時期得更番休息，不得放假，其日期由各省市教育行政機關、國立各社會教育機關，按當地情形分別規定，呈報教育部備案」，擬定本館於盛暑時由七月二十三日至八月六日、八月七日至二十二日爲館員更番休息時期，不予放假，在更番期內，各閱覽室仍繼續開放，內部工作亦照常進行，所有遵章擬訂緣由，理合具文呈請鈞長核示備案施行，實爲公便。　謹呈

江蘇省教育廳廳長周　　江蘇省立國學圖書館館長柳詒徵七月十八日

致南京市政府函（1934年7月26日）

逕啓者：近悉貴政府飭工務局修築自清涼山至漢中門各道路，中間經過龍蟠里口，市民咸以爲龍蟠里行人車馬往來極衆，視清涼山下何啻倍蓰，必將連帶修理以利交通，引領翹盼，卒未獲實現。查龍蟠里係石城名勝之區，文化教育機關比肩相望，尤以圖書館爲社會人士研覽之所，中外學術家及市民來閱覽參觀者終日絡繹不絕，而道路歲久失修，跬步崎嶇，行人車馬靡不感覺困苦，渴望早日興修，殆不僅爲交通便利計，即在名勝與觀瞻方面亦有亟需修治之必要。目擊事實，誠不容稍緩，用特函請貴政府派員赴龍蟠里踏勘道路情形，趁便飭局興修，民衆實利賴之，刻長度不過半里，所費甚少，而於教育文化及其他方面種種之關係甚鉅。夙仰貴政府整治京市，載道歡欣，謹貢芻見，伏希察照辦理，無任感荷。　此致

　南京市政府市長石　江蘇省立國學圖書館館長柳詒徵七月二十六日

復江蘇民政廳圖書室函（1934年7月27日）

逕啓者：接展大函，藉諗貴廳欲整理江蘇文獻，須調查各縣方志目録等由，敝館所藏方志原編有油印草目二册，惟嗣後續有增加，俟將續增各志鈔補齊全即交郵寄奉，特先函復，祈查照爲荷。　此致

　江蘇省民政廳圖書室　江蘇省立國學圖書館七月二十七日

教育廳指令（1934 年 7 月 29 日）

呈一件：爲呈報修正館章條文祈核由。 呈件均悉，准予備案，件存。 此令。 江蘇省教育廳廳長周佛海

七月二十九日

教育廳指令（1934 年 7 月 29 日）

呈一件：爲呈報酷暑時館員更番休息日期祈鑒核由。 呈悉，准予照行。 此令。 江蘇省教育廳廳長周

佛海七月二十九日

教育廳指令（1934 年 7 月 31 日）

會呈一件：爲擬利用假期組織圖書館學講習機關，請指撥經費由。 呈悉。 所請利用假期組織圖書館學講習機關，自屬可行，惟經費應由三館事業費內設法撙節開支，如仍難敷用，再行酌量補助，仰先擬具詳細計劃及預算呈候核奪。 此令。 江蘇省教育廳廳長周佛海七月三十一日

呈教育廳文（1934 年 8 月 1 日）

爲造送二十三年度概算書，呈請核示由。 案奉鈞廳第七六八號指令內開「呈暨附件均悉。 查所呈概算

書應遵照最近公佈省立圖書館經費支配標準之規定妥加修正，再行呈核，仰即知照。附件發還。此令」等

因，奉此，謹查照規定標準分列科目，并比照上年度預算及前年度決算詳加修正，爲此編造二十三年度經費

概算書二份，具文呈送鈞廳核示祇遵。謹呈

江蘇省教育廳廳長周　計呈概算書二份　江蘇省立國書

館館長柳詒徵八月一日

蘇省立國學圖書館八月一日

致教育廳函（1934 年 8 月 1 日）

徑啓者：案奉鈞廳第一五六〇號訓令內開「爲定於八月二日召集省立各教育機關會計員會議，令仰派員

出席」等因，奉此，茲遵派本館會計員王震保前來出席會議，至希查照接洽爲荷。此致

江蘇省教育廳　江

蘇省立國學圖書館八月一日

致鎮江、蘇州圖書館函（1934 年 8 月 1 日）

徑啓者：查無錫圖書館協會請求組設圖書館學講習所事，業經會呈教育廳在案，茲奉到指令一件，相應

照錄一份，函請查照。所有經費預算、詳細計劃及呈復諸問題，仍待三館約會從長洽商，其地點似仍以在鎮

較爲便利，日期擬候尊處裁酌見示爲荷。此致

江蘇省立鎮江圖書館、蘇州圖書館　計鈔件一份　江蘇省

立國學圖書館八月一日

致施韻秋先生函（1934年8月3日）

韻秋先生史席：頃奉手書并《明實錄》第廿六批字數表及鈔費收據各一紙，祗悉種切。茲有懇者：關於此

書傳鈔事，歷年籌劃經費本感拮据，近又奉教育廳令縮減各項經費，不得超過規定標準，并不得彼此移動，實

逼處此，刻正從裁人減政方面設法撙節，尊處鈔費九月份當可照寄，以後即擬結束。第此書已鈔及過半，勢

不能因此停頓，擬懇商尊處請將未鈔部分假由敝館傳鈔，俾資節縮，藉竟全功，所假書冊往返均交郵保險遞

寄，萬無一失。似此不得已之辦法，委實無可如何，極深歉悵，希維鑒諒，并乞裁酌示洽爲感。耑泐，敬頌

綏

柳詒徵拜啓八月三日

施韻秋先生來函（1934年8月4日）

翼謀先生道席：昨奉大札，敬悉貴館以費絀減政，擬將《明實錄》停鈔，維藩當即傳示各寫員。寒士生

涯，傭書餬口，晴天霹靂，環請維持，因許以鈔畢在手之冊爲度，再作他圖。查《明實錄》鈔件月繳廿四五萬

字，三四寫員本不足了之，惟以冊有厚薄，字有多少，加以人之不齊，每致月底繳不足額。維藩爲遵從前示順

次繳件之囑，添雇寫員先期鈔繳，故截至前月底止已發鈔至正德第六册，已鈔成各冊積有廿餘萬字，留待

月底作第二十七批寄上，今當趕校付郵以示不欺外，其餘各冊亦有卅萬左右，足繳第二十八批而有餘。維

藩有此預備，故前函敢作肯定之語，謂此後必能順次繳奉，且字可足額也，此係實在情形，想邀洞鑒。至借

鈔問題，容商諸樓主，維藩歷奉面諭，藏書不准出借，證以貴館前借《正氣堂集》，一尋常版本書耳，尚須另

與樓主函洽，可知具備。　明清兩朝實錄爲南北藏書家所未有，樓主每舉以自豪，恐未必輕於出借，苟事屬

可能，維藩自當力贊其成。　惟竊有不能已於言者，借鈔托鈔，同一需費，失弓得弓，何必楚人，散處十許寫

員固生計攸關，即檢校同仁向資沾溉者，一朝停止，亦不無影響。　敬以直心道場奉商左右，所有《明實錄》

未成部分，可否仍由散處承鈔，館費支絀時不妨酌減字數，或更由維藩與左右設法籌墊，分屬蘇民，聊盡綿

薄，俾《明實錄》得竟全功，而勉維散處十許寫員之生計，爲幸多矣。　教廳方面既已核准於前，諒不致駁銷

於後，正如來示所云，鈔成過半，勢難中止，爲山一簣，進我往也，維左右實圖利之。　此復，敬頌箸安　施維

藩拜啓八月四日

南京市政府來函(1934年8月5日)

案准大函，以龍蟠里道路失修，囑爲飭局與清涼山至漢中門道路同時修理等由，准經飭據本市工務局

核復，該路現已招商比賬，不日即可興工等情，據此，相應函復查照。　此致　江蘇省立國學圖書館　南京

市政府啓八月五日

童履吉先生來函（1934 年 8 月 8 日）

翼謀吾師大人函丈：敬肅者，頃奉貴館大函并承録示教廳指令，敬悉壹是。所有講習所經費計劃諸問題由三館在鎮會商，敝館極表歡迎，即請尊處指定日期并通知蘇館。吾師如能命駕來鎮指示一切，則尤受業所禱幸者也。暑熱仍甚，伏維珍攝是禱。肅此，敬請道安，不一 受業童致旋敬上八月八日

呈教育廳文（1934 年 8 月 10 日）

爲造送六月份經常費書據，呈請核銷由。謹將本館二十三年六月份經常費繕具收支對照表及支出計算書一册、單據粘存簿一册，備文呈送鈞廳鑒核。查六月份支出，因歸還上月挪墊積餘，不敷一百五十四元二角二分九釐，仍在積餘項下挪墊。緣本館房屋陳朽，而向來無修繕經費，所有平日各處零星修理，均在各項經費中設法節縮，以資應用，然事實上常爲不敷，致時有超支情形。大率上月挪用積餘即於下月歸清，六月爲二十二年度終了月份，而本年度新概算，遵奉鈞廳新頒標準科目，既有變更，而各項經費之支配亦有定率，似未便再將挪墊滾入下年度，藉清界限。理合聲述緣由，連同報銷書據呈請賜予核銷，實爲公便。謹呈 江蘇省教育廳廳長周 計呈收支計算書一册、單據粘存簿一册 江蘇省立國學圖書館館長柳詒徵八月十日

致施韻秋先生函（1934 年 8 月 12 日）

韻秋先生史席：頃奉手翰，藉悉《明實錄》傳鈔狀況並承商各節，備悉一是。寒士傭書餬口，兩處寫官情形彼此正復相同，第以經費限制，實逼處此，裁人減政勢在必行，承以直心道場相商，極深欽感。惟寫員生計，寧、潯兩方須兼顧並籌，刻於編製預算中竭力設法籌劃，兩處均酌減人數、字數，即以每月鈔費原額作潯、寧六之支配，庶不令一方向隅，似此折衷辦法，實亦委曲求全之意，尚希鑒諒，仍候裁復爲禱。耑泐，祗頌

撰綏

柳詒徵拜啓 八月十二日

呈教育廳文（1934 年 8 月 16 日）

爲呈送景印珍本書籍並計劃表，仰祈核准在本館積餘項下撥給印費由。竊查本館所藏明俞大猷《正氣堂集》，其治兵禦倭方略與戚繼光併稱「俞龍戚虎」，而是集世尠傳本，又明呂高《江峰漫稿》，文學與唐荊川、王遵巖等齊名當世，而收藏家罕有著錄。二書皆係四庫未收之珍本，歷年各界閱覽人士屢向本館建議，請求景印流布，籍資研討，本館詳審該書早有印布之必要，第以需費較大，款無著落，遲遲未舉。上前兩年度所請臨時費，僅印本館圖書總目，不敷尚鉅，致該書又未能付印。比經本館部務會議一再討論，以未容更緩，決付印行，并由印行部擬具詳細計劃，事事力求撙節，自購紙張付店景印裝訂，兩書共印一○一三部，合計八○五二冊，當暫在積餘項下先支付紙價及工資之一部，餘俟陸續付清，即檢齊單據趕造報銷。合先具文連同計劃

表及《正氣堂集》《江峰漫稿》各二部呈送鈞長鑒核，仰祈賜准將該項印書費即在本館積餘項下撥給，俾償付工資，完成景印珍本事業，以慰各界人士之望，實為德便。謹呈　江蘇省教育廳廳長周　計呈印書計劃表一份　《正氣堂集》二部《江峰漫稿》二部　　江蘇省立國學圖書館館長柳詒徵八月十六日

呈教育廳文（1934 年 8 月 16 日）

為赴廬山出席中國科學社年會，請假兩星期，仰祈鑒核賜准由。竊詒徵應中國科學社之召，於本月二十日赴廬出席本年年會，研討學術問題，擬自本月十八日起請假兩星期，所有職務暫交由本館主任張逢辰負責代理，一俟會議竣事，即行到館服務。所有請假緣由，理合具文呈請鑒核賜准，實為德便。謹呈　江蘇省教育廳廳長周

江蘇省立國學圖書館館長柳詒徵八月十六日

施韻秋先生來函（1934 年 8 月 16 日）

翼謀先生道座：頃奉惠教，敬悉壹是。敝處寫官生計已荷俛允維持，寒士歡顏，同深欽感，惟潯四寧六之支配，不無喧賓奪主之嫌，而原書出借，亦斷難得樓主之許可。因思嘉靖一朝庚有複本，約佔未鈔部份十分之三，以維藩之愚，除二十七批業已校成，本擬即寄，適接貴傳鈔部通知須將缺卷補齊，廿七批中尚有缺卷，當緩後補齊，作兩包寄奉，二十八批亦已發鈔，仍請照原額給費外，自二十九批起，確定寧三潯七之

比例，按月由潯寄奉《嘉靖實錄》七萬餘字。此項辦法雖散處寫官尚未滿意，但維藩仰體左右兼籌並顧之苦衷，極願委屈求全，爲極端之讓步，儻荷核准，維藩即當函商，或於中秋左右赴滬面懇樓主，準將嘉靖一朝借奉。專此奉復，敬頌箸安　施維藩拜啓　八月十六日

廳廳長周佛海

教育廳指令

呈一件：呈送重編二十三年度概算書祈鑒核由。呈暨附件均悉。查概算書各項支配大致尚合，惟所列科目未能遵照前頒江蘇省立教育機關概算科目之規定辦理，仍有未合。又概算書應遵照規定提列其他活動事業費百分之三，仰即遵照修正重繕四份，連同概算提要呈候核轉。附件暫存。此令。　江蘇省教育

呈教育廳文（1934 年 8 月 18 日）

爲遵令修正本館二十三年度概算書，繕具四份，呈請鑒核彙轉由。　謹將本館前呈重編二十三年度概算書，遵照鈞廳第八二九九號指令所開各節暨前頒江蘇省立教育機關概算科目之規定，逐一修正，更繕四份，連同概算提要備文呈請鑒核彙轉，實爲公便。　謹呈

江蘇教育廳廳長周　　計呈概算書四份　　江蘇省立國學

圖書館館長柳詒徵八月十八日

復施韻秋先生函（1934 年 8 月 18 日）

韻秋先生史席：再奉還雲，承示以三七比例辦法，備悉委曲求全之至意，極所欽感，設不爲經濟限制，當未有不樂從之理。無如敝處預算業經廳方駁回，至再無法力爭潯四寧六之支配籌劃，熟四勢難稍移，如照來示，則敝處即須裁一人，在館務方面及事實上均所不能，務祈維持原議，兼顧雙方。至樓主或不願將書借出，則敝處可派員來潯鈔寫，貴樓以流通古籍、發揚文化爲懷，諒不見拒也。其嘉靖朝有複本者，仍煩商樓主寄下。再有廿七批鈔費前已函請停止，作一結束，茲悉該批之書既經校成，仰體左右之意，容勉力設法籌墊，恐須遲延日期，自廿八起即按潯四寧六支配矣。謹掬微忱，尚希鑒諒苦衷，倘仍弗獲邀允，而經濟之所束縛，殊無良策以善其後，爲之奈何，惟左右幸以教之。尚泐奉復，祗頌撰綏　柳詒徵拜啓八月十

八日

致國立中央圖書館籌備處函（1934 年 8 月 18 日）

逕啓者：前奉貴處公函，承贈景印《四庫珍本》一部，深紉高誼，嘉惠藝林，曷勝感幸。茲接電話云第一期書已由滬寄到，特派人齎函前來領取，即希檢交來人帶下爲荷。此致　國立中央圖書館籌備處　江蘇省立國學圖書館八月十八日

教育廳訓令（1934年8月20日）

案據本廳編審彭大銓、科員劉百川視察該館報告，該館長著述宏富，學術湛深，館員二十人大都住館工作，均備有工作日記，至爲可取。該館成立二十餘年，藏書已達二十萬册，舉辦事業年有改進，不類故步自封，尤堪嘉慰。惟書樓、書橱純係木質，且已窳舊，危險堪虞，應將經常費通盤支配，增列修繕經費一項，俾得隨時修理，對於館內消防設備並應力求充實，以期安全。報告鈔發。此令。計鈔發報告一件　江蘇省教育廳廳長周佛海八月二十日

張菊生先生來函（1934年8月20日）

翼謀先生閣下：酷暑困人，伏維動定納福爲頌。弟於前月離滬到此小住，昨由上海商務印書館轉到本月七日手教，展誦謹悉，《南詞定律》向爲研究詞曲家參考必需之書，承命列入《四部叢刊續編》，並以貴館珍藏康熙原刊慨假，曷勝欣幸，極應遵辦。惟出版至速須在明年，攝照却不亟亟，借書手續，容再請示。手覆，敬頌台安　再前蒙代校《二皇甫集》，知所據者爲明正德本，但未識爲何人所刊，全書共有若干家，便中乞見示，瀆瀆感悚。弟張元濟謹啓八月二十日

呈教育廳文（1934年8月23日）

爲遵奉指令具文聲述修繕消防情形，仰祈鑒核由。案奉鈞廳第一八九一號指令并視察報告書二份等因，奉此，謹讀指令開示各節，當益加奮勉，力求改進，以仰副鈞長重視社教之至意。關於修繕一節，查本館房屋陳朽，器具窳舊，亟應作整個之修理，需款甚鉅，而歷年以來無修繕經費，平時小修均由各項經費中竭力撙節，以資應用，從前疊經請款興修，均未邀准，本年度編製概算，遵照規定，通盤支配，已增列修繕一項，然只敷零星小修，若工資較大，即非另行籌款不克舉辦。再有消防一節，本館現有滅火機八具、水槍八枝、書庫前後院均排列水缸，缸滿儲水，不令稍乏，并督率職員訓練工役不時演習，仍擬設法充實力量，增添器具，以策安全。所有修繕、消防兩節情形，理合具文聲述緣由，仰祈鑒核，實爲公便。謹呈 江蘇省教育廳廳長

周 江蘇省立國學圖書館館長柳詒徵 八月二十三日

致陳叔諒先生函（1934年8月25日）

叔諒賢弟惠鑒：久疏箋候，馳系維勞，比想新秋薦爽，撰述多娛，爲深頌慰。頃閱貴館館刊，載有發售宋刻原石精拓《淳化閣帖》廣告，是帖向爲書家珍視，況拓自原石，彌覺可貴。敝館最近景印明俞大猷《正氣堂集》、呂高《江峰漫稿》二書，皆係四庫未收珍本，擬以交換《閣帖》一部，如以價值懸殊，可以敝書重份或其他出版書籍抵足相當之數，彼此以流通古籍爲職志，諒獲邀允也。特函奉商，至希見復爲感。并頌公綏 柳詒

徵拜啓八月二十五日

教育廳訓令（1934 年 8 月 27 日）

茲訂定二十三年度省立社會教育機關職員履歷表一種，分發查填，各該機關職員應一律詳細填列，繕具二份，於九月底以前呈報到廳，以憑查考。除分令外，合行檢發表格六紙，令仰該館長遵照辦理。此令。

計檢發表格六紙　江蘇省教育廳廳長周佛海八月二十七日

教育廳指令（1934 年 8 月 27 日）

呈一件：爲出席中國科學社年會，請准給假兩星期由。呈悉，應准給假兩星期。此令。　江蘇省教育廳

廳長周佛海八月二十七日

教育廳訓令（1934 年 8 月 27 日）

案據該館呈報修繕書樓風牆收支計算書據，呈請撥款添闢閱覽室，附送工料估單，請鑒核等情到廳，據此，查閱覽室之添闢既據稱勢難再緩，惟目下二十三年度臨時費尚未便支配，該項修建經費應准在該館積存經費項下先行撥款抵支。

據呈前情，除關於修繕風牆報銷書據仍候另令飭遵外，合行令仰該館長知

照。此令。 江蘇省教育廳廳長周佛海八月二十七日

教育廳指令（1934年8月29日）

呈一件：爲呈送修正二十三年度概算書暨提要，祈核轉由。 呈暨附件均悉，准予存轉。 件存。 此令。 江蘇省教育廳廳長周佛海八月二十九日

教育廳指令（1934年9月1日）

呈一件：呈送景印珍本書計劃表，祈准在積餘項下撥給印費由。 呈暨附件均悉。 查該項珍本之景印既據稱未容再緩，自可准予照行，惟前項景印本將來係定價出售，印費當有收回，希望應准在積餘項下暫行撥款墊支，以後陸續歸還，仰即知照。 附件存。 此令。 江蘇省教育廳廳長周佛海九月一日

呈教育廳文（1934年9月1日）

爲呈五、六、七三個月工作報告，仰祈鑒核備查由。 謹將本館五、六、七三個月經過工作情形繕製報告表，各油印二份，具文呈送鈞廳鑒核備查。 謹呈 江蘇省教育廳廳長周 計呈三個月工作報告各二份 江蘇省立國學圖書館館長柳詒徵九月一日

國立中央大學國學圖書館館小史　盋山案牘　合刊

教育廳訓令（1934 年 9 月 3 日）

案查《江蘇省黨政軍服務人員及學校員生限期戒烟辦法》經奉省政府秘字第九一〇號訓令飭遵辦理

在案，查該辦法第四條載：「各級黨部、機關、學校主管人員於本辦法公布後兩個月內，應向主管人員出具

切結，保證所屬並無吸食鴉片人員，以後如發現吸食鴉片者，應連帶受罰」等語，當經公布並刊登省府公報

在案，現查該項切結均未呈送前來，合亟印發樣式一份，仰於文到三日內填具呈廳，毋得延誤爲要。此令。

計發切結樣式一份　江蘇省教育廳廳長周佛海九月三日

教育廳指令（1934 年 9 月 4 日）

呈一件：爲呈復修繕消防情形，祈鑒核由。呈悉。此令。　江蘇省教育廳廳長周佛海九月四日

呈教育廳文（1934 年 9 月 4 日）

爲保證本館職員無吸食鴉片情事，填具切結，仰祈鑒核備查由。案奉鈞廳第二〇一八號訓令內開「限文

到三日內填具無吸食鴉片切結呈廳」等因，奉此，遵即切實查明本館職員並無吸食鴉片情事，理合依照式樣

填具切結一份呈送鈞長鑒核備查，并令本館職員各出具無吸食鴉片切結一份存館備案。謹呈　江蘇省教育

廳廳長周　計呈切結一份　江蘇省立國學圖書館館長柳詒徵九月四日

復張菊生先生函（1934年9月4日）

菊生先生惠鑒：展誦八月十三日手書，祗悉履候綏愉，爲深頌慰。弟於前月中旬赴廬山一行，月初始返京，致稽作答，歉甚。《南詞定律》荷允收入《四部叢刊續編》曷勝欣幸，攝照手續應候尊處何時需要，再商洽辦理。詢及前代校《二皇甫集》，係依據明正德本，全書名《唐人小集三十四家》，袁翼刊其《王昌齡詩集》，後有跋語云：「刻唐詩凡數家，而此尤可喜云。……正德己卯鄉貢進士勾吳袁翼題」，又《李頎詩集》後跋語云：「予藏是詩，諷誦日久，不覺心契，遂爲刻而藏之。正德己卯四月十日」，合以奉聞。專復，敬頌撰綏　弟柳詒徵謹啓九月四日

致劉衡如先生函（1934年9月8日）

衡如先生道鑒：弟感於蘇省水旱災荒，擬就全省編一記載，或用符號製表，比較災情之輕重，考察荒區之大小，以告今之民衆，惜敝館庋藏蘇省縣志有限，爰不揣冒昧，特囑朱君煥堯晉謁台端，務祈推情指導，俾得有所遵循是幸。專此奉懇，敬請教安　柳詒徵拜啓九月八日

呈教育廳文（1934年9月11日）

爲製備主要賬册，呈請蓋印并委託錫成公司代辦手續由。案奉鈞廳第一九七九號訓令內開「特訂定江

蘇省立教育機關會計規程，仰祈遵照」等因，奉此，查規程後附應注意第三點有「爲便利各機關製備主要賬冊起見，特約定商店預爲製備，各機關可逕向採購，所有送請蓋印手續並得委託該商店代辦」，茲在錫成印刷公司采購現金日記簿一冊、總賬一冊、分類賬二冊，計共四冊，理合具文呈請鈞廳蓋印，並聲明委託該公司代辦一切手續，伏候示遵。謹呈

江蘇教育廳廳長周　計呈蓋印賬簿四冊　江蘇省立國學圖書館館長柳詒徵九月十一日

長周佛海九月十四日

教育廳指令（1934 年 9 月 14 日）

呈一件：爲呈報六、七月份工作報告，祈鑒核由。

呈暨附件均悉，准予存查。此令。　江蘇省教育廳

致汪精衞先生函（1934 年 9 月 17 日）

精衞院長先生勳鑒：敬啓者，首都城西軍火庫局林立，比年以來時聞失慎，十七年九月二十四日炸燬旱西門，十八年八月二十六日爆裂老米倉，二十一年七月十日轟壞大王廟，最近又有堂子街之事，巨霆一發，萬户震驚，血肉橫飛，墻屋崩坍，死傷之慘，悸慄之狀，不可縷述。伏思都邑之內人烟稠密，庋藏軍械兩非所宜……一則奸宄間諜易於窺伺而生叵測，一則生命財產因其鄰近而生危險，苟求兼全並顧，似宜遷徙遠

郊或城北曠僻之區，專畫禁地，勿與居宅行人雜厠，庶足以慎防護而策安全。訛徵匏繫盋山，典司故籍，雖幸迭經巨變，尚未殃及池魚，然書樓墻壁因震而斜，在事之人日存惴慄，懲前毖後，不敢避出位之譏，謹貢芻言，伏希察納，飭下所司顧全民命，則城西千萬生靈之幸，非一館一人之私幸也。敬頌鈞安　柳詒徵敬

啓九月十七日

盋山案牘

上海商務印書館來函（1934年9月20日）

敬啓者：前承貴館借印《先天集》一書，增光鉛槧，無任感紉。該書現已列入《四部叢刊續編》內，於本月下旬可以出版。此書裝訂二册，每部定價九角，又此次印數爲一千七百部，依照前訂借印規約第五條，應贈貴館八十五部，合洋七十六元五角，惟查借印規約同條載有「此項贈送書籍，國學圖書館得任意掉換商務印書館自印其他定價相同之書」之規定，未悉屆時是否即將贈書全數寄送貴館，抑須另行掉換敝館自印其他定價相同之書，即請賜復，以便遵辦。如須掉換，並祈開示書名及册數，是爲至盼。專此奉達，順頌台祺。　此致

國學圖書館　　商務印書館九月二十日

復上海商務印書館函（1934年9月21日）

敬復者：接奉大函，藉悉《先天集》本月下旬可以出版，承依照前訂借印規約第五條贈給敝館八十五部，

并得任意掉換貴館所印其他定價相同之書，至深感荷。俟該書出版時，即請寄下三部，其餘八十二部擬掉換貴館其他出版書籍，附上書目單一紙，單內各書現在有無，請加標記并註明價目寄下，俾資選擇舉行掉換，無任感盼。專復，即頌鴻祺。　此致　商務印書館　江蘇省立國學圖書館九月二十一日

教育廳編審室來函（1934 年 9 月 26 日）

敬啓者：本刊三卷九期爲民眾教育專號，現本文均已付排，惟查各社教機關各種活動及設備等照片尚付闕如，急待徵集，以資表揚。素仰貴館成效昭著，接信務盼即將上項照片擇尤速寄，以便趕印，至爲感禱。　此致　翼謀館長　江蘇省教育廳編審室九月二十六日

呈教育廳文（1934 年 9 月 27 日）

爲遵令繕造本館職員履歷表二份呈請鑒核備查由。案奉鈞廳第一九三五號訓令內開「檢發二十三年度省立社會教育機關職員履歷表格，仰於九月底以前繕具二份呈報到廳」等因，奉此，茲將本館職員履歷依照表格詳細填列，繕具二份，備文呈送鈞廳鑒核備查。謹呈　江蘇省教育廳廳長周　計呈履歷表二份　江蘇省立國學圖書館館長柳詒徵九月二十七日

呈教育廳文（1934 年 9 月 27 日）

為遵章改選本館經費稽核委員會委員，呈報備案由。案查本館經費稽核委員會委員本年度應行改選，

茲遵照鈞廳頒佈江蘇省立教育機關經費稽核委員會簡章，經改選汪闆、王煥鑣、陶鎔貴、江國棟、陳兆鼎五人

為委員，并推定汪闆為主席，即日將該會組織成立，繼續進行稽核事宜，理合具文呈報鈞長鑒核，准予備案。

謹呈　江蘇省教育廳廳長周

江蘇省立國學圖書館館長柳詒徵九月二十七日

致交通部電政司函

經啓者：茲遵照貴司定章填具廣播收音機登記聲請書一份，隨函送請察核，即祈發給登記證，以資執守

是荷。此致　交通部電政司　計聲請書一紙　江蘇省立國學圖書館

教育廳訓令（1934 年 9 月 29 日）

案准南京市政府公函內開「案准貴廳第五七五號公函，以據國學圖書館呈『為計劃擴充閱覽室等，請

咨商市府准予圈用龍蟠里本館影壁前面民地，以便依法徵收，囑為查照核辦』等由，准此，當經轉飭本市財

政、社會兩局會同查明，該館所擬圈用之地，位在本市原擬之公園區域範圍以內，在公園區內擴充圖書館

建築，原則尚屬可行，自應准其圈用。相應函復，即希查照依法辦理為荷」等由，准此，查此案前據呈請到

國立中央大學國學圖書館小史　盋山案牘　合刊

廳，經指令並轉函在案，茲准前由，合行令仰該館長知照。此令。　江蘇省教育廳廳長周佛海九月二十九日

上海商務印書館來函（1934 年 10 月 4 日）

敬復者：奉九月二十四日大函，敬已誦悉。前承貴館借印之《先天集》一書業已出版，茲遵命另郵掛號寄上贈書三部，以供青覽，請察存。其餘八十二部合計定價洋七十三元八角，囑掉換敝館出版價值相同之書，自當照辦，惟尊開書目內《清稗類鈔》《道藏舉要》第十類、《清儀閣古器物文》、《十鐘山房印舉》、《淳化閣帖》附釋文、宋拓《淳化閣帖》游相本、《林譯小說》第一二集《名人書畫》五及廿二集、《名人書畫扇面集》五至九等書，現均無存，其餘尚可向敝館各地分館設法劃配，但須稍稽時日，尚祈鑒諒。茲將其價目列下：

《道藏舉要》第五類二十元、《道藏舉要》第七類十二元、《蠻叟臨漢碑十種》十五元、《名人書畫》一至四每冊一元四角，又六至廿一每冊一元四角，又二十三每冊一元六角，《名人書畫扇面集》一至四每冊一元。以上各書，請選定後見示，以便辦理爲荷。專此布復，順頌公綏。此致　江蘇省立

國學圖書館

上海商務印書館十月四日

復國立中央圖書館函（1934 年 10 月 5 日）

徑復者：接奉大函，藉悉貴館編輯官書目錄，承索敝處出版各書以備查考等由，茲特檢送全份并附書目

單一紙，單內除《賈子次詁》《名家詞》二書尚在印刷中，俟出版補送外，餘均齊全，即祈照單點收見復爲荷。

此致

國立中央圖書館籌備處　計書籍八十五部、畫片全套　江蘇省立國學圖書館十月五日

復教育廳編審室函（1934 年 10 月 5 日）

徑復者：前奉大函，以編印社會教育專號，徵集各社教機關活動事業及設備之照片等由，祗悉一是，茲將

敝館活動事業影片五幀交郵奉上，即祈察收，藉供選擇爲荷。此致

江蘇教育廳編審室　江蘇省立國學圖書館十月五日

國立中央圖書館籌備處來函（1934 年 10 月 6 日）

敬復者：頃承惠贈《花草萃編》等八十五部，又畫片一套八組，深紉厚意。除珍存備覽並彰高誼外，謹此鳴謝。祗頌公綏　國立中央圖書館籌備處十月六日

教育廳指令（1934 年 10 月 6 日）

呈一件：呈報本年度改選經費稽核委員會委員祈鑒核備案由。呈悉。據報本年度經費稽委會組織成立，並改選汪闓等五人爲稽核委員各情，應准備案，仰即知照。此令。江蘇省教育廳長周佛海十月六日

盋山案牘

五九九

金松岑先生來函（1934 年 10 月 12 日）

翼謀先生閣下：弟頃即爲表兄張伯愉作傳，渠之關於《穀梁》著述，能否賜下，俾酌采入傳。手候台安

蘇州濂溪坊金天翮頓首十月十二日

呈教育廳文（1934 年 10 月 12 日）

爲印書目費已罄，呈請在支配本年臨時費項下迅賜提前撥給，俾資急需，仰祈鑒核示遵由。案查本館印行圖書總目，已出版經、史兩部，所有材料工資係在二十一年度核定臨時費印書目項下三千五百元支付，計用銀三三〇六．三七三元，尚餘一九四．六二八元，業於上年四月二十二日將收支計算書據呈報，并聲明餘存無幾，請續撥款接印以下各部在案。嗣奉撥二十二年度臨時費內指定一千元爲補助印書目費，合計上存共有一一九四．六二八元，當以子、集等部冊頁數量多於經、史，工料比例加增，款項不敷甚鉅，於本年五月二十三日將詳情縷呈，經奉第一七一五號指令，有「所有不敷之款，應俟下年度臨時費可以支配時再行核奪辦理」等字樣。現在排印集部，方印成二冊，檢閱支付工料單據已支紙張費九七四．四元，印刷費二〇〇元，共二七四元，兩比僅餘二〇．六二八元，款已罄竭，而集部共有五冊，頁數又較史部爲多，集部後即接印子、叢、志三部，綜計尚需銀六千餘元始可完成全部事業。刻本年度開始已經三月，而支付工料待款急迫，未容稍緩，宜如何設法補助之處，理合具文呈請鈞長鑒核，查照前案，請在支配本年度臨時費項下迅賜提前撥發印書目

費六千元，俾應急需，以資進行，無任迫切感懇之至，伏候裁奪示遵。謹呈 江蘇教育廳廳長周　江蘇省立

國學圖書館館長柳詒徵十月十二日

致南京市財政局函（1934年10月13日）

敬啓者：敝館爲設計擴充閱覽室書庫等，擬將影壁前魏姓民地約十一畝餘，依照土地徵收法之規定徵歸

館用，作建築基地，業經呈准江蘇教育廳咨請貴市政府核復，准予徵用在案，合將設計概要繕具說明，連同繪

圖一份備函送請察核查案辦理，并希見復爲荷。此致　南京市市長兼財政局局長石　計說明及繪圖一

份　　江蘇省立國學圖書館館長柳詒徵十月十三日

教育廳指令（1934年10月13日）

呈一件：爲呈報職員履歷表祈鑒核由。呈暨附件均悉，准予存查。此令。　　江蘇省教育廳廳長周佛海十

月十三日

復金松岑先生函（1934年10月13日）

松岑先生道鑒：頃奉手示，藉悉爲令表兄張公作傳，囑寄《穀梁大義述補》，以資酌采入傳，曷勝欣幸，茲

將館鈔本二册交郵寄奉台閱，即祈察收，閱畢仍乞賜還歸藏。本館年刊排印將次完竣，大著張公傳懇速將稿寄下，以便載入付印爲禱。　尚泐，順頌撰綏　柳詒徵拜啓十月十三日

十月十六日

復商務印書館函（1934 年 10 月 16 日）

敬復者：前奉十月三日虞字第五五九〇號大函，并另郵寄到《先天集》三部，均悉一是。其餘八十二部合計定價洋七十三元八角，擬換掉貴館出版其他書籍，茲承開示現存各書，至深感荷，即祈照單舉行掉換手續，將各書寄下，其不足之數計有《何媛叟臨漢碑十種》及《名人書畫》第二十三册，合計十六元六角，擬以八折作爲購進，請另開發收據，以便照數將款匯奉，至希查照見復爲荷。　此致　商務印書館　江蘇省立國學圖書館

呈教育廳文（1934 年 10 月 17 日）

爲編製本館二十三年度預算分配表二份，呈請鑒核存轉由。案查本館於八月十八日呈送修正二十三年度概算書四份，經奉指令第八七八七號核准存轉在案，茲遵照鈞廳頒布修訂省立各教育機關對於會計部分暨報銷應行注意各點第三條之規定，編製本館二十三年度每月支出預算分配表二份，具文呈送鈞長鑒核，藉備存轉，實爲公便。　謹呈　江蘇省教育廳廳長周　計呈預算分配表二份　江蘇省立國學圖書館館長柳詒徵

致南京特別市黨部執委會秘書處函（1934年10月17日）

敬啓者：接准本月十二日貴處大函，以有書籍雜誌多種贈存敝館，囑於十七日派員來太平路神州國光社領取等由，深紉厚誼，至爲感荷。茲派館員王煥鑣齎函前來領取，希予接洽，將書檢交該員帶下爲禱。此致

南京特別市黨部執委會秘書處　　江蘇省立國學圖書館十月十七日

十月十七日

呈教育廳文（1934年10月23日）

爲繕造七、八兩個月經費收支計算書據，呈請鑒核存轉由。案查本月五日奉鈞廳一三一二號訓令，催造本年度開始後之經費計算書據，仰於文到二十日內趕速編送，以便核轉等因，奉此，謹將本館已領到之七、八兩個月經費遵即分別編造收支計算書表各二份、單據粘呈簿各一册，具文呈送鈞長鑒核，藉備存轉，實爲公便。謹呈

江蘇省教育廳廳長周　　計呈七、八月收支計算書表各二份，單據粘存簿各一册　　江蘇省立國學圖書館館長柳詒徵十月二十三日

金松岑先生來函（1934年10月25日）

翼謀先生閣下：伯愉事殊簡，文不能佳，不足登館刊，僅附其書之後足矣。《補闕》二冊另保險郵還。

手頌台安　蒯頓首十月二十五日

教育廳指令（1934年10月26日）

呈一件：呈送二十三年度預算分配表祈鑒核由。呈暨附件均悉。查表列各項支配大致尚無不合，應准分別存查彙轉，仰即知照。此令。　江蘇省教育廳廳長周佛海十月二十六日

教育廳指令（1934年10月29日）

案奉教育部教字第一一三四四號訓令開「查全國社會教育概況調查統計事宜，向由本部印發表式，分飭各省市教育、行政機關依限填報，以憑彙編，現在二十二年度業經終了，亟應賡續辦理。茲製定二十二年度社會教育概況調查統計表一、表二兩種。表一係調查一般之社會教育設施，表二係調查學校式之社會教育設施，并爲謀填報便利起見，另編填表須知以備參考，隨令頒發表一、表二各一百三十份，填表須知六十三份，仰即遵照須知第四條及第十四條之規定，轉發所轄各縣市教育局分別查填呈報該廳，由該廳彙齊加以整理，限於二十三年十二月底以前呈報到部，以憑彙編。事關全國社會教育統計，務仰依限趕辦，

是爲至要。此令」等因，計發二十二年度社會教育概況統計表一、表二各一百三十份，填表須知六十三份，

奉此。除仿照分令外，合行檢發表式五種及填表須知各二份，仰即依式詳填，儘於十一月底以前送廳，

以憑彙編轉報，勿延。此令。計發二十二年度社會教育概況統計表一、表二、填表須知及油印表式三種各

二份　　江蘇省教育廳廳長周佛海十月二十九日

呈教育廳文（1934年10月31日）

爲修理東院闢爲公報雜誌閱覽室，繕具收支計算書據，呈請賜予核銷由。案查本館修理東院闢爲公報

雜誌閱覽室，業於本年六月二十九日開具估單，呈請撥款興修，經奉指令第一九四九號，核准在本館積存經

費項下撥款抵支在案。現計各項修理工料及裝設電燈、檐漏等費共用銀六百五十五元四角一分，遵在積存

項下動支，理合繕具收支計算書據一份，備文呈報鈞長俯賜核銷，實爲公便。謹呈

江蘇省教育廳廳長周

計呈收支計算書一冊、單據粘存簿一冊　　江蘇省立國學圖書館館長柳詒徵十月三十一日

呈教育廳文（1934年10月31日）

爲本年景印珍本書籍繕具收支計算書據，呈請賜予核銷由。案查本館本年景印珍本書籍，計《江峰漫

稿》及《正氣堂集》共一〇一三部，業於本年八月十六日擬具印書計劃表，呈請在本館積餘經費項下撥給景印

費，經奉指令第八九一七號核准在案。現已全部竣事，計兩書景印費共用洋二千八百九十四元六角，遵在積

餘項下撥付，理合繕具收支計算書據一份，備文呈報鈞長俯賜核銷，實爲公便。謹呈　江蘇省教育廳長周

計呈收支計算書一册、單據粘存簿一册　江蘇省立國學圖書館館長柳詒徵十月三十一日

呈教育廳文（1934 年 11 月 1 日）

爲造報二十二年度一月至六月份專款收支計算書據，呈送鑒核查由。謹將本館二十二年度一月至六

月份各項專款收入及支出繕具收支計算書一册、單據粘呈簿一册，備文呈送鈞長鑒核，藉備存查，實爲公便。

謹呈　江蘇省教育廳廳長周　計呈收支計算書一册、單據粘存簿一册　江蘇省立國學圖書館館長柳詒徵十

一月一日

復上海商務印書館函（1934 年 11 月 4 日）

敬復者：接奉虞字第六〇五三號大函并發票兩紙，均悉一是。承以《先天集》掉換貴館出版各書，已收到

無訛，惟擬購之《何蝯叟臨漢碑十種》及《名人書畫》第二十三集尚未寄下，一俟書到，即將價款寄奉，特先函

達，即祈察照爲荷。此致　商務印書館　江蘇省立國學圖書館十一月四日

南京市財政局公函（1934 年 11 月 10 日）

案准貴館「擬徵收影壁前魏姓民地約十一畝，函請察核辦理見復」等由，並附圖及説明一份，准此。查該擬徵收之地在本府新近計劃之公園住宅區南首，兩相毗連，尚無抵觸，即請依照土地徵收法擬具計劃書圖，轉請內政部核准公告，再行召集業主協議補償金，以符手續。惟該徵收地內西部存瓦平房六間，北部有三開間瓦平房三進，此項建築物如能設法避免，或可減少困難。准函前由，相應復請查照辦理爲荷。此致

江蘇省立國學圖書館　　兼代局長石瑛十一月十日

致教育廳會計處函（1934 年 11 月 11 日）

敬啓者：案查本年度奉鈞廳頒佈之新式簿記式樣已遵照製辦，惟關於記賬方法尚有未盡明瞭之處，茲特派會計員王震保前來面陳一切，即祈賜予接洽，詳爲指導解釋，用特函請查照爲荷。此致

江蘇省教育會計處

江蘇省立國學圖書館十一月十一日

教育廳指令（1934 年 11 月 14 日）

呈一件：爲印書目費已罄，請在支配本年度臨時費項下迅賜提前撥發，俾應急需由。呈悉。查本年度臨時費項下尚未便支配，姑念所陳各節均係實情，應准函商教費管理處先行借撥一千五百元，俾完成集部

國立中央大學國學圖書館小史　盋山案牘　合刊

佛海十一月十四日

書目，其餘子、叢、志各部書目，應俟以後教費稍裕再行核撥付印，仰即知照。此令。　江蘇省教育廳廳長周

教育廳指令（1934 年 11 月 14 日）

呈一件：爲景印珍本書籍繕具收支計算書，請核銷由。呈件均悉。查所呈書據尚屬無訛，准予存查，嗣後該兩種景印本所有售得代價，應照前案按期列入該館逐年行政收入，以資陸續歸還，仰即遵照。附件存。此令。　江蘇省教育廳廳長周佛海十一月十四日

教育廳訓令

茲製定教育人員資歷調查表一種，特爲印發，仰即依式逐一詳填，限於十一月底以前呈送來廳，以憑彙編，勿延。此令。　計發資歷調查表一種　江蘇省教育廳廳長周佛海

復東南日報館函（1934 年 11 月 16 日）

逕復者：前奉大函并先後兩電，均悉一是。茲將敝館《小史》一册、攝影三幀及宋元本書影交郵寄上，以備採擇刊入《東南大觀》爲感。此致　東南日報館　江蘇省立國學圖書館十一月十六日

六〇八

致第五警察局函（1934年11月23日）

徑啓者：本日下午三時，敝館儲報庫樓房外有胡姓草披內燃燒之煤爐失慎起火，該草披毗連樓墻，火焰上騰，樓窗已被燻焦着火，幸經全館員工用滅火機及水槍等奮力灌救，將火撲滅，未致成災，并經龍蟠里貴分所派警來館，察勘屬實。查敝館係典藏圖書重地，內多珍本秘笈，爲東南文化之府庫，設或殃及，其損失之重大，詎可以數量計，茲爲圖書之安全計，不得不思防患未然，用特函請貴局查究起火之人，從嚴懲辦，并請將毗連敝館樓墻之所有草披悉令拆除，免致將來再有此種危害發生。事關典藏重要及地方之安寧，敬祈察准施行，無任公感。此致

　第五警察局局長　江蘇省立國學圖書館十一月二十三日

致上海商務印書館函（1934年11月24日）

敬啓者：前奉虞字第六〇五三號大函，並附《何蝯叟臨漢碑十種》又《名人書畫》第二十三册發票四八二一〇號、四七五五二號二紙，均悉一是。查敝館承贈之《先天集》允予掉換貴館其他出版書籍，經將掉換書單開上，除《道藏舉要》第五類、第七類尚未寄下外，餘均先後收到，現敝館可不需要《道藏舉要》，請以《何蝯叟臨漢碑十種》及《名人書畫》第二十三册照原價作抵，將發票二紙退奉，下餘十五元四角，擬掉換另單開列各書，即煩檢寄，以清手續，無任感盼之至，即希察照辦理是荷。此致

　商務印書館　江蘇省立國學圖書館十一月二十四日

呈内政部文（1934 年 11 月 25 日）

為擴充閱覽室等擬徵收魏姓民地，繕具計劃書及繪圖并鈔件，呈請核准公告由。案查本館為擴充閱覽室及書庫等，擬將影壁前面魏姓民地約有十市畝遵照《土地徵收法》備價徵收，以為建築基地，業經呈准江蘇省教育廳咨商南京市政府核復，准予歸館徵用在案，復經函請南京市財政局查案辦理。茲准復稱，以徵收該項民地須轉請鈞部核准公告，再行召集業主協議補償金，以符手續等由，為此具文備具繪圖及計劃說明書，連同本案鈔件呈請鈞鑒，仰祈賜核准公告，俾便商由南京市財政局依案辦理，實為德便，伏候批示祗遵。

謹呈

内政部　計呈計劃書、繪圖、本案鈔件各一份

江蘇省立國學圖書館館長柳詒徵十一月二十五日

教育廳訓令（1934 年 11 月 27 日）

查《船山遺書》足以闡發民族思想，亟應加以提倡，節經本廳訓令第二四九二號通飭省立各級學校、省立民眾教育館、各圖書館及各縣縣政府教育局暨縣立各中等學校、各圖書館等一律購備，並飭將定購機關名稱及部數於本年十一月二十日前呈報到廳在案。現在限期已過，查有多數機關仍未遵辦，對於提倡文化殊欠踴躍。茲特重申前令，仰各該機關迅即遵令訂購，並俟函商該書出版書店，將預約期限展至本年十二月半截止，以免錯過。除分令外，合行令仰該館長於文到後剋日呈復。此令。

江蘇省教育廳廳長周佛海十一月二十七日

呈教育廳文（1934 年 11 月 27 日）

爲遵令填送二十二年度社會教育概況調查表，仰祈鑒核彙報由。案奉鈞廳第二五〇〇號訓令「令發二十二年度社會教育概況統計表，仰於十一月以前送廳以憑彙編轉報」等因，奉此，謹查表內關於本館應行填注事項，依照填表須知就四種表格，計社會教育概況調查表、社會教育機關逐月閱覽人數職業調查表、社會教育機關各項休閒活動逐月調查表、圖書冊數表各一份，理合具文呈報鈞廳鑒核彙報，實爲公便。謹呈

江蘇省教育廳廳長周　計呈表格四種各一份　江蘇省立國學圖書館館長柳詒徵十一月二十七日

内政部土地司公函（1934 年 11 月 28 日）

案奉部長交下貴館呈文一件，以擴充閱覽室及書庫等，擬徵用影壁前面魏姓民地約十市畝，附同計畫書圖及鈔件各一份，請核准公告等由。查此案依土地徵收法第八條第一款之規定，應由江蘇省政府轉咨到部，方合法定手續，相應檢還原件函，請查照辦理爲荷。此致

江蘇省立國學圖書館　附計畫說明書、地圖及鈔件各一份　内政部土地司啓十一月二十八日

呈教育廳文（1934 年 11 月 30 日）

爲遵限詳填資歷調查表，呈送鑒核彙編由。案奉鈞廳第二六六八號訓令內開「茲製定教育人員資歷調

查表一種，特爲印發，仰即依式逐一詳填，限於十一月底以前呈送來廳，以憑彙編，勿延。此令。計發資歷調

查表一種」等因，奉此，茲遵照表式填具本館職員資歷表一份，理合具文呈送鈞長鑒核彙編，實爲公便。謹呈

江蘇教育廳廳長周　計呈資歷調查表一紙　江蘇省立國學圖書館館長柳詒徵十一月卅日

廳長周佛海十二月五日

教育廳指令（1934 年 12 月 5 日）

呈一件：爲呈送廿二年度社會教育概況統計表由。呈表均悉，應予彙編。此令。表存。江蘇省教育

呈教育廳文（1934 年 12 月 5 日）

爲擴充閱覽室等備價徵收民地須轉請內政部核准，合行具文呈請鑒核，轉呈江蘇省政府咨請內政部核

准公告，俾便徵歸館用由。　案查本館爲擴充閱覽室等，擬將影壁前魏姓民地約十市畝遵照《土地徵收法》備

價徵收，以爲建築基地，業經呈准鈞廳咨商南京市政府核復，准予歸館徵用在案，復經函請南京市財政局查

案辦理。　茲准復稱，以徵收該項民地須轉請內政部核准公告，再行召集業主協議補償金，以符手續等由，謹

查《土地徵收法》第八條第一款之規定，合行具文呈請鈞長鑒核，并備具繪圖及計劃書連同本案鈔件各一份，謹

仰祈俯賜轉呈江蘇省政府咨請內政部核准公告，俾便商由南京市財政局評定地價，徵歸館用，以符法定手

續，伏候指令祇遵。謹呈　江蘇省教育廳廳長周　計呈圖、計劃書及本案鈔件各一份　江蘇省立國學圖書

館館長柳詒徵十二月五日

上海商務印書館來函（1934 年 12 月 8 日）

敬覆者：奉十一月二十四日大函，並附還惠購《蝯叟臨漢碑十種》及《名人書畫》二十三之 47852、48210

號發票兩紙，照收敬悉。承示尊處原擬以敝館所贈《先天集》掉換之《道藏舉要》第五類二十之、第七類十

二元，現不需要，即以《蝯叟臨漢碑十種》及《名人書畫》二十三照原價共十六元六角作抵，餘十五元四角囑

以《蘭亭》王沇本、《蘭亭》玉泉本、《蘭亭》宣城本、宋拓《王右軍書》、宋拓《聖教序》、《智永千字文》、《天際烏

雲帖》及《陳老蓮畫冊》等八種換奉各節，自當遵辦。茲已配就，連同新由敝分館劃到之《名人書畫》九、二

十及《名人書畫扇面集》一、三一併另郵掛號寄奉，敬祈檢收。現除《名人書畫》第十九須俟敝分館配來再

行寄上外，其餘貴館以《先天集》八十二部掉換之書均已寄齊，亦祈察核爲荷。此致　江蘇省立國學圖書

館　上海商務印書館十二月八日

教育廳指令（1934 年 12 月 10 日）

呈一件：爲造報二十二年度三月份經常費收支計算書據，呈請鑒核備查由。呈件均悉。查該館二十

二年度三月份經費支出國幣一九九三.三九三元,較諸預算減支一九四.一○七元,核閱書據,尚無不合,

准予存查,仰即知照。此令。　江蘇省教育廳廳長周佛海十二月十日

教育廳指令（1934 年 12 月 10 日）

呈一件:爲造報二十二年度四月份料費支出書據備查由。呈件均悉。查該館二十二年度四月份經費

支出國幣二三五九.八五三元,較諸預算數超支一七二.三五三元,核閱書據,尚屬無訛,准予存查。件存。

此令。　江蘇教育廳廳長周佛海十二月十日

教育廳指令（1934 年 12 月 10 日）

呈一件:爲造報二十二年度五月份經常費支出書據備查由。呈件均悉。查該館二十二年度五月份經

費支出國幣二四四二.三六七元,較諸預算數超出二五四.八六七元。核閱所呈單據,印字第二號連史紙

十件共價二百六十八元零六分,未據註明作何用度;又第三號印書工資十四元七角八分,未據説明所印何

書,文具實支超出預算數二倍以上。上列三項,仰即逐項詳細聲復,以憑核奪。件暫存。此令。　江蘇省教

育廳廳長周佛海十二月十日

呈教育廳文（1934 年 12 月 12 日）

為遵令聲復本館二十二年度經常費支出書據印字第二、三兩號暨文具一目，呈請核奪准予報銷由。案奉鈞廳第一三一○二號指令內開「呈件均悉。查所呈單據印字第二號連史紙十件共價二百六十八元○六分，未據註明作何用度；又第三號印書工資十四元七角八分，未據説明所印何書；文具實支超出預算數二倍以上。上列三項，仰即遂項詳細聲復，以憑核奪。件暫存。此令」等因，奉此，謹查前呈單據印字第二號連史紙十件共價二百六十八元○六分，係印《常州詞録》《雲自在龕叢書》之用；第三號印書工資十四元七角八分，即印以上兩種書之工人薪俸；文具實支超出預算數二倍以上，因趕辦年刊集部目，增加紙張、筆墨、簿册、稿紙等費。所有以上情形，理合遵令聲復，呈請核奪准予報銷，實為公便。謹呈

江蘇省教育廳廳長周

江蘇省立國學圖書館館長柳詒徵十二月十二日

呈教育廳文（1934 年 12 月 15 日）

為遵令訂購《船山遺書》預約一部，具文呈復，仰祈鑒核示遵由。案奉鈞廳第二七二九號訓令內開「查前令購備《船山遺書》尚未遵辦，重申前令，仰於文到後尅日呈復」等因，奉此，查本館已備有《船山遺書》供衆閲覽，茲遵令為闡揚民族思想暨普及計，特再訂購預約一部，藉資提倡，理合具文呈復，仰祈鑒核伏候示遵。謹呈

江蘇省教育廳廳長周

江蘇省立國圖書館館長柳詒徵十二月十五日

國立中央大學國學圖書館小史　盨山案牘　合刊

教育廳來函（1934 年 12 月 17 日）

翼謀先生賜鑒：囑件已與稚老分頭與鶹先詳談，據云英庚款本有補助圖書館一案，惟因建築中央圖書館之補助，須待七年之後。特此奉聞，並叩道安。

　　　　　　　　　　佛海敬上十二月十七日

館須由該款內撥一百五十萬元，本年僅撥十五萬，尚係借款墊支，預計須七年始能撥清，故其餘圖書之

致周佛海廳長函（1934 年 12 月 19 日）

佛海廳長勳鑒：接奉手諭，籍悉英庚款須待七年後始有補助希望，目前諒無辦法矣。惟敝館房屋簡陋破敝，不適應用，急待改造，未識美庚款中尚可能進行否，擬懇鼎力相機設法，俾改造計劃早期實現，所爲至感。集部總目已印就，謹寄呈一部，另二部一存列鈞廳圖書室，一送吳科長，敬祈察納分別轉致。再有印書目費前經具牘呈請於本年度臨時費項下撥給，業蒙先行提撥一千五百元支付集部目工資材料，款已告罄，所餘寥寥，以下接印子、志、叢等部急待款進行，除另牘詳呈外，懇乞查照前案迅賜提前如數補撥，俾竟全功，無任感叩。　尚肅，祗頌鈞安　柳詒徵謹肅十二月十九日

教育廳指令（1934 年 12 月 24 日）

呈一件：爲遵令聲復五月份書據印字第二、三兩號暨文具一目，祈鑒核由。　呈悉。　既據遵令聲復，尚無

六一六

不合，惟五月份超支過巨，俟辦年度決算時再予通盤審核。此令。　江蘇省教育廳廳長周佛海十二月二十四日

教育廳指令（1934 年 12 月 26 日）

呈一件：為造報二十二年度一月至六月份專款收支計算書據，祈鑒核由。呈件均悉。核閱書據，尚屬無訛，姑准存查，嗣後應將所抄書名卷冊一併註明，以昭實在，仰即知照。此令。　江蘇省教育廳廳長周佛海十二月二十六日

教育廳指令（1934 年 12 月 26 日）

呈一件：擬陳整個計劃建築閱覽室及普通書庫，呈請派員勘估，籌劃的款，俾於一定期間完成大計，祈核示由。呈悉。查所陳該館閱覽室及書庫均待擴充，尚係實情，惟年來教費竭蹶，本年度社教臨時費列數尤少，鉅難籌撥鉅款，該館建築事宜仍候繼續前兩年辦法，視逐年經費情形分年核撥提存，以資完成，仰即知照。此令。　江蘇省教育廳廳長周佛海十二月二十六日

教育廳指令（1934 年 12 月 26 日）

呈一件：為擴充閱覽室備款徵收民地，請轉呈省政府咨請內政部核准公告由。呈暨附件均悉。查此

六一七

案前據呈請到廳，經令飭將該項圈用民地估價若干並擬從何款支撥聲復候核在案，仍仰遵令聲復後再行核轉，仰即知照。此令。　　江蘇省教育廳廳長周佛海十二月二十六日

核轉，仰即知照。附件暫存。

呈教育廳文（1934 年 12 月 28 日）

爲呈報二十二年度決算書，仰祈鑒核存查由。案查本館二十二年度各月份經常費收支計算書據業經先後呈報鈞廳，經奉指令核准存查各在案，合將該年度決算書繕造二份，具文呈請鈞長鑒核存查，實爲公便。

謹呈

　　江蘇省教育廳廳長周　　計呈二十二年度決算書二份　　江蘇省立國學圖書館館長柳詒徵十二月二十八日

呈教育廳文（1934 年 12 月 30 日）

爲接印子、叢、志各部書目，呈請查案在本年度臨時費項下迅賜補撥印書目費，俾資進行由。案查本館排印集部總目，係以二十一年度所餘核定印書目費一九四·六二八元及續領二十二年度核定補助印書目費一〇〇〇元支付工料，惟集部質量較前印史部約溢出五分之一，紙張排工比例增加，甫印及半，已支工料一、七四元，兩比僅餘二〇·六二八元，不敷甚鉅，當於本年十月十二日將不敷情形并以下接印子、叢、志各部，綜計全書完成尚需六千餘元，呈請在支配本年度臨時費項下提前撥給，經奉指令第一一九六〇號，核准函商教費管理處先行借撥一五〇〇元，俾完成集部書目；其餘子、叢、志各部應俟以後教費稍裕再行核撥等因，仰

見鈞長俯念需款急迫，設法維持之至意，茲集部目業已出版，並經呈閱在案，計算應支工料所餘之款僅剩二百數十元，一俟手續完竣，彙齊單據，即行呈報。現以接印子、叢、志各部仍急待款始克進行，本年度已屆一半，正值冬季各月稅收暢旺之時，教費應有餘裕，爲此具文呈請鑒核，仰祈查照前案，在支配本年度臨時費項下將印書目之款迅賜補撥，俾應急需，完成全目，以饜社會人士之企望，伏候裁示祈遵，實爲德便。謹呈　江蘇省教育廳廳長周　江蘇省立國學圖書館館長柳詒徵十二月三十日

教育廳指令（1934 年 12 月 30 日）

呈一件：呈報二十一年度臨時費（印書目費）收支表據，祈鑒核由。呈件均悉，核尚無訛，准予存查，仰即知照。附件存。此令。　江蘇省教育廳廳長周佛海十二月三十日

教育廳指令（1934 年 12 月 30 日）

呈一件：呈報修繕書樓風墻臨時費收支表據，併添闢閱覽室工料估單，祈鑒核由。呈件均悉。查核表據，尚屬相符，准予存查，除估單已另令飭遵外，仰即知照。餘件存。此令。　江蘇省教育廳廳長周佛海十二月三十日

教育廳指令（1935年1月2日）

呈一件：爲呈報定購《船山遺書》一部，祈鑒核彙定由。呈悉。已彙轉該書出版書店照購矣，書價照預約八折計算，計每部實價洋二十五元六角，另寄費洋一元，共二十六元六角，應於文到即日內按照所定部數計算繳書價，徑匯上海公共租界白克路太平洋書店，函中註明「教育廳介紹」字樣，以便書局查對，仍將辦理情形呈報備查，仰即遵照。此令。

　　　　　江蘇省教育廳廳長周佛海　一月二日

呈教育廳文（1935年1月2日）

爲遵令聲復徵收魏姓民地估價，並擬從何款支撥由。案查本館擬徵收影壁前魏姓民地，業於上年十二月五日呈請鈞廳轉呈省政府咨請內政部核准公告在案，茲奉指令第一三七八〇號，飭將圈用該地估價若干並擬從何款支撥聲復候核等因，查該段地價徵收，與普通出售性質殊異，難以懸估，須俟公告後京市財政局召集業主評議，始能確定數目。至於徵收該地之款，詒徵深知省庫支絀，一時不易籌集，擬從本館售書專款內設法支撥，惟現聞魏姓有圖將該地高價出售別人之說，殊於本館根本計劃發生極嚴重之影響，爲此具文聲復，仰祈鑒核，迅賜轉呈省政府咨請內政部核准公告，俾便急行徵收，免致延誤，實爲德便。謹呈　江蘇省教育廳廳長周

　　　　　江蘇省立國學圖書館館長柳詒徵　二十四年一月二日

致太平洋書店函（1935 年 1 月 3 日）

徑啟者：案奉江蘇省教育廳介紹向貴店訂購預約《船山遺書》一部，書價照預約八折計算，合洋二十五元六角，連同郵費一元，共二十六元六角，該款准於明日由中國銀行匯上，收到後祈將單據等迅予寄下，以便呈復教育廳。爲此函達，即希查照辦理見復爲荷。此致 太平洋書店 江蘇省立國學圖書館 一月三日

同啟 一月四日

社教機關聯合會來函（1935 年 1 月 4 日）

徑啟者：本會定於二十四年一月十一日下午二時假南京龍蟠里省立國學圖書館舉行第二十次常會，屆時務祈惠臨出席爲荷。此致 柳翼謀先生 江蘇省立社教機關聯合會執行委員高陽、朱堅白、趙鴻謙

教育廳指令（1935 年 1 月 8 日）

呈一件：遵令聲復擬徵收魏姓民地估價若干，並擬從售書專款內支撥，祈鑒核由。呈悉。查該項徵地費用既據擬有的款，應准簽請省政府鑒核轉咨，仰即知照。此令。 江蘇省教育廳廳長周佛海 一月八日

商務印書館來函（1935年1月12日）

經啟者：敝總館奉贈《四部叢刊續編》一部，所有已出各書，由敝館陸續轉上，前經送呈六批，早荷收察。兹再奉上後列十八種計五十四冊，仍希檢收，并將收書回單蓋章擲還，以便存查，是爲至荷。此致

江蘇省立國學圖書館　商務印書館南京分館謹啓　一月十二日

致上海商務印書館函（1935年1月12日）

敬啓者：兹承惠贈《四部叢刊續編》第七批書計二十五種凡一百冊，業由南京貴分館送到，經檢收無誤，當將收書回單蓋章交由貴分館奉上，深紉厚誼，嘉惠學人。除編目珍藏供衆閱覽外，特函鳴謝，即希察照爲荷。此致

上海商務印書館　江蘇省立國學圖書館　一月十二日

教育廳訓令（1935年1月18日）

查本省省立社會教育機關分區輔導各縣社會教育制度既經確定，方法亦漸完密，惟各社教機關今後應如何致力於社教事業之研究實驗，如何增進輔導各縣社會教育之效能，仍有待於商討，兹爲集思廣益起見，特訂於本年二月八日（星期五）下午二時在本廳召開省立社教機關主任人員會議，討論一切改進事宜。在開會期間，各該機關主任人員對於各機關事業進行之狀況、改進之計劃以及各種困難問題等，並須作簡

要之報告，以供討論時之參考。除分令外，合亟令仰該館長仰即準時出席與議。此令。　江蘇省教育廳廳

長周佛海　一月十八日

商務印書館來函（1935 年 1 月 18 日）

敬啟者：前承貴館借印《晉書》一書，增光鉛槧，曷勝感幸，該書業已列入《百衲本廿四史》內出版。查

百衲本《晉書》每部計廿四冊，其中最後三十卷係貴館版本，分訂四冊，每冊合價三角七分五釐，又此次印

數為二千八百部，依照前訂契約第五條，應贈貴館二十四部，合價洋二百十六元，惟該約同條載有「此項贈

送書籍，國學圖書館得任意掉換商務印書館自印其他定價相同之書」之規定，未悉是否即將贈書全數寄送

貴館，抑須另行掉換敝館自印其他定價相同之書，即請賜覆，以便遵辦。如須調換，並祈開示書名及冊數，

是為至盼。　專此奉達，順頌台祺。　此致

　　　　江蘇省立國學圖書館　商務印書館出版科啟　一月十八日

復商務印書館函（1935 年 1 月 19 日）

敬復者：前奉貴館養字第一○六號大函，籍悉借印敝藏《晉書》頃已出版，并承依照前訂契約第五條贈給

敝館二十四部，兼可掉換其他出版書籍，殊深感荷。　茲請將該書寄下四部，其餘二十部擬掉換貴館其他出版

書籍，俟選擇支配停當，即行開單寄呈，以便舉行掉換手續。　先此奉復，諸希查照辦理為禱。　此致　商務印

書館

江蘇省立國學圖書館 一月十九日

劉晦之先生來函（1935 年 1 月 27 日）

翼謀先生大鑒：前奉惠書，祇悉一是。茲寄《善齋吉金録》後五種一部，計兩函十五冊，敬希察收。以

編纂匆匆，滋多舛漏，並乞指正，是所深冀。 耑復，敬頌著安 劉體智拜啓 一月廿七日

呈教育廳文（1935 年 2 月 1 日）

為遵令搜集館藏刊物中新生活論文，繕目具報由。案奉鈞廳第一九八號訓令內開「准新生活運動促進

會函，請搜集新生活報章、雜誌、刊物等，仰於文到三日內遵照搜集具報」等因，奉此，遵即將館藏報章、雜誌、

刊物中關於新生活運動之撰述文字分別搜集，錄出標題及刊物名稱，并註明卷數、期數、年、月、日，繕成目録

一份，理合備文呈報鈞廳鑒核。 謹呈 江蘇省教育廳廳長周 計呈館藏新生活論文目録一份 江蘇省立國

學圖書館館長柳詒徵二月一日

教育廳訓令（1935 年 1 月 30 日）

案准江蘇省新生活運動促進會函開「案奉新生活運動促進總會省字第十一號通告內開「查各地出版

之報章雜誌刊物，關於新生活運動常有長篇撰述言論文字，或闢有專欄藉以討論，其內容與立場，無論爲

贊助或反對，均應有搜集參考之必要……兹特通告，於接到通告一週內詳細調查列表具報，以資審核」等

因，相應函請通飭搜集前項報章雜誌刊物等，以便轉報」等由，除分令外，合行令仰該館長於文到三日內遵

照搜集具報。此令。

　　　　　　　　　　　　　　　　　江蘇省教育廳廳長周佛海　一月三十日

　　　　　省政府訓令（1935年2月1日）

案准內政部土十五—二十四年一月二十六日發一三二五號咨開「案准貴省政府二十四年一月十五日

教字第二號咨，以省立國學圖書館擴充閱覽室等，擬徵收該館影壁前魏姓民地約十市畝，檢同計劃書圖轉

請核准公告等由，准此，核與土地徵收法第二條第七款上半段之規定相符，除依法核准公告外，相應檢同

公告一張咨復，查照轉發國學圖書館飭貼徵收地點，俾衆咸知」等由，計附公告一

紙，准此，查此案前據該館呈請前來，經轉咨核辦在案，兹准前由，合行檢發公告一紙，令仰該館長飭貼徵

收地點，俾衆咸知，并依法辦理。此令。　　計發內政部公告一紙　　江蘇省政府主席陳果夫、教育廳廳長周佛

海二月一日

　　內政部公告　字第　　號

土十五—廿四年一月二十六日發 001316 號，復文時請註明此項簽號

案准江蘇省政府二十四年一月十五日教字第二號咨開「教育廳案呈據省立國學圖書館呈稱『案查本館爲擴充閱覽室等，擬將影壁前魏姓民地約十市畝遵照土地徵收法備價徵收，以爲建築基地。業經呈准鈞廳，咨商南京市政府核復，准予歸館徵用在案。復經函請南京市財政局查案辦理，茲准復稱，以徵收該項民地須轉請內政部核准公告，再行召集業主協議補償金，以符手續等由，謹查土地徵收法第一款之規定，合行具文呈請鈞長鑒核，并備具繪圖及計劃書各一份，仰祈俯賜轉呈江蘇省政府咨請內政部核准公告，俾便商由南京市財政局評定地價，徵歸館用，以符法定手續』等情，計附呈地圖、計劃書暨附件各一份。據此，查該館以原有閱覽室地位仄狹，急謀擴充，擬備款徵收民地以作建築基地，自可照准，相應檢附原呈各件，咨請核准公告」等由，准此，核與土地徵收法第二條第七款上半段之規定相符，應予核准，除咨復查照仍請轉飭依法辦理外，合亟依同法第九條之規定，將應行公告事項列載於後，俾衆咸知，特此公告。

　計開

　一興辦事業人　江蘇省立國學圖書館

　二事業之種類　學術事業

　三興辦事業之地域　南京龍蟠里江蘇省立國學圖書館影壁前面魏姓民地約十市畝

中華民國二十四年一月二十六日

教育學院來函（1935 年 2 月 2 日）

　　逕啓者：茲奉教育廳指令一〇八九號，據呈爲呈請規定本省社會教育機關寒暑更番休息日期，祈核示由內開「呈悉。候本廳訂定辦法呈請教育部核示祗遵可也。此令」等因，相應函達，即希查照爲幸。此致

省立國學圖書館　　江蘇省立教育學院啓二月二日

教育廳指令（1935 年 2 月 13 日）

　　呈一件：爲呈送新生活論文索引，祈鑒核由。　呈暨附件均悉，准予存候彙轉。此令。　　江蘇省教育廳廳

長周佛海二月十三日

致南京市財政局公函（1935 年 2 月 14 日）

　　逕啓者：案奉江蘇省政府教字第一六號訓令開「……」等因，奉此，查敝館擬徵收影壁前魏姓民地，業於上年十一月十三日函達在案，茲奉省令，除遵在徵收地點將公告張貼敝館牆壁外，合行鈔録一份，函請貴局查照，派員赴龍蟠蠖里丈量該地，并召集地主魏姓議價徵收，以符法定手續，實紉公誼。此致　南京市市長兼財政局局長石　　江蘇省立國學圖書館館長柳詒徵二月十四日

呈教育廳文（1935年2月16日）

爲造報二十三年度十二月份收支書據由。謹將本館二十三年度十二月份經常費收支報銷造具收支計算書三份、單據粘存簿一冊，理合備文呈報鈞廳鑒核，藉備呈轉，實爲公便。謹呈 江蘇省教育廳廳長周

計呈收支計算書三份、單據粘存簿一冊 江蘇省立國學圖書館館長柳詒徵二月十六日

復教育廳長函（1935年2月16日）

佛海廳長勛鑒：頃奉手諭，藉悉奉軍事委員會委員長代電，限期編纂蘇省鄉賢事略，并規定約三十人等因，茲遵示擬列蘇省鄉賢四十人備供選擇，其各人事實，大都普通史傳均有記載，可資採錄，設或所定標準人物有缺乏事實或須搜集其他材料者，請隨時開示，俾便檢討錄呈。 耑泐，敬頌鈞安 附呈擬列鄉賢名單一紙

柳詒徵謹肅二月十六日

教育廳訓令（1935年2月18日）

查二十四年度省教育預算支配大綱前經教育經費委員會核議通過，由廳通飭知照並經本廳根據大綱規定，核定各機關經費概數，編成總概算書，呈送省政府鑒核彙編轉報在案。 查該館二十四年度核定經費概數爲三萬元，茲各該機關第一級概算（即本機關詳細概算）亟待核定轉送。 除分令外，合行令仰該館長

遵照規定，于三月十日以前編造完竣，呈報候核。事關要政，幸勿延誤，是爲至要。此令。計發編造年度概算書須知一份　江蘇省教育廳廳長周佛海二月十八日

呈一件：爲呈送二十三年度教育廳統計報告表由。呈表均悉，存候彙編。此令。表存。江蘇省教育廳廳長周佛海二月二十六日

教育廳指令（1935 年 2 月 26 日）

查本廳二十一年編纂之《江蘇教育概覽》所採用之材料，均係十九與二十兩年度之調查統計，現時逾兩年，事經數更，本省教育經數度之革新與努力之推進，精神面目較前已有不同，實有重加檢閱之必要。本廳茲擬編纂二十三年度《江蘇教育概覽》，對現實狀況作精密之調查，爲將來發展謀堅確之依據，惟以前全省各教育機關所呈送之材料，有詳於彼而略於此者，有挈其細而遺其鉅者，繁簡不同，輕重互異，此次所徵集之稿件特規定項目，統一格式隨文附發，務須切實遵照。徵稿統限于三月底以前編就呈廳，慎毋任意延遲，致誤印行期限，切切。此令。

附概況綱目一份　江蘇省教育廳廳長周佛海三月一日

教育廳指令（1935 年 3 月 1 日）

国立中央大学国学图书馆馆小史　盋山案牍　合刊

致財政廳公函（1935 年 3 月 3 日）

敬啓者：案查公務員助賑，本館於上年十二月六日奉江蘇教育廳令，遵照捐俸助賑辦法，自十一月份起，凡月俸在五十元以上之各員，均按月扣捐百分之二，截至本年二月份已有四個月，計八十元六角，茲奉教育廳令，將該項捐款徑繳鈞廳，理合備具公函，連同捐款八十元六角暨捐俸名單一併繳呈，至祈核收擲給收據爲荷。此呈

江蘇省財政廳廳長趙　　計捐款八十元六角、捐俸名單一紙　　江蘇省立國學圖書館館長柳詒徵三月三日

致無錫圖書館協會函（1935 年 3 月 5 日）

逕啓者：案查貴會於上年五月函請蘇省三處省立圖書館利用暑期組設圖書館學講習所一案，除前經函復在卷外，比經三館疊次洽商討論，僉以經費支絀異常會呈江蘇省教育廳，擬請展緩舉辦，俟至下年度再行籌設，刻奉教育廳第二三五六號指令內開「呈悉。此令」等因，相應錄案函達，即祈查照爲荷。此致

無錫圖書館協會　附錄案二件　江蘇省立國學圖書館三月五日

教育廳指令（1935 年 3 月 5 日）

案查本省社會教育機關在祁寒酷暑時職員得更番休息，不得放假，星期及例假則採次日補假辦法，雖

行之多年，究未奉明文規定。前據省立南京民眾教育館館長朱堅白呈請解釋社教機關可否依照教育部頒學校曆辦理等情前來，當經轉呈核示在案，茲奉教育部第六七六八號指令內開「呈悉。查社會教育機關休假應遵照下列規定辦理：一、在嚴寒酷暑時得更番休息，不得放假，其日期由各省市教育行政機關、國立各社會教育機關按當地情形分別規定，呈報教育部備案；二、星期日及紀念日不放假，一律於次日補放；三、新年不放假，於一月四日至六日補放。仰即照辦並轉飭遵照，此令」等因，除分別轉飭遵照知照外，合行令仰該館長遵照。此令。

　　　　　　　　　　　　　　　　　　　江蘇省教育廳廳長周佛海三月五日

呈教育廳文（1935年3月8日）

　　為遵令編造二十四年度經費概算書，呈請鑒核由。案奉鈞廳第三八五號訓令內開「查二十四年度省教育預算支配大綱，前經教育經費委員會核議通過，由廳通飭知照，並經本廳根據大綱規定各機關經費概數，編成總概算書呈送省政府鑒核彙編轉報在案，查該館二十四年度核定經費概數為三萬元，茲各該機關第一級概算（即本機關詳細概算）亟待核定轉送，除分令外，合行令仰該館長遵照規定，於三月十日以前編造完竣，呈報候核。事關要政，幸勿延誤，是為至要。此令。計發編造年度概算書須知一份」等因，奉此，謹遵照核定經費，依限編造本館二十四年度詳細概算書二份，理合備文呈請鈞廳鑒核示遵。謹呈　江蘇教育廳長周

　　計呈概算書二份　江蘇省立國學圖書館館長柳詒徵三月八日

江蘇省政府訓令（1935 年 3 月 9 日）

案據魏默深先生故宅保存會陳郁等呈，為首都漢西門龍蟠里小卷阿為魏默深先生古微堂故址，聞省立圖書館擬徵收該地作為公用，請轉飭變更徵收地點等情，據此，查來呈所稱究竟是何實情，除批示外，合行鈔發原函，令仰該館長查明具復，以憑核辦。此令。　計鈔發原函一件　江蘇省政府主席陳果夫三月九日

教育部圖書館來函（1935 年 3 月 9 日）

徑啟者：查貴館出版圖書甚多，向未遵章呈繳，殊以為憾。相應抄附新出圖書呈繳規程一份，函達查照，務希將所出各書一律補繳，直寄本館。即希惠允見復，至紉公誼。此致　江蘇省立國學圖書館　內附

圖書呈繳規程一份　教育部圖書館謹啟三月九日

呈江蘇省政府文（1935 年 3 月 10 日）

為奉令遵查擬徵收魏姓民地實在情形，具文呈復，仰祈鑒核示遵由。案奉鈞府教字第三一號訓令內開

「案據魏默深先生故宅保存會陳郁等呈，為首都漢西門龍蟠里小卷阿為魏默深先生古微堂故址，聞省立圖書館擬徵收該地作為公用，請轉飭變更徵收地點等情，據此，查來呈所稱究竟是何實情，除批示外，合行鈔發原函，令仰該館長查明具復，以憑核辦。此令。　計鈔發原函一件」等因，奉此，竊本館因閱覽室狹小不敷應用，

亟應擴充，擬備價徵收影壁前魏姓民地，以資建築，曾於上年呈請江蘇省教育廳咨商南京市政府核准徵用，復於本年經教育廳簽呈鈞府咨請內政部核准公告各在案，茲奉閱鈔發原件，謹將該地實在情形具牘陳明：查該地上有魏姓居宅，即魏默深先生小卷阿故址，計佔地一四·〇八〇五方丈，其餘悉是空地，計五〇七·六九五五方丈，久經荒蕪，現租與農人耕種，其居宅亦大部分租給人住，本館所擬徵收者，即其租與農耕之空地，並不包括住宅在內，因住宅係魏先生遺址，不俟保存會之請求，本館亦極端樂於維護。至本館後面，實無空地，僅有荒山一畝備建築善本保險庫之用，其餘山地已被南京私立三民中學圈用，馬公祠現闢爲雜誌閱覽室、印行書庫、檔案庫、書版庫，祠左空地已在市府建設公園界內。原函所云，多與實際不符，本館以附近實無其他適用之地，故擬備價徵收該地建築普通閱覽室及普通書庫，將普通書移置於此，焉有隔街取送書籍之理？湘籍士紳未知詳情，或有傳聞失實之處，似宜詳予解釋，俾免誤會。以上所陳該地實在情形，理合具文呈復，伏乞鑒核示遵。謹呈

江蘇省政府主席陳　江蘇省立國學圖書館館長柳詒徵三月十日

呈教育廳文（1935年3月14日）

爲接印圖書總目子、叢、志各部需款急迫，呈請查案迅賜續撥臨時費，仰祈鑒核示遵由。案查本館編印圖書總目，已出版經、史、集三部，志經陸續呈閱，所有經費概係歷次呈請在臨時費項下核撥，計二十一年度撥三五〇〇元，印成經、史兩部，支工料銀三三〇五·三七元，尚餘一九四·六三元，業於二十二年四月呈報核

銷在案；二十二年度續撥一○○○元，二十三年度續撥一五○○元，連前餘存印成集部，支工料銀二四六九‧

七二元，尚餘二三四‧九一元，一俟手續完竣彙齊單據，即行呈報。以下接印子、叢、志各部，子部卷册數量較

集部有增無減，其工料可視集部爲比例，合叢、志等部，綜計全書完成尚需四千五百餘元，而前項臨時費所餘

無幾，實無從着手進行，當於上年十二月呈述詳情并請續撥的款在案。又伏讀上年十一月鈞廳函商教育經

費管理處先行提撥臨時費以印集部之指令第一一六○號，有「其餘子、叢、志各部，應俟教費稍裕再行核

撥」等字樣，刻已數月，子部目早經編排竣事，急待付印，各界人士亦頻頻敦促，渴望早日出版，現在管理處除

按月發放經費外，金庫尚有餘存，值茲經費寬展之時撥款數千元，事實上似不爲難。理合遵奉前令，具文呈

請鑒核，查照前案迅賜函商管理處，請於臨時費項下先行提撥，以應急需，俾資一氣呵成而竟全功，無任迫切

感懇之至，伏候裁示祗遵。　謹呈

　　江蘇教育廳廳長周　　江蘇省立國學圖書館館長柳詒徵三月十四日

呈教育廳文（1935 年 3 月 14 日）

爲遵奉核定分年提存建築書庫費，呈請查案迅賜補提二十二年度之半數及本年度應提之全數，一併提

存以備要需，仰祈裁奪示遵由。案查本館二十二年二月呈請鈞廳撥給臨時費建築善本書庫，業於是年三月

奉訓令第三七七號，於核定臨時費一覽表內核定建築書庫分年提存六千元在案，計至現在已領到二十一年

度六千元，二十二年度僅領半數三千元，合共九千元儲存銀行，二十三年度瞬將終了，尚未奉撥，該項建築需

款三萬餘元，已領之數距全部尚遠，恐影響原定計劃不獲如期進行，所關匪細。查現在教育經費管理處除按月發放經費外，金庫尚有餘存，倘不於寬展之時急行提存，以後經費發生困難，則計劃實現之期必致延誤，爲此具文呈請鈞長鑒核，查照前案，迅賜在臨時費項下將二十二年度應行補提之三千元暨本年度應提之六千元一併提存，俾資儲積，以備建築要需，無任感盼，伏候裁奪示遵。謹呈

江蘇省教育廳廳長周　江蘇省立國學圖書館館長柳詒徵三月十四日

呈教育廳文（1935 年 3 月 15 日）

爲遵令填報全國圖書館調查表一份，呈請鑒核彙轉由。案奉鈞廳第五三八號訓令并附發全國圖書館調查表一份，令即查明填報以憑彙轉等因，奉此，遵即查明依式填注，理合備文呈請鑒核彙轉，實爲公便。謹呈

江蘇教育廳廳長周　江蘇省立國學圖書館館長柳詒徵三月十五日

復商務印書館函（1935 年 3 月 15 日）

徑啓者：接奉三月九日貴館養字第四四一號大函并附贈書清單一紙，均悉一是。各書均已寄到，業經照單檢收無訛，至深銘感。其售缺無從配補之書，尚存書價洋八元六角，兹另選貴館出版之其他同價書籍，開單寄奉，即祈照寄，以清手續爲荷。此致

商務印書館　計書名單一紙　江蘇省立國學圖書館三月十五日

復教育部圖書館函（1935 年 3 月 15 日）

敬復者：接奉大函并新出圖書呈繳規程一份，祗悉一是。查敝館出版之年刊，歷年均經奉繳貴館，其餘皆係重印之書而未改訂者，原不在規條之列，茲將《穀梁大義述補》及《張文貞公詩集》以係最近影印初稿，合各檢繳一部，以後如有新書出版，自應隨時遵繳。相應函復，即希查照爲荷。此致　教育部圖書館　計書二部　江蘇省立國學圖書館三月十五日

財政廳來函（1935 年 3 月 17 日）

敬復者：接准貴館函送二十三年十一月份起至本年二月止賑災捐銀八十元六角並清單到廳，除照數核收存候彙轉外，相應函復，即希查照。此致　省立國學圖書館　江蘇財政廳啓三月十七日

上海商務印書館來函（1935 年 3 月 21 日）

敬復者：接奉本月十五日大函並附下書名單一紙，照收敬悉。查尊掉換之《先天集》及《晉書》同價書籍，除已配奉各書外，尚存書價洋八元六角，承囑補配《古籀彙編》（五元五角）、《方志學》（一元五角）及《元明散曲小史》（一元六角）各一部，以清手續，自當照辦。茲特另郵寄奉，敬祈察收示復爲荷。此致　江蘇省立國學圖書館　商務印書館啓三月二十一日

江蘇省政府指令（1935 年 3 月 24 日）

呈一件：奉令遵查擬徵收魏姓民地實在情形，具文呈復，祈核示由。呈悉。查此案並准內政部咨請查核見復到府，經咨復俟該館復行核辦奉復在案，茲既據稱該館所擬徵收之地係租與農耕之空地，並不包括住宅在內，與原呈所請保存魏默深先生遺址之意尚無衝突，自可仍准照行。除據情咨請內政部查照外，仰即知照。此令。　江蘇省政府主席陳果夫三月二十四日

教育廳指令（1935 年 3 月 25 日）

呈一件：呈送二十四年度概算書，祈鑒核由。呈暨附件均悉。查概算書各項支配大致尚無不合，惟項目編列尚有待修正之處，分別核示如下：（一）原列第四項「圖書購置」可併入第三項，另列一目；（二）原列第五項「圖書整理費」可併入原第六項，列作第三目。原列第七項可併入原第六項，列作第四目。並將原第六項「推廣事業費」改爲第四項「事業費」。仰即遵照修正，重繕四份，連同概算提要剋日呈送到廳，以憑核轉。附件存。此令。　江蘇省教育廳廳長周佛海三月二十五日

呈教育廳文（1935 年 3 月 28 日）

爲遵限編纂本館概況，繕錄一份，呈請鑒核彙編由。案奉鈞廳第四三八號訓令「爲編纂二十三年度江蘇

國立中央大學國學圖書館小史　盋山案牘　合刊

教育概覽，令發省立社教機關概況綱目一份，限於三月底以前編就呈廳」等因，奉此，遵呈本館現實狀況詳細調查，依照綱目開列各項分別編纂，繕成一份，理合備文呈請鈞廳鑒核彙編，實爲公便。謹呈

江蘇省教育廳廳長周　計呈本館概況一份　　江蘇省立國學圖書館館長柳詒徵三月二十八日

呈教育廳文（1935 年 3 月 28 日）

爲遵令修正本館二十四年度概算書，重繕四份，連同提要請核轉由。案奉鈞廳第三五〇三號指令內開「呈暨附件均悉。查概算書各項支配大致尚無不合，惟數項編列尚有待修正之處，分別核示如下：（一）原列第四項『圖書購置費』可併入第三項，另列一目；（二）原列第五項『圖書整理費』可併入第六項，列作第三目，原列第七項可併入原第六項，列作第四目，並將原第六項『推廣事業費』改爲第四項『事業費』。仰即遵照修正，重繕四份，連同概算提要剋日轉送到廳，以憑核轉。附件存。此令」等因，奉此遵將本館二十四年度概算書查照指令開示各項逐一修正，重繕四份，連同概算提要一併具文呈送鈞廳核轉，實爲公便。謹呈

江蘇省教育廳廳長周　計呈二十四年度概算書四份、概算提要四份　　江蘇省立國學圖書館館長柳詒徵三月二十八日

教育廳訓令（1935 年 4 月 1 日）

查第一次省立社會教育機關主任人員會議議決案業經分別印發，所有交付審查及起草各案，亟應再

六三八

行討論，以期決定實行。茲特訂定於四月十一日下午二時召開第二次省立社會教育機關主任人員會議，所有交付審查及起草各案，應於四月五日以前整理寄廳，以便提會討論。除分令外，合亟令仰該館長準時出席與議。此令。

江蘇省教育廳廳長周佛海四月一日

致首都警察廳公函（1935年4月1日）

敬啟者：敝館爲宣揚文化藝術，促進社會教育起見，特將館藏宋元明清珍本圖書及金石書畫等分別陳列，公開展覽，自本月六日起至八日止，以供春假期內學校師生及中外人士之參觀，並有京滬各界名流於五日午後假本館舉行上巳修禊，屆時車馬闐溢，人衆盛多，事實上有需警士維持秩序之必要，用特備具公函，懇祈飭局撥派警士二名來館在門首照料，自五日午後至八日止。事關教育與公衆秩序，務希賜允見復爲荷。

此致

首部警察廳廳長陳

江蘇省立國學圖書館館長柳詒徵四月一日

首都警察廳公函（1935年4月4日）

案准貴館公函內開「敝館爲宣揚文化藝術，促進社會教育起見，特將館藏宋元明清珍本圖書及金石書畫等分別陳列公開展覽，自本月六日起至八日止，以供春假期內學校師生及中外人士之參觀，並有京滬各界名流於五日午後在敝館舉行上巳修禊，屆時車馬闐溢，人衆極多，事實上有需警士維持秩序之必要，用

特備具公函，懇祈飭局撥派警士二名來館，在門首照料，自五日午後起至八日止。事關教育與公衆秩序，務希賜允見復爲荷」等因，准此，自應照辦，除令該管第五警察局照派外，相應函復，即希查照爲荷。此致

江蘇省立國學圖書館　首都警察廳廳長陳焯 四月四日

致首都警察廳公函（1935年4月7日）

敬啓者：案查敝館本月六日至八日開圖書字畫展覽會，業經函請貴廳飭局派警士二名來館照料，維持公衆秩序，并蒙照派在案。茲以七日陰雨，觀衆多有未能蒞會參觀並要求展期者，特將會期順延一日至九日止，以饜各界人士之望，用再函懇飭局令知該警士等亦照料至九日止。事關社會教育，至祈見允，無任感荷。此致

首都警察廳廳長陳　江蘇省立國學圖書館館長柳詒徵 四月七日

致第五警察局函（1935年4月10日）

徑啓者：案查敝館於本月六日至九日開展覽會，業荷貴局派警士二名來館照料在案，至爲銘感。茲以該警士等維持公衆秩序，殊深勤勞，特具薄酬十元，備函送請察收分給該警士等，藉資犒勞，并希見復爲荷。此致

第五警察局　江蘇省立國學圖書館四月十日

教育廳指令（1935 年 4 月 10 日）

呈一件：爲呈送二十三年度教育概況由。呈件均悉，存候彙編。此令。　江蘇省教育廳廳長周

佛海　四月十日

教育廳令（1935 年 4 月 17 日）

呈一件：遵令重繕二十四年度概算書暨概算提要，祈核轉由。呈暨附件均悉，應准分別存查彙轉，仰即知照。此令。　江蘇省教育廳廳長周佛海四月十七日

呈教育廳文（1935 年 4 月 17 日）

爲善本閱覽室地板窳朽，急需換裝新板，及新書庫不敷容納，擬裝置擱板，一併招工勘估，應如何撥款興修，抑在本館積餘項下支用，呈請核奪示遵由。竊本館善本閱覽室地板全部窳朽，踐履動搖，急需換裝新板，本月上旬鈞長蒞館視察展覽會時業蒙面諭興修，又東院新書庫地位狹小，現有之書堆積甚多，不能容納，惟該庫房屋尚高，擬利用上部空間裝置擱板，以庋書籍，則容量約可增加一倍以上。兩項興修均屬急不容緩，斷難再延，刻已招工切實勘估，計共需工料銀五百零四元一角九分。查本館經常預算本年度修繕一項僅有二百六十七元，衹敷支配逐月零星修理及髹漆之用，不能支應較大之工程，所有上述兩項興修之費應如何指

撥的款，抑在本館積餘項下支付，理合具文連同江順興估單一份呈請核奪，伏候迅示祇遵。謹呈　江蘇省教

育廳廳長周　計呈估單一份　江蘇省立國學圖書館館長柳詒徵四月十七日

南京市財政局公函（1935 年 4 月 19 日）

案准貴館公函，以徵收影壁前魏姓民地一案業經內政部核准公告，請予派員丈量並召集地主議價徵收等由，並附公告抄件過局，准此，自應照辦。除已派員測量製圖外，茲依照《土地徵收法》第十五條之規定，訂於本月二十四日下午二時在本局召集業戶魏伯和協議補償金，相應函達，即希查照，屆時派員出席與議爲荷。　此致　江蘇省立國學圖書館　南京市財政局四月十九日

復南京市財政局函（1935 年 4 月 19 日）

逕復者：案准貴局處字第八〇號公函，以「徵收魏姓民地一案」，訂於本月二十四日下午二時在本局召集業戶魏伯和協議補償金，希屆時派員出席與議」等由，准此，除准期出席與議外，合先函復，即希查照爲荷。

此致　南京市財政局局長陸　江蘇省立國學圖書館館長柳詒徵四月十九日

致東海民眾教育館函（1935年4月20日）

敬啓者：接奉禮柬，藉諗貴館五月一日舉行開幕典禮暨第一次成績展覽會，仰企輝光，曷勝欣躍。茲由郵寄上敝館《概況》《小史》年刊、圖書總目各一份，聊志祝忱，即希察納見復爲荷。此致 東海民眾教育館

江蘇省立國學圖書館四月二十日

致江蘇財政廳公函（1935年4月25日）

敬啓者：案查公務員捐俸助賑一案，係自上年十一月份起至本年四月份止，應共扣捐六個月，敝館業於三月內由郵解繳職員賑捐四個月，計銀八十元六角，經奉函復在案。茲奉訓令秘字第一八八一號催續解繳，謹將三、四兩個月捐款計銀四十二元六角八分由郵匯解，連同前四個月捐已解足六個月，共銀一百二十三元二元[一]八分，理合開具捐俸名單，函請察核彙轉，掣給收據，實爲公便。謹呈 江蘇財政廳廳長趙 計職員捐俸名單一紙

江蘇省立國學圖書館館長柳詒徵四月二十五日

〔一〕 疑为「角」之误。

盋山案牘

六四三

教育廳令（1935 年 4 月 25 日）

呈一件：為善本閱覽室地板窳朽，急需換裝新板，新書庫不敷容納，擬裝置擱板，一併招工勘估，應如何撥款興修祈查核示由。呈件均悉。查本年度臨時費列數甚少，已無款可以支撥，該館修建工程既據稱刻不容緩，應准在該館積餘經費項下動支舉辦，仰即知照。此令。

江蘇省教育廳廳長周佛海四月二十五日

教育廳令（1935 年 4 月 25 日）

呈一件：為會呈籲請訂定省立社教機關服務人員年功加俸辦法，以資激勸由。呈悉。查省教育經費支絀異常，省立各中等學校教職員年功加俸亦尚未能規定實行，所請應俟經費稍裕再行核定辦理，仰即知照。此令。

江蘇省教育廳廳長周佛海四月二十五日

致省立各社教機關函（1935 年 4 月 26 日）

敬啟者：前由同人會銜呈請規定省立各社教機關服務人員年功加俸辦法，以資激勸一案，刻奉教育廳第四九一二號指令內開「呈悉。查省教育經費支絀異常，省立各中等學校教職員年功加俸亦尚未能規定實行，所請應俟經費稍裕再行核定辦理」等因，奉此，相應函達台端，即希查照為荷。此致

省立各社教機關公鑒

江蘇省立國學圖書館四月二十六日

南京市財政局來函（1935 年 4 月 29 日）

案查貴館徵收魏姓龍蟠里土地一案，前經召集協議補償金，未據該戶出席，茲再訂於五月四日上午十時仍在本局繼續協議，相應函達，即希查照，屆時派員出席與議爲荷。此致　江蘇省立國學圖書館　南京

市財政局局長陸肇強四月二十九日

財政廳指令（1935 年 5 月 5 日）

呈一件：呈解賑災捐款，仰祈核轉由。呈表均悉。據解三、四兩月份賑災捐銀四十二元四角八分，除已照數核收存候彙轉外，仰即知照。此令。表存。　江蘇省財政廳廳長趙棣華五月五日

南京市財政局來函（1935 年 5 月 7 日）

案查貴館徵收魏姓龍蟠里土地一案，業經本局兩次召集協議補償金，尚無結果，茲再訂於本月十日午後二時爲第三次之協議，相應函達，即希查照，屆時派員出席與議爲荷。此致　江蘇省立國學圖書館　南

京市財政局局長陸肇強五月七日

国立中央大学国学图书馆小史 盋山案牍 合刊

教育廳、財政廳指令（1935 年 5 月 8 日）

呈一件：爲呈送念三年七、八月份支出計算書據，仰祈鑒核由。呈件均悉。查所呈計算書據業已核

竣，內中尚有應行補送、查詢、注意等事項，合亟填發飭知書，仰即遵照辦理，剋日具復，以便轉送省稽核

委員會復核，勿延。件存。此令。　附簽飭知書一件　江蘇省教育廳廳長周佛海、財政廳廳長趙棣華五月

八日

江蘇省政府秘書處來函（1935 年 5 月 8 日）

徑啓者：本府新印《法規彙編》業已出版，茲特奉贈一部，即希指正，並請惠予交換爲荷。　此致　江蘇

省立國學圖書館　附《法規彙編》一部另付郵　江蘇省政府秘書處啓五月八日

中國國際圖書館來函（1935 年 5 月 9 日）

敬啓者：頃聞貴館有《江南經略》鈔本一書，敝館極欲得爲參考，倘荷允予傳鈔，擬請貴館代爲僱人鈔

録並妥爲校對，惟不知需費若干，素稔貴館努力文化，諒能賜與惠助，如何之處，統希查核見復爲荷。　此致

江蘇省立國學圖書館　日內瓦中國國際圖書館館長胡天石五月九日

呈教育廳、財政廳文（1935 年 5 月 9 日）

為遵令申復審核飭知書并補送七、八月份支出計算書及對照表各一份，呈請鑒核備轉由。案奉鈞廳教、字第五四九○號、稽字第九七九六號指令內開「呈件均悉。查所呈計算書據業已核竣，內中尚有應行補送、查詢、注意等事項，合亟填發飭知書，仰即遵照辦理，剋日具復，以便轉送省稽核委員會復核，勿延。此令。附發飭知書一件」等因。奉此，遵即查照審核飭知書內應行補送、查詢、注意等事項，逐條詳細申復，繕錄一份，并補造七、八月份支出計算書，對照表各一份，理合具文呈送鑒核備轉。謹呈　江蘇省教育廳廳長周、財政廳廳長趙

計呈申復飭知書一件，七、八月份支出計算書、對照表各一份

江蘇省立國學圖書館館長柳詒徵五月九日

復日內瓦中國國際圖書館函（1935 年 5 月 9 日）

敬復者：案准大函，囑代雇員傳鈔敝藏《江南經略》一書，并妥為校對暨需費若干等由，祇悉一是。查該書計有十四冊六百三十九頁（內有圖一百十八頁），每頁十六行，行二十一字，全書約共二十二萬三千一百零四字，約需費百元（紙張在外），三個月可鈔畢。附上傳鈔簡約一份，如需鈔該書，即請先惠鈔校費二分之一，并用何種紙張，抑係自備，統祈見示，俾便着手辦理。相應函復，即希察照為荷。此致　中國國際圖書館

江蘇省立國學圖書館五月九日

復江蘇省政府秘書處函（1935 年 5 月 11 日）

敬復者：接奉大函并承贈《江蘇省單行法規彙編》一部計九册，已編目妥爲庋藏，以供衆覽。敝館本年年刊正在編輯中，俟出版寄奉，藉資交換。尚此鳴謝，即希察照爲荷。此致 江蘇省政府秘書處 江蘇省立國學圖書館五月十一日

江蘇省立社教機關聯合會來函（1935 年 5 月 21 日）

徑啓者：查前奉教廳指令慰勞導淮工程隊，名義須爲更易，曾由省、鎮民教館轉達在案，茲經本會第二十五次會議議決，由本會另具贈送淮工施教隊購物收據一紙，特行寄奉，即祈檢收，所有前次寄上慰勞名義收據即請寄下銷燬（寄鎮江正東路省立民教館轉）。此致 柳翼謀先生 江蘇省立社教機關聯合會啓五月二十一日

江蘇省立社教機關聯合會來函（1935 年 5 月 21 日）

徑啓者：茲檢奉本會第二十五次會議議決記録一份，又江蘇導淮入海工程處謝函一件，統祈檢收爲荷。再本會二十四次會議議決，購贈導淮入海工程處物品費用由各機關按照每月經費百分之一籌撥，該款貴處如未寄繳，即請於五月底前寄鎮江正東路省立民教館，以資結束爲要。此致 柳翼謀先生 江蘇省立社教

機關聯合會啓五月二十一日

附江蘇省導淮入海工程處謝函

頃展大函並附慰勞旗九面暨唱機、唱片、藥品多件，祈領之餘，至深感謝。除將原件分發施教、醫藥兩隊應用外，相應函復即希查照，並達謝忱。此致

　　江蘇省立社教機關聯合會　　江蘇省導淮入海工程處啓九月二十一日

復江蘇省立社教機關聯合會函（1935 年 5 月 21 日）

徑復者：接准大函並贈送淮工施教隊購物收據一紙，囑將前次寄來慰勞名義收據下銷燬等由，准此，遵即檢出前據，隨函送請察收銷毀，以完手續，至希查照辦理爲荷。此致

　　江蘇省立社教機關聯合會　計慰勞名義收據一紙　　江蘇省立國學圖書館五月二十一日

致南京市財政局函（1935 年 6 月 7 日）

徑啓者：敝館地址位於首都龍蟠里，在貴市政府管轄區域之內，自應遵照《公有土地登記法》聲請登記，以明所有權，爲此填具囑託書一紙并館圖鈔件，備函送請察核，所有登記手續費當照章繳納，即希查照辦理，實紉公誼。此致

　　南京市財政局局長陸　附囑託書一紙、館圖一幅、鈔件一冊　　江蘇省立國學圖書館館長

柳詒徵六月七日

南京市財政局來函（1935 年 6 月 15 日）

案准貴館函送龍蟠里館址土地所有權登記囑託書一紙、證件二件，囑查照辦理等由，除飭照收依章辦理并掣地字七五〇〇號收據一紙隨交來人帶返外，相應函復，即希查照爲荷。此致 江蘇省立國學圖書館

南京市財政局局長陸肇强六月十五日

致新江蘇報社函（1935 年 6 月 21 日）

徑啓者：頃閱十八日貴報第三張《小思潮》載有貴記者湘亭《滬杭旅行談屑》，內有「我省龍蟠里省立國學圖書館把舊書嚴密收藏，不公開展覽，令人莫測高深」云云，殊爲詫異，敝館圖書不論新舊書及善本書全部開放閱覽，任人參觀，載在報章，每日來館閱書者絡繹弗絕。煌煌首都，衆目昭彰，從未有不公開者，不審貴記者所云從何而來，非但子虛烏有，全反事實，抑且淆惑聽聞，所關匪細。用特函請查照迅予更正，并希見復爲荷。此致 新江蘇報編輯部主任

江蘇省立國學圖書館六月二十一日

致開明書店函（1935 年 6 月 21 日）

逕啓者：茲依照貴店所訂圖書館購書優待券章程之規定，特備具公函并附館章一份，即祈查照，寄予購書優待券一紙爲荷。 此致

開明書店營業處推廣部　　江蘇省立國學圖書館六月二十一日

呈教育廳文（1935 年 6 月 22 日）

爲購置圖書，擬請在本年度推廣事業項下餘款移用，呈候核奪示遵由。竊查本年度本館經常費各項支出情形，均按照核定分配表斟酌使用，預算截至本年六月底止，均能收支適合，惟第六項「推廣事業費」尚餘約五十元，而第四項「圖書購置費」殊感不敷。最近因應學者之需求，有商務印書館出版《宛委別藏》一書，必需於本月內訂購預約，而第四項下已無餘款，可否將第六項剩餘經費移作購書之用，未便擅專，理合具文呈請鈞長核奪，伏候迅予賜准，俾資應用，以利學者，無任盼懇。 謹呈

江蘇教育廳廳長周　　江蘇省國學圖書館館長柳詒徵六月二十二日

王伯祥先生來函（1935 年 6 月 25 日）

翼謀先生館長台座：此次刊行《二十五史補編》備荷指示，獲免隕越，至紉高誼。現在吳卓信氏《漢書地理志補注》之包刻本經已物色得之，即以原書照相，付鑄鋅版亦將次完成，謹先奉聞，兼慰崖注。惟館藏

盛大士氏《宋書補表》亦待排校，敢懇屬付寫官錄副見惠，俾便依次進行，感禱實深。別附《六十種曲》缺文三紙，并求代託館員發藏一爲校補，卷第葉次俱已註明，或不致甚擾精慮耳。若得金甌無缺，藝林同賞，實被大德，固不僅敝處同人感激而已也。附呈補編預約憑單五份，敬乞察存，出版時可向太平路敝分店飭取之。專肅陳懇，即請著安

王伯祥頓首六月二十五日

復王伯祥先生函（1935 年 6 月 25 日）

伯祥先生大鑒：奉手書並見惠《二十五史補編》預約憑單五份，除拜領一份外，餘悉交館，均此謝謝。盛大士《宋書補表》即日挂號付郵，惟請另鈔一本，付手民排印，俾免館本損傷，鈔畢仍請挂號寄下爲感。開示《六十種曲》缺文單一紙，即將館藏本逐一校勘，亦復漫漶不清，所補各字以墨筆注於其下，祈察閱是荷。專復，即頌撰安

柳詒徵謹啓六月二十五日

教育廳訓令（1935 年 6 月 25 日）

案查二十四年度各該機關第一級概算書，業據先後編送分別審核彙轉在案，茲年度業將開始，所有二十四年度預算分配表急應編送彙轉，除分令外，合行抄發各機關編製預算分配表章程一份，令仰該館長剋日遵照規定，編送四份呈報本廳，以便審核彙轉，事關要政，幸勿延誤。又原章程第三、第四條所列尤應特別

注意，並仰知照。此令。 計抄發各機關編製預算分配表章程一份 江蘇省教育廳廳長周佛海六月二十五日

南京市財政局來函（1935 年 6 月 26 日）

案奉市政府第二七二三號訓令內開「案據本市土地徵收審查委員會二十四年六月十五日呈稱『案奉
鈞府交下江蘇國學圖書館徵收魏姓土地價協議無結果一案，飭即依法審議等因，奉此，遵即提交本會第五
十次常會議議在案，理合依照土地徵收法第二十二條之規定擬就議定書，備文呈請鑒核俯賜轉發』等情，
並附議定書五份，據此，查此案前據該局呈請，當經轉發審議在案，茲據前情，除將議定書抽存一份備查
外，合行檢發餘件，令仰遵照辦理。此令」等因，並發議定書到局，奉此，查此案前由本局召集協議無結果，
當經呈請市政府依法提會審議在案，茲奉前因，除檢同議定書通知業戶外，相應檢同議定書一份，函請貴
館查照爲荷。 此致 江蘇省立國學圖書館 附議定書一份 南京市財政局局長陸肇强六月二十六日

南京市土地徵收審查委員會議定書

興辦事業人：江蘇國學圖書館

土地所有人：魏伯和

右列當事人因所徵收及被徵收土地地價協議無結果一案，於中華民國二十四年五月三十日由財政局
根據土地徵收法第十五條第二項規定呈經市政府令飭本會依法議定，茲經本會第五十次會議議定如左：

議定主文：江蘇國學圖書館徵收館前魏姓土地，每方補償金五元。

事實及理由：

緣江蘇國學圖書館徵收該館影壁前魏姓土地，曾經財政局召集雙方協議補償金，先後協議三次，業戶方面最低索價每方二十元，該館允給每方五元，業戶未能同意，致協議無結果，遂送請本會審議。並據業主魏伯和呈，以該戶被徵收土地位置在漢中路及新關廣州路中間，交通便利，讓價至每方二十元，實已無可再減，並引蛇山腳李金川賣地與范竹師每方二十四元，又陶谷村地價每方三十五元，虎踞關徵收住宅區地每方八元等地價爲例，請求主持公道，核實評價，以昭平允等情到會。經本會第五十次會議討論，以該業主原呈所引蛇山腳、陶谷村、虎踞關等地與本案徵收地距離甚遠，其地價決不能爲本案徵收價格之標準。再經本會查明，以前中央研究院徵收該處土地最高額爲每方三元，二十年該國學圖書館曾商准中央研究院將其徵收區域內之館後山地一畝餘劃歸館用，給價每方二元，本案於協議時，該國學圖書館允給每方五元之價，實屬公允。兹依照土地徵收法第二十三條之規定議定補償金如主文。　南京市土地徵收審查委員會委員長馬超俊

敬啓者：兹向貴圖書館借影《隋書》一部計二十冊，謹按照借影善本規約，開具該書版本、行款、圖記及

商務印書館南京分館來函（1935 年 6 月 27 日）

葉數等項表格一紙全式兩紙，各執一紙存查，在借影期內如有散失損壞情事，當照每葉銀幣十圓賠償，借期暫定兩月，敬祈察照爲荷。 此致 江蘇省立國學圖書館 商務印書館南京分館謹啓六月廿七日

呈教育廳文（1935 年 6 月 30 日）

爲遵令編造二十四年度預算分配表四份，呈請審核彙轉由。案奉鈞廳第一三二七號訓令內開（照錄原文）等因，奉此，遵即查照頒布章程，并依據本館呈經核定之二十四年度概算書，編製各月支出預算分配表四份，理合具文呈請鈞廳審核彙轉，實爲公便。 謹呈 江蘇省教育廳廳長周 計呈二十四度預算分配表四份

江蘇省立國學圖書館館長柳詒徵六月三十日

江蘇省立國學圖書館第九年刊（二十四年度）案牘

呈教育廳文（1935年7月5日）

為造報四月份經常費收支計算書表暨單據粘存簿，呈請核銷存轉由。謹將本館二十三年度本年四月份經常費收支報銷造具收支計算書表三份、單據粘存簿一冊，理合具文呈請鈞廳核銷存轉，實為公便。謹呈江蘇省教育廳廳長周　　計呈收支計算書表三份、單據粘存簿一冊　江蘇省立國學圖書館館長柳詒徵七月五日

教育廳指令（1935年7月11日）

呈一件：為購置圖書，擬請在本年度推廣事業費項下餘款移用，祈核示由。呈悉。查所請尚屬可行，應予照准，仰即知照。此令。江蘇省教育廳廳長周佛海二十四年七月十一日

呈教育廳文（1935年7月16日）

為呈報暑期輪休起訖日期藉備存查由。案查社會教育機關在嚴寒酷暑時，職員得更番休息，業於本年

三月奉鈞廳第四六四號訓令，規定暑期休息不得過四星期等因在案。現值盛暑，氣候酷熱，謹遵規定，自本月十六日起至下月十三日止爲本館職員輪休時期，在輪休期內，值班人員仍在半數以上，各部工作均照常進行。理合將輪休起訖日期具文呈報鈞廳鑒核施行，藉備存查。謹呈　江蘇省教育廳廳長周　江蘇省立國學圖書館館長柳詒徵七月十六日

呈教育廳文（1935 年 7 月 18 日）

爲繕造五月份收支計算書及單據粘存簿，呈請核銷存轉由。謹將本館二十三年度本年五月份經常費報銷繕具收支計算書表三份、單據粘存簿一册，具文呈請鈞廳核銷存轉，實爲公便。謹呈江蘇省教育廳廳長周

計呈收支計算書表三份、單據粘存簿一册　江蘇省立國學圖書館館長柳詒徵七月十八日

教育廳指令（1935 年 7 月 31 日）

呈一件：爲訂定本年暑期職員輪休起訖日期，祈鑒核存查由。呈悉，准予存查。此令。　江蘇省教育廳

廳長周佛海七月三十一日

教育廳指令（1935 年 8 月 8 日）

呈一件：送二十四年度預算分配表祈鑒核由。呈暨附件均悉。查表列各項分配大體尚無不合，應核

分別存查彙轉，仰即知照。此令。　江蘇省教育廳廳長周佛海 八月八日

教育廳訓令（1935 年 8 月 8 日）

案准江蘇省財政廳計字第一三三八號咨開「案查江蘇省省款會計規程業經咨送在案，茲自二十四年

度起，根據該規程第二十七條之規定，各機關應編計算書三份，以一份送財政廳備查，以二份連同單據簿、

附屬表呈送省政府分別存轉，各廳局所屬機關應編造計算書三份，以一份留存主管機關，一份送本廳存

查，一份由主管機關徑送江蘇省審計處審核辦理，除分函外，相應咨請查照，並轉飭所屬各機關遵照辦理」

等由，准此，查二十三年度各省立教育機關編送計算書辦法，前經財政廳會同本廳令飭遵辦在案，茲准前

由，前項辦法自應予以變更，嗣後省立各學校及各社教機關應自文到之日起，所有編送每月計算書據及各

項決算書，均應呈由本廳核轉審計處審核辦理，文尾無庸再列財政廳廳銜，除分令外，合亟令仰該館長即

便遵照。此令。　江蘇省教育廳廳長周佛海 八月八日

呈教育廳文（1935年8月13日）

謹將本館二十三年度本年六月份經常費收支報銷繕具收支計算書表三份、單據粘存簿一冊，備文呈請

鈞廳鑒核，分別存轉，實爲公便。　謹呈江蘇省教育廳廳長周　　計呈收支計算書表三份、單據粘存簿一冊　江

蘇省立國學圖書館館長柳詒徵八月十三日

呈教育廳文（1935年8月22日）

爲遵令造報二十三年度專款收支計算書據，呈請鑒核存查由。　案奉鈞廳第一七〇三號訓令，催造二十

三年度徵收學生各費及行政收入、公積金等報銷，仰剋日造報備核等因，奉此，查本館除經、臨兩費按期造報

外，所有各項專款收支歷年均經造報，奉指令核准存查各在案。　茲以二十三年度業已終了，遵將二十三年七

至十二月暨二十四年一至六月專款收支繕具收支計算書各一冊，附單據粘存簿二冊，理合備文呈報鈞廳鑒

核，藉備存查。　謹呈江蘇省教育廳廳長周　　計呈收支計算書二冊、單據粘存簿二冊　江蘇省立國學圖書館

館長柳詒徵八月二十二日

呈教育廳文（1935年8月23日）

爲繕具裝置善本閱覽室地板及印行書庫擱板支出計算書據，呈請查案核銷由。　案查本館前因須裝換善

本閱覽室地板及印行書庫擱板，經招工估勘取具估單，於本年四月十七日呈請撥款興修，業奉指令第四八九四號核准，在本館積餘項下動支舉辦在案。遵即購辦材料，催工裝設該兩項工程，業已次第竣事，計裝換地板工料費洋一百一十二元，裝設擱板工料費洋三百八十六元三角三分，合共四百九十八元三角三分，遵在積餘項下撥款支付，理合繕具支出計算書一份，連同單據備文呈請鈞廳核銷備查，實爲公便。謹呈 江蘇省教育廳廳長周 計呈支出計算書一冊、單據粘存簿一冊 江蘇省立國學圖書館館長柳詒徵八月二十三日

呈教育廳文（1935 年 8 月 25 日）

爲造送五、六、七三個月工作報告，呈請鑒核備查由。謹將本館本年五、六、七三個月經過工作情形編製工作報告，各油印二份，理合備文呈請鈞廳鑒核備查。謹呈江蘇省教育廳廳長周 計呈五、六、七月份工作報告各二份 江蘇省立國學圖書館館長柳詒徵八月二十五日

南京市土地局公函（1935 年 9 月 2 日）

案查接管卷內貴館徵收龍蟠里魏姓土地擴充館址一案，前經召集協議補償金，以無結果，當由財政局呈請市政府提交土地徵收審查委員會議定，並將議定書通知業戶知照在案。現在爲時已久，未據業戶提起訴願，相應造具地價拆費計算表，計銀二千六百九十八元四角四分，函請查照，希將該款撥送過局，以便

通知業戶繳契具領爲荷。　此致

江蘇省立國學圖書館　附計算表一份　代理局長周湘九月二日

國民政府行政院秘書處來函（1935 年 9 月 3 日）

翼謀老師函丈：月前黄秋岳先生轉來我師所賦《野雲詩鈔》一厚册，拜賜欣謝。野雲詩詞藻與性靈並富，以南陔孝子爲《白華》《蓼莪》之篇，生花一管，闈錫類之思，尤爲難能可貴，知當詩以人傳。我師提倡風雅，棗梨壽世，揚潛德，發幽光，有功桑梓，造福名教，誠非淺鮮。專復布謝，敬頌道安　受業張元群頓首

古微堂地基徵收事，近來有無進展。春間曾與小卷阿主人魏慕士面談，謂俟渠病愈當晋謁，不知已否接洽，有無成議，順以奉問，暇乞賜示一二爲感。元群又及。九月三日

復張仁甫先生函（1935 年 9 月 3 日）

仁甫仁弟大鑒：頃奉華札，祗悉種切。承詢敝館徵收魏府土地事，關於地價方面，前經市財政局召集雙方協議數度，最後由市政府提交土地徵收審查委員會評定，并將議定書通知雙方，此事距今已兩月有餘。昨接市土地局公函，請敝館將地價撥送過局，敝館正在請示教育廳備款撥送，知關廑注，合以奉聞，魏府方面有何消息，尚祈便示爲禱。專泐，順頌公祺　柳詒徵拜啓九月三日

教育廳訓令（1935 年 9 月 5 日）

案查本廳所編二十二年度江蘇全省教育統計圖表現已付印裝訂完成，合行檢發一册以備參考，每册應酌收印刷費洋一元六角，郵寄挂號費洋八分，仰將該款剋日如數匯廳，以憑歸墊，勿延爲要。此令。計發二十二年度江蘇全省教育統計圖表一册　江蘇省教育廳廳長周佛海九月五日

教育廳指令（1935 年 9 月 7 日）

呈一件：爲送五、六、七三個月工作報告表，乞核示由。　呈件均悉。查該館五、六、七三個月中新到入庫善本二十三種，普通本三百三十一種，鈔書二十六種，足見該館館長對於添購藏書深切注意。復查修補書籍三個月內一萬一千六百四十六葉之鉅，館員勤奮，亦堪嘉尚，仍仰撙節事務經費，力圖內容擴充，蔚成大觀，是爲至要。　報告表存。　此令。　江蘇省教育廳廳長周佛海九月七日

首都民俗展覽會籌備會來函（1935 年 9 月 7 日）

徑啓者：本會奉中央民運指導委員會令，飭舉辦民俗展覽會，擬定於九月間開幕，關於展覽物品，業經本會分向各社教機關及學校團體徵集在案。　現因時期迫促，且恐不明內容，未易著手，本會乃於前月二十四日下午二時特邀集各校校長及各社教機關代表，在市黨部大禮堂舉行談話會，經各代表發抒意見，決定

以下五點：（一）徵送展覽物品得展期在九月十五日以前；（二）徵求物品綱要中關於社會習尚方面，加生育習俗一項；（三）物品尺寸不加限制，惟須便於觀覽；（四）物品不拘定自製，可由學校代向學生家庭徵借；（五）展覽物品由會保管，候閉幕後一律發還。當場並由本會發給徵求出品綱要及徵求出品各項中之簡例各一份，以資參考。查是日貴館已派代表涖會參加，用特錄案，并再檢發本會徵求出品綱要及本會徵求出品各項中之簡例各一份，函達查照，并盼貴館屆時多送有關民俗物品展覽，共襄斯舉爲荷。　此致　國學圖書館

首都民俗展覽會籌備會九月七日

致江蘇教育廳函（1935 年 9 月 7 日）

敬啓者：案奉鈞廳第一九三號訓令，內附二十二年度江蘇全省教育統計圖表一册，計印刷費洋一元六角，外郵寄掛號費洋八分，仰將該款如數匯廳，以憑歸墊，勿延爲要等因，兹特備洋一元六角八分隨函送呈，即請察收是荷。　此致　江蘇省教育廳　計繳款一元六角八分　江蘇省立國學圖書館九月七日

呈教育廳文（1935 年 9 月 10 日）

爲徵收土地，擬在本館售書專款內撥給地價等費，簽具中國銀行支票一紙，計銀二六九八．四四元，呈請備函撥送南京市土地局由。　案查本館徵收魏姓土地一案，業經南京市政府土地徵收審查委員會評定地價，

并給予議定書在案，茲於本月二日接准南京市土地局第一一八五號公函內開「案查接管卷內貴館徵收龍蟠里魏姓土地擴充館址一案，前經召集協議補償金，以無結果，當由財政局呈請市政府提交土地征收審查委員會議定，並將議定書通知業户知照在案。現在為時已久，未據業户提起訴願，相應造具地價拆費計算表，計銀二千陸百玖十八元四角四分，函請查照，希將該款撥送過局，以便通知業户繳契具領為荷。附計算表一份」等由，查計算表開列地價金額及附屬拆讓費，共需銀二六九八．四四元，該項徵地費用擬在本館售書專款內支撥，經於本年一月八日呈奉指令核准在案，現在即需動支，理合簽具江蘇銀行第二一四七號寄庫單一紙，計銀二六九八．四四元，備文連同鈔件呈送鈞廳鑒核，懇祈俯賜備函撥送南京市土地局，以昭鄭重而利征收，伏候裁奪示遵。謹呈

江蘇省教育廳廳長周　　計呈江蘇省銀行第二一四七號寄庫單一紙，計銀二六九八．四四元，地價費用表一紙　　江蘇省立國學圖書館館長柳詒徵九月十日

復首都民俗展覽會函（1935 年 9 月 12 日）

逕復者：前接貴會來函，徵集民俗展覽會物品一節，茲將敝館在清凉山香市期內留影十二幅都為一封，隨函送上，即希檢收賜復為荷。此致

首都民俗展覽會籌備會　　計留影十二幅　　江蘇省立國學圖書館九月十

二日

國立中央圖書館籌備處來函（1935 年 9 月 14 日）

項以《四庫全書珍本》第四期書繼續出版，茲檢奉一部，計五十九種五百八十四冊，敬請惠存，並盼賜復爲

荷。此致

　江蘇省立國學圖書館　附《四庫全書珍本》第四期書一部　國立中央圖書館籌備處啓九月十四日

復國立中央圖書館籌備處函（1935 年 9 月 15 日）

敬復者：頃承惠贈《四庫珍本》第四期書，計五十九種五百八十四冊，至紉高誼，除分別編目，善爲庋藏，

供衆閱覽外，特函鳴謝，至希察照爲荷。此致

　國立中央圖書館籌備處　江蘇省立國學圖書館九月十五日

教育廳指令（1935 年 9 月 25 日）

呈一件：呈送地價及附屬拆讓費計銀二千六百九十八元四角四分，開具江蘇銀行第二一四七號寄庫

單一紙，又地價費用表一紙，懇備函撥送南京市土地局檢收由。呈暨附件均悉。應准備函轉送，仰即知

照。寄庫單轉費用表存。此令。　江蘇省教育廳廳長周佛海九月二十五日

致首都民俗展覽會籌備會函（1935 年 9 月 25 日）

徑啓者：前接貴會來函徵集民俗展覽會物品，業經寄上清涼山香市留影十二張，茲更製就表格六紙，藉

備陳列，即祈檢收是荷。此致
　　首都民俗展覽會籌備會　計表格六紙　江蘇省立國學圖書館九月二十五日

敬啓者：夙仰貴館圖書豐富，設備完善，茂績昭然，足資借鑑，茲擬於本月三十日派館員五人前來參觀，
屆時務祈詳賜指導，無任感幸。此致
　　國立編譯館、內政部圖書館、行政院圖書館　江蘇省立國學圖書館九
月二十八日

致國立編譯館、內政部圖書館、行政院圖書館函（1935 年 9 月 28 日）

教育廳訓令（1935 年 9 月 30 日）

案奉江蘇省政府財字第八三三號訓令內開「案准審計部江蘇省審計處省字第一九九號函開『案准江
蘇省財政廳會字第一五九八號咨開「案查中央暫行決算書章程第十五條內載『省市各機關編造各機關
上年度歲入歲出決算書（第一級決算）』，限十月三十一日以前送達各該省財政廳或市財政局」等因，茲請將
各機關所送二十三年度計算書於十月三十一日以前核發證明書過廳，以便辦理決算』等因，准此，查十月
定限轉瞬即屆，而各機關二十三年度計算書類有稽而未送者，有送而未全者，應請統於九月三十日以前催
送到處。至關於查詢、補送、重編等事項，亦請於文到後迅速答復，以便如限審核，促成決算。除復江蘇省
財政廳查照外，相應函達，即請查照轉飭爲荷」等由，准此，除分令外，合行令仰該廳遵照，並轉飭遵照。此

令」等因，奉此，查省立各教育機關應編二十三年度計算及決算書類未據造送齊全者，尚居多數，奉令前因，除分行外，合亟令催仰於文到五日以內，迅將該年度未報各月計算及全年決算剋日呈送到廳，以憑核轉，毋稍忽延，是爲至要。此令。　江蘇省教育廳廳長周佛海九月三十日

教育廳訓令（1935 年 9 月 30 日）

案奉教育部第一○五八八號訓令：頒發二十三年度社會教育概況調查統計表到部，以憑彙編。事關全國社會教育統計，務仰依限趕辦，是爲至要等因，奉此，合行檢同原表及油印表式三種，令仰於十月十五日以前填齊送廳，以憑整理轉報，切勿延誤，是爲至要。此令。　計發二十三年度社會教育概況調查統計表一、表二各一紙，油印表式三種各一紙　江蘇省教育廳廳長周佛海九月三十日

案奉教育部第一○五八八號訓令：頒發二十三年度社會教育概況調查統計表到廳，飭即轉發分別查填，加以整理，限於十月底以前呈報到部，以憑彙編。

南京市土地局公函（1935 年 9 月 30 日）

案准江蘇省教育廳第八九三號公函內開「案據南京省立國學圖書館呈稱『案查本館徵收魏姓土地一案，經南京市政府土地徵收審查委員會評定地價，並給予議定書在案。茲於本月二日接准南京市土地局第一一八五號公函內開「案查接管卷內貴館徵收龍蟠里魏姓土地擴充館址一案，前經召集協議補償金，以

国立中央大学国学图书馆小史　盋山案牍　合刊

无结果，当由财政局呈请市政府提交土地征收审查委员会议定，并将议定书通知业户知照在案。现在为时已久，未据业户提起诉愿，相应造具地价拆让费计算表，计银二千六百九十八元四角四分，函请查照，希将该款拨送过局，以便通知业户缴契具领为荷。附计算表一份」等由，查计算表开地价金额及附属拆让费共需银二六九八·四四元，该项征地费用拟在本馆售书专款内支拨，经于本年一月八日呈奉指令核准在案。现在即需动支，理合签具江苏银行第二一四七号寄库单一纸，计银二六九八·四四元，懇祈俯赐备函拨送南京市土地局，以昭郑重而利征收，伏候裁夺示遵」等情，计附寄库单一纸，钧厅鉴核，懇祈俯赐备函拨送南京市土地局，以昭郑重而利征收，伏候裁夺示遵」等情，计附寄库单一纸，相应检送寄库单一纸函送贵局查收转发为荷」等由，并附江苏银行第二一四七号寄库单一纸，准此，除饬科照收并再通知业户缴契具领外，相应检同暂字收据一纸，函送贵馆查照。此致

　　江苏国学图书馆　　附送暂字第二零号收据一纸　代理局

长周湘九月三十日

呈教育厅文（1935年10月2日）

为奉令遵限缮造二十三年度决算书三份，呈请鉴核彙转由。案奉钧厅第一九〇号训令，略以奉省政府令催编造上年度决算书，限于九月三十日以前送审计处，仰于文到五日以内迅将未报各月计算及决算送候核夺等因，奉此，查本馆二十三年度各月支出计算书均经按月呈报在案，兹奉令催遵，即将全年度决算依限

六六八

編造三份，備文呈請鑒核彙轉。　謹呈　江蘇省教育廳廳長周　計呈二十三年度決算書三份　江蘇省立國學

圖書館館長柳詒徵十月二日

致中山文化教育館、中央研究院、氣象研究所、博物館、中國科學社函（1935 年 10 月 4 日）

敬啓者：夙仰貴處規模宏遠，設備完善，茂績昭然，足資借鑑，茲擬於本月七日派館員十餘人前來參觀，

藉增聞見，務祈惠允，指導一切，無任感幸。此致　中山文化教育館、中央研究院、氣象研究所、博物館、中國

科學社　江蘇省立國學圖書館十月四日

復國立編譯館函（1935 年 10 月 5 日）

敬復者：日前敝處派員赴貴館參觀，荷蒙詳賜指導，極深感幸。茲又奉惠贈貴館出版書籍，計《中國教育

之改進》等十種十三冊，深紉厚誼，除編目珍存供學人研覽外，蕭函鳴謝，敬希察照爲荷。此致　國立編譯館

國立編譯館　江蘇省立國學圖書館十月五日

國立編譯館來函（1935 年 10 月 6 日）

徑啓者：本館出版之《中國教育之改進》、《化學命名原則》、《藥學名詞》、《圖書評論》合訂本第一二卷、

《日本侵華排外之教材與言論暨出版物目錄》特各檢奉一份，希即查收見復爲荷。此致　柳翼謀先生　國

立編譯館啓十月六日

中山文化教育館來函（1935 年 10 月 6 日）

徑啓者：頃奉大函，祇悉一是。貴館派員參觀，無任歡迎，請於七日下午惠臨爲盼。此致　江蘇省立

國學圖書館　中山文化教育館啓十月六日

呈教育廳文（1935 年 10 月 13 日）

爲奉令遵限填送二十三年度社會教育概況調查統計表由。案奉鈞廳第二一六八號訓令內開「案奉教育

部第一〇五八八號訓令『頒發二十三年度社會教育概況調查統計表到廳，飭即轉發，分別查填，加以整理，限

於十月底以前呈報到部，以憑彙編。事關全國社會教育統計，務仰依限趕辦，是爲至要』等因，奉此，合行檢

同原表及油印表式三種，令仰於十月十五日以前填齊送廳，以憑整理轉報，切勿延誤，是爲至要。此令。計

發二十三年度社會教育概況調查統計表一、表二各一紙，油印表式三種各一紙」等因，奉此，遵即查照各表，

將關於本館應填事項分別填就，理合備文呈送鈞廳鑒核彙轉。謹呈　江蘇省教育廳廳長周　計呈填表四紙

江蘇省立國學圖書館館長柳詒徵十月十三日

呈教育廳文（1935 年 10 月 18 日）

為呈報八、九兩月工作報告表，祈鑒核備查由。謹將本館本年八、九兩個月經過工作情形編製工作報告表，各油印二份，理合備文呈報鈞廳鑒核備查。謹呈

江蘇省教育廳廳長周　計呈八、九月份工作報告各二份

江蘇省立國學圖書館館長柳詒徵十月十八日

致薛翹東先生函（1935 年 10 月 26 日）

翹東老同學閣下：前次晤談甚歡，印書目費種承關注，尤感。湯山款何時可領，印刷店亟盼付款，不知月內能抵用否。昨在管理處聞當事又將有大宗額外用款，似以教費有餘，不妨多方挪用，實則應在教費支領者反多擱置，即如敝館請領建築費，係遵廳令按年指撥，廳中開具預算，即應查照前令每年開列六千，又如印目費亦須開列數千，皆係教育正當費用，惟廳中對於此等用費擱置不提，以致當事認為教費有餘，時思挹注，而廳中直轄機關正當用費，反致無從設法。在廳中通盤籌劃，務從撙節，自亦具有深意，然對學校、機關去數千元或數萬元，一舉而用之教育以外之事業，則為數甚多，至臨時始思斡旋，已屬無及。鄙意擬請尊處注意此等事項，如支配廿四年度臨時費，務須將敝館建築費及印書目費開列，如社教臨時費總數不敷，則聲明在預備項下指撥，其他各方面有待款孔殷者，亦應兼籌並顧，則預算有一定軌道，預算以外之事，自不至隨時發生矣。鄙見所及，謹以貢之執事，並屬周君詳陳一切，總希鼎力為教費計，為敝館計，非僕以私人妄

国立中央大学国学图书馆小史　盋山案牍　合刊

干也，高明當能亮察。此頌公綏　名心叩十月二十六日

致鎮江各教育機關函（1935 年 10 月 26 日）

敬啓者：夙仰貴館/校/院規模宏遠，設備完善，茂績昭然，足資借鑑，茲擬於本月二十八/二十九日派館員一組前來參觀，藉獲教益，務祈賜予接洽，指導一切，無任感幸，即希查照爲荷。此致　省立鎮江圖書館、省立師范學校、省立醫政學院、私立五三圖書館、私立江蘇流通圖書館、紹宗藏書樓　江蘇省立國學圖書館十月二十六日

教育廳指令（1935 年 11 月 1 日）

二十四年十月十八日呈一件：爲送八、九兩月份工作報告表，祈鑒核備查由。呈表均悉。本省各縣縣志，該館已經收集入庫者有若干種，仰於填報十月份工作時，將志名、版本（如係傳鈔亦應載明）、入庫年月列表附報備查。又館員傳鈔書籍，得於固定事項欄內所鈔某書之下載入鈔者姓名，以資考績。至該館全體職員考察京市民俗，如有記錄以及照片，仰分別檢具一份併入呈送十月份工作報告文內報查爲要。表存。此令。

江蘇省教育廳廳長周佛海十一月一日

呈教育廳文（1935 年 11 月 2 日）

為造送廿四年度七月份經常費報銷，呈請鑒核彙轉由。謹將本館二十四年度本年七月份經常費收支報銷繕具計算書及收支對照表三份，單據粘存簿及附屬表各一份，理合備文呈送鈞廳鑒核彙轉，實為公便。謹

呈 江蘇教育廳廳長周　計呈計算書及收支對照表三份，單據簿及附屬表各一份　江蘇省立國學圖書館館

長柳詒徵十一月二日

致南京市土地局公函一件（1935 年 11 月 4 日）

為徵收魏姓土地一案，函請查案迅予催促該業戶繳契領價，俾資辦理各項手續，以利設計由。徑啓者：

案查敝館徵收魏姓土地一案，業經遵照貴市政府土地徵收審查委員會評定價格，將應行補償地價金及附屬拆讓費，共銀一六八・四四元，繳由江蘇省教育廳撥轉貴局，并於九月二十六日接准貴局科一字第二一八〇號公函及暫字第二號收據一紙各在案。現已經過月餘，未知該魏姓業戶曾否繳契具領，敝館以擴充館址，一切計劃急待着手進行，所有勘丈、繪圖、定界、稅契、登記等各項手續希冀照章趕辦完竣，俾便設計，用特備具公函，至祈查案迅予徵收，催促業戶繳契領價，毋許宕延，以利社教，實深感盼，即希查照辦理是荷。此致

南京市土地局局長周　江蘇省立國學圖書館館長柳詒徵十一月四日

致易君左先生函（1935年11月6日）

君左先生大鑒：久遠教益，極深馳慕，比維撰祉多愉，與時俱適，爲頌爲慰。茲寄上敝館出版書目提要一

册，藉備江蘇教育社教方面之材料，至祈采納登載，兼爲敝館提倡學術文化之宣傳，無任感荷。專泐，即頌箸

安

　柳詒徵拜啓十一月六日

無錫縣圖書館陳館長來函（1935年11月10日）

敬啓者：敝館曾刊《善本書目》，内分古本、孤本、精本、鈔本四種，此項書籍另儲一室，平日寓目者甚

少，今定於國曆十二月八日（星期日）將該書陳列公開展覽一天，以廣多士眼界，以發思古幽情。惟於古本

一節非常慚愧，因敝館成立既晚，又乏巨資從事購置，間有明本，亦在嘉靖以後，宋槧元刊全付闕如，不得

已作將伯之呼，欲借花獻佛。現已接洽就緒者，爲吾邑國學專修學校所藏元槧三種，内元刊《禮記》一種，

係江夏徐氏藏本，王定庵讀朱印燦然，洵爲希世之珍。惟宋版在錫地一時不易物色，素仰貴館儲藏甚富，

此種珍本搜羅不少，意欲乞借一二部（每部以一册爲代表陳列於玻璃匣中，領書、還書均由鄙人躬親），以

爲敝會生色，借期先一日下午來取，後一日上午來還，願貴館本大公之懷與善善之意，俯允所請，樂襄斯

舉。至於保管一節，由敝館完全負責。專此奉懇，不勝翹企之至，恭候回玉。敬請　省立國學圖書館柳館

長台鑒　無錫縣圖書館館長陳然謹啓十一月十日

南京市土地局公函（1935 年 11 月 12 日）

案准貴館十一月四日公函，以徵收魏姓土地一案，請予迅催業戶繳契領價，以利設計等由，准此，查此案前經本局分發議定書，業戶方面既未在法定期間對於議定價額聲明不服，本局自可先行填發管業圖照，亦未如期繳驗契據，其領地價，致此案懸擱至今尚未結束，現在貴館既須計劃使用，本局自可先行填發管業圖照，以資管業。惟各機關徵收土地，照章仍須繳納百分之六契稅，此案計地價洋二千四百八十元二角九分，應繳契稅洋一百四十八元八角二分，又圖照費洋一元五角，共洋一百五十元三角二分。准函前由，除填製圖照并再通知該業戶限期繳領價價外，相應函復即希查照，將該項契稅、圖照費洋一百五十元三角二分撥送過局，以便發給圖照，藉資結束為荷。此致

　　　江蘇省立國學圖書館　　局長周湘十一月十二日

執照徵字第二號

南京市土地局茲為江蘇省政府咨准內政部，依照《土地徵收法》徵收坐落本市龍蟠里地方土地，經本局勘得東至烏龍潭，南至曾公祠，西至龍蟠里，北至魏姓走巷，計面積肆玖陸方丈零伍方尺柒伍方寸，折合捌畝貳分陸厘柒毫陸絲，按照南京市土地徵收審查委員會議定，地價每方丈銀伍元整，由本局代轉，發原業戶地價總計洋貳千肆百捌拾玖元貳角玖分，除將原業戶契據審查明確，分別批註註銷在卷外，所有照章應納契稅並經繳納清楚，相應發給圖照，以憑管業。此照。　附發管字第一三五七號圖一張　右照給江蘇省立國學圖書館收執　中華民國二十四年十一月十九日給　局長周湘

盋山案牘

六七五

致南京市土地局公函（1935 年 11 月 14 日）

爲准函照繳徵收魏姓土地契稅及圖照費國幣壹百伍拾元三角二分，派員齎送，即祈察收，給予圖照，以便管業由。案准貴局科一字第三一九三號公函，略以「准函查明徵收魏姓土地應繳契稅洋一百四十八元八角二分，又圖照費一元五角，共洋一百五十元三角二分，請撥送過局以便給發圖照」等由，准此，茲派館員王煥鑣君携同契稅及圖照費，計國幣一百五十元三角二分前來檢繳，相應備函送請察收，給予圖照，俾資管業。再自領得圖照後，所有應行手續統希賜予接洽指示王君爲荷。此致

南京市土地局　計契稅及圖照費國幣一百五十元三角二分

江蘇省立國學圖書館館長柳詒徵十一月十四日

致周佛海廳長函（1935 年 11 月 14 日）

佛海廳長勛鑒：前奉還雲，藉謦欬猝驚，鼎祺無恙，極深欣慰，本擬趨前晉謁，以台端六中會務殷繁，因是未敢。茲有啓者：屬館編印圖書總目已出經、史、集三部，均經呈閱，茲子部亦出版，謹檢呈一部，即祈察納。惟該項印書目費，計經、史、子、集四部共需銀八九三二.五四元，歷次所領臨時費僅七千元，尚差一九三二.五四元，致紙張及印刷工資均懸欠未清，前蒙鈞廳允在湯山地價項下撥給一千元，此款迄今尚未領到，現店欠到期，索款孔亟，勢未便再延，盼飭科迅予設法措撥，以資急用。再有叢、志、圖三部亦須接續付印，計需銀一千六百餘元，連前不足之數尚共需二千六百元，始可將全目印成，敬懇在廿四年度支配臨

時費或預備費時如數指撥，俾資進行，以竟全功，藉饜社會人士之望，無任感叩。　蕭頌鈞綏　柳詒徵謹蕭

十一月十四日

再啓者：屬館典藏圖書，責任綦重，僅宋元明版書即有數萬冊之多，其他十餘萬冊亦珍貴者居多數，誠恐時勢日緊，不能不未雨綢繆，預籌安全之策，俾茲國寶免遭淪劫，實於民族關係至鉅。設遇警急，此鉅量之典籍如何保藏，安置何地，必須早爲規劃，有所準備，始不至臨時倉卒，有措手不及之虞，伏乞面商主席指示機宜，俾資遵守，無任感禱。　又蕭

致吳劍真先生函（1935年11月14日）

劍真先生大鑒：久稽良覿，曷任神馳，比維台候佳旺，爲符所頌。茲有啓者：敝館圖書總目前出經、史、集三部，均經檢奉，茲子部亦已出版，謹寄上一部，即祈察納。惟該項印目費計印成經、史、子、集需銀八九三二．五四元，歷次所領臨時費僅七千元，尚差一九三二．五四元，致紙張及印刷費均懸欠未清，急待付還，原指定廳允撥給湯山之款一千元，以爲抵用，而迄今仍未撥下，殊深焦灼。又志、叢、圖三部亦須接續付印，需銀一千六百餘元，連前不足之數，尚共需銀二千六百元始克完成。全目業經函詳廳座，請於支配二十四年度臨時費或預備費時設法籌撥，敬乞鼎力從旁贊助，俾全目得剋期完竣，以竟一簣之功，是所至感。再有此項總目以時局不景氣，未見暢銷，茲已製備樣本及說明，擬請廳代爲推銷二百部，藉廣流傳，不日當另牘呈請，先

此奉聞，統希亮察爲感。順頌公綏　柳詒徵拜啓十一月十四日

致薛翹東先生函（1935 年 11 月 14 日）

翹東同學足下：久未晤候，良深馳系，上月底曾托周君面致蕪函，諒邀青察。敝館印書目之費屢承關注，至爲銘感，茲子部亦已告成，連前經、史、集即日交郵寄奉一部，即祈察納。惟此四部印費計需用銀八九三二‧五四元，歷次所領臨時費僅七千，尚不足一九三二‧五四元，致紙張及印刷工資均懸欠未清，刻店欠到期，勢難再延，而湯山之款迄今猶未撥下，無以抵用，殊深焦灼，務乞設法迅撥爲盼。業將詳情函陳廳座，請在支配二十四年度臨時費或預備費時設法籌撥，屆時仍懇足下從旁贊助，爲感爲禱。專泐，即頌公綏　柳詒徵拜啓十一月十四日

再有叢、志、圖三部亦即付印，需銀一千六百餘元，全目始克完成。

復無錫縣圖書館函（1935 年 11 月 15 日）

敬復者：接奉大函，祗悉貴館有展覽圖書之舉，并承雅誼，擬假敝藏宋版書陳列，事關發揚文化，本應極力贊助，惟是敝館定章，所有善本書籍例不出借，從前中國科學社圖書館開版本展覽會，浙江圖書館開丁松生百週紀念文物展覽會，均欲假敝藏宋元珍本陳列，以格於規章，概未出借，故於貴館亦礙難破格相從，以免顯分彼此，致遭各方詰責，尚乞曲予原諒，無任感幸。相應奉復，即希亮察爲荷。此致

無錫縣圖書館　江

六七八

蘇省立國學圖書館十一月十五日

呈教育廳文（1935年11月19日）

爲遵令墊解本館公務員應捐水災賑款，繳入代理金庫銀行，合將繳款書連同捐款名冊呈請鑒核彙轉由。案奉鈞廳第二五〇八號訓令「頒發江蘇省公務員水災捐俸助賑補充辦法，仰切實遵照辦理」等因，奉此，謹遵照章程就本館九月份實有公務員薪額，將應捐款及名額造具詳冊一份，并遵限於本月十五日以前，將捐款先由本館掃數墊出，計國幣二百四十八元，繳入代理省金庫之江蘇銀行，當取得繳款書，除將第一聯存根留館存案外，理合將第二聯報核、第三聯批迴連同清冊，具文呈請鈞廳鑒核彙轉，實爲公便。謹

呈

江蘇省教育廳廳長周　計呈繳款書兩聯、捐款名冊一份　江蘇省立國學圖書館館長柳詒徵十一月十九日

呈教育廳文（1935年11月20日）

爲呈請通令本省並咨行各省教育機關購備本館圖書總目，藉推進社教，以廣流佈由。竊查館藏圖書已達二十一萬餘冊，宋元珍本秘笈以及譯著、期刊新舊兼收，衡厥質量，在國內各大圖書館實佔居第二、三位，爰不揣檮昧，思有以介紹於國人，藉以認識吾國學術文化之美富，與過去民族立國之精神，暨近代學術之變

六七九

遷，以研求復興之途徑。用是綜其流略，類別條分，彙為總目，以便學者省時節力，易於檢討，現已出經、史、子、集四類，其方志、地圖、叢書三類，年內亦可出齊，都二十四冊，得茲一編，可以備讀書治學之需求及版本目錄之參考，自發行預約以來，頗蒙各界人士之贊許。茲為推進社教，藉廣流佈起見，特製備樣本及説明，擬懇鈞廳加以提倡，通令省立各中等學校、各民眾教育館及各縣教育局等各購備一部，并咨行各省教育廳飭屬同樣辦理，以增進社會人士讀書之便利。是否有當，理合具文呈請鑒准施行，并附呈樣本、説明各二百份，藉備分發，伏候示遵。謹呈

江蘇省教育廳廳長周　計呈樣本、説明各二百份　江蘇省立國學圖書館館長柳

詒徵十一月二十日

教育廳訓令（1935 年 11 月 20 日）

案查前據該館送呈，為印刷書目經費不敷尚鉅，請求續予核撥等情到廳，業准于二十四年度臨時費項下提先撥發一千元，以應急需在案。茲查湯山農民教育館基地出售問題業已解決，該館前以遷移南通，向教育林林產收益項下移借之五千元，目下可以歸還，為適應需要起見，應准即將該項經費移充各社會教育機關急要臨時費之用，計核定撥給該館印書目費一千元，合行令仰該館長知照，即便備具印收來廳具領可也。此令。

江蘇省教育廳廳長周佛海十一月二十日

呈教育廳文（1935 年 11 月 21 日）

爲遵令核定在南通民教館歸還教育林林産收益項下撥給本館印書目費一千元，遵即繕具印收，派會計

王震保前來具領，呈請鑒核由。案奉鈞廳第一二六二八號訓令內開「案查前據該館送呈，爲印刷書目經費不敷

尚鉅，請求續予核撥等情到應，業准於二十四年度臨時費項下提先撥發一千元，以應急需在案。茲查湯山農

民教育館基地出售問題業已解決，該館前以遷移南通向教育林林産收益項下移借之五千元，目下可以歸還，

爲適應需要起見，應准即將該項經費移充各社會教育機關急要臨時費之用，計核定撥給該館印書目費一千

元，合行令仰該館長知照，即便備具印收來廳具領可也。此令」等因，奉此，遵即繕具印收一紙，并派本館會

計王震保前來具領，理合備文呈請鈞長鑒核，將核定撥給本館印書目費一千元擲交該員領下，無任感荷。謹

呈

江蘇省教育廳廳長周　計呈印收一紙　江蘇省立國學圖書館館長柳詒徵十一月二十一日

致蔣慰堂先生函（1935 年 11 月 24 日）

慰堂先生道鑒：久未奉教，良深馳系，比維台候暢勝，定如所頌。茲有啓者：敝館圖書總目已出經、史、集

三類，均經先後寄奉貴館，茲子部目亦出版，特奉上一部，即希察納指正爲幸，并附敝目説明數紙，乞登入學

觚書訊欄及貴館其他刊物出版消息欄內，無任感荷。專泐，即頌公綏　柳詒徵拜啓十一月二十四日

致薛翹東先生函（1935年11月24日）

翹東同學足下：日前奉廳令撥給湯山之款一千元，業經派員前來領訖，仰承關注，心感曷既。頃已具牘呈廳并附書目樣本，請予提倡推銷，茲以便人帶上經、史、子總目二部，煩轉致天鷗、子誥二公，請於推銷事務懇幫忙。樣本內特價每部十八元，茲擬仍照最初預約十六元，以示優待教育機關，此節須於文中叙明。再有例行之文，恐各方仍存觀望，難有多大效力，擬請設法派銷。均乞轉達二公，不情之處，屢瀆清神，第以請款維艱，迫不得已，惟望推銷以資接濟耳。此中苦況，想在洞鑒中，不俟多贅，諸希鑒諒，不一。即頌公綏　柳詒徵拜啓十一月二十四日

致財政部關務署公函（1935年11月27日）

敬啓者：敝館搜集各種圖書，除斥貲購置外，多蒙國內外各界之贊助，得以漸臻完備，以供閱覽。惟關於國際貿易方面之書籍，尚感不多，殊無以應研究經濟學者及專家之需求，用特備函奉商，懇祈貴署惠賜歷年出版海關貿易册及其他刊物全份，不拘完闕，藉充插架，以餉來學。事關社會教育，諒荷慨允，即希察照爲感。此致　財政部關務署　江蘇省立國學圖書館十一月二十七日

教育廳指令（1935 年 11 月 29 日）

二十四年十一月二十一日呈一件：爲奉令核定在南通民教館歸還教育林林產收益項下撥給該館印書目費一千元，遵即繕具印收，派會計王震保前來具領，祈鑒核給領由。呈暨印收均悉。已將該款一千元發交來員具領帶回矣，仰即知照。印收存。此令。

江蘇省教育廳廳長周佛海十一月二十九日

致南京市土地局公函（1935 年 11 月 29 日）

案查敝館徵收龍蟠里魏姓土地一案，所有地價、補償金、附屬遷讓費暨稅契圖照費均經先後繳訖，并經貴局發給徵字第二號執照一紙，附管字第一三五七號圖一張各在案。茲以該地現歸館管業，關於地面上之設計急待進行，應請貴局派員蒞館會同勘丈，指示四至，訂立界址，并通知原業戶限令將地面上之附屬物拆讓，以資需用而利社教，無任感盼。用特備具公函，即請查照，迅予辦理爲荷。此致

南京市土地局長周

江蘇省立國學圖書館館長柳詒徵十一月二十九日

致周佛海廳長函（1935 年 11 月 30 日）

佛海廳長勳鑒：頃奉手札，并承賜大著《精神建設與民族復興》一編，拜誦一過，以轉移社會士氣與風氣爲復興民族之基，自是對症下藥，不刊之名論，曷勝傾至，謹寄上館款四元，購置十册，以供各界人士閱覽，即

祈飭寄。再有館目子部出版，業經寄呈一部，并於日前另牘呈請通飭各教育機關購備館目，藉廣流佈，兼以

欠店印刷工資尚未付清，而續印方志、叢書等目款尚無着，不得不望推銷，以資接濟，懇乞鼎力向各方介紹，

無任感叩。蕭渤，敬頌鈞安　柳詒徵謹啓十一月三十日

財政部關務署來函（1935 年 12 月 2 日）

案准函請贈送歷年出版海關貿易册及其他刊物全份，以應學者之需求等因過署，查海關出版之貿易

册，因供不應求，業經停止贈閱。茲爲貴館推廣教育起見，將本署備案之二十三年份海關貿易統計年刊全

份計五册，又本署印行之二十三年份法令彙編一册函送貴館，查收見復爲荷。此致　江蘇省立國學圖書

館　附送二十三年份海關貿易統計年刊五册，又二十三年份關務署法令彙編一册　關務署啓十二月二日

蔣慰堂先生來函（1935 年 12 月 3 日）

翼謀前輩先生賜鑒：頃奉手教，敬審道祺綏吉爲慰。承惠圖書總目子部，除由館肅函伸謝外，業已歸

類珍藏，良深銘感。囑登貴館圖書總目出書佈告，遵即照辦。謹此奉復，藉頌履綏　後學蔣復璁拜啓十二月

三日

復財政部關務署函（1935 年 12 月 4 日）

徑復者：頃奉大函，并承贈二十三年份海貿易五册及關務署法令彙編一册，拜領謝謝。除編目珍藏，備供各界人士閱覽參考，藉彰高誼外，特函奉復，即希察照爲荷。此致　財政部關務署　江蘇省立國學圖書館

十二月四日

吳劍真先生來函（1935 年 12 月 11 日）

詒徵先生道鑒：前奉惠書，敬悉一一。日來因公留滯江淮，久稽裁答，至以爲歉。貴館全目行將出版，無任感佩，款事當商承廳座設法，以副雅囑，前談保管館書以備不虞一節，望條示妥策，以資參考。推銷館目公文已到，昨已轉行各省市廳局矣。專覆，敬頌道綏　吳劍真頓首十二月十一日

王漱芳先生來函（1935 年 12 月 12 日）

翼謀先生道鑒：枉顧失迎，至以爲歉。承示貴館徵地事，業向土地局查明，謂圖照既已發給，如須建築，即可繪具圖樣，照章交由包工，向工務局申請建築執照興工。至領取地價及遷墳拆屋等，若慮將來發生糾紛，屆時再呈請土地、工務兩局處理，漱當盡力所及協助也。專此奉復，即頌教安　王漱芳頓首十二月十二日

復吳劍真先生函（1935年12月12日）

劍真先生賜鑒：奉手書，祇悉太旆返省，興止佳勝，良以為慰。敝館印目費荷關注，商承廳座另予設法，心感莫名。現志部、叢部已在排校中，但紙張及印刷工資懸欠尚多，轉瞬年關，待款償付，可否迅賜設法，以濟燃眉之急，是所企盼。關於保管館書，擬將書樓前平房一進拆去，另建築水泥鐵筋書庫，專庋善本書籍，此為平時保險之計，可否由廳派員蒞館察勘，共同討論，以臻妥善。若時局猝有不虞，則非另策安全之地不可，頃風聞北平圖書館已將善本書運至滬濱，未知位置於何處，思之令人悚懼。推銷館目公文已荷轉行各省市廳局，至感至感，惟在本省方面，尚望於便中晤及各教育機關當事面致諄囑，則其效力定能增多。再有本館徵收土地一案，所有地價、拆遷費及契稅圖照費等均經繳訖，現雖領有土地局之管業執照，而原業戶尚未遷讓將地繳出，經叠次具函并派員向市政府催促，奈仍延宕擱置，不予積極處理，倘廳方能有善法促其迅速進行，最為盼望。茂華先生擬購館目，已交郵寄奉，當遵示照特價辦理。瑣瀆清神，統希亮察，不一。敬頌公

綏

柳詒徵拜啓十二月十二日

致王藝圃先生函（1935年12月12日）

藝圃老同志大鑒：前為敝館徵地事面陳一切，猥承眷注，飭局施行，比以評定價值，發給圖照，一切手續將次就緒。惟該地主延不領價，亦未遷坟拆屋，致敝館無從着手，敬祈俯念敝館亟需使用該地，敦屬經管徵

地員司迅飭該地主，剋期領取地價，遷墳拆屋，以便敝館訂立界石，計劃建造。瑣事奉干，諸維荃照。敬頌公

綏

柳詒徵謹啓十二月十二日

再致王藝圃先生函（1935 年 12 月 13 日）

藝圃老同志大鑒：昨荷復書，具承惠愛，允以鼎力助茲瑣務，感何可言。現擬一面召匠估工，一面訂立界石（擬請土地局派員蒞館會同訂立界石，以昭慎重，伏候示知），一面仍祈飭局員促令地主領價遷墳拆屋，緣魏姓坟塋恰當地之中部，敝館不能爲之代遷。又該地有種地人所居小屋，緣與魏姓有債務關係，雖已知地權歸館，現仍居住墾種自如，故欲該種地人拆屋讓地，必須魏姓領取地價，將拆屋之費及所欠舊債交與種地人，渠始可另謀生計，小民貧苦之狀，得業者亦宜爲之顧及。昨本擬面陳一切，故函中言之未詳，謹再縷陳，敬祈鑒核，敦屬局友催促魏姓領價，實爲公私交益，衡德無既矣。附呈館目一部，希哂存。肅此聲請，即頌公綏

柳詒徵謹上十二月十三日

教育廳指令（1935 年 12 月 14 日）

呈一件：爲請通令本省各教育機關購備本館圖書總目，並函各省教育廳飭屬購備由。呈件均悉，仰候分別函令可也。此令。

江蘇省教育廳廳長周佛海十二月十四日

監察院秘書處公函（1935 年 12 月 17 日）

徑啟者：本院因編纂《中外監察制度》，向貴館借撥地點閱抄書籍，曾由何君慧青、沈君乘龍等於十四日與貴館面洽，蒙允爲照辦。茲定自本月十八日起，派湯君吉禾、何君慧青、沈君乘龍、洪君錫奎、宋君繼玉、周君家順等每日按時到貴館閱抄，尚祈於借閱書籍時予以充分便利，至紉公誼。此致 國學圖書館

檢察院秘書處啟十二月十七日

致南京市土地局公函（1935 年 12 月 17 日）

案查敝館徵收龍蟠里魏姓土地一案，業經貴局發給徵字第二號執照及管字第一三五七號藍圖各一紙，并於上月廿九日函請派員蒞館劃界各在案。茲以亟需使用該地設計建築，而面積四至均應仿照藍圖規定，丈尺距離，不容有分毫出入，合再備具公函，擬請貴局迅予派員蒞館指定該地四至，俾便會同訂立界石，藉昭慎重。并祈通知原業戶限期領價遷坟拆屋，勿任再行延宕，致妨礙敝館建築之進行，實深感荷。此致 南京市土地局

江蘇省立國學圖書館十二月十七日

王漱芳先生來函（1935 年 12 月 18 日）

翼謀先生尊鑒：大示奉悉。承惠贈貴館書目一部，業已拜領，搜羅之博，收藏之富，歎觀止矣。謹此申

谢，并颂道安，后学王漱芳顿首十二月十八日

李宣龚先生来函（1935 年 12 月 20 日）

翼谋先生大鉴：久稽笺候，维端居佳胜为念。顷接贵馆十二月十七日惠函，以敝馆辑印之《四部丛刊三编》索备观览，此书尚须来年印齐，本拟援前两编之例送登鄨架，兹特填奉赠送预约书凭证一纸，先行随函寄上，即乞赐察转交收存。已出版之八种计五十册，附列单另邮寄达，嗣后续出者，随时邮奉，统希惠照。专此布复，敬颂台祺　弟李宣龚谨启十二月二十日

致李拔可先生函（1935 年 12 月 21 日）

拔可先生大鉴：接奉手教，藉谂履候胜常，良以为慰。承惠赐敝馆《四部丛刊三编》预约书凭证一纸，慨分瑶苑之春，顿令山楼增色，敬拜高谊，嘉惠士林，同深感佩，谨布谢忱，即希荃照。并颂箸绥　柳诒徵拜启十二月二十一日

致本省各教育机关函

敬启者：敝馆搜藏古今图书数达二十一万余册，顷已分门别类，编成总目，用特介绍於国人，藉以认识吾

國學術之美富。全書凡二十四冊，已出版經、史、子、集四類計二十二冊，其他方志、地圖、叢書等類亦將次完竣，并經呈准江蘇教育廳予以提倡，通函本省及各省教育機關一律購備，以增進社會讀書之便利在案。茲爲優待本省起見，仍照最初預約，每部祇收十六元，較特價再減二元，相應函達，即希查照賜購爲荷。此致

省各中等學校、民衆教育館、縣教育局　江蘇省立國學圖書館

江蘇省立國學圖書館館長柳詒徵十二月二十七日

呈教育廳文（1935 年 12 月 27 日）

爲造報本館二十四年度本年九月份經常費報銷，呈請鑒核彙轉由。謹將本館二十四年度本年九月份經常費報銷繕具收支對照表及支出計算書三份，單據粘存簿及附屬表各一份，理合備文呈送鈞廳鑒核彙轉，實爲公便。謹呈

江蘇省教育廳廳長周　計呈收支對照表及支出計算書三份、單據粘存簿一份、附屬表一份

呈教育廳文（1935 年 12 月 27 日）

爲呈請移用事業費第四目第三、四節十一、二月份餘款裝訂雜誌公報，以應急需，伏候裁示祇遵由。竊查館藏圖書，數量鉅大，其中卷冊須修補裝訂者甚多，向來雇有常年修書工二人，專司其事，其工資材料，本年即在經常費預算第四項（事業費）第三目第二節「修補裝訂」項下開支，每月雖可敷用，而雜誌公報一類，亦

須每種按年分期重行改裝彙訂成册，以便陳列備檢，實爲事業方面必不可緩之工作，但在本節項下已無餘款可支。茲查同項第四目第三節「宣傳考察」第四節「其他」兩項下，十一月份尚餘三十八元五角九分，十二月份餘四十元，合計七十八元五角九分，可否移作裝訂雜誌公報之用，以應急需，理合備文呈請鈞長鑒核賜准，伏候裁示祇遵。　謹呈江蘇省教育廳廳長周　江蘇省立國學圖書館館長柳詒徵十二月二十七日

復張仁甫先生函（1935 年 12 月 29 日）

仁甫老同志閣下：損青具悉，魏府地事，詒可矢言無負於魏，關其荒圃營建古微堂，使默深先生之學風重光南服，而小卷阿魏然無恙，魏氏世世子孫一出户闔即可執卷書堂，不啻爲魏府添一家塾也。至於地權轉移，又出補償金二千四百元敬待魏府取用，魏府何必靳此曾無地租之荒圃，而不屑爲學子展拓讀書之所乎？詒服務此館爲時甚暫，異時歸老京江，不能常享龍潭清景，其求此地爲一般學人，兼爲魏氏，非爲己也。市府徵地已發藍圖執照，服務於此者亦萬無聲請取消之理，使魏府諸公居詒之地，能無故自解其鈴乎？敬祈以斯意婉勸魏氏，贊助首都學子，其功德當超於檀施釋氏萬萬。　至於逆億異時地價之昂，欲圖另售，則此圃在前數年恐尚不能得三百元一畝之值，且市府之案已定，魏府即欲另售，恐亦無人承購，詒前與魏府代表馬君反復剴切言之，光緒季年季詞先生在寧時，詒亦嘗接談議決，不敢挾私見而侵陵魏氏，實以斯地歸館，不第於魏氏無損，且大有益於其先哲及後昆，度賢者當亦亮其無他也。　此復　即頌吟祉，并賀新禧　詒徵頓首十二月二

圖書館非其他機關，比人人可以自由出入，而接近其地者，享受讀書之益及瀏覽風景，尤較遠道爲便。

故此地如作他人私宅或京市官廳，則地權一失，魏姓即不能闌入，歸圖書館建築閱覽室，則魏府無論男婦老幼，自朝至夕，登古微堂而吟諷眺覽，莫之禁也。僕嘗謂天下爲公之義，惟圖書館爲能實行，魏府苟喻斯旨，當惟恐僕之無力營建古微堂矣。詒又及。

十九日

教育廳來函（1935 年 12 月 30 日）

徑啓者：查貴館匯繳二十三年度《江蘇教育概覽》一册印刷郵費國幣一圓二角，業經收到，相應檢寄收據一紙，即希查收爲荷。此致

省立國學圖書館 附收據一紙 江蘇省教育廳十二月三十日

商務印書館來函（1936 年 1 月 2 日）

敬啓者：前承貴館借印《隋書》一百五十四葉清單一份，業由南京散分館轉奉，增光鉛槧，曷勝感幸。該書已列入《百衲本廿四史》内出版，查衲史本《隋書》每部計一千七百葉，分訂二十册，每册合價三角七分五厘，又此次印數爲二千五百部，依照前訂契約第五條，應贈貴館十一部，合價國幣八十二元五角。惟該約同條載有「此項贈送書籍，國學圖書館得任意掉換商務印書館自印其他定價相同之書」之規定，未悉是

否即將贈書全數寄送貴館，抑須另行掉換敝館自印其他定價相同之書，請賜覆以便遵辦，如須掉換，並祈

開示書名及冊數，不勝感荷。專此奉達，順頌台祺　此致　江蘇省立國學圖書館　商務印書館啟二十五年

一月二日

復商務印書館函（1936年1月3日）

敬復者：頃奉貴館養字第二七八二號函，并承依照前訂借印契約第五條，贈給敝館衲史本《隋書》十一

部，慨分多帙，嘉惠學人，曷勝感幸。茲請檢寄三部，餘八部合國幣六十元，擬依該約同係，掉換貴館其他出

版定價相同之書，特另紙開上書名、價值，即祈檢配賜寄。惟單上所開各書，總價尚不足二元二角，可刪去一

二種，或有配不到之書，亦可扣算，以符相當之值。專此奉復，即希查照辦理爲荷。此致　商務印書館　江

蘇省立國學圖書館二十五年一月三日

復薛翹東先生函（1936年1月4日）

翹東老同志惠鑒：復書敬悉。市局已派人來會同訂立界石，惟種地者未能勒令遷讓，尚須托市府定一限

期，庶免延宕。王君如晤及或通函時，仍祈鼎力促成之。教費委會何時開議，茲繕具議案一紙，請交油印列

入議程爲盼。專此，即頌公綏　柳詒徵頓首　一月四日

請規定支配教育經費標準案

支配教育經費，以適應各方面發展之需要，而得其均衡爲原則，累年以來，蘇省教育經費之支配，往往依據上年度之支出，參酌當年新辦事業騰挪調劑，在一方面尚未滿足需要，在各方面輒感失其均衡。擬請本會於開議二十五年度預算之始，先行規定支配標準，以全體爲對象，不以個別爲對象，庶支配者不感困難，任事者亦無須爭執，可以表示蘇省教育界法治之精神。謹貢鄙見二則，伏候公議。

一、宜規定高等教育、中小學教育及補助各種學校之百分比。例如高等教育占百分之十，中小學教育占百分之六十，社會教育占百分之二之類（此係假設，並非請依此定），增則比例俱增，減則比例俱減。

一、宜規定社會教育用費之標準。中小學教育均按學級規定費用，自然增級，其費不待請求，惟社會教育性質複雜，久未規定，支配多寡，無從説明，似亦須於複雜之中勉求相當標準，例如電影教育得按區域、道里、次數規定，圖書事業得按書冊、閱者、出版等規定之類。

提議人柳詒徵

呈教育廳文（1936 年 1 月 7 日）

爲申述二十五年急待進行之計畫，呈請援照鎮江圖書館之例，組設建築委員會，添建書庫、改造閱覽室暨節省經濟辦法，仰祈核奪示遵由。竊以二十五年正值開始，本館根據已往經過之情形，於事業方面，有急

待發展以適應事實上之需要，而其勢不容稍緩者，謹擬具進行之計畫，敬爲鈞長縷晰陳之。一、添建書庫。

查館藏書已達二十一萬六千餘册，書庫擠塞，無以再容，證以近三年書籍增加情形，此後至少尚年需增加一萬餘册，且房屋年久，樓上載量過重，亦危險堪虞，亟需添建新庫，將善本一部分之書提出，俾舊庫得有寬餘地，以容納新增之書。在二十二年曾經召延工師擬具圖樣説明，呈請添築善本書庫，需銀三萬二千元，經奉訓令第三三七號，核定在臨時費項下逐年提存六千元在案，計二十一年度領到六千元，二十二年度領到三千元，以後尚未蒙撥發，所有款額未足三分之一，距實現之期尚遠，而刻下新增圖書已無隙地庋藏，此項建築，實不容再事遷延。一、改造閲覽室。閲覽人數逐年繼長增高，各閲覽室概係舊屋改裝，諸不合用，地位又極狹小，不能容納多人，叠經呈請改建，載在案卷。比以最近兩月閲覽情形，人數日見激增，致座位不敷應用，雖臨時添設棹椅，然地位有限，過於擠塞，閲書人亦感局促不便，又況位在首都，爲中外觀瞻所繫，再四思維，實無可已。擬請援照鎮江圖書館先例，由鈞廳派員蒞館履勘，組設建築委員會，籌劃的款，剋期興建，以利發展，實爲社教前途之至幸。倘或庫款支絀，一時不易籌集鉅額，則不得已爲比較經濟之辦法，即將奉令准在館前徵收土地八畝，地價繳訖，訂立界址，擬即在該地建築二個較大之閲覽室，以資容納上述二端。實爲發展圖書事業之根基，推進社會教育之動力，亦即本年進行之大計，又況位在首都，爲中外觀瞻所繫，再善本書庫規模縮減，以二萬餘元築成之，合共三萬餘元，計已領到善本書庫建築費九千元，本館專款項下除徵地用款不計外，尚可竭力勉籌二千元，其餘二萬元擬請在支配二

呈教育廳文（1936年1月7日）

爲呈報二十四年十月到十二月工作報告，祈鑒核備查由。謹將本館二十四年十月到十二月份經過工作情形分別編製工作報告表各二份，理合具文呈請鑒核備查。再有前呈八、九兩月份工作報告，經奉指令第一四四○九號令，將館藏方志書名、版本及考察京市民俗之記錄照片分別檢具一份，於下月附報備查等因，查館藏方志有一千六百八十餘種，編有詳細專目，正在排印中，約兩旬內即可出版，屆時當即呈奉，至考察京市民俗，係專在佛教方面應首都民俗展覽會陳列之用，攝有照片，茲附呈一份，合併聲明。謹呈江蘇省教育廳廳長周

計呈十月至十二月份工作報告各二份，照片一份十六幀　江蘇省立國學圖書館館長柳詒徵　一月七日

致鄭權伯先生函（1936年1月9日）

權伯處長賜鑒：適承大教，談及貴處徵地情形，因與敝館毗連，一切多蒙關注，極深感荷，茲奉上《概況》一册，內有館圖，即祈察閱。

敝館因地位狹小，房屋不敷應用，正在計畫擴充，擬請照圖中敝有菜田之東畫一直綫至荒山之上，俾留爲敝館發展之餘地，如必不獲已，即請以菜田爲界，順館屋東牆畫一直綫以達山上，並

乞通告市府，無任感幸。專泐，敬頌公綏　柳詒徵謹啓　一月九日

致陳貫吾先生函

貫吾先生大鑒：頃奉手教，藉諗貴館於二月一日舉行文物展覽，洵屬藝林盛事，曷勝欣幸。承示來單，擬假敝藏圖書陳列，祗悉種切，惟此等圖書，各界人士來館研閱參考者幾無間斷，事實上固不能離館，即在館章亦例不借出，從前中國科學社開版本展覽會，浙江圖書館開丁松生百週紀念文物展覽會，以及最近無錫圖書館開圖書展覽會，概未應允，良以此例一開，各學術機關團體等勢必紛紛援例而來，非但無以應付，即於閱覽方面亦諸感不便，故於尊處實礙破例致遭各方詰責，尚祈鑒諒苦衷，無任感禱。至詒個人，極願贊助，惟鄙擬就鎮地私家所藏廣爲詢訪，當亦不少，商借既易，手續亦簡，較向遠地徵集似爲順利，未審明見如何。再，詒有家藏鎮地先哲著述《張文貞公文集》《何雍南文集》等數種，倘有需要，屆時可供陳列。專此奉復，諸希亮察，不一。即頌公綏　弟柳詒徵拜啓

教育廳指令（1936 年 1 月 11 日）

二十四年十二月二十七日呈一件：請准移用事業費第四目第三、四節十一、十二月份餘款裝訂公報雜誌，以應亟需由。呈悉。查所請事屬可行，應予照准，仰即知照。此令。江蘇省教育廳廳長周佛海一月十一日

教育廳訓令（1936 年 1 月 14 日）

查二十五年度各機關第一級概算書，依照法令規定，應于二十四年十一月三十日以前送達財政廳，茲逾限已有多日。本廳對于二十五年度省教育預算早經積極準備，所有二十五年預算支配大綱及各機關經費概數，亦經分別擬定，一俟提請教育經費委員會核議通過，即可分飭遵照，各該機關亦應早爲準備，一俟本廳將核定概數飭知，應即剋日編造，如期呈送。茲爲整齊劃一起見，特先抄發省政府令頒各機關編製二十五年度第一級概算應行注意事項，暨本廳上年所頒省立各教育機關造年度概算書須知各一份，仰各該機關先行詳細研究，并將應行準備各件早日備齊，以免臨時匆忙。除分令外，合行令仰該館長遵照。此令。　計抄發各機關編製二十五年度第一級概算書應行注意事項、省立各教育機關編造年度概算書須知各一份　江蘇教育廳廳長周佛海　一月十四日

鄭肇經先生來函（1936 年 1 月 16 日）

翼謀先生賜鑒：頃接大函並附册，均敬悉。敝會水工試驗所界址已遵台命，依貴館館屋東牆畫一直線至荒山，除函請土地局測量繪圖外，用特函復。順頌台安　鄭肇經拜復　一月十六日

致吳劍真先生函（1936年1月16日）

劍真先生道座：臘杪春初，惟興居凞適爲頌。敝館改造書庫事，前承垂詢計畫，至所感佩，新年決欲舉辦，已具牘聲述本年計畫，籲請照案撥款，計已入覽，茲事務希廳方派員到館察勘情形，召工繪圖估計，剋期興建。鄙意但祈照案補發兩萬元，將原案擬造三萬二千元之書庫撙節緊縮，以兩萬元造書庫，另以一萬二千元造新徵魏姓地面之閱覽報章雜誌室，則建造新閱覽室之款並未額外請求，僅在書庫案中勻撥，是實仰體公家經費拮据，廳方支配困難情形，務在可能范圍內設計，不敢逾分，瀆請執事當能諒此苦衷，鼎力主持。比聞廿五年度預算專視需要情形規定，敝館此項需要蓋已陳請多年，且係廳令分年撥發，并未有明文取消之款，執事累嘗注及，亦認爲敝館急需，謹請預爲列入廿五年度預算，以昭大信，并祈陳之廳長，援照鎮館前例組織建築委員會協助進行，則書林先哲，都會學人感拜我公之賜，非惟詒徵之私幸也。專此布禱，敬頌公綏　柳詒徵謹啓　一月十六日

復鄭權伯先生函（1936年1月16日）

權伯先生賜鑒：頃奉大函，承示貴處水工試驗所界址，依敝館館屋東墻畫一直綫至荒山，殊深感荷。惟沿墻有水溝一道，藉資山水下注，且敝館爲慎重典藏，計擬在該墻闢一太平門，以利消防，有此二種原因，用特商懇沿該墻直綫留一能容人行之路徑，是所至感，敬希裁示。并頌公綏　柳詒徵拜啓　一月十六日

復商務印書館函（1936 年 1 月 16 日）

敬復者：接奉本月十四日貴館正字第九二號大函，祇悉一是。承檢寄約《隋書》三部，并照約掉換貴館出版價值相同之書，計《長安史迹考》等四十種，均經收到無訛，特函奉復，并布謝忱，統希察照爲荷。此致　商務印書館

江蘇省立國學圖書館　一月十六日

查。此令。

教育廳指令（1936 年 1 月 17 日）

二十五年一月七日呈一件：爲呈報二十四年十月至十二月份工作報告祈鑒核由。呈件均悉，准予存

江蘇省教育廳廳長周佛海　一月十七日

鄭肇經先生來函（1936 年 1 月 18 日）

翼謀先生賜鑒：接一月十六日大函，敬悉關於地界一節，業已遵照台端前函重行改訂，並已由土地局測量繪圖定案，殊難再事變更。且試驗所房屋地基逼近地界，實屬無法再退，如防山水下瀉，當在試驗所內排設陰溝，俾資宣洩，至於消防事宜，似可於緊急時由試驗所進出。專此佈復，諸希鑒原。順頌台安

鄭肇經拜復　一月十八日

致南京市土地局公函（1936年1月22日）

徑啓者：查敝館東部爲書庫及檔案庫所在，後面倚靠盋山，地勢荒野，防護堪虞，茲爲鞏固典藏、策劃安全計，需將後面山地約六七畝備價徵收，建築房屋及圍牆，俾防護方面得有保障，已在呈請江蘇省教育廳轉呈江蘇省政府咨請內政部核准辦理中。又查該山地原在全國經濟委員會水利處徵收范圍內，用以建築水工試驗所，嗣因水利處需用敝館東邊菜田之地，願將該山地讓與敝館征收，爲擴充建築之用，藉資交換，並經水利處函請貴局於測量繪圖時查照辦理在案，用特函請查照保留該山地，阻止其他機關徵用，以利社教，無任感荷。　此致

　南京市土地局　　江蘇省立國學圖書館館長柳詒徵　一月二十二日

呈教育廳文（1936年1月22日）

爲繕造二十四年十月份本館經常費收支報銷，呈請鑒核彙轉由。謹將本館二十四年十月份經常費收支報銷繕具收支對照表及支出計算書三份，單據粘存簿及附屬表各一份，理合備文呈請鈞廳鑒核彙轉，實爲公便。謹呈　江蘇省教育廳廳長周　　計呈收支計算書表三份、單據粘存簿及附屬表一份　　江蘇省立國學圖書館館長柳詒徵　一月二十二日

国立中央大学国学图书馆小史　盋山案牍　合刊

二十五年一月十日爲申述二十五年度急待進行之計劃，呈請援例組設建築委員會、撥款添建書庫、改造閱覽室，祈鑒核由。呈悉。查該館添建書庫、改造閱覽室需費甚鉅，二十五年度能否撥款興建，目下尚

難定奪，所請援例組設建築委員會一節，應暫緩置議，仰即知照。此令。江蘇省教育廳長周佛海一月三十

一日

教育廳指令（1936年1月31日）

翼謀先生大鑒：久疏箋候，倏屆新春，伏維道履綏吉，慰如所頌。敬啓者：前承慨允，以貴館珍藏之《南

詞定律》借與敝館攝照套印，甚爲感幸，茲擬將此書印入《四部叢刊》之內，以副雅意。又敝館有元本《輟耕

錄》，亦擬印入，但尚須與其他善本對勘一過，聞貴館藏有明本，並乞慨借一校，並不攝照。特屬王君

趨前奉假，即祈發篋檢此兩書交王君祗領，照章保險寄滬，俟分別印校後，當即繳還不誤。拜惠之處，感謝

不盡。專此佈懇，敬頌台祺　弟李宣龔謹啓　一月三十一日

李宣龔先生來函（1936年1月31日）

呈教育廳文（1936年2月5日）

爲備價征收山地，擬具圖説，呈請鈞核賜准轉呈江蘇省政府咨請内政部核准通知南京市土地局查照，俾

便徵用由。竊查本館西北部爲書庫及檔案庫所在，後面倚靠崑山，地勢爽塏，最爲本館需要之山地約七市畝，擬備價徵收，建築房屋及圍墻，庶於事業上得有發展，防護上得有保障。又查全國經濟委員會水利處亦欲征收該地，建設水工試驗所，嗣以水利處需用本館北邊菜田之地，願讓出該山地歸館徵用，經雙方洽商同意，即由水利處函達南京市土地局，於測量繪圖時讓出該地，并經本館函請土地局查照保留，阻止其他機關徵用各在案。茲以需用該地，兼有上述與水利處洽商情由，擬即仿照京市土地征收法備價徵收，是否有當，理合備具圖說呈請鑒核，賜准轉呈江蘇省政府咨請內政部核准通知南京市土地局查照，俾便備價徵用，以利社教而重典藏，伏候裁奪示遵。謹呈

江蘇省教育廳廳長周　附呈圖說一紙　江蘇省立國學圖書館館長柳

詒徵二月五日

致薛翹東先生函（1936 年 2 月 7 日）

翹東仁弟足下：前寄拙書并陳請款各情，懇祈鼎力援助，嗣即奉到卅一號指令，暫從緩議，度即以此代答矣。預算困難，詒所深知，同是教育界中人，注茲必把彼，使僅有一定之數，何必在其中擠榨，故詒前曾請陳、周諸公在英庚款中設法，以此館寄在寧垣，不妨在省款外着想，無如英款支配已定，分文莫名，始不得不抱定廿二年度定案，請求照案撥發，此等苦衷，且亦爲廳方所諒。至於需費甚鉅，能否籌撥之說，則詒有不能已於言者，教費年支四百數十萬，此兩萬元者，不過二百餘分中之一耳，假定當事能向銀行要求在金庫略生利息，

則不必在正項中開支，已可不止此數。又詒每月在經費管理處稽核月表，所有田賦、屠宰各稅，逐月均有拖欠，恆達數十萬元之譜，然目前教費已可按月撥發，則此區區不必向銀行求利息，但在各縣拖欠項下追繳稍緊，亦可指撥矣。再教費預算每年有一項曰清還積欠，現在各校已無積欠，教費管理處不過留此一項爲伸縮之餘地，若廳中認此款爲廿三、四年度欠發之款，亦可不必在臨時費中籌措，聲明廿二年只發三千元尚欠三千元，廿三年、廿四年度各應發六千元，即在清理積欠項下指撥，亦有一萬五千元矣。總之，此款既非甚鉅，在教費中亦可設法，只以詒之戆拙，又因館寄首都，所以廳中但主維持現狀，不欲其有所進行，但見其陳請之煩瀆而不諒其經營之困難，但絕不作非分之想也。詒前告吳科長此項經費似涉瀆請，然從前領用馬祠房屋二三十間，估計價值不下數萬元，未費公家一文而得之，若以之相抵，似亦不無可予之處。又詒在此服務隨時可去，並非自營私產，只以職務所在，不能漫無計劃，貽江蘇教育界之恥，但願書樓及閱覽室擴充鞏固，使後來者有所憑依，於願足矣。教費會開會在邇，敬述所懷，祈代陳之廳長及各方，總祈憫此書林，勿使窮於涸轍，其如何轉圜之策，幸就所陳擇一途以示之，臨穎無任盼禱之至。尚頌公綏，不備　柳詒徵啓二月七日

教育廳訓令（1936 年 2 月 10 日）

查省立各教育機關二十五年度經費概數，業經本廳根據施政計劃通盤核定，並將預算支配大綱函請教育經費委員會提會核議在案。茲以二十五年度第一級概算書丞待彙編轉送，查該館二十五年度經費概

數經核定爲三一〇〇〇元，合先令仰知照，即便遵照經費支配標準及前發編製概算書應行注意事項之規定，剋日編造年度概算書，于二月二十日以前呈送到廳，以憑審核。事關要政，幸勿延誤，是爲至要。此令。

江蘇省教育廳廳長周佛海二月十日

教育廳訓令（1936 年 2 月 10 日）

查本廳前爲重視公物並爲便於考核及劃一格式起見，曾製定財產登記簿，令飭於上年九月底辦竣具報在案，迄未見呈報到廳，殊屬玩忽。爲此令仰於文到五日內趕辦具報，以便考核，毋再延宕干咎，切切。此令。

江蘇省教育廳廳長周佛海二月十日

致南京市土地局公函（1936 年 2 月 16 日）

案查敝館徵收龍蟠里魏姓土地，所有地價、補償金、附屬遷拆費、青苗費暨契稅圖照費等，早於去年先後繳納，業荷貴局發給藍圖及管業執照，會同勘訂界址，并經飭科疊次催促業戶及該地種田人迅速遷讓各在案，一切法定手續履行完竣。敝館既管業該地，自可隨時使用，乃該種田人徐姓把持不讓，與之剴切理導，一味刁蠻，頃以植樹之時，敝館督工於該地沿潭邊栽植樹苗，徐姓膽敢橫加攔阻，隨栽隨拔，不可理諭。似此情形，非第妨礙敝館設計，抑且藐視市府及貴局法令於不顧，用特函請查案，迅賜飭科勒令該徐姓即日遷讓，毋

得稍延，以維法紀而肅刁風，社教幸甚，即希察照辦理見復為荷。　此致　南京市土地局　江蘇省立國學圖書

館二月十六日

致首都警察廳公函（1936 年 2 月 18 日）

案查敝館徵收龍蟠里魏姓土地，業於上年二月經江蘇省政府咨請內政部核准公告，并於六月經南京市政府土地徵收委員會評定地價，補償金、附屬遷拆費、青苗費等如數繳納南京市土地局，又於十一月繳納契稅及圖照費，即由土地局發給藍圖及管業執照，會同勘訂界址在案，一切法定手續履行完竣。敝館以徵收該地係為擴充閱覽室及書庫之需，急待計劃使用，曾經函請土地局疊次催促業戶繳契領價，限期遷讓，現在地權已移轉敝館，歸館管業，魏姓方面亦無異議。惟該地面尚有種田人徐姓，係向魏姓租種該地者，異常刁狡，把持不讓，本年二月十七日，敝館以值種樹節期，一方面計劃佈置，一方面督工在該地沿潭邊栽植花木，乃該徐姓膽敢橫加阻攔，隨栽隨拔，並嗾使婦女滋擾，兇暴不可理諭。似此情形，非第妨礙敝館設計，且擾亂治安秩序，用特備具公函，懇請貴廳飭局會同南京市土地局派警勒令該徐姓即日遷移，毋得逗遛，以維治安。　再有敝館急需使用該地，恐徐姓仍有此等情事發生，擬於使用時隨時通知附近警所派警到場彈壓，以維治安。　懇祈飭局知照辦理，無任感荷。　此致　首都警察廳　江蘇省立國學圖書

館館長柳詒徵二月十八日

李宣龔先生來函（1936年2月18日）

翼謀先生大鑒：久未啓候，維道履增勝爲頌。前承見借《輟耕錄》《南詞定律》兩書，甚感。《南詞定律》之旁注工尺，字迹太小，非加工套印不足以資醒豁，兹先以毛樣一頁奉覽。查此書廿三年八月七日惠函商由敝館印行，初未知其旁注字迹如此之小，套印工費如此之鉅，將來印成後之報酬，擬請照原約贈書讓減半數，以顧成本，如承諒允，即當照辦。至《輟耕錄》經已對勘一過，無甚出入，特將原書寄由敝分館王誠彰君奉趙，即希察收。每承通借善本，固深感荷，惟每葉估價十元一節，與書價太相懸殊，實屬擔任不起，所便宜者保險行而已。似應變通酌減，以歸平允，不知賢者何以教之。專此布謝，敬頌台祺　　弟李宣龔謹啓二月十八日

致王藝圃先生函（1936年2月18日）

藝圃老同志大鑒：敝館徵地事，曾於去歲面陳一切，并荷復書，具承惠愛，允以設遇糾紛爲飭局處理，至深感激。該地界石，已於去歲底會同貴土地局勘訂竣事，惟敝館急需使用該地，計劃佈置，曾經函請貴土地局飭科叠次催促業户及該地種田人遷讓，現在魏姓方面已無異議。惟該地種田人徐姓刁頑異常，把持不遷，本月十六七日，敝館以植樹節期，督工在該地沿潭邊種植花木，乃徐姓竟横加攔阻，隨栽隨拔，並嗾使婦女滋擾，兇暴不可理諭，致無從着手進行，除函陳貴土地局外，謹再縷瀆懇祈鼎力迅賜飭局勒令該徐姓即日遷移，

俾便計劃建造。瑣事奉干，銜德無既，維荃照，不一。敬頌公綏　柳詒徵謹啓二月十八日

致南京市政府公函（1936年2月19日）

案查敝館徵收龍蟠里魏姓土地，所有繳納地價費等法定手續均經履行完竣，業於去年十一月由貴管土地局發給藍圖及管業執照，并荷會同勘訂界址各在案。敝館以急需使用該地，計劃建築，曾經函請土地局疊次催促業戶魏姓及地面種田人限令拆遷，在魏姓方面已無異議。惟該種田人徐姓異常刁狡，把持不讓，本月十六及十七日，敝館以植樹節期，督工在該地沿潭邊栽植樹苗，徐姓竟敢攔阻，隨栽隨拔，並嗾使婦女滋擾，肆行兇橫，目無法紀，業經分別函請貴管土地局及首都警察廳查辦。茲查京市土地徵收法第七章第三十九條（義務人拒不履行本法或其補充法令所定義務，或雖履行而不於一定期限內完竣之者，地方行政官署得自執行之，並得令他人代爲執行　義務人拒不履行本法或其補充法令所定義務，不能依前項規定代爲執行時，地方行政官署得直接強制其履行）云云，令業戶魏姓欲拆去地面之附屬物，履行法令規定之義務，而爲種田人徐姓把持，延不遷讓，無法強制，致敝館進行計畫爲之妨礙，雙方交受其害，該徐姓實屬刁惡已極，萬難容忍。用特備具公函，懇請貴市政府查照法令規定條文，迅賜飭局強制執行，押令該徐姓即日遷讓，以重法令而維公益，無任感荷。此致

　南京市政府

　　　　江蘇省立國學圖書館館長柳詒徵二月十九日

致王藝圃先生函（1936年2月20日）

藝圃老同志偉鑒：前日奉教，承賜華翰持詣警廳，昨又接劉君復函，感紉無既。 警局層遞展轉，尚未來人，前夕徐姓婦竟至館門，聲稱與庶務王君拚命，閽者告以王君他出，始猶猶而去。似此情形，不但敝館權力不能施於該地，徐姓且將鬧至館中，即使召警到場彈壓，植樹施工，而徐姓盤踞地面，巡警亦不能晨夜巡察，是非迅速從根本解決不可。昨已具牘援征地法請求尊處強制執行，務祈鼎力轉知土地、工務兩局迅予依法處理，最好請局頒發通告，張貼該姓屋牆，定一期限，勒令遷讓，到期不遷，即行強迫拆屋，庶兇暴知所警畏，書林獲恃帡幪。 瑣末屢干，實出迫不得已，敬希荃察。 即頌台綏 附呈楹帖敬希莞存 柳詒徵謹啓二月二

十日

致王慶吉先生函（1936年2月20日）

慶吉老同志偉鑒：前承枉駕訓誡徐姓，至荷高誼。 是夕徐姓婦竟來館門，聲言欲與庶務王君拚命，閽者告以王君他出，始猶猶而去，似此情形，不但敝館權力不能施於該地，徐姓恃其婦女蠻橫，且將鬧及館中。 昨因雨雪未能植樹，邀區警兩次亦竟未來，未知其中有無別項情節。 王秘書長昨已得警廳劉秘書復函，謂已將館事電告第五局，詒今日擬赴第五局，詒今日擬赴第五局接洽，又致函王秘書陳述各情，謂昨已具牘送府，請求依據土地徵收法強制執行，以求迅速從根本解決此事。 夙承鼎力終始關垂，際茲凶焰鴟張，尚盼迅予援助，最好請局先行出

一通告，張貼徐姓屋牆，限期遷讓，到期不遷，即行強迫拆屋（詒屢請尊處出通告，因此事在敝館使用此地，在法律上竟毫無疑義，而附近愚民不知內容，見徐姓種地多年，忽爾失其所依，以爲敝館強佔該地，故非由尊處大張曉諭，使徐姓及附近居民皆知此爲館中應行之事不可）再請電告龍蟠里警區，凡敝館爲該地事邀警到場，須隨時協助。日內台從如因公到城西，仍希枉過詳商一切辦法，是所至盼。瑣事屢干，曷勝抱歉，惟因職務所關，不得不迅速解決，知己當諒之也。專此，即頌公綏　柳詒徵啓二月二十日

呈教育廳文（1936 年 2 月 20 日）

爲遵令編造二十五年度經費概算書，呈請核定示遵由。案奉鈞廳第三二二號訓令內開「查省立各教育機關二十五年度經費概數，業經本廳根據施政計劃通盤核定，並將預算支配大綱函請教育經費委員會提會核議在案。茲以二十五年度第一級概算書亟待彙編轉送，查該館二十五年度經費概數經核定爲叁壹○○元，合先令仰知照，即便遵照經費支配標準及前發編製概算書應行注意事項之規定，尅日編造年度概算書，於三月二十日以前呈送到廳，以憑核奪。事關要政，幸勿延誤，是爲至要。此令」等因，奉此，謹遵照核定經費概數，并經費支配標準及前頒編製概算書應行注意事項之規定，編具二十五年度概算書二份，理合備文呈請鑒核，伏候指令祗遵。謹呈　江蘇省教育廳廳長周　計呈概算書二份　江蘇省立國學圖書館館長柳詒徵

二月二十日

土地局公函（1936 年 2 月 21 日）

案准貴館廿五年二月十七日公函，以使用徵收龍蟠里魏姓土地栽植樹苗，被該姓種田人徐姓把持，橫加阻攔，妨礙設計，囑查案勒令遷讓，以維法紀等由，除函工務局派員辦理外，相應函復，即希查照爲荷。

此致

　江蘇省立國學圖書館　周湘二月二十一日

徵二月二十六日

呈教育廳文（1936 年 2 月 26 日）

爲遵令繕造本館財產登記簿一份，呈請鑒核備查由。案奉鈞廳第三〇二號訓令，飭即趕造財產登記，依限具報等因，奉此，遵即依照規定財產登記簿格式，將館有財產分別類目，逐細登記繕具一份，理合備文呈報鈞廳鑒核，藉備查考。　謹呈

　江蘇省教育廳廳長周　計呈財產登記簿一冊　江蘇省立國學圖書館館長柳詒

呈教育廳文（1936 年 2 月 29 日）

爲奉令依限填報全國統計總報告材料表格三種，各繕造二份，呈請鑒核存轉由。案奉鈞廳第四〇七號訓令，頒發全國統計總報告材料應用表格格式二十一份，限於二月底以前填寫二份呈送來廳等因，奉此，遵即查照關於本館應行填寫之表格三種，每種依式繕造二份，理合具文呈請鈞廳鑒核，分別存轉，實爲公便。

國立中央大學國學圖書館小史　盋山案牘　合刊

謹呈

江蘇省教育廳廳長周　計呈表格三份　江蘇省立國學圖書館館長柳詒徵二月二十九日

道安。漱芳謹上二月二十九日

翼謀先生道鑒：前囑之件，工務局現已飭徐姓於五日內遷移，茲將經過文件附上，以明辦理情形，即頌

王漱芳先生來函（1936年2月29日）

宋希尚先生來函（1936年3月3日）

翼謀先生道鑒：一別經年，以久未會晤爲念。項王秘書長交來大札，拆遷徐姓屋事已飭科遵辦矣。知

注附聞，并候公綏　宋希尚拜上　去春曾備紙敬求墨寶，未審收到否？三月三日

教育廳指令（1936年3月3日）

本年二月二十日呈一件：呈送二十五年度概算書祈鑒核由。呈曁附件均悉。查概算書各項支配大致

尚無不合，應准備案，仰即遵照規定重繕四份，連同概算書提要（提要僅須列款、項兩級毋庸列目）剋日呈

送到廳，以憑核轉。附件存。此令。　江蘇省教育廳廳長周佛海三月三日

致袁守和先生函（1936年3月3日）

守和館長大鑒：久疏箋候，維春祺勝適爲頌無量。去歲曾上蕪緘，擬假貴藏敝鄉靳貴所著《戒庵集》景印流布，旋奉示復，以善本書已運滬，茲悉存放科學社中，可否函達該社請爲一查，敝處當派員前往，俾便假以付照，不過兩三日即可照畢，并按商務印書館景印敝藏之例，將來出書以十分之一致酬。事關流通古籍，如何慨允，即希見復爲感。專此，即頌公綏　柳詒徵拜啓三月三日

致宋達庵先生函（1936年3月3日）

達庵先生偉鑒：接奉大札，即諗台候勝適，至深欣頌。敝館徵地事極承關注，感篆莫名，惟原業戶魏姓迄今尚未赴土地局領取地價等費，以致租戶徐姓之青苗費亦未取得，局諭限期本日告滿，而魏、徐二姓並未着手遷拆，恐又成延宕之勢，擬懇飭科迅予勒令拆讓，否則依法執行，無任感盼。囑書聯語，順以奉上，即祈指正。　肅此，惟鑒照，不一。　敬頌公綏　柳詒徵拜啓三月三日

呈教育廳文（1936年3月4日）

爲遵令繕造二十五年度概算書連同提要，呈請核轉由。案奉二月十九日鈞廳第三一六六號指令內開「呈暨附件均悉。查概算書各項支配，大致尚無不合，應准備案，仰即遵照規定重繕四份，連同概算書提要

（提要僅須列款項兩級，毋庸列目）尅日呈送到廳，以憑核轉。附件存。此令」等因，奉此，遵即查照規定重繕二十五年度概算書四份，連同提要備文呈請鈞廳核轉，實爲公便。謹呈　江蘇省教育廳廳長周　計呈概算書連同提要四份　　江蘇省立國學圖書館館長柳詒徵三月四日

土地局　　江蘇省立國學圖書館三月五日

致南京市政府土地局函（1936年3月5日）

敬啓者：頃因徐榮軒自願即行遷讓，由敝館先行將青苗費九十六元四角八分墊給徐姓，以便遷居，當經會同工務局、警察局各執事將該款交與徐姓，取具收條，謹即備函通知，請即撥還敝館爲荷。此致　市政府

致南京市政府工務局函（1936年3月5日）

敬啓者：敝館徵用魏姓土地，前經函請催令徐姓遷讓，否則強制執行。本日承貴局陳先生率同工友到該地諭以即行拆屋，當經警局彭巡官向圖書館及魏姓各方調解，所有該地小屋由魏姓讓與圖書館，徐姓立即遷讓，陳先生督同工友察視該姓遷讓完畢，各方均無異言，因亦不須派工拆屋。茲特具函聲明，種承貴局關垂及陳先生蒞場飭遷，無任感謝。此致　南京市政府工務局　江蘇省立國學圖書館三月五日

教育廳指令（1936年3月6日）

本年二月二十六日呈一件：爲呈送財產登記簿祈鑒核由。呈暨登記簿均悉。查所呈登記簿尚無不合，嗣後凡有購置，應隨時記入，以便查考而重公物，仰即知照。此令。原簿發還。計發還財產登記簿一册

江蘇省教育廳廳長周佛海三月六日

袁同禮先生來函（1936年3月6日）

翼謀先生大鑒：接奉三月三日台箋，敬承種切。貴館擬景印《戒庵集》一種，事關流通先哲遺箸，極願贊助，但敝館運滬圖書係分存數處，此書現存上海銀行倉庫部，約於一個月後可以提出，改存中國科學社，屆時開箱整理後，再當奉達，商洽一切，尚祈亮察是幸。專此奉復，順候箸祺。 弟袁同禮頓首三月六日

致王藝圃先生函（1936年3月7日）

藝圃老同志惠鑒：前爲敝館徵地事，接奉手教，并荷賜示發局辦理經過文件，仰承鼎力關注，欣感莫名。租戶徐姓已遵局諭於前日遷讓，和平解決，除將經過情形即函告工務局外，謹將原件附奉歸檔。瑣事屢瀆清神，無任感謝，希維荃照，不一。敬頌公綏 附原件四紙 柳詒徵拜啓三月七日

致南京市土地局公函（1936年3月11日）

為敝館馬公祠旁附屬地被水利處徵收，應如何飭令種戶遷讓及領取地價手續，并據種戶聲稱有人指認該地爲山東會館之地，恐係乘機蒙混，冀圖冒領地價，特函聲明請予查照由。案查敝館馬公祠旁附屬之空地，向租與朱二種菜，現該地在全國經濟委員會水利處徵收建築水工試驗所范圍之內，訂立界石，不久即將興工，聞已通告各業戶遷讓，敝館尚未接奉貴局通知，應如何飭令種戶遷讓及該地地價是否由水利處給與，抑由該處逕繳貴局發放，手續尚未明悉。茲據該地種戶朱二聲稱，最近兩次有人來向伊說，該地係山東會館之地，應向會館接洽承種等情，殊深駭異。查馬祠全部房屋及祠旁附屬地係前清勅建，非山東會館之公產，在民國十七、八年經呈明府、部、院、會各高級機關飭遷修理軍械之駐軍，以該祠爲館中分部辦公之用，并頒示保護，又以在京市區域之內，於十八年十一月一日由貴市政府前財政局派員接收，復行照案撥借館用各在案，卷牘俱在，事實昭彰，無事辨說，乃忽有此種情事發生，至祈據案澈查嚴究，以重公產而維社教，統希察照爲荷。此致

　　南京市土地局

　　　　江蘇省立國學圖書館館長柳詒徵三月十一日

教育廳指令（1936年3月14日）

呈一件：呈報二十三年度專款收支計算書據請鑒核由。呈暨附件均悉。查核書據所列各數尚屬相符，惟另有應行查詢注意各點，分示如次：1．代售書價是何性質，何以列作該館之收入；2．上年結存之款，

應收利息若干，該項利息何以不列入收數之內；3. 本年度結存之七五五二·二九七元，存放何處，利率若干，均未註明，以上三點應即詳細申復；4. 該項專款，嗣後應於事前專案呈准後方得動支，並應參照省立各學校行政收入管理辦法第二項（生產收入）辦理，此點應切實注意。書據暫存，應俟申復到廳再行核奪，仰即遵照。此令。　江蘇省教育廳廳長周佛海三月十四日

教育廳指令（1936 年 3 月 17 日）

二十四年十一月十九日呈一件：呈送水災捐款書暨職員名冊呈請彙轉由。呈暨繳款書名冊均悉，准予核轉，仰即知照。此令。　江蘇省教育廳廳長周佛海三月十七日

呈教育廳文（1936 年 3 月 17 日）

為繕造二十四年十一月份經常費收支書據，呈請鑒核彙轉由。謹將本館二十四年十一月份經常費收支報銷繕具收支對照表及支出計算書三份，單據粘存簿及附屬表各一份，理合備文呈請鈞廳鑒核彙轉，實為公便。謹呈

　江蘇省教育廳廳長周　　計呈收支計算書表三份，單據簿及附屬表各一份　江蘇省立國學圖書館

館長柳詒徵三月十七日

呈教育廳文（1936年3月20日）

為遵令申復二十三年度專款收支計算書應行查詢注意各點，仰祈鑒核示遵由。案奉鈞廳第三四〇八號指令內開「呈一件：呈報二十三年度專款收支計算書據，請鑒核由。呈暨附件均悉。查核書據所列各數，尚屬相符，惟另有應行查詢注意各點，分示如次：1. 代售書價是何性質，何以列作該館之收入。2. 上年結存之款應收利息若干，該項利息何以不列入收數之內。3. 本年度結存之七五五二一二九七元存放何處，利率若干，均未註明。以上三點應即詳細申復。4. 該項專款嗣後應於事前專案呈准後方得動支，並應參照省立各學校行政收入管理辦法第二項（生產收入）辦理，此點應切實注意。書據暫存，應俟申復到廳再行核奪，仰即遵照，此令」等因。奉此，遵即將第一至第三各點另紙逐一詳細申復，其第四點專款一節，查此項專款係指定為印書、鈔書之用，藉以流通古籍，發揚文化，經前第四中山大學行政院核准，并經逐年造冊另報各在案，若有其他用途，如去年徵收土地使用專款，則經呈准後始行動支，間有緊急需用，事實上無法中止而不及呈報時，如印圖書總目因臨時費不敷，尚未領到，而約期需付之材料工資費不能不付，則暫在專款內先行墊給，俟該款領到時再行歸還，合併聲明，為此具文呈請鈞長鑒核示遵。　謹呈

江蘇省教育廳廳長周　計呈申復一

紙　江蘇省立國學圖書館館長柳詒徵三月二十日

附申復

謹將指令查詢各點逐一詳細申復，仰祈鑒核。

一、代售書價。係委托各圖書館及各書局代售本館印行書籍之價款。

二、各項存款利息爲專款收入之一種，計二十三年度上期專款利息一二四‧七七元，經常費往來存款利息八五‧四四元，印書目臨時費利息一一‧三七元；三項合共二二一‧五八元，列在本期專款收支計算書收入部分第三項第二目；二十三年度下期專款利息一七六‧三九九元，經常費往來存款利息六九‧○九元，印書目臨時費利息五‧九四元，三項合共二五一‧四二元，列在本期專款收支計算書收入部分第三項第二目。

三、本年度結存之七五五二‧二九七元存放南京江蘇銀行，利率長年五厘，係活期。

教育廳指令（1936 年 3 月 21 日）

二十五年三月六日呈一件：爲呈送全國統計總報告材料應用表格由。呈表均悉，應予存轉，此令。表存。

江蘇省教育廳廳長周佛海三月二十一日

教育廳指令（1936 年 3 月 24 日）

呈一件：爲遵令在積餘項下撥款，裝設閱覽室地板及印行書庫擱板，繕送收支計算書據，祈鑒核由。查核書據尚屬符合，應准存查，所有公積金之收支實況，亟應依章造報，以資查考，仰即知呈暨附件均悉。

照。此令。

江蘇省教育廳廳長周佛海三月二十四日

復陳果夫主席函（1936年3月24日）

主席鈞座：敬承賜示，垂詢春雪歷史，仰見眷懷民物，通貫天人之盛意，謹屬館友詳檢地志，稍遲報聞。

史册所載春雪之災，亦所時有，上起麟經隱九年三月庚辰大雨雪，劉歆推曆謂其時已在春分後，惟其後關於年穀者若何，未之載也。唐德宗貞元元年正月戊戌大風雪寒，丙午又大風雪寒，民饑多凍死者，是歲夏蝗東自海西盡河隴，群飛蔽天，旬日不息，所至草木葉及畜毛靡有孑遺，餓殍枕道，民蒸蝗曝，颺去翅足食之。宋高宗紹興二十九年二月戊戌大雪，是歲紹興府荐饑。孝宗乾道元年二月大雪，三月暴寒損苗稼，是歲行都、平江、鎮江、紹興府、湖、常、秀州大饑，轉徙者不可勝計。寧宗慶元六年二月乙酉雪，五月無暑氣，凜如秋，是歲冬常州大饑，仰哺者六十萬人，潤、揚、楚、通、泰州、建康府、江陰軍亦乏食。嘉定元年二月甲寅雪，是歲淮民大饑，食草木，流於江浙者百萬人。明景帝景泰四年，鳳陽八衛二三月雨雪不止，傷麥，是歲徐州浴饑，河南、山東及鳳陽饑。孝宗弘治十七年二月壬寅，郿陽、均州雨雪雹，雪深二丈餘，是歲陝西、山西大饑，揚、應、鳳浴饑，人相食，且發瘟疫以繼之。懷宗崇禎六年正月辛亥，大雪深者六寸，六月癸亥雨雪，是歲淮淮揚浴饑，有夫妻雉經於樹及投河者。以上皆見諸史五行志，惟史志載春夏大雪與各地蝗饑不相連貫，詁徵爲之逐年比附，以見災異之因果耳。前史之言五行者，率舉人事爲徵，如《漢書》稱「聽之不聰，是謂不

謀，厥咎急，厥罰恒寒，厥極貧」，夫謂寒之因，由於人之不聽不謀，未必合於科學，而謂寒之果爲厥極貧，則饑饉相仍，自然貧乏，亦非全無理由也。恭承明問，謹先草此奉復，即希荃察。藉頌公綏　柳詒徵謹稟三月二十四日

呈教育廳文（1936 年 3 月 27 日）

呈報一、二月份工作報告由。謹將本館本年一、二月份經過工作情形編製工作報告表，各油印二份，理合具文呈報鈞廳鑒核備查。謹呈　江蘇省教育廳廳長周　計呈一、二月份工作報告各二份　江蘇省立國學圖書館館長柳詒徵三月二十七日

呈教育廳文（1936 年 3 月 28 日）

爲擬購藏本館創辦人繆藝風先生著述版片，呈請在積餘項下撥款應用，候示祗遵由。竊查江陰繆藝風先生爲清季本館最初創辦之人，時值錢塘丁氏欲售其八千卷樓之藏書，先生深憂茲十數萬冊文獻珍籍將蹈陸氏皕宋故轍，載歸東瀛，遂建議江督斥貲購其書歸館，建樓庋藏，讀書人士迄今受惠無窮。先生學風遠被，夙爲士林仰止，其遺著久已梓行於世，而書版散失頗多，除本館藏有四種外，近訪悉流存於上海中國書店者，尚有《藝風堂文集》正、續，《藏書記》癸甲稿、乙丁稿、辛壬稿五種，計六〇六片，該店又藏有況周頤《蕙風叢

書》版片三七一片，合共九七七片，欲一併出售。本館擬保存該項版片，爲紀念繆先生創始經營之志，經與該店切實磋商，允以四百五十元歸館承購，外加運費約共需五百元，茲擬在本館積餘項下撥款收買，將來印布，仍可收回資本。是否有當，理合員文呈請鈞廳鑒核。伏候裁奪，迅賜示遵。謹呈　江蘇省教育廳廳長周

江蘇省立國學圖書館館長柳詒徵三月二十八日

諸維荃照，並候箸安　陳果夫謹啓三月二十八日

翼謀先生道鑒：承示春雪歷史，足資借鑑，感佩無已。寄惠新編館目，重煩厚意，謹已拜登，特布謝。

陳果夫先生來函（1936 年 3 月 28 日）

致王慶吉先生函（1936 年 3 月 31 日）

慶吉仁弟大鑒：久未晤候，殊深馳念。敝館建築書庫地址，原定在馬祠後身，現參謀部方面忽於前日在該山上下測定路基，豎立紅旗，旋即興工，該路正緊繞敝館後身，若臨路建築書庫，實不相宜，原定計劃必需變更，請轉達貴友劉先生暫停繪圖，并盼台駕得暇一臨，商勘館內其他處所，擇一可用之地，至爲感禱。尚渤，即頌公綏　柳詒徵拜啓三月三十一日

教育廳指令（1936 年 4 月 2 日）

二十五年三月二十日呈一件：爲遵令申復二十三年度專款收支計算書應行查詢注意各點，祈鑒核由。

呈暨附件均悉。據復各點尚無不合，前送書據應准存查，再，嗣後動支專款，即使有緊急需用不及呈報者，亦應於事後補報備案，以符手續，併仰遵照。此令。　江蘇省教育廳廳長周佛海四月二日

呈教育廳文（1936 年 4 月 7 日）

爲館舍不適應用，急需建築善本書庫及改造閱覽室，短少經費，擬請轉呈省政府，申請中央於文化事業方面酌予補助，伏候示遵由。竊查屬館藏書已達二十二萬餘冊，内多珍本秘笈，爲海内不易得之書，亟宜妥爲保藏，以垂久遠。惟館舍敝陋，仍係前惜陰書院舊屋，極不適於現代圖書館之用，擬建築善本保險書庫，以防兵燹，及因閱覽人數日增，需改造較大之閱覽室，迭經呈請核撥臨時費，以資興建在案。刻已徵收館前魏姓土地八畝有餘，並擬購買館後李姓山地數畝，以作擴充建築之基，惟歷年蒙鈞廳分撥有着之款，僅一萬四千元，屬館因事實上急待建造，勢難再延，擬即縮小范圍，期早實現。當延工師設計與之商酌再三，力從撙節，估計建一水泥鐵筋書庫，極少需三萬餘元，閱覽室亦需一萬餘元，合計四萬餘元，尚短少二萬數千元，實難着手進行，省庫支絀，亦無力再籌，殊深焦灼。伏思屬館位在首都，藏書豐富，供給各方學者之研閱，而中央圖書館籌備尚需時日，其他各大學圖書館亦俱未公開，其能應首都人士讀書之需求者，

惟有屬館，似不妨於省外設法。除前經具摺詳陳外，謹再備文呈請，伏乞俯念需款急迫，以待發展，可否轉呈省政府，申請行政院、教育部於中央文化事業方面酌予補助二萬數千元，俾資建築，以適應學者之需求，無任迫切待命之至，敬祈察奪示遵。謹呈　江蘇省教育廳廳長周　江蘇省立國學圖書館館長柳詒徵四月七日

教育廳指令（1936 年 4 月 11 日）

二十五年三月二十八日呈一件：爲購藏繆藝風先生著述板片，擬在積餘項下撥款應用，祈鑒核由。呈悉。查所請事屬可行，應予照准，仰即知照。此令。　江蘇省教育廳廳長周佛海四月十一日

南京市政府公函（1936 年 4 月 14 日）

案准貴館廿五年二月十九日公函，以急需使用徵收龍蟠里魏姓土地，惟被種田人徐姓把持不讓，妨礙進行，囑飭局強制執行，以維公益等由，准此，當經飭交土地、工務兩局遵照辦理去後，茲據報稱「遵於三月五日派員帶工前往執行，當以和平調解了結，該徐姓完全遷出，所有房屋已由該館接收」等情前來，相應函復，即希查照爲荷。此致　江蘇省立國學圖書館　南京市市長馬超俊四月十四日

教育廳指令（1936年4月16日）

二十五年四月七日呈一件：為建築經費不敷，擬懇轉呈院部酌予補助，以資發展由。呈悉。已據情呈請教育部設法佽助，並由省政府轉呈行政院核示矣，仰即知照，此令。 江蘇省教育廳廳長周佛海四月十六日

南京市土地局公函（1936年4月18日）

案准貴館二十五年三月十一日公函「以本館馬公祠旁屬地被水利處徵收，應如何飭令種戶遷讓及領取地價手續，並據種戶聲稱，有人指認該地為山東會館之地，恐係乘機蒙混，冀圖冒領地價，囑予澈查，以重公產而維社教」等由，准此，當經函准財政局查「查此案於十八年間，國學圖書館呈請內政部轉咨市政府，撥用龍蟠里馬公祠房屋，本局奉命辦理，當經派員查明該祠係屬公產，呈准接收，撥借該國學圖書館住用在案。惟當接收時，既無圖契可憑，亦未經負責人員指明界址，祠旁空地如係馬公祠附屬之產，當在接收之列。現據報有人認該地為山東會館產業，究竟何所根據，事關公產，自應澈查。准函前由，相應檢同接收全卷函送貴局核辦，并希派員前往山東會館，查明有無該項執業契據，確定產權，并予見復」等由，准經派員查明，該祠旁空地曾於十九年十月間，據山東旅京同鄉會聲請補契核准有案。准函前由，除函復財政局外，相應函復，即希查照為荷。 此致
　　江蘇省立國學圖書館　　周湘四月十八日

復南京市土地局公函（1936 年 4 月 21 日）

案准貴局科字第〇六九〇六號公函，以馬公祠旁空地曾據山東同鄉會於民國十九年聲請補契核准有案，復請查照等由，查馬公祠旁空地，係前清同治十一年十一月由金陵善後工程局向業戶吳桂榮價買，原案存在敝館，茲另紙鈔附，是該地爲連屬馬祠之公產有案可稽，毫無疑議，即此一點，已足證明絕非山東會館之私產。至敝館呈請內政部轉咨貴市政府撥用該祠全部，事在民國十八年，而山東同鄉會於民國十九年始聲請補契，乃在事前聲請，已屬詫異；即在事後聲請，亦應由前財政局查案，通知敝館究明真相，始能決定產權誰屬，但敝館當時並未接有通知，財政局亦未派員來館查詢。又該地自撥用後，即租與朱有餘種菜，立有租約，迄今五六年之久，倘屬會館之地，豈能任敝館租與人種而從不加以問？再查敝館於去年六月五日依照公有土地登記法填具登記書並館圖鈔案等，函請貴局登記，荷給與收據在案，該項館圖載明該地在內，均可資以爲證。今山東會館忽於水利處欲徵用該地之時，出而指認爲私有，顯係乘機以其鄰接該地之墓地，藉以影射蒙混，領取地價，現水利處商洽敝館向貴局徵收該地，聞已繳價，因該地係連屬馬祠整個之產業，其所得之地價理應仍歸館存儲，以重公產。准函前由，相應再請查照辦理，并盼見復爲荷。　此致

南京市土地局　附鈔件一紙　江蘇省立國學圖書館館長柳詒徵四月二十一日

教育廳訓令（1936 年 4 月 22 日）

案准江蘇省審計處省字第一八三四號公函內開「案准貴廳　字第 289、355、333 號函送省立國學圖書館二十三年十月、十一月、十二月份經常費支出計算書類，准此，當經依法審核，除內有應行注意等事項外，其餘尚無不合，相應繕具審核證明書及審核通知書各一件，函請查照轉發爲荷」等由，計附證明、通知書各一件，准此，查此案前據該館呈報到廳，當經簽送審計處審核在案，茲准前由，合行檢發原附件二份，令仰該館即便遵照。此令。　附發審核證明、通知書各一件　江蘇省教育廳廳長周佛海四月二十二日

呈教育廳文（1936 年 4 月 26 日）

爲奉核准撥給臨時費編印圖書總目，尚短一六六○‧二四元，懸欠店賬，呈請補撥償欠，再有書目補編急待付印，應如何籌發印費，并候裁示祗遵由。案查屬館呈奉鈞廳核准撥給臨時費編印圖書總目，計二十一年度領到三五○○元，印成經、史二部凡九册，共用費三三○五‧三七元，餘一九四‧六三元，業於二十三年四月二十二日造具收支計算書呈報鈞廳核銷在案。以下接印子、集、圖、志、叢五部續撥臨時費，計有二十二年度一○○○元，二十三年度二五○○元，連前所餘，合計四六九四‧六三元，而子、集、圖、志、叢各部共有十五册之多，以經、史册數比例，不敷尚鉅，所有詳情送經具呈申請補撥在案。惟此書係發行預約，限期出版，昭告於衆，不能中止失信，迫不得已，只有向印刷所及紙店磋商，不足之款暫爲懸欠，

國立中央大學國學圖書館館小史　盋山案牘　合刊

始克將子、集、圖、志、叢部先後印竣，計共用費六三五四‧八七元，尚短一六六○‧二四元，均係欠店之賬。現
在催索甚急，萬難再延，理合具文呈請鈞廳鑒核，迅撥的款，以應急需，俾便償欠。再有前項目録漏編之書及
近數年續添之書，日積月累，已續編成補編四冊，亦急待付印，以利閲者檢查。應如何籌撥印費，并候鈞裁示
遵。謹呈
　江蘇省教育廳廳長周

　　　　　江蘇省立國學圖書館館長柳詒徵四月二十六日

致憲兵司令部公函（1936 年 5 月 6 日）

逕啓者：查敝館前用舊證章頃已收回作廢，另製新證章自本月六日起發給館員佩用，除分函首都警察廳
及江蘇省教育廳存案外，理合檢送第一號新證章及作廢舊證章各一枚，函請貴司令部查照存案爲荷。此致
首都憲兵司令部　計證章二枚　江蘇省立國學圖書館五月六日

致首都警察廳函（1936 年 5 月 6 日）

逕啓者：查敝館前用舊證章頃已收回作廢，另製新證章自本月六日起發給館員佩用，除分函首都憲兵司
令部及江蘇省教育廳存案外，理合檢送第二號新證章及作廢舊證章各一枚，函請貴廳查照存案爲荷。此致
首都警察廳　計證章二枚　江蘇省立國學圖書館五月六日

呈教育廳文（1936年5月6日）

為收回舊證章作廢，另製新證章佩用，各檢送一枚，呈請鑒核存案由。竊查屬館前用舊證章頃已收回作廢，另製新證章自本月六日起發給館員佩用，除分函首都憲兵司令部及首都警察廳存案外，理合備文檢同第三號新證章及作廢舊證章各一枚，呈請鈞廳鑒核，賜予存案，實為公便。謹呈　江蘇省教育廳廳長周　計呈證章二枚　江蘇省立國學圖書館館長柳詒徵五月六日

教育廳指令（1936年5月8日）

二十五年三月廿七日呈一件：為報本年一、二兩月份工作祈鑒核由。呈件均悉，准予存查。件存。此令。

江蘇省教育廳廳長周佛海五月八日

教育廳訓令（1936年5月8日）

案奉省政府發下行政院第一三七〇號指令：為據呈請撥款補助省立南京國學圖書館建築費一案，已交教育部核辦等因轉發到廳，奉此，合行令仰該館長遵照。此令。

江蘇省教育廳廳長周佛海五月八日

教育廳指令（1936 年 5 月 14 日）

二五年四月二十六日呈一件：奉核准撥給臨時費編印圖書總目，尚短一六六〇·二四元，請補發之，書目補編急待付印，應如何籌撥印費，併祈核示由。呈悉。查該館所印圖書總目，有一部分係定價出售，前項印刷費短少之款，應即在所得售價內開支，又該書發售以後，已售出若干，收到售價若干，是否足付補編印費，應即開單呈復，再候核飭，仰即知照。此令。　　江蘇省教育廳廳長周佛海五月十四日

致南京市土地局公函（1936 年 5 月 16 日）

爲館有菜地爲中央水工試驗所徵用，依照通知函請徵收登記，并請查照前案藍圖核發地價由。案准貴局科一地第〇〇八六五號通知，以中央水工試驗所徵收公園住宅區收兵橋一帶土地，仰來局聲請徵收登記，以憑核發地價等由，查敝館東北邊沿館牆有所屬菜地，業經水工試驗所商洽徵用，該項菜地丈尺載在上年六月五日聲請登記之全館藍圖中，并經貴局製給地字七五零零號收據一紙在案。現將此項菜地畫出歸水工試驗所，合行依照通知聲請徵收登記，用特函請查照前案登記之藍圖，核發該菜地之地價，以重公產，無任盼荷。　此致

南京市土地局　　江蘇省立國學圖書館館長柳詒徵五月十六日

七三〇

致南京市土地局公函（1936 年 5 月 17 日）

為徵收龍蟠里魏姓土地聲請登記由。案查敝館徵收龍蟠里魏姓土地一案，業於上年十一月經貴局發給徵字第二號管業執照并藍圖各一紙在案，嗣以該地尚住有租戶及魏姓之房屋墳塋，發生糾紛，當經函請貴市政府飭由工務局調處，至本年三月始行先後遷讓完畢。該項土地應即聲請登記，為此函請貴局查照前案，將登記手續示知，俾便照章辦理，無任感荷。此致

南京市土地局　　江蘇省立國學圖書館館長柳詒徵五月十七日

附件均悉，准予存案。

教育廳指令（1936 年 5 月 23 日）

二十五年五月六日為屬館舊證章收回作廢，自本月六日起佩用新證章，各檢呈一枚，請存案由。呈及附件存。此令。　江蘇省教育廳廳長周佛海五月二十三日

呈教育廳文（1936 年 5 月 24 日）

謹將屬館本年三、四兩月份經過工作情形編製工作報告表，各油印二份，理合備文呈請鈞廳鑒核備查。

謹呈

江蘇省教育廳廳長周　計呈三、四兩月工作報告各二份　江蘇省立國學圖書館館長柳詒徵五月二十四日

国立中央大學國學圖書館小史　盋山裁牘　合刊

呈教育廳文（1936 年 5 月 28 日）

為繕造二十五年一月份經常費收支書據，呈請鑒核彙轉由。謹將屬館二十五年一月份經常費收支報銷

繕具收支對照表及支出計算書三份，單據粘存簿及附屬表各一份，理合備文呈請鈞廳鑒核彙轉。　謹呈　江

蘇省教育廳廳長周　計呈收支計算書表三份，單據簿及附屬表各一份　江蘇省立國學圖書館館長柳詒徵五

月二十八日

呈教育廳文（1936 年 5 月 29 日）

為奉令匯解購機捐款并繕具名冊一份，呈請鑒核彙轉由。案奉鈞廳第一一九號訓令，頒發航空協會江

蘇分會會議記錄及捐款購機辦法，飭於五月底以前將應攤捐款連同名冊一份呈廳彙轉等因，奉此，遵即查閱

辦法，除館長比照行政人員攤捐本月月薪百分之二十外，餘悉依照教育機關職員攤捐百分之十，合共國幣一

百五十五元，業於本月二十九日交由江蘇省農民銀行匯解鈞廳會計處，理合備文并繕具捐款名冊一份，呈請

鑒核彙轉。　謹呈　江蘇省教育廳廳長周　計呈捐款名冊一份　江蘇省立國學圖書館館長柳詒徵五月二十九日

呈教育廳文（1936 年 5 月 29 日）

為奉令遵填社會教育一覽表等三種各一份，呈請鑒核彙編由。案奉鈞廳第一一三二號訓令，頒發社會

教育一覽表、調查表、統計表（一）（二）各三份，飭於五月底以前填齊送廳彙編等因，奉此，遵即查照屬館應填

之事項，計社會教育一覽表、調查表、統計表（一）三種各填一份，理合備文呈請鈞廳鑒核彙編。謹呈

省教育廳廳長周　計呈填表三紙　江蘇省立國學圖書館館長柳詒徵五月二十九日

南京市土地局公函（1936 年 5 月 30 日）

案准貴館本年五月十八日公函，以收用龍蟠里土地各墳戶現已遷讓完畢，囑將登記手續見復，以便遵

章辦理等由，准此，查土地登記應填具囑托書，連同證明文件檢送）本局辦理，茲檢送空白囑托書並修正南

京市土地登記暫行規則，即請查照辦理爲荷。此致　江蘇省立國學圖書館　附空白公有土地登記囑托書

五份、修正南京市土地登記暫行規則一份　周湘五月三十日

致南京市土地局公函（1936 年 6 月 1 日）

爲徵用龍蟠里魏姓土地聲請登記，准函填具囑托書并鈔件，祈查照辦理由。案准貴局科一字第〇〇三

〇〇號公函，并荷檢送公有土地登記囑托書及修正南京市土地登記暫行規則等由，准此，查敝館徵用龍蟠里魏

姓土地一切手續完畢，合行遵照公有土地登記規則，填具囑托書并鈔件各一紙，備函送請察核，所有登記手

續費當照章繳納，即希查照辦理爲荷。此致　南京市土地局　計囑托書一紙、鈔件一件　江蘇省立國學圖

書館館長柳詒徵六月一日

南京市地政局公函（1936年6月15日）

案准貴館本年四月二十一日公函，以「准函再查馬公祠旁空地原案，係金陵善後工程局價買，證明非山東會館私產，並經本館依法聲請登記在案，囑將該地地價仍歸本館存儲，以重公產」等由，并附抄件一紙，准此，查此項紛爭主權土地，在貴館雖有原案可循，但前土地局對於山東旅京同鄉會聲請補契，已依據補契程序辦理，曾于民十九年十二月二十五日由局繕發佈告，揭貼地產所在處所，准自佈告日起一月之內，許由利害關係人提出理由，聲明異議，并飭該同鄉會刊登《中央日報》啓事三天及《市政公報》一期，迨至民二十年七月，方始核發圖契，設當時貴館異議，并飭該同鄉會刊登《中央日報》啓事三天及《市政公報》一期，迨

紛爭而滋糾紛。茲爲完成土地登記起見，除將紛爭部分照案保留，俟紛爭解決，產權確定誰屬之後，再行核發徵收土地地價，並一面通知山東旅京同鄉會知照外，先行將貴館館址聲請登記案照章予以公告，相應函達，即希查照爲荷。此致

　　江蘇省立國學圖書館　　周湘六月十五日

南京市地政局公告　字第一七七○號

案查本市第五區第二六七段聲請人江蘇省立國學圖書館聲請爲土地所有權登記並呈送聲請書到局，茲依照本市土地登記暫行規則第十五條之規定揭示公告，自本日起，對於該項土地如有因權利關係聲明

七三四

異議者，須於三個月內提出理由書暨證明文件呈候核辦，一經公告期滿未據異議，即予依法登記，絕對有效。合行公告周知。

計開　龍蟠里四十七號主管長官柳詒徵

聲請人姓名及籍貫住所：江蘇省立國學圖書館

土地坐落及四至面積：龍蟠里四十七號，東至龍蟠里，南至曾公祠，汪公祠屋，以己產及公牆為界，西至陳姓及曾公祠地，北至李姓地及水工試驗所新收地，以己牆為界，面積一十畝八分五厘九毫三絲

定着物情形：房屋

他項權利關係及權利人姓名住所：無

聲請登記月日：二十四年六月七日

權利關係人提出異議之期限：二十五年九月十七日止

中華民國二十五年六月十八日　局長周湘

南京市地政局公告　字第二一三七號

案據本市第五區第四三四段聲請人江蘇省立國學圖書館聲請為土地所有權登記，並函送聲請書契據及其他關係文件到局，茲依照本市土地登記暫行規則第十五條之規定揭示公告，自本日起，對於該項土地如有因權利關係聲明異議者，須於三個月內提出理由書暨證明文件呈候核辦，一經公告期滿，未據異議，

国立中央大学国学图书馆馆小史　盋山案牍　合刊

即予依法登记，绝对有效。合行公告周知。

计开　主管长官柳诒徵

声请人姓名及籍贯住所：江苏省立国学图书馆。所在地：南京市龙蟠里

土地坐落及四至面积：龙蟠里，东至乌龙潭，南至三民中学屋，西至龙蟠里，北至魏姓私巷，面积八亩

二分六厘七毫六丝

定着物情形：该产西北角平房七间

他项权利关系及权利人姓名住所：无

声请登记月日：二十五年六月一日

权利关系人提出异议之期限：二十四年九月二十二日止

中华民国二十五年六月二十三日　局长周湘

呈教育厅文（1936年6月27日）

为缮造二月份经常费收支报销书据，呈请核转由。谨将属馆二十五年二月份经常费收支报销缮具收支

对照表及支出计算书三份，单据粘存簿及附属表各一份，理合备文呈请钧厅鉴核汇转。谨呈　江苏省教育

厅厅长周　计呈收支对照表及支出计算书三份，单据粘存簿及附属表各一份　江苏省立国学图书馆馆长柳

七三六

詒徵六月二十七日

教育廳指令（1936 年 6 月 30 日）

二十五年六月一日呈一件：爲呈送二十四年度社會教育一覽等表由。呈表均悉，應予彙編。此令。

表存。　江蘇省教育廳廳長周佛海六月三十日

盋山案牘

七三七

江蘇省立國學圖書館第十年刊（二十五年度）案牘

呈教育廳文（1936 年 7 月 14 日）

為奉令編造二十五年度預算分配表四份，呈請核轉由。案奉鈞廳第一四七零號訓令內開「查二十五年度各該機關第一級概算書及提要前據先後呈送到廳，當以核與規定，均無不合，經彙轉省政府彙編轉送在案。茲年度業已開始，二十五年度預算分配表急待彙齊轉送，除分令外，合行令仰該館知照，即於七月十五日以前遵照規定，妥行分配編造繕具四份呈候核轉。此令」等因，奉此，遵即查照二十五年度核定經常費概算數，并遵照規定依限編製預算分配表，繕具四份，理合備文呈請鈞廳鑒核彙轉。謹呈

　江蘇省教育廳廳長周

計呈二十五年度預算分配表四份

江蘇省立國學圖書館館長柳詒徵二十五年七月十四日

呈教育廳文（1936 年 7 月 17 日）

為赴青島出席中華圖書館協會第三屆年會請假旬日，呈請核准由。竊詒徵於本月十七日赴青島出席中華圖書館協會第三屆年會，約需旬日，擬請假前往，在此期內所有館長職務交由主任張逢辰代理，理合具文

呈請鑒核賜准，實爲公便。謹呈 江蘇省教育廳廳長周 江蘇省立國學圖書館館長柳詒徵七月十七日

教育廳訓令（1936 年 7 月 18 日）

查本廳爲改進省立社教機關會計制度，曾製訂江蘇省立社會教育機關會計員暫行規程一種頒發遵循，並呈經奉教育部暨省政府令准予備案在案，茲依照規程規定，派邵希康爲該館會計員，准支月薪六十元，除委任令另行發給該員查收外，合行令仰知照。此令。 江蘇教育廳廳長周佛海二十五年七月十八日

教育廳指令（1936 年 7 月 21 日）

呈一件：呈報二十四年十一月份經常費收支書表暨單據各件業經簽送審計處審核，並將書表各一份函送財政廳備查，應俟函復過廳再行轉令飭遵，仰即知照。附件存轉。此令。 江蘇省教育廳廳長周佛海七月二十一日

教育廳指令（1936 年 7 月 21 日）

呈一件：呈報二十四年十二月份經常費收支書表暨單據祈鑒核由。呈暨附件均悉。據報二十四年度十一月份經常費收支書表暨單據各件業經簽送審計處審核，並將書表各一份函送財政廳備查，應俟函復十二月份經常費收支書表暨單據各件業經簽送審計處審核，並將書表各一份函送財政廳備查，應俟函復

盋山案牘

七三九

過廳再行轉令飭遵，仰即知照。附件存轉。此令。　江蘇省教育廳廳長周佛海七月二十一日

復國立北平圖書館函（1936年7月23日）

徑復者：接奉大函，并承貴館運寄何叙甫先生分贈敝館之瓦當提單一紙、品名件數清單一紙，又運費及木箱發單各一紙，均悉一是。該項瓦當業經提到，茲先將尊處代墊款洋五元五角七分奉上，即祈檢收，至點收清單，容俟將瓦當品名驗視後即行寄奉。先此布復，至希察照爲荷。此致　國立北平圖書館　附匯票一紙，計洋五元五角七分　江蘇省立國學圖書館七月二十三日

呈教育廳文（1936年7月25日）

爲奉令編造二十三年度財產目錄一份，呈請鑒核轉送江蘇審計處由。案查本年六月十五日奉鈞廳第一三五五號訓令，轉發江蘇審計處審核屬館二十四年六月份經常費報銷審字第一九三一號通知書及第一零五四號證明書各一件等因，奉此，查通知書內有應行補送事項，爲二十三年度財產目錄一份，茲特編造一份，理合具文呈請鑒核轉送江蘇審計處，實爲公便。　謹呈　江蘇教育廳廳長周　計呈財產目錄一份　江蘇省立國學圖書館館長柳詒徵七月二十五日

教育廳指令（1936 年 7 月 31 日）

二十五年七月十八日呈一件：爲呈送五、六兩月份工作報告祈鑒核備查由。呈表均悉。該館工作大致尚是，惟工作報告應按月呈送，以便審核。表存。此令。　江蘇省教育廳廳長周佛海七月三十一日

呈教育廳文（1936 年 7 月 31 日）

爲改選經費稽核委員會委員並推定主席，祈鑒核備查由。案查屬館經費稽核委員會委員於年度終了例行改選，茲遵照規定，經選出朱煥堯、李竹虛、陶基承、王必旺、林聲遠五人爲委員，並推定朱煥堯爲主席，理合具文呈報鈞廳鑒核備查。　謹呈　　江蘇省教育廳廳長周

　　　　　　　江蘇省立國學圖書館館長柳詒徵七月三十一日

教育廳指令（1936 年 8 月 1 日）

本年七月十四日呈一件：呈送二十五年度預算分配表祈鑒核由。　呈暨附件均悉，查表列各項分配大致尚無不合，應准分別存查彙轉，仰即知照。此令。　江蘇省教育廳廳長周佛海八月一日

教育廳訓令（1936 年 8 月 1 日）

案准江蘇省審計處會字第九五號公函内開「案准貴廳字第 812、815 號函送省立國學圖書館二十四年

七至十月份經常費支出計算書類，准此，當經依法審核，除內有應行補送等事項外，尚屬符合，相應繕具審

核通知書一件，函請查照轉發爲荷」等由，計附審核通知書一件，准此，查此案前據該館呈報到廳，當經簽

送審計處審核在案，茲准前由，合行檢發原附件，令仰該館即便遵照。此令。　附發通知書一份　江蘇省教

育廳廳長周佛海八月一日

呈教育廳文（1936 年 8 月 2 日）

爲修正館章條文呈請鑒核備案由。案查屬館章程總則第十條，閱覽部規程第七條第三項及傳抄簡約第

三、第五、第八各條，均有修正之必要，經提交二十四年度館務會議議決，將各條文逐一修正，謹將修正條文

具文呈請鈞廳核准備案，俾利進行，實爲公便。　謹呈　江蘇省教育廳廳長周　計呈修正文一份，附錄條文

江蘇省立國學圖書館館長柳詒徵八月二日

江蘇通志稿件整理處公函（1936 年 8 月 4 日）

逕啓者：敝處成立已有年載，關于蘇省文獻，亟事搜求，凡各大圖書館出版書目，尤待網羅，以備編纂

之用。　貴館爲南都文化機關，具有歷史，所藏書籍甲於國中，查近歲出版各項書目，計不下四、五種，敝處

甚欲求備，以資考索，相應函達，即請查將歷年所出各種書目惠予全份，即日賜寄，實紉公誼。　此致　南京

国学图书馆柳馆长　江苏通志稿件整理处编纂尹文八月四日

复江苏通志稿件整理处函（1936年8月5日）

径复者：接准贵处第十四号大函，承索敝馆历年出版书目，以资考索等因，祗悉一是，兹特检送初校、覆校善本书目及图书总目各一部，另包邮寄，即祈察纳示复，至编纂疏谬之处，并恳不吝指正为幸。再有图书总目系最近所编，全馆二十余万册之书悉在其内，并将各种丛书之子目析出，分别归纳各部类，俾易于寻检，而各书版本胥可按目以求，在现时各大图书馆目中，此当为创始之作，不揣谫陋，思有以贡献于学者，尚乞代为宣传推销，藉广流佈，无任盼祷。此致

　　江苏通志稿件整理处尹编纂　　江苏省立国学图书馆馆长柳诒徵八月五日

呈教育厅文（1936年8月6日）

为遵照修正购机捐款办法补缴馆工捐款七元八角并重缮清册，呈请鉴核汇转由。案奉钧厅第一七三四号训令，颁发中国航空协会江苏省分会修正购机捐款办法三项，限於文到五日内造送款册等因，奉此，查属馆职员应缴飞机祝寿捐款计法币一百五十五元，业於五月二十九日连同名册一份呈解钧厅在案，兹遵照修正办法（关于捐款划一办法第一条），应补缴馆工应拟捐款计法币七元八角，连前合共一百六十二元八角，并

依新頒格式重繕清冊三份，理合備文呈請鑒核彙轉。謹呈　江蘇省教育廳廳長周　計呈法幣七元八角，款

由江蘇省農民銀行匯解，清冊三份　江蘇省立國學圖書館館長柳詒徵八月六日

致南京市政府函（1936年8月7日）

徑啓者：敝館職員工友業于本月六日在本機關舉行公民宣誓，將誓詞第一聯三十五張連同名冊一份送

請察收存案爲荷。　此致　南京市政府　計誓詞第一聯三十五張、名冊一份　江蘇省立國學圖書館八月七日

致何叙甫先生函（1936年8月15日）

叙甫先生大鑒：前承分贈敝館之瓦當，頃已托北平圖書館裝運到京，計八十五件，茲遵臺命，敬拓呈二份

裝訂成冊，即祈察收。　謹布謝忱，并頌公綏　柳詒徵拜啓八月十五日

呈教育廳文（1936年8月18日）

爲新任會計員邵希康到職接收及前任會計交代清楚，取具書面證明留館存案，具文連同證明鈔件呈請

鑒核備案由。案奉七月十八日鈞廳第一六六八號訓令內開「查本廳爲改進省立社教機關會計制度，曾製訂

江蘇省立社會教育機關會計員暫行規程一種頒發遵循，並呈經奉教育部暨省政府令准予備案在案，茲依照

規程規定，派邵希康爲該館會計員，准支月薪六十元，除委任令另行發給該員查收外，合行令仰知照。此令〕

等因，奉此，遵照辦理外，查該員邵希康業于八月一日到職，比即令前任會計王震保將所有現金及一切賬薄

册件等逐一移交新任，刻經雙方接收交代清楚，並取該員等書面證明留館存案。再有四至七月各月份報銷

編製尚未就緒，均係前任會計經手事件，當仍責成王震保辦理，藉清手續，合併聲明。所有新任會計員邵希

康到職接收及前任會計交代情由，理合具文連同書面證明鈔件一紙呈報鈞廳鑒核備案。謹呈 江蘇省教育

廳廳長周　計呈鈔件一紙　江蘇省立國學圖書館館長柳詒徵八月十八日

致　商務印書館　江蘇省立國學圖書館啟八月十九日

復商務印書館函一件（1936 年 8 月 19 日）

敬復者：接奉貴館惠贈《四部叢刊三編》第四期書，凡三十二種一百五十册，并目錄一份、附信一紙，均悉

一是，茲經逐部逐册檢收無訛，除編目珍藏，備供各界人士研覽，藉彰高誼外，特復鳴謝，敬希查照爲荷。此

致　商務印書館　江蘇省立國學圖書館啟八月十九日

育廳廳長周佛海八月十九日

本年八月二日呈一件：爲修正館章呈請核准備案由。

教育廳指令（1936 年 8 月 19 日）

呈件均悉，准予備案。件存。此令。江蘇省教

七四五

南京市地政局通知（1936 年 8 月 21 日）

案查全國經濟委員會建築中央水工試驗所領用公園住宅區徵收范圍內收兵橋土地一案，前准撥送地價拆費過局，即經本局於本年五月十二日通知各戶繳契領價在案。茲逾數月，登記者尚屬寥寥，合再通知，務仰各戶剋日檢齊執業文契，聲請徵收登記，以憑核發地價拆費，勿再延誤，切切。此告。右通知圖書館

南京市地政局局長周湘 八月二十一日

教育廳指令（1936 年 8 月 24 日）

呈一件：呈報二十四年度三月份經常費收支書表暨單據祈鑒核由。呈暨附件均悉。據報二十四年度三月份經常費收支書表暨單據各件，業經簽送審計處審核，並將書表各一份函送財政廳備查，應俟函復過廳再行轉令飭遵，仰即知照。附件存轉。此令。

江蘇省教育廳廳長周佛海 八月二十四日

教育廳指令（1936 年 8 月 25 日）

呈一件：呈報二十四年度一、二月份經常費收支書表暨單據祈鑒核由。呈暨附件均悉。據報二十四年度一、二月份經常費收支書表暨單據各件，業經簽送審計處審核，並將書表各一份函送財政廳備查，應俟函復過廳再行轉令飭遵，仰即知照。附件存轉。此令。

江蘇省教育廳廳長周佛海 八月二十五日

致任玉岑先生函（1936 年 8 月 25 日）

玉岑先生賜鑒：日前承代向江蘇財政廳索得江蘇省地方二十四年度第二級普通概算書一册、江蘇省各縣二十四年度預算書六十册，至深鳴感，兹已交館編目庋藏，備供閲覽人參考，特備具謝柬一紙，仍煩轉交財政廳爲荷。專肅，敬頌公綏　弟柳詒徵頓首八月廿五日

中央黨部新生活運動委員會致館長函（1936 年 9 月 1 日）

徑啓者：敝會成立經年，除對於新運各項工作奉行外，關于學術之探討，亦未敢後人，值此邦家多難之秋，各種專門學識需求尤感迫切。素仰先生偉言讜論，騰譽寰宇，敝會同人莫名敬佩，兹擬恭請先生惠臨敝會賜教，并作講演，如荷慨允，不但敝會同人與有榮施，學術前途實深攸賴，并乞將日期及講題先日賜示，以便周知，不勝企幸。專此，肅請道安　中央黨部新生活運動委員會九月一日

教育廳函（1936 年 9 月 2 日）

徑啓者：貴館繳解購機祝壽捐款暨名册三份，已如數收訖彙轉，除正式收據俟填發過廳再行轉給外，兹照章給收據一件，請查收爲荷。此致

　省立國學圖書館　附收據一紙　江蘇省教育廳啓九月二日

國立中央大學國學圖書館小史　盋山案牘　合刊

何叙甫先生函（1936年9月2日）

詒徵先生台鑒：奉展惠書並附瓦當拓片二册，謹已領到，有瀆清神之處，深用感紉。弟因事返閩，昨始回都，裁答有稽，並希亮察。專復申謝，順頌箸祺　弟何遂拜啓九月二日

復中央黨部新生活運動促進會函（1936年9月3日）

徑復者：接奉大函，藉諗貴會新運工作日進月新，風聲遠樹，曷勝欽幸。鄙人學識謭陋，辱命演講，敢不勉貢芻蕘，就正有道，謹將講題「禮教與新生活」奉上，日期時間由貴會酌定通知爲荷。此致　中央黨部新生活運動促進會　柳詒徵拜復九月三日

教育廳訓令（1936年9月7日）

案准江蘇省審計處會計字第276號公函内開「案准貴廳第一○○四號函，抄送省立國學圖書館聲復二十三年度九月份經常費支出計算書類，通知各點，原呈並申述書及附件，准此，當經依法詳加復核所請，免予剔除一節，礙難照辦，相應繕具審核通知書一件，連同原附件函請查照轉飭爲荷」等由，計附發審核通知書、證明書各一件，准此，查此案前據該館聲復到廳，當經簽送審計處復核在案，茲准前由，合行檢發原附件二份，令仰該館即便遵照。此令。附發二十三年度九月份經常費支出計算書類審核通知書、證明書各

一件　江蘇省教育廳廳長周佛海九月七日

全國航空建設會公函（1936 年 9 月 8 日）

案准貴館二十五年八月十九日函，解本年七月份續徵公務員飛機捐款十五元八角八分，檢同捐册，請察收掣據等由，准此，當經如數查收填給臨時收據在案，除捐册存案備查外，相應函復附掣正式收據，即希查核收存，並將臨時收據擲還註銷爲荷。此致

　　江蘇省立國學圖書館　計檢送正式收據一紙　全國航空

建設會九月八日

致全國經濟委員會水利處函（1936 年 9 月 8 日）

經啓者：兹查貴處水工試驗所地址毗連敝館，連日轟炸山石，距敝館書樓極近，每炸一次，樓屋震撼，碎石亂飛，不獨典藏危險堪虞，即在樓辦事人員亦時生畏戒。因敝藏多珍本秘笈，爲海内不易得之書，於學術文化上關係至重，擬商懇貴處，于該地山石如可以人力施工者，最好不用炸藥，其非炸不可者，請每次酌減炸藥分量，俾炸力不至過猛，危及書樓，第恐工人圖省力求速施，作猛烈之爆炸，一旦發生事故，彼時詎堪設想。用特備函聲明，商請設法減輕炸力，俾免波及之虞，書林社教，實利賴之，敬祈察照見復爲荷。此致　全國經濟委員會水利處鄭處長　江蘇省立國學圖書館館長柳詒徵九月八日

致江西省政府函（1936年9月9日）

徑啓者：前奉貴省政府爲廬山圖書館徵書啓一紙，祇悉一是。兹將敝館出版圖書總目、年刊（第一、二年刊已無存書，俟再版時奉贈）《小史》各一部共三十一册交郵寄上，即祈察收轉贈廬山圖書館，藉資紀念，并盼示復爲荷。　此致

　江西省政府

　　　　　　　　　　　　　　　　　江蘇省立國學圖書館九月九日

中央水工試驗所籌備委員會函（1936年9月10日）

徑復者：接准九月八日大函，以中央水工試驗所建築房屋，轟炸山石，深恐發生危險，囑設法減輕炸力等因，除轉飭包工儘量減輕炸藥分量，以免疏虞外，相應函復，即希查照爲荷。　此致

　江蘇省立國學圖書館

　　　　　　　　　　　　　　　中央水工試驗所籌備委員會啓九月十日

致鄭權伯先生函（1936年9月10日）

權伯處長大鑒：久未聆教，維勛猷懋勝爲頌無量。兹有啓者：日前以貴處水工試驗所轟炸山石，距離敝館書樓甚近，樓屋震動，危險堪虞，特備公函商請減少炸藥分量，俾免波及，諒邀洞鑒。第連日轟炸較前尤甚，前昨兩日均有炸飛石塊落于敝館東院屋上；設有不測，屋内閱覽人及辦事人均不免遭无妄之憂，且石層愈下愈堅，爆炸亦愈猛烈，工人只計省力求速，不顧其他，一旦發生危害，彼時何堪設想。用再懇祈迅飭工頭

減輕藥力，禁止猛烈之轟炸，俾免危險，彼此同屬文化機關，諒必同蒙愛護，僅以布達，維荃察，不一。敬頌公

綏　柳詒徵拜啓九月十日

鄭權伯先生函（1936 年 9 月 10 日）

翼謀先生館長道鑒：頃奉惠函，就諗履祺佳勝，至慰私頌。承示中央水工試驗所建築工程，轟炸山石，以致震動貴館書樓，至深歉疚。昨准貴館來函，業已轉飭包工儘量減輕炸力，以免疏虞，重荷諄囑，容再嚴飭注意。敬此奉復，祗頌道安　鄭肇經敬啓九月十日

呈教育廳文（1936 年 9 月 12 日）

爲造報本年六月份經常費報銷書表及粘存單據，并聲述各項超支、流用、節餘，呈請鑒准存轉由。謹將屬館本年六月份經常費報銷繕具收支對照表及支出計算書三份，單據粘存簿及附表各一份，理合備文呈請鈞廳鑒核存轉查收。支出計算書內各項支出均稍有超出，總計超支二一二七‧六一元，惟各超支之數概係流用本項以前各月節餘，故于全年度預算總數並不超過。其中第一至第三各項超出甚少，此由逐月支出與預算數微有出入，流至年度最後一月略有多餘，爲酌應事業需要，各流用于本項各節。其第四項超出較多者，因本項第三目第一節「卡片書標」本月份需要大批添製應用，同項第四目第二節「擴充特種借書」須添購，應備

圖書原有預算數均不敷用，故用同項第四目第三節「宣傳考察」及第四節「其他」逐月節餘，以資急需。所有本月份超支流用節餘二二七‧六一元緣由，除計算書內各項備考欄分注外，合併呈明，伏乞鑒准，俾應事業需要，無任感懇。謹呈　江蘇省教育廳廳長周　計呈收支對照表及支出計算書三份，單據粘存簿及附屬表各一份　江蘇省立國學圖書館館長柳詒徵九月十二日

空建設委員會九月十二日

全國航空建設會公函（1936年9月12日）

案准貴館二十五年八月二十九日函，解本年八月份續徵公務員飛機捐款十四元六角九分，造具清冊，祈察收給據等由，准此，當經如數查收填給臨時收據在案，除清冊存案備查外，相應函復附製正式收據，即希查核收存，並將臨時收據擲還註銷爲荷。　此致　江蘇省立國學圖書館　計檢送正式收據一紙　全國航空建設委員會九月十二日

致李照亭先生函（1936年9月15日）

照亭先生大鑒：敬啓者，敝館擬借鈔貴藏《宸翰錄》四卷、《吏部獻納稿》一卷、《密諭錄》七卷、《閣諭錄》四卷、《遼庵集》一卷《續集》一卷，以上各書已在都與貴館長守和先生商洽，面承允許，渠現在滬，即煩轉達，將各書提取雙挂號寄下，如卷冊數多，一次包裹不便，即請先將《吏部獻納稿》《遼庵集》及《續集》二種寄下，約

兩旬即可鈔畢奉還。另致守和館長一函，希轉致爲感。專肅，敬頌公祺　柳詒徵拜啓九月十五日

致袁守和先生函（1936 年 9 月 15 日）

守和館長道鑒：日前都門暢聆教益，至深快慰。借鈔《永樂大典》事，即請由貴館備具借函，一俟函到，當即照辦。茲擬借鈔貴藏《宸翰録》等書，業荷面允，即請轉知照亭先生檢取，挂號付郵，無任感禱。專肅，敬頌旅綏　柳詒徵拜啓九月十五日

呈教育廳文（1936 年 9 月 17 日）

爲造報二十四年度經常費收支對照表及決算報告書連同財產目録，呈請鑒核存轉由。竊查屬館二十四年度各月份經常費報銷，均經逐月呈報在案，謹將年度決算編製收支對照表及決算報告書三份，連同財產目録一份，理合備文呈請釣廳鑒核，分別存轉，實爲公便。謹呈　江蘇省教育廳廳長周　計呈二十四年度決算書三份、財產目録一份　江蘇省立國學圖書館館長柳詒徵九月十七日

呈教育廳文（1936 年 9 月 25 日）

爲繕造二十四年七至十二月及二十五年一至六月專款收支計算書連同單據，并聲明徵地費收據事，呈

請核銷由。　謹將屬館二十四年七至十二月及二十五年一至六月專款報銷繕具收支計算書各一份、單據粘存簿各一册，理合具文呈請鈞廳俯賜核銷。再查七至十二月單據簿第四、五號徵地費二六九八‧四四元，現僅取得南京市政府土地局臨時收據，先照鈔一份粘呈，因該臨時收據須俟徵地事辦竣掉換市庫統一收據，業經備函催換，俟換取後再行補呈，合併聲明。　謹呈　江蘇省教育廳廳長周　計呈收支計算書二份、單據粘存簿二册　江蘇省立國學圖書館館長柳詒徵九月二十五日

呈教育廳文（1936 年 9 月 26 日）

爲遵令撥用屬館積餘購藏繆藝風先生著述版片及《蕙風叢書》版片，繕具收支計算書連同單據簿，呈請鑒准核銷由。　竊查屬館爲購藏繆藝風先生著述版片五種凡六〇六片，連同況周頤《蕙風叢書》版片三七一片，共九七七片，于本年三月二十八日具文呈請在屬館積餘項下撥款支付，經奉四月九日鈞廳第四四七〇號指令核准在案。該項版片價值暨由滬至京運費，共需四百七十元，遵在積餘項下動支，理合繕具收支計算書連同單據粘存簿各一份，備文呈請鈞廳鑒准核銷，實爲公便。　謹呈　江蘇省教育廳廳長周　計呈收支計算書及單據粘存簿各一份　江蘇省立國學圖書館館長柳詒徵九月二十六日

致南京市地政局公函（1936 年 9 月 26 日）

爲徵收龍蟠里魏姓土地一案手續完竣，派員攜同地價拆費臨時收據前來掉換市庫統一收據，函請查照換給由。

案查敝館徵收龍蟠里魏姓土地一案，所有應繳地價拆費洋二六九八‧四四元，早於去年九月將款呈由江蘇省教育廳轉送貴局，并荷掣給暫字第貳零號收據（二十四年九月二十六日）一紙過館，在卷據上載明此項徵收案辦竣後仰攜此原條來局掉換市庫統一收據等語，現此案徵收手續業經完竣，茲特派員攜同原條前來換取市庫統一收據，俾資辦理報銷，至希查照迅賜換給，無任感荷。此致

南京市地政局局長周 江蘇省立國學圖書館館長柳詒徵九月二十六日

致南京市地政局公函（1936 年 9 月 26 日）

爲館址及館前徵收地登記公告期滿，請查照給予土地所有權狀及地圖，以資執守而重公產由。

案查敝館遵照南京市公有土地登記規則，於二十四年六月七日及二十五年六月一日，將館址及館前徵收地先後填具囑託書暨證件等送達貴局，請予登記，業荷分別製給收據，并發給第一七七〇號及第二一三七號公告各懸示在案。茲查館址公告期係至本年九月十七日止，徵收地公告期至本年九月二十二日止，現均滿期，在公告期內並無有他項權利關係人提出異議，所有聲請登記手續業經完竣，用特函請查照給予土地所有權狀及地圖，以資執守而重公產，至祈迅賜辦理爲荷。此致

南京市地政局局長周 江蘇省立國學圖書館館長柳詒

國立中央大學國學圖書館館小史 盋山案牘 合刊

致浙江省立圖書館函（1936 年 9 月 26 日）

徑啓者：浙省文獻展覽會徵集展覽品一節，曾由貴館寄下登記表數張，藉悉種種。兹將敝館所藏字畫、書籍、圖象等件凡與浙江文獻有關者計共檢出二十二種，內分字畫八種、畫籍十二種、圖象二種、製成照片三十三張，分填登記表五張，隨函置郵掛號寄上，即希檢收賜覆爲荷。此致

浙江省立圖書館　江蘇省立國學圖書館九月二十六日

徵九月二十六日

南京市地政局公函（1936 年 9 月 30 日）

案准貴館九月二十六日公函，以徵收龍蟠里魏姓土地一案，檢同前發暫字收據掉換庫據，囑爲換給等由，准此，自應照辦，相應填具換字第五號正式印據一紙，計洋二千六百九十八元四角四分，隨函送請查收報銷爲荷。此致

江蘇省立國學圖書館　附換字第五號印據一紙　南京市地政局局長周湘九月三十日

呈教育廳文（1936 年 10 月 4 日）

爲繕造圖書總目集、子、叢、志、圖五部印費收支計算書連同單據簿，呈請核銷由。竊查屬館圖書總目

編印完竣，計經、史、子、集、叢、志、圖七部，全目凡二十四册，業經陸續呈閱，所有印費概係歷次呈請核發

臨時費以資應用，計二十一年度領到三五〇〇元，印成經、史兩部，支工料銀三三〇五‧三七元，尚餘一九

四‧六三三元，業于二十二年四月呈報經核銷在案；二十二年度續領一〇〇〇元，二十三年度先後續領二五

〇〇元，連前結餘印成集部，支工料銀二四六九‧七二元，尚餘一二二四‧九一元，二十四年度續領一〇

〇元，連前集部結餘計二二三四‧九一元，印成子、叢、志、圖四部，需工料銀三八五‧一五元，兩比尚短少

一六六〇‧二四元，當于本年四月呈請補發，經奉五月十二日第五九三一號指令，核准所短之款應即在

書目售價內開支等因，遵即在專款售書費項下如數動支。現在各種單據，手續均經齊全，理合將集、

子、叢、志、圖五部印費繕具收支計算書三份，連同單據粘存簿備文呈請鈞廳，伏乞俯賜核銷示遵。謹

呈　江蘇省教育廳廳長周　　計呈收支計算書三份、單據粘存簿一册　　江蘇省立國學圖書館館長柳詒徵

十月四日

教育廳指令（1936 年 10 月 6 日）

二十五年九月十七日呈一件：爲造報本年八月份工作報告，呈請鑒核備查由。　呈及報告表均悉，准予

存查。此令。　江蘇省教育廳廳長周佛海十月六日

南京市地政局公函（1936 年 10 月 6 日）

案准貴館九月二十六日函，囑發領登記圖狀等由，查貴館囑託登記兩案，甫經公告期滿，尚待核算稅費，印製圖狀，一俟依序辦結，即當通知繳費，發領圖狀，相應函復，希煩查照。此致　江蘇省立國學圖書館館長柳　南京市地政局局長周湘十月六日

致浙江省立圖書館函（1936 年 10 月 14 日）

逕啓者：貴省文獻展覽會徵集展覽品，敝館前已寄上書籍、字畫照片三十三幀，業荷檢收擲給收據，茲擬再選擇敝藏關于浙省文獻之書籍十種、書影一種、手札三種（另紙開列）借與貴會陳列，惟皆係原書且爲善本，未便郵寄，是否由貴處派員來取，抑由敝處派員送上，即祈裁奪示復爲荷。此致　浙江省立圖書館　江蘇省立國學圖書館十月十四日

呈教育廳文（1936 年 10 月 14 日）

爲遵令補繳購機祝壽捐款百分之十，計法幣一百一十五元四角，祈鑒核彙轉由。案奉鈞廳第三五二號代電，略以購機祝壽捐款更正捐率，本省中等以上學校教職員暨社教機關職員照俸給月額前已繳百分之十者，仍須補繳百分之十等因，遵即查照前案，除館長一職已比照行政機關公務人員呈繳百分之二十外，所有

屬館其他職員均已繳過百分之十呈報在案，茲再補繳百分之十，計共一百二十五元四角，并補具名冊三份，理合備文呈請鑒核彙轉。　謹呈　江蘇省教育廳廳長周　計呈捐款一百二十五元四角、名冊三份　江蘇省立國學圖書館館長柳詒徵十月十四日

致袁守和先生函（1936 年 10 月 18 日）

守和館長道鑒：久違教益，惟履候勝常爲頌。茲有懇者：鎮江金山寺假敝藏《金山集》景印，惟敝藏僅有二卷，尚缺一卷，聞貴館藏有明刊本三卷係全書，擬請將敝藏所缺之卷借付攝影，乞迅函知照亭先生檢出此書，詒約于廿三四日赴滬晤渠，會同鑒攝，至多二日即可竣事，將來出書時仍照前例贈送十分之一，事關流通古籍，至祈惠允，快函示復爲感。　專肅，敬頌公綏　柳詒徵謹啓十月十八日

致鄭權伯先生函（1936 年 10 月 18 日）

權伯處長大鑒：前以水工試驗所轟炸山石，震動敝館書樓及閱覽室，危險堪虞，箋請飭令工頭減輕藥力，業荷惠允，至深感激。惟近數日該工頭等又復施行猛烈之轟炸，附近居民慄慄危懼，十六日一工人被炸石擊碎頭顱而斃，一工人受傷，今日收兵橋一住户屋被炸石洞穿，幾釀慘禍，而敝館書樓及東院雜誌閱覽室屋上連日均有大小石塊紛紛墜落，危險異常，并聞龍蟠里居民僉以連日釀成慘禍及事故，擬向警廳陳請禁止轟

盋山案牘

七五九

炸，似此情形，不能不奉達臺端。再有敝館東院辦事人及閱覽人日夕往來不斷，尤感危險，設有不測及其他損害，一切責任應請貴處負之。心所謂危，不敢不掬誠以告，懇請迅飭工頭慎重將事，禁止猛烈之轟炸，俾免再發生類此之慘禍及事故，維荃察，不一。敬頌公綏　柳詒徵拜啟十月十八日

教育廳指令（1936 年 10 月 19 日）

呈一件：呈報二十四年度四、五月份經常費收支書表暨單據祈鑒核由。呈暨附件均悉。據報二十四年度四、五月份經常費收支書表暨單據各件，業經簽送審計處審核，並將書表各一份函送財政廳備查，應俟函復過廳再行轉令飭遵，仰即知照。附件存轉。此令。　江蘇省教育廳廳長周佛海十月十九日

鄭權伯先生函（1936 年 10 月 19 日）

翼謀先生館長道鑒：頃奉手示，敬悉種切。承示水工試驗所工地因轟炸山石，致有傷斃情事，至抱不安，刻與包工方面切實商洽，減少炸力，並限本月二十三日止，不得再行轟炸，最近數日當設法使轟炸時間改在貴館閉館時間之外，除派劉副工程司迺桐趨前面洽外，知勞錦注，敬以奉覆。藉頌公綏　弟鄭肇經謹啟十月十九日

中國航空建設協會總會公函（1936 年 10 月 19 日）

案准貴館本年九月三十日箋函，解繳九月份飛機捐款十四元六角九分，附清册一份，囑查收掣據等由，准此，上款業如數收訖並填給臨時收據在案，除將清册存查外，相應函復附掣正式收據，即希查收，並將臨時收據寄還註銷爲荷。此致

江蘇省立國學圖書館　附收據一紙　中國航空建設協會總會會長

蔣中正十月十九日

教育廳指令（1936 年 10 月 20 日）

呈一件：呈報二十四年度六月份經常費收支書據及全年度決算書祈鑒核由。呈暨附件均悉。據報二十四年度六月份經常費收支書表暨單據及全年度決算書各件，業經簽送審計處審核，並將書表各一份函送財政廳備查，俟函復過廳再行轉令飭遵，仰即知照。附件存轉。此令。

江蘇省教育廳廳長周佛海十月二十日

致首都警察廳公函（1936 年 10 月 20 日）

敬啓者：竊查全國經濟委員會水利處在龍蟠里建築水工試驗所，轟炸山石，炸力猛烈，致敝館書樓及閱覽室爲之震動，勢甚危險，當於初炸時叠經函請水利處減少炸藥分量，旋得復允照辦。詎至近日又不斷施行

猛烈之轟炸，行人居民莫不惴恐，十六日一工人被炸石擊碎頭顱而斃，一工人受重傷，十八日收兵橋楊姓住屋被炸石洞穿，擊傷一人之臂，幾釀慘禍，而敝館閱覽室連日均有大小石塊紛紛墜落屋上，辦事人及閱覽人日夕慄慄危懼，經函請水利處迅予制止猛炸，并聲明如有不測及其他損害，一切責任應由該處負之。十九日該處派員來說，因趕行奠基禮，須于數日內炸畢，致有此猛烈之轟炸，意似不能減輕炸力，是止計趕工，將置附近居民之危險於不顧，且石質至山根愈堅，炸力必愈猛，難免不再有類此之慘禍及事故發生。事關社教及民眾安全，用特函陳鈞廳，懇請迅予制止猛炸或令用人工開鑿，必不得已，須減少藥量至無危險之程度，以免再有不測，而安人心，無任感荷。謹陳 首都警察廳廳長王 江蘇省立國學圖書館館長柳詒徵

十月二十日

復鄭權伯先生函（1936 年 10 月 20 日）

權伯處長大鑒：頃奉復示，允商包工減少炸力，并限本月二十三日止不得再行轟炸，又派劉副工程師於昨日蒞館洽談，諸承盛誼關注，至深感幸。惟在此轟炸期內是否保無意外事故發生，設有不測，誰爲負責，至設法於閱覽時間之外轟炸，自屬甚善，第敝館職員均住宿館中，緊接閱覽室，倘或房屋遭有損壞，生命危險實不堪設想。再，包工爲趕工計，表面雖允減少炸力，恐陽奉陰違，實際上未必遵行，除已函警廳制止包工猛炸外，仍盼妥籌安全之策，飭令包工減少藥量至無危險之程度，敝館與民眾均利賴之。肅復，維亮察，不一。敬

頌公綏　柳詒徵拜啓十月二十日

教育廳指令（1936 年 10 月 21 日）

案准江蘇省財政廳審字第二一七五號函，送本省二十五年度概算書一百冊，囑予分別轉發各機關查照等由，除分發外，合行檢發概算書一本，仰即遵照爲要。此令。計發二十五年度概算書一本　江蘇省教育廳廳長周佛海十月二十一日

教育廳指令（1936 年 10 月 26 日）

民國二十五年十月十八日呈一件：爲呈送本年九月份工作報告表呈請鑒核備查由。呈表均悉，准予存查。此令。　江蘇省教育廳廳長周佛海十月二十六日

教育廳訓令（1936 年 10 月 30 日）

案准江蘇省審計處會計字第 808 號公函內開「案准貴廳第一四九九號函，送省立國學圖書館二十三年度財産目録一份，准此，除存查外，相應函復即請查照飭知」等由，准此，合行令仰該館即便知照。此令。江蘇省教育廳廳長周佛海十月三十日

中國航空建設協會總會公函（1936 年 11 月 4 日）

案准貴館解繳十月份飛機捐款，共國幣十四元六角九分正，附清冊一份，囑查收掣據等由，准此，上款

業經如數收訖並填給臨時收據在案，除將清冊存查外，相應函復附製正式收據，即希查收，并將臨時收據

寄還註銷爲荷。　此致

江蘇省立國學圖書館　附正式收據一紙　中國航空建設協會總會會長蔣中正十一

月四日

教育廳指令（1936 年 11 月 10 日）

呈一件：呈報二十二年度至二十四年度臨時費收支書暨單據祈鑒核由。呈暨附件均悉。據報二十二

年度至二十四年度臨時費收支書暨單據各件，業經簽送審計處審核，並將計算書一份函送財政廳備查，應

俟函復過廳再行轉令飭遵，仰即知照。附件存轉。此令。　江蘇省教育廳廳長周佛海十一月十日

復潘景鄭先生函（1936 年 11 月 10 日）

景鄭先生惠鑒：頃奉手示，祗悉一是。日前京滬車中暢晤，曷勝快慰。茲承賜明刊《性理大全》殘本二

冊，每頁行數與每行之字數均與敝藏殘不全本同，惟字體較大，框行高出約有半寸，邊口所題書名大小格式

亦不同，殆非同出一源，業經交館編目珍存，謝謝。　敝處金石最爲缺乏，近年始漸搜羅，第局于經濟，不能多

備，尊處石墨豐富，洵爲吾蘇大觀，承慨允得暇檢寄重本，極深欣幸。敝處印行之書尊處如尚有需要者，亦請開單見示，俾便照檢奉，藉資交換，所爲感禱。蕭復，維鑒照，不一。敬頌箸綏　柳詒徵拜啓十一月十日

教育廳指令（1936年11月11日）

呈一件：爲遵令撥用該館積餘購藏繆藝風先生著述版片等件，繕具收支書據祈核由。據呈報遵令撥用該館積餘購藏繆藝風先生著述版片等件，繕具收支書據，業經核竣，准予存查，仰即知照。附件存。此令。

江蘇省教育廳廳長周佛海十一月十一日

教育廳指令（1936年11月11日）

呈一件：呈送二十四年度專款收支計算書據祈核銷由。呈暨附件均悉。據呈送二十四年度專款收支計算書據，業經核竣，准予存查，仰即知照。附件存。此令。

江蘇省教育廳廳長周佛海十一月十一日

復龔光朗先生函（1936年11月12日）

光朗先生惠鑒：奉手翰，祗悉《江蘇教育》特輯《中國先哲精神生活專號》須要墨子、關羽、蘇武、張巡、陸象山、顧炎武諸人遺像，查敝藏圖書除墨子像未見，其餘均有，茲將各像載見某書者另紙開呈，如鎮館有其

書，即請就近查閱摹繪或攝影，如係鎮館所無，即請示知，俾便摹寄。肅此奉復，維亮察，不一。敬頌公綏

柳詒徵拜啟十一月十二日

長周佛海十一月二十七日

教育廳指令（1936 年 11 月 27 日）

二十五年十一月呈一件：呈送十月份工作報告表由。呈表均悉，准予存查。此令。 江蘇省教育廳廳

致南京市地政局公函（1936 年 11 月 30 日）

為函請迅賜處理被徵土地核發地價，并聲明該地須保留水溝一道以護館牆，請轉知水工試驗所由。案查敝館東北邊館牆外有所屬菜地，現被水工試驗所徵用，業于去年五月十四日接准貴局通知，仰收兵橋一帶土地業戶來局聲請徵收登記，以憑核發地價，敝館即于五月十六日備具公函聲請徵收登記，并准貴局科字第二〇〇一〇〇號公函，略以被徵土地屬爭執部分照案保留，俟爭執解決再行核發地價等由各在案。查該地原屬馬公祠之公產，于前清同治十一年由金陵善後工程局向業戶吳桂榮價買，原案存在敝館，并經鈔送貴局查閱，案據確鑿，顛撲不破，本無俟爭辯，現在已經多月，未審曾否處決，殊深懸盼，至祈查案迅賜辦理核發地價，以重公產。再，查該地沿館牆原有護牆水溝一道，以資山水下注，在水工試驗所徵收之始，敝館即函水

利處聲明必須保留此溝，現爲該所將沙石泥土任意堆積，並不讓出水溝，日後館牆必遭山水浸灌，事關損害

敝館之安全，用特正式聲明，函請貴局轉知該所迅予保留原有水溝，以免危害館牆，無任感盼，并希見復爲

荷。 此致 南京市地政局 江蘇省立國學圖書館館長柳詒徵十一月三十日

致周佛海廳長函

佛海廳長勳鑒：敬啓者，竊詒徵服務省館九載，于茲整理群書，印行總目，差有端緒，粗符夙期，惟館屋

窳舊，風火堪虞，自受事迄今，聲述陳請毋慮數十次，僅僅積有建築費一萬餘元，欲造一堅樸宏實之水泥鋼

骨書樓，艺難實現。春間爰有擬請中央補助之意，嗣奉鈞諭，擬在省會先設分館，徐移全部，因之請求補助

之舉亦未進行，荏苒半年，一籌莫展。而入冬以來，時聞火患，內政部圖書館失慎，所藏全國方志悉付劫

灰，最近鈞廳各科復罹走電之災，舊屋之不能保險，紙張之易于引火，足以證明詒徵之非過慮。閱覽人士

恒詢詒徵對于庋藏珍秘書籍有無預防災患方策，詒徵每聞此等詰問，輒覺汗顏無地，雖賴天幸，九載以來

未有意外，然前年鄰屋失慎，亦已飽受虛驚。詒徵及各職員夙夜在公，不遑假寐，職責所在，終未盡心，自

維駑鈍，負疚孔多，仰屋懷慙，國難堪虞，先事不爲預籌，臨時無從措手。茲值歲

事向闌，下年度預算瞬將議定，謹就管見臚陳兩策，敬祈商請主席擇一施行，詒徵但求書籍之安全，初無地

域之成見，千慮之一，敬希垂察。 一、就省會設立分館或遷移全館之計畫。夏間擬購黃山公園設分館，以

便與鎮江中學聯絡，嗣以預算已定，臨時請款購地及建築圍牆等開辦費均無著落，遂未敢瀆請，近又聞省府擬收黃山爲公園，則地址亦未敢預定。姑就黃山原議定之，則購地費需一萬五六千元，建築圍牆需數千元，一切水電、道路、設備費亦需數千元，而黃山原有之房屋尚不適于藏書及閱覽，如爲移存善本書籍計，至小規模亦須三萬元造一水泥鐵筋房屋，各項合計須在二十六年度指撥五萬元，此遷鎮第一步計畫也。

假令全館遷移，則此間普通書籍占屋二十四間，印行書占屋六間，檔案庫及報章庫、書板庫又十餘間，閱覽室共十餘間，職員宿舍及住館讀書者之宿舍尚不在內，約計建築費總須十數萬元，若能于二十六年度定案，每年指撥五萬元，以四年爲期，則全館可以遷鎮，雖不能與北平及中央新建之館比擬，稍可頡頏浙館，此遷鎮第二步計畫也。

圖書館事業與其他場館不同，書籍報紙日增月益，一時可以容納者，異時即患無可存儲，故非大作基礎弘設庫房不可；至于閱覽研究等室，又須預計人口之加增、學者之踵至，不能因陋就簡，專顧目前也。一、暫就原址維持現狀，姑建善本書庫及添一閱覽室之計畫。如在省會添一分館移貯若干書籍，此間房屋自尚敷用，如一時不能建設分館，則此間書庫業經充滿，無可再增，勢非另添房屋不可，不但風火之虞已也，蘇省教費各方發展，保存故藉或多視爲不急之務，詒徵不敢時瀆請者以此。然爲節省公款計，則維持現狀，姑建善本書庫及添一閱覽室，所費尚較遷鎮第一步之計畫爲廉，緣現存建築費已有萬元，能再籌撥兩三萬元，即可著手建築。地址具在，無須購買，一也；其他房屋尚可應用，不必另籌，二也；水電道路稍加補充，非同創辦，三也；至于異時遷往省會，此屋亦可出售，所用公款初不至無著，

四也。此館地既偏僻，目前出售，決不能如南京中學之可得善價，若待之數年，俟虎踞關住宅區繁盛，漢中路及廣州路成爲市廛，此館基地二十餘畝，或亦可得十餘萬，則援南中之例遷往鎮江，省款所費可減少若干萬，此皆就經濟著想者也。以上二策，敬求酌奪賜示，以便遵行。詒徵不憚淹久，以俟府廳指揮，惟慮風火兵燹之不肯待人，籲盼早一日及見保險之庫房，即早一日免受學人之責備，爲書請命，非爲身謀，此等苦衷，諒邀荃察。臨穎無任迫切屏營之至。　敬頌勛綏　柳詒徵謹啓

致吳劍真先生函

劍真先生賜鑒：久未肅箋奉候，曷勝馳慕。囑書之件已書就，即日寄奉。茲有啓者：敝館爲顧慮風火，鑒于最近各方時遭回祿之劫，益感舊屋之不能保險，急需建善本保險書庫並添造閱覽室，以及一部或全部遷省之計，頃已擬具兩項計劃函陳廳座，尚乞鼎力于面謁時善爲説項，俾早獲實現，實深感激。又春間承荷關注于本年度臨時費項下撥給五千元，茲值上半年度瞬將終了，各方臨時費均轉發放，乞便早日通知管理處迅予撥給，俾資存儲，以備建築之需，無任感懇。　專肅，即頌公綏　柳詒徵拜啓

致綏遠省政府傅主席函

敬啓者：敝館同人及工友謹致棉薄，由交通銀行匯上法幣四十一元八角八分，敬祈察收慰勞前方戰士，

以勵勤懇，藉表微忱。謹呈 綏遠省政府主席傅 江蘇省立國學圖書館同人工友謹啟

教育廳訓令（1936 年 12 月 2 日）

案准江蘇省審計處會字第九八二號公函內開「案准貴廳字第 1409、1408 號函，送省立國學圖書館二十四年度十一、十二月份經常費支出計算書類，准此，當經依法審核，除內有應行補送查詢注意等事項，相應繕具審核通知書一件，函請查照轉發飭知為荷」等由，計附審核通知書一件，准此，查此案前據該館呈報到廳，當經簽送審計處審核在案，茲准前由，合行檢發原附件一份，令仰該館即便遵照。此令。附發二十四年度十一、十二月份審核通知書一件 江蘇省教育廳廳長周佛海十二月二日

教育廳訓令（1936 年 12 月 2 日）

案准江蘇省審計處會字第一○一一號公函內開「案准貴廳字第 1671、1664 號函，送省立國學圖書館二十四年度一至三月份經常費支出計算書類，准此，當經依法審核，除內有應行剔除補送查詢等事項，相應繕具審核通知書一件，函請查照轉發飭知為荷」等由，計附審核通知書一件，准此，查此案前據該館呈報到廳，當經簽送審計處審核在案，茲准前由，合行檢發原附件一份，令仰該館即便遵照。此令。附發二十四年度一、二、三月份審核通知書一件 江蘇省教育廳廳長周佛海十二月二日

教育廳訓令（1936 年 12 月 3 日）

案准江蘇省審計處會字第一〇三二號公函內開「案准貴廳字第二〇七四號函，送省立國學圖書館二十四年度四、五月份經常費支出計算書類，准此，當經依法審核，除內有應行查詢注意等事項，相應繕具審核通知書一件，函請查照轉發飭知爲荷」等由，計附審核通知書一件，准此，查此案前據該館呈報到廳，當經簽送審計處審核在案，茲准前由，合行檢發原附件一份，令仰該館即便遵照。此令。附發二十四年度四、五月份審核通知書一件

江蘇省教育廳廳長周佛海十二月三日

教育廳訓令（1936 年 12 月 3 日）

案准江蘇省審計處會字第九七三號公函內開「案准貴廳字第二〇七九號函，送省立國學圖書館二十四年度六月份經常費支出計算書類，准此，除全年度決算書另案辦理外，其六月份支出計算書當經依法審核，除內有應行剔除查詢等事項，相應繕具審核通知書一件，函請查照轉發飭知爲荷」等由，計附審核通知書一件，准此，查此案前據該館呈報到廳，當經簽送審計處審核在案，茲准前由，合行檢發原附件一份，令仰該館即便遵照。此令。附發二十四年度六月份審核通知書一件

江蘇省教育廳廳長周佛海十二月三日

盋山案牘

七一

国立中央大学国学图书馆小史 蠹山案牍 合刊

案准贵馆十一月三十日公函，嘱为迅予处理被征土地核发地价，并声明保留水沟一道，以护馆墙等由，准此，除被征土地争执部分已饬科迅予审核解决，及保留水沟以护馆墙一节已另函中央水工试验所酌核办理外，相应复请查照为荷。此致

江苏省立国学图书馆　南京市地政局局长周湘十二月四日

南京市地政局公函（1936 年 12 月 4 日）

為呈請將二十四年度六月份節餘三元八角一分轉賬歸入二十五年度，藉清界限，祈鑒核示遵由。竊查屬館二十四年度六月份經常費支出計算書，業經呈報鈞廳核轉江蘇省審計處審核並發給通知書在案，茲查六月份為年度終了之期，所有節餘之款計三元八角一分，擬遵照鈞廳第二一六號訓令，將該款轉賬歸入二十五年度，藉清界限。理合備文呈請鑒核，伏候指令祇遵。謹呈

江蘇省教育廳廳長周　江蘇省國學圖書館

館長柳詒徵十二月四日

呈教育廳文（1936 年 12 月 4 日）

逕復者：接奉大函并經、臨、雜各費報銷調查一覽表等，均悉一是，茲將敝館各種報銷查出已報而未奉指令者遵示填入表內，即祈察收為荷。此致

江蘇省教育廳第四科　計填表一紙　江蘇省立國學圖書館

復教育廳第四科函（1936 年 12 月 5 日）

七七二

十二月五日

中國航空建設協會總會公函（1936 年 12 月 7 日）

案准貴館解繳十一月份飛機捐款，共國幣一十四元六角九分，附清册一份，囑查收掣據等由，准此，上款業經如數收訖，除將清册存查外，相應函復掣正式收據，即希查收爲荷。此致　江蘇省立國學圖書館

附正式收據一紙　中國航空建設協會總會會長蔣中正十二月七日

致參謀本部公函（1936 年 12 月 12 日）

徑啓者：近年國人爲求民族復興之道，多從事于本國史地之研究，各界人士蒞館參考是項圖書者紛紛踵至，惟敝藏本國輿圖尚多缺乏，而關於邊疆方面之圖尤屬寥寥，殊無以應學者之需求。查中央大學史地學系曾請得大部測量圖全份，兹擬援例，備具公函，懇請大部將最近出版各項地圖凡可以公開而不礙國防者，至祈惠賜全份，俾資庋藏，以供學人研覽，無任感盼。此呈　參謀本部　江蘇省立國學圖書館館長柳詒徵十二月十二日

教育廳指令（1936 年 12 月 12 日）

二十五年十二月四日呈一件：爲呈請將二十四年度六月份節餘三元八角一分轉賬歸入二十五年度，

藉清界限，祈示遵由。呈悉。該館二十四年度六月份節餘三元八角一分，准予撥入公積金項下存儲，仰即知照。此令。

江蘇省教育廳廳長周佛海十二月十二日

八日

致江蘇省審計處公函（1936 年 12 月 18 日）

為申復二十三年七、八月份及二十四年一月份經常費報銷剔除事項，祈鑒諒核銷由。敬啟者：案查敝館二十三年七、八月份及二十四年一月份經費報銷，業經呈由江蘇省教育廳簽送貴處審核并荷發給審核通知書在案，其中剔除事項有業經一再申復而未蒙核銷者，謹再另紙切實申復，懇祈查照，賜予鑒諒核銷，俾得早資結束，無任感盼。此致

審計部江蘇省審計處   附申復一件   江蘇省立國學圖書館館長柳詒徵十二月十日

呈教育廳文（1936 年 12 月 19 日）

案奉鈞廳第二九三四、二九四二、二九五一、二九五二號訓令，轉發江蘇省審計處審核屬館二十四年度十一月至六月份經費報銷通知書四件飭遵照等因，奉此，謹查各通知書內開列各項，除應行注意事項嗣後遵照辦理外，所有剔除、查詢、補送等事項當另紙逐一聲復，理合備文呈請鈞廳鑒核，轉送江蘇省審計處，伏候示遵。謹呈

江蘇省教育廳廳長周   附呈聲復一件   江蘇省立國學圖書館館長柳詒徵十二月十九日

復江蘇省審計處公函（1936 年 12 月 24 日）

為准函查照會計制度財物管理綱要，製成說明及表格等，復請查照由。案准貴處通字第五一三號公函，略以檢送會計制度財物管理調查綱要一份，請查照辦理由，茲遵照綱要列舉各項，製說明及各種應用表格等計四十紙，另包郵寄，相應復請查照為荷。 此致

審計部江蘇省審計處 計說明表格等四十紙 江蘇省立國學圖書館館長柳詒徵十二月二十四日

教育廳指令（1936 年 12 月 28 日）

二十五年十二月十九日呈一件：為呈報本年十一月份工作報告表祈鑒核由。呈表均悉，准予存查。

此令。

江蘇省教育廳廳長周佛海十二月二十八日

致故宮博物院南京分院函（1937 年 1 月 3 日）

敬啓者：茲悉貴院新建儲藏庫落成，輪奐莊嚴，規制弘偉，足資模範，敝館適值新年假日，擬派館員十餘人於五日上午前來參觀，藉以瞻仰貴庫建築式樣及內部設備，至祈惠予允准，勿吝指導，無任感幸。此致

故宮博物院南京分院　江蘇省立國學圖書館二十六年一月三日

中國航空建設協會總會公函（1937 年 1 月 7 日）

案准貴館解繳十二月份飛機捐款，共國幣二十四元六角九分，附清冊一份，囑查收掣據等由，准此，上款業經如數收訖並填給臨時收據在案，除將清冊存查外，相應函復附掣正式收據即希查收，並將臨時收據寄還註銷爲荷。　此致

　江蘇省立國學圖書館　附正式收據一紙　中國航空建設協會總會會長蔣中正二十六年一月七日

呈教育廳文（1937 年 1 月 16 日）

爲遵令補送二十五年度七月份經常費支出計算書三份、清單一份、財產增加表二份呈請鑒核分別存轉由。案奉二十五年十二月三十一日鈞廳第三一七二號訓令，頒發江蘇省教育機關存廳待辦各項報銷被燬後補救辦法暨應行補報各件清單各一份，仰遵照依限報核等因，奉此，遵即查照辦法補具屬館二十五年度七月份經常費支出計算書三份、清單一份、財產增加表二份，理合具文呈請鈞廳鑒核，分別存轉。謹呈　江蘇省教育廳廳長周　計呈二十五年度七月份經常費支出計算書三份、清單一份、財產增加表二份　江蘇省立國學圖書館館長柳詒徵一月十六日

教育廳第四科函（1937 年 1 月 16 日）

徑啟者：准貴館函送二十六年度概算書草案，業已詳爲審查，尚無不合，請即照繕四份呈廳核轉可也。

此致

國學圖書館　　江蘇省教育廳第四科啟　一月十六日

呈教育廳文（1937 年 1 月 20 日）

呈送二十五年十二月份工作報告表祈鑒核由。謹將屬館二十五年十二月份經過工作情形編制工作報告表，繕印二份，理合具文呈請鈞廳鑒核備查。謹呈

江蘇省教育廳廳長周　計呈工作報告表二份　江蘇省立國學圖書館館長柳詒徵　一月二十日

呈教育廳文（1937 年 1 月 22 日）

爲遵限繕具二十六年概算書連同提要四份呈請核轉由。案奉一月十六日鈞廳第八五號訓令，催各教育機關編送二十六年度概算書，統限一月底前辦理完竣等因，奉此，謹查屬館業經遵照規定先行編造概算草案，呈送鈞廳第四科審核修正發還在案，茲遵令繕具二十六年度概算書連同提要四份，理合具文呈請鑒核彙轉。謹呈

江蘇省教育廳廳長周　計概算書連同提要四份　江蘇省立國學圖書館館長柳詒徵　一月二十二日

七七七

崑山案牘

致交通部公函（1937 年 1 月 23 日）

敬啓者：敝館搜集圖書供衆閱覽，多蒙各機關及各界熱心贊助，錫以出版刊物，得以日增月益，應都人士求知之需要。惟圖類刊物尚感不足，夙諗大部印有全國航政圖，南京民衆教育館前曾向大部請得一份，茲擬援例，備具公函，敬求賜給一份，嘉惠學人，俾資陳列，以供閱覽參考，無任感懇。此致 國民政府交通部

江蘇省立國學圖書館 一月二十三日

教育廳指令（1937 年 1 月 23 日）

呈一件：呈爲補報二十五年度七、八月份經常費收支書表暨清冊祈鑒核由。呈曁附件均悉。據補報二十五年度七、八月份經常費收支書表暨清冊各件，業經簽送審計處審核，並將書表各一份函送財政廳備查，應俟函復過廳再行轉令飭遵，仰即知照。附件存轉。此令。 江蘇省教育廳廳長周佛海 一月二十三日

教育廳指令（1937 年 1 月 23 日）

呈一件：呈爲補報二十五年度九月份經常費收支書表、清冊，祈鑒核由。呈曁附件均悉。據補報二十五年度九月份經常費收支書表暨清冊各件，業經簽送審計處審核，並將書表各一份函送財政廳備查，應俟函復過廳再行轉令飭遵，仰即知照。附件存轉。此令。 江蘇省教育廳廳長周佛海 一月二十三日

呈教育廳文

為遵諭計畫建築善本書庫，呈請迅賜函請教費管理處，將蒙准在二十五年度臨時費內支撥之五千元先行撥付，俾資需用，伏候指令祇遵由。 竊查屬館珍秘書籍，夙為中外人士所重視，而原有書樓房屋陳舊，不能保險，風火兵燹，時時堪虞，急需建築一水泥鋼筋善本書庫，以期庋藏穩固，業于二十二年二月繪具書庫圖樣連同說明呈奉鈞廳核准在臨時費項下逐年撥款存儲，以資興建在案，計自二十一年度以來先後僅領到九千元，距規定額數相差懸遠，訖難實現。 去年春間，適省廳有擬將屬館遷至省會之議，因之原來建築計畫遂亦停頓，第無論在都遷省，為預防災患計，善本書庫之必需建築實已急不容緩。 妥于上年十二月臚陳管見，稟請裁奪，旋奉鈞諭，以「遷鎮及設立分館，需費均非年來教費狀況所能擔負，似不如暫在原址添建善本書庫及閱覽室，為最經濟之計劃，以二萬元為度，除館內積存一萬餘元及二十五年度臨時費內可支撥五千元外，不敷之數，于二十六年度臨時費內再行酌撥」等因，仰見鈞座管護文化，軫念書林之至意。 詒徵體念省庫艱絀，謹遵辦理，刻已延請建築師察勘地勢，設計繪圖，一俟圖樣繪就，即具文呈請核定，並擬在上半年積極進行興工建築，所有蒙准在二十五年度臨時費內支撥之五千元，敬祈迅賜函請教費管理處先行撥付，俾資需用，無任感盼，伏候指令祇遵。 謹呈

　江蘇省教育廳廳長周

　　江蘇省立國學圖書館館長柳詒徵

致故宮博物院南京分院函

敬啓者：前于本月五日派員赴貴院參觀新建保存庫，一切承蒙招待，極深感幸。茲以敝館現亦籌建保險書庫，延請中央大學建築工程系主任虞炳烈君設計繪圖，因貴庫體制式樣足資模範，擬于星期四（本月二十八日）派總務主任張祖言、館員王煥鑣偕同虞君前來參觀，藉資借鏡，仍懇惠允，賜予指導，無任感禱，并盼示復爲荷。此致

國立北平故宮博物院南京分院　江蘇省立國學圖書館

呈教育廳文（1937 年 1 月 25 日）

爲計畫建築善本書庫，擬依照現行土地法備價徵收館址西北隅李姓等山地約二畝餘，繪具草圖連同計劃書鈔件，呈請核示祗遵由。竊以館藏善本書籍夙爲國內外人士所重視，爲預防災患計，急需建築保險書庫，妥愼庋藏，以期保存久遠，叠經呈請撥款興建，業蒙核准在案。茲查館址西北隅檔案庫後有李姓等山地約二畝餘，地勢爽塏，經建築師察勘，建設書庫極爲合宜，其地北界中央水工試驗所，西界李姓故塋，在上年一月，全國經濟委員會水利處原定徵收該地建築水工試驗所，嗣以須徵用館有東邊菜田之地，願讓出該山地，歸館徵收，爲將來擴充之用，經雙方洽商同意，當由水利處函達南京市土地局，於測量繪圖時讓出該地，并經屬館函請土地局查照保留阻止其他機關徵用各在案，刻以須用該地，兼有上年與水利處洽商互換徵收情由，擬即依照現行土地法備價徵收該地，以資建築。是否有當，理合具文連同該地草圖并計畫書抄件呈請鑒核賜准，

轉呈江蘇省政府呈請國民政府行政院核准公告，俾便備價徵用，以符法定手續，伏候裁示祗遵。謹呈　江蘇

省教育廳廳長周　計呈繪圖一紙、計劃書一紙、鈔案三件　江蘇省立國學圖書館館長柳詒徵　一月二十五日

致王藝圃先生函（1937年1月27日）

藝圃老同志閣下：前日罄談至快，比維公私順適，諸符臆祝。茲有懇者：敝館門首并無地溝，雨潦之時恒

有水患，近見水工試驗所前面已設地溝，該所與敝館咫尺，擬請執事推屋烏之愛，屬工務局將該溝推廣敷至

敝館門首（能推廣至龍蟠里口更好），則來館閱書之學者及敝館職員，附近居民均感受無涯之賜。計所費亦

甚有限，趁此興工之時略展數丈，絕不過費，洵為一舉而數益，用敢冒昧奉求，務祈俯念敝館亦屬公共機關，

宜泄水潦，事關公益，特予援助，無任感禱之至。即頌公綏　柳詒徵拜啟　一月二十七日

致南京市工務局公函（1937年1月28日）

敬啟者：龍蟠里道路向無地溝，每遇陰雨，地面渟蓄之水無處宣洩，行旅感濘泥之害，居民受水潦之害，

尤以春夏二季雨水較多，兼有山水下注，為患益甚，往往水深沒踝，漫階入戶，水退之後繼以日晒，濁氣蒸騰，

於公眾衛生亦極有妨礙。現在龍蟠里文化教育機關有敝館與三民中學，各界人士朝夕往來不絕，軍政機關

有陸軍醫藥倉庫，亦係儲藏重地，皆感水潦之患所蒙影響較居民為大，就事實與公益、交通、衛生各方面觀

察，龍蟠里之需要地溝，異口同聲，僉謂急不容緩。茲悉貴局刻正爲中央水工試驗所沿路敷設溝管，該所半

在龍蟠里界内，自此至龍蟠里口，長度不過二十餘丈，需管無多，所費有限，懇請趁興工之便推廣敷至里口，

則往來閱書求學之人與里中住户均受惠無涯，非第敝館感賜已也。事屬公益與京市路政，用特備函，請求敷

設地溝，洩水除患，以利市民，無任盼禱。此致　南京市工務局　江蘇省立國學圖書館館長柳詒徵　一月二十

八日

致中央水工試驗所函（1937年1月30日）

經啓者：查敝館東北邊菜田之地業經貴所徵用，惟該地沿館牆原有護牆水溝一道，自山脚以達官路，用

資山水下注，在上年一月水利處徵收該地之始，敝館即函請保留，旋得復函云「如防山水下瀉，當在試驗所内

挑設陰溝，俾資宣洩」嗣以貴所興工建築，工人將沙石泥土任意堆積該地，阻遏山水宣洩之路，深虞牆基遭

水浸灌，發生危害，當于上年十一月致函南京市地政局聲明緣由，并請轉達貴所須將水溝保存在案。茲見貴

所現正沿路敷設地溝，轉瞬春至，雨季將臨，請趁便將沿牆溝道同時敷設整理，毋任沙石堆積，俾山水有宣

洩，事關敝館典藏之安全，彼此同屬文化機關，至祈察酌辦理，并盼示復爲荷。此致　中央水工試驗所　江

蘇省立國學圖書館　一月三十日

教育廳指令（1937 年 1 月 30 日）

二十六年一月二十二日呈一件：呈送二十六年度概算書祈鑒核由。呈暨附件均悉。查概算書各項支配大致尚無不合，應准分別存查彙轉，仰即知照。此令。　江蘇省教育廳廳長周佛海　一月三十日

教育廳指令（1937 年 2 月 1 日）

二十六年一月二十四日呈一件：遵諭計畫建築善本書庫，請迅賜函請教費管理處，將本年度蒙准支撥之五千元先行撥付，俾資需用由。呈悉。查該館添建善本書庫及閱覽室，准仍在原址建築，經費以二萬元為度，除准動用館內積存臨時費一萬餘元，並准在二十五年度臨時費項下撥給五千元外，不敷之數，於下年度再行酌撥。本年度准撥之款，並准轉函教育經費管理處即予簽發，仰即擬具計畫預算連同建築圖樣及施工細則，呈候核奪辦理。此令。　江蘇省教育廳廳長周佛海　二月一日

教育廳指令（1937 年 2 月 6 日）

二十六年一月二十五日呈一件：為擬徵收李姓山地計劃建築善本書庫，遵照土地法之規定擬具計畫，繪同草圖，呈請核示由。呈及附件均悉。查所送計畫書核與現行土地法第五篇第二章第三百五十七條之規定不合，應仰遵章重行詳細開具二份，並補送圖說一紙、抄案一份，以憑察核存轉，切切。此令。　計畫書

國立中央大學國學圖書館館小史 盋山案牘 合刊

發還，餘件暫存 計發還計畫書一份 江蘇省教育廳廳長周佛海二月六日

致龔霽先生函（1937年2月3日）

霽先生箸席：茲有懇者，敝館圖書總目補編刻已竣發行，特價呈上啓事二紙，敬祈登入江蘇教育廣告欄，藉資宣傳，無任感禱。專肅，順頌公綏 柳詒徵拜啓二月三日

中國航空建設協會總會公函（1937年2月10日）

案准貴館解繳本年一月份飛機捐款十四元八角九分，連同清冊並退還臨時收據一紙，囑查收給據等由，准此，上款經如數收訖並填給臨時收據在案，惟退還收據係正式收據，應由交款人存查，相應一併檢還，即希查收，並將兩次臨時收據寄還註銷爲荷。此致

江蘇省立國學圖書館 附收據兩紙 中國航空建設協會總會會長蔣中正二月十日

呈教育廳文（1937年2月10日）

爲遵令查照現行土地法重開計劃書二份，圖說及鈔案各一份，呈請鑒核存轉由。竊查屬館擬徵收毗連館址之李姓山地建築善本書庫，業經呈請核奪在案，茲奉鈞廳第二一五一號指令，略以「所送計劃書核與現

行土地法第五篇第二章第三百五十七條之規定不合，應仰遵章重行詳細開具二份，並補送圖説一紙、鈔案一份，以憑核轉」等因，奉此，遵即查照土地法重開計劃書二份，圖説及鈔案各一份，理合具文呈請鑒核，俯賜存轉。謹呈

江蘇省教育廳廳長周　　計呈計劃書二份、圖説一份、鈔案一份　　江蘇省立國學圖書館館長柳詒徵二月十日

呈教育廳文（1937年2月11日）

爲編造二十五年七至十二月專款報銷，繕具收支計算書連同單據粘存簿，呈請核銷由。謹將屬館二十五年七至十二月專款報銷繕具收支計算書一份連同單據粘存簿一册，理合具文呈請鈞廳，伏祈俯賜核銷。謹呈

江蘇省教育廳廳長周　　計呈收支計算書一份、單據粘存簿一册　　江蘇省立國學圖書館館長柳詒徵二月十一日

致蘇州圖書館函（1937年2月16日）

逕啓者：貴館吳中文獻展覽會徵集各方出品，敝館前已奉到大函，兹將應徵品四種先行填寫登記表四紙寄奉，并特派員前來參觀，屆時攜帶應徵品送交貴會陳列。惟開幕日期是否確定二月二十日，尚祈迅賜示知爲禱。此致

江蘇省立蘇州圖書館　　江蘇省立國學圖書館二月十六日

江蘇省政府指令（1937 年 2 月 22 日）

教育廳案呈據該館二十六年二月十日呈一件：為遵令查照現行土地法重擬計劃書二份，並補送圖說、抄案等件，呈請鑒核存轉由。呈件均悉。候據情檢件轉呈行政院核示飭遵，仰即知照。件存轉。此令。

江蘇省政府主席陳果夫，江蘇省教育廳廳長周佛海二月二十二日

教育廳指令（1937 年 2 月 23 日）

呈一件：呈報二十五年七至十二月專款收支計算書據，業經核竣，准予存查，仰即知照。附件存。此令。

二月二十三日

教育廳指令（1937 年 2 月 23 日）

至十二月專款收支計算書據，業經核竣，准予存查，仰即知照。附件存。此令。呈暨附件均悉。據呈報二十五年七至十二月專款收支計算書據祈核銷由。呈暨附件均悉。據報二十五年度十、十一月份經常費收支書表暨單據祈鑒核由。呈暨附件均悉。據報二十五年度十、十一月份經常費收支書表暨單據各件，業經簽送審計處審核，並將書表各一份送財政廳備查在案，應俟函復過廳再行轉令飭遵，仰即知照。附件存轉。此令。

江蘇省教育廳廳長周佛海

教育廳指令（1937 年 2 月 24 日）

呈一件：呈報二十五年度十、十一月份經常費收支書表暨單據各件，業經簽送審計處審核，並將書表各一份送財政廳備查在案，應俟函復過廳再行轉令飭遵，仰即知照。附件存轉。此令。

江蘇省教育廳廳長周佛海二月二十四日

教育廳訓令（1937 年 3 月 1 日）

案准江蘇省審計處會字第一八九八號公函內開「案准貴廳字第二二四九號函，送省立國學圖書館二十二年度至二十四年度印刷圖書總目臨時費支出計算書書類，准此，當經依法審核，除內有應行查詢等事項，相應繕具審核通知書一件，函請查照轉發飭知爲荷」等由，計附審核通知書一件，准此，查此案前據該館呈報到廳，當經簽送審計處審核在案，茲准前由，合行檢發原附件一份，令仰該館即便遵照。此令。附發審核通知書一件　江蘇省教育廳廳長周佛海三月一日

致中央圖書館函（1937 年 3 月 3 日）

徑復者：接奉大函，承索敝館最近出版圖書總目補編，祗悉一是，茲送上一部計六冊，即祈察存。再附上續編啓事數紙，祈乞登載貴刊《學觚》出版消息欄及《中央時事周報》貴館中外新書簡訊欄內，藉資宣傳，無任感禱。此致

國立中央圖書館　附書目補編一部　江蘇省立國學圖書館三月三日

教育廳指令（1937 年 3 月 4 日）

呈一件：爲呈送本年一月份工作報告表由。呈表均悉，准予存查。此令。　江蘇省教育廳廳長周佛海三月四日

呈教育廳文（1937 年 3 月 5 日）

為奉令編製屬館建築照片及史略二份，呈請鑒核存轉由。案奉鈞廳第一八八號訓令，飭編製學校、圖書館等建設圖畫照片及史略，以憑存轉等因，奉此，遵即查照訓令（一）（二）兩項指飭各點，攝製屬館建築三種，連同史略各二份，理合備文呈請鑒核，分別存轉。謹呈　江蘇省教育廳廳長周　計呈建築照片三種二份、史略二份　江蘇省立國學圖書館館長柳詒徵三月五日

六日

中國航空建設協會總會公函（1937 年 3 月 6 日）

案准貴館解繳本年二月份飛機捐款，共國幣十四元八角九分，附清冊一份，囑查收掣據等由，准此，上款業經如數收訖並填給臨時收據在案，除將清冊存查外，相應函復附掣正式收據，即希查收并將臨時收據寄還註銷為荷。　此致　江蘇省立國學圖書館　附正式收據一紙　中國航空建設協會總會會長蔣中正三月

呈教育廳文（1937 年 3 月 7 日）

查館藏《來仙蜨堂詩畫冊》為清季元和江建霞太史居詞館時與友朋燕集之手蹟，歿後其夫人寄贈已故國民政
為擬影印江蘇名賢江建霞先生《來仙蜨堂詩畫冊》，需用印費請在結餘項下動支，呈請核奪示遵由。竊

府主席茶陵譚公，後輾轉歸于湖南明德中學校長胡子靖先生，胡先生以太史係江蘇名賢，因商之譚公令弟及太史哲嗣捐贈屬館庋藏，并請影印行世。靈鶼遺墨，海內寥寥，如此冊之精美尤爲稀有，茲擬用珂羅版影印流布，藉以表彰鄉邦文獻，計需印費約四百七十餘元，擬在屬館結餘項下動支。所請是否有當，理合具文連同印費估單一份呈請核奪示遵。謹呈

江蘇省教育廳廳長周　計呈印費估單一份　江蘇省立國學圖書館

館長柳詒徵三月七日

教育廳指令（1937 年 3 月 8 日）

呈一件：呈報二十五年度十二月份經常費收支書表暨單據，祈鑒核由。呈暨附件均悉。據報二十五年度十二月經常費收支書表暨表據各件，業經簽送審計處審核，並將書表各一份函送財政廳備查在案，應俟函復過廳再行轉令飭遵，仰即知照。附件存轉。此令。　江蘇省教育廳廳長周佛海三月八日

呈教育廳文（1937 年 3 月 11 日）

爲聲復江蘇審計處審核屬館二十二年度至二十四年度印刷圖書總目臨時費支出計算書類應行查詢及補送等事項，仰祈核轉由。案奉三月一日鈞廳第三九八號訓令，轉發江蘇審計處審核屬館二十二年至二十四年度印刷圖書總目臨時費支出計算書類通知書一件，仰遵照等因，奉此，謹查，通知書內有查詢及補送等事

項，茲另紙逐一聲復，理合具文呈請核轉江蘇審計處爲懇。謹呈　江蘇省教育廳廳長周　計呈聲復一件、售書目收入賬單一紙、圖書總目樣本一部計二十四册　江蘇省立國學圖書館館長柳詒徵三月十一日

育廳廳長周佛海三月十一日

教育廳指令（1937 年 3 月 11 日）

二十六年二月二十七日呈一件：爲擬支其他活動事業費或節餘，充省立教育機關建築會所經費，祈核示由。呈及附件均悉。各省立社教機關分擬建築會所，經費應准一律在各該機關經常費內其他活動事業費項下支撥，倘有動用節餘之必要時，應由各該機關專案呈候核飭，仰即知照。此令。件存。　江蘇省教

教育廳指令（1937 年 3 月 17 日）

二十六年三月七日呈一件：爲擬動用節餘影印《來仙蜨堂詩畫册》祈核示由。呈暨附件均悉。該館所藏《來仙蜨堂詩畫册》准予影印流布，惟所需經費究擬在何年度節餘項下動支，應仰申叙明白，並取具兩家以上估單各一份暨總賬單十一份隨文呈送，以憑轉送審定，仰即遵照爲要。此令。樣張存，餘件發還　計發還估單一紙、清單一紙　江蘇省教育廳廳長周佛海三月十七日

七九〇

教育部第二次全國美術展覽會籌備委員會函（1937 年 3 月 17 日）

徑啓者：素仰貴館庋藏古版圖書甚爲豐富，擬請檢送宋、元、明、清、金各代刻本各書送會參加展覽，俾

全場爲之生色，不勝企盼。　此致　南京國學圖書館　教育部第二次全國美術展覽會籌備委員會啓三月十

七日

復第二屆全國美術展覽會籌備委員會函（1937 年 3 月 18 日）

徑復者：接准大函，擬請敝館檢送宋、元、明、清各刊本書參加展覽等由，祗悉一是。兹檢送館藏宋刊

本二種（《醫說》第二冊、《頤堂集》第一冊），元刊本一種（《戰國策校注》第二冊），明刊本五種（《晏子春秋》第

二册、《南雍志》第二冊、《正氣堂集》第二冊、《江峰漫稿》第一冊、《元明雜劇》第一冊），明人稿本一種（《玉琴

齋詞》第一冊），寫本一種（《東萊書說》第一冊），共計十種十册，連同說明表一紙，即祈檢收，藉備陳列，并希

掣給收據爲荷。　此致　全國美術展覽會籌備委員會　計書十種十册，附說明表一紙　江蘇省立國學圖書館

三月十八日

教育廳指令（1937 年 3 月 20 日）

呈一件：爲呈送本年度上學期工作報告表由。　呈表均悉，准予存查。此令。　江蘇省教育廳廳長周佛

致王藝圃先生函（1937 年 3 月 20 日）

藝圃老同志勛鑒：敬啓者，敝館因建築保險書庫，需徵收敝館後山地約二畝一案，業經依法呈請官廳由行政院交內政部審查，并由部函請貴市府簽註矣。該地西南兩面毗連館屋，最適于敝館建書庫之用，前年冬全國經委會水利處籌建水工試驗所徵收山地若干畝，此地亦在該所徵收範圍內，經詢與水利處洽讓出此兩畝餘地，留爲敝館發展，鄭君允之，并經函達貴土地局請予查照保留，故此地遂在該所界石之外。自該所營建新屋，沿馬路俱爲所有，此地別無出路，惟敝館徵用則不需出路，其他公私方面絕不利此無出路之地。至其地勢，與水工試驗所處于同樣地位，于要塞方面俱無妨礙。故將詳情奉聞，至祈察核，如無甚問題，即請簽註函復內部，俾早獲徵用，以便興工，無任感禱。諸希惠照，不一。 敬頌公綏 柳詒徵拜啓三月二十日

海三月二十日

致首都警察第五局公函（1937 年 3 月 20 日）

爲函請查照前案嚴誡陳振漢嗣後不准來館滋擾，以維公衆秩序由。 敬啓者：查本月十九日下午，敝館普通閱覽室有閱覽人陳振漢，不遵閱覽規則，不服勸導，動身毆傷敝館職員陶基承面部，當經報告龍蟠里派出所派警將其帶出館外，并經貴局依法辦理在案。 乃該陳振漢今日下午又來敝館滋擾，強欲閱書，敝館以其舉

動顯係有神經病，照章不能任其來館，以免妨礙他人，用特函請貴局查照前案，嚴行告誡該陳振漢嗣後不准再來滋擾，以維公衆秩序爲荷。　此致

　　首都警察第五局　　江蘇省立國學圖書館館長柳詒徵三月二十日

致首都警察廳公函（1937年3月22日）

爲備具公函，懇祈查照前案飭局派警駐館，倘不敷分配，即請將收兵橋崗位移至敝館門首，俾資維護公共秩序，以利社教由。　敬啓者：敝館爲圖書典藏重地，供給社會人士讀書之所，首重公共秩序，第來者衆多，難免良莠不齊，間有不守規則，不服勸導，有意擾亂秩序者，則他人閱覽咸受妨礙，尤其有精神病者，初與常人無異，一旦猝發則不可理喻，禁阻無效，越乎館章以外即無力制裁。　最近本月十九日下午，有閱覽人陳振漢精神病發，毆傷敝館職員，雖經報告附近警所派警士將其帶出館外，移送第五局依法處理，而翌日復來館滋擾，不得已再鳴警帶出，似此情形，不獨破壞公共秩序，妨礙他人閱覽，而時刻報警協助亦屬不勝其繁，必須有警士常川駐館，以防發生事故，藉資維護。　案查從前第五局本派有駐館警士徐鵬飛一名，二十一年四月該警退伍後，迄未續派，曾由江蘇省教育廳函請鈞廳飭局續派，敝館亦叠次函懇，以警士不敷分配，即懇飭局設在首都，夙隸帡幪，用特具函敬懇查照前案飭局派警士一名駐館，俾維社教，倘或警士不敷分配，即懇飭局第五局飭附近警所常派警來敝館門前梭巡；第僅能阻止外面閑雜人之滋擾，不能維護館內公共秩序。敝館將收兵橋崗位移至敝館門首，藉資彈壓維護，無任感盼。　此致

　　首都警察廳廳長王　　江蘇省立國學圖書館

國立中央大學國學圖書館館小史　盋山案牘　合刊

館長柳詒徵三月二十二日

首都警察廳第五警察局函（1937 年 3 月 22 日）

案准貴館公函內開「查本月十九日下午，敝館普通閱覽室有閱覽人陳振漢，不遵閱覽規則，不服勸導，

動手毆傷敝館職員陶基承面部，當經報告龍蟠里派出所派警將其帶出館外，并經貴局依法辦理在案。詎

該陳振漢今日下午又來滋擾，強欲閱書，敝館以其舉動顯係有神經病，照章不能任其來閱，以免妨礙他人，

用特函請貴局查照前案，嚴行告誡該陳振漢嗣後不准再行來館滋擾，以維公眾秩序」等由，准此，查陳振漢

於本月十九日毆打貴館職員陶基承一案，業經判處拘留一日，期滿開釋在案，該陳振漢不知悛改，殊屬不

法，當經派警傳局面訊，據陳振漢供稱「昨日去看書，圖書館不給我書看，我向他們要求有之，實無滋擾情

事。伊既不許我再去閱書，我情願不再去了，我實無神經病」等語，據此，查該陳振漢既已情願不再去閱書

滋擾，除經嚴予訓誡具結開釋外，相應函復，即希查照為荷。　此致

　　　　江蘇省立國學圖書館　首都警察廳第

五警察局啓三月二十二日

呈教育廳文

為遵令申叙影印《來仙蜨堂詩畫册》擬在本年度經常等節餘項下動支，并附具兩家印社估單暨總賬單，

七九四

呈請核奪轉送審定示遵由。竊查屬館擬動用節餘影印《來仙蜨堂詩畫冊》，業經呈奉鈞廳三月十七日第四五

○八號指令，准予影印流布，飭將所需經費究擬在何年度結餘項下動支，應申敘明白，並取具兩家以上估單

各一份暨總賬單十一份隨文呈送，以憑轉送審定等因。奉此，查屬館本年度經常費奉令增加一千元，並經編

製概算書及各月份配表呈核准在案，而在未經審計部核准以前，教費管理處則仍照上年度經常費額發給，

自經核准後，始將增加之數均攤各月補發，計有本年度七至十二月共節存四六二·七六元，又一、二兩月節存

一五·二三元，兩共四七七·九八元，以作影印工費適敷應用。茲取具最低價格安定、天一兩家印社估單各一

份暨印費總賬單十一份，以安定所估格較天一減少九十餘元，擬即付安定影印，是否有當，理合具文呈請核

奪，伏候轉送審定示遵。謹呈

　江蘇省教育廳廳長周　　計呈安定、天一印社估單各一份，總賬單十一份　江

蘇省立國學圖書館館長柳詒徵

教育廳訓令（1937 年 3 月 24 日）

案准江蘇省審計處會字第二二三三號公函內開「案准貴廳第五九號函，附送國學圖書館二十四年度

十一月至六月份經常費支出審核通知書，聲復各事項，並補送第八年刊一件、印花四分，准此，當經依法詳

加復核，除仍有應行注意事項外，尚無不合，相應彙案發給核准狀暨第二次審核通知書各一件，函請查照

轉發飭知為荷」等由，計附審核通知書、審核核准狀各一件，准此，查此案前據該館呈報到廳，當經簽送審

計處審核在案，茲准前由，合行檢發原附件各一份，令仰該館即便遵照。此令。 附發二十四年度十一月至

六月份審核通知書一件、核准狀一件 江蘇省教育廳廳長周佛海三月二十四日

呈一件：為呈送二月份工作報告表由。呈表均悉，准予存查。此令。

教育廳指令（1937 年 3 月 25 日）

江蘇教育廳廳長周佛海三月二十

五日

南京市工務局公函（1937 年 3 月 26 日）

案准貴館本年一月二十八日公函，為龍蟠里無地溝，囑趁中央水工試驗所沿路敷設地溝之便，推廣至

龍蟠里口，以資洩水等由，准經派員勘明，龍蟠里由貴館南至棋盤城一段原有舊溝，惟公井前略有阻滯，略

加疏濬即可應用。至於北抵現在中央水工試驗所請裝溝處一段，擬裝九吋徑管長七十八公尺半，每公尺

價二元，計一百五十七元；十二吋徑管二十五公尺半，每公尺價三元，計七十六元五角，又陰井三只，每只

二十元，計六十元；掘修碎石路面五十二平方公尺，每平方公尺二元，計一百零四元，總共需費三百九十七

元五角，因市庫不充，如需提前辦理，應請貴館貼費半數，計一百九十八元七角五分。准函前由，相應函復

即請查照，將上項貼費撥付過局，以便飭工辦理。此致

江蘇省立國學圖書館 南京市工務局局長宋希

尚三月二十六日

教育廳指令（1937 年 3 月 27 日）

二十六年三月二十三日呈一件：爲呈送影印《來仙蜺堂詩畫册》估單等件，並申明動用二十五年度經常費節餘作爲影印經費，祈分別核准轉送由。呈件均悉。所送估單等件，准予轉送省政府購置審定委員會審核，應俟函復過廳再行飭遵，所需經費，仰由該館長先行設法墊付，俟本年度結束，該館經常費確有節餘時再行呈請動支歸墊，所請即行動用本年度經常費節餘一節，暫毋庸議，仰即知照。此令。件存轉。江

蘇省教育廳廳長周佛海三月二十七日

呈教育廳文（1937 年 3 月 29 日）

爲維護公共秩序，預防發生事故，并報告閱覽人陳振漢毆傷館員，擬援照前案呈請鈞廳函請首都警察廳飭局派警士一名駐館由。竊維圖書館爲社會人士讀書之所，首重公共秩序，以保持閱覽室之寧靜，第來者不拒，人品未免駁雜，往往有不守秩序者，在館章以内固可以勸導禁阻，而館章以外即無力制裁。如最近本月十九日午後，屬館普通閱覽室有閱覽人陳振漢精神病猝發，擾亂秩序，妨礙他人閱覽，并毆傷館員陶基承面部，案閱覽規則有精神病者例不得入室閱覽，然未經發覺以前固與常人無異，不知其有病也，比即報告附近

警所派警將其帶出，該所徑送第五局發落。詎至翌日午後又來館滋擾，強欲閱書，館員勸阻無效，不得已仍報警帶出，現已由第五局令其具結以後不再來館，但時過境遷，況係有精神病之人，難免不再續來，且類此之事亦不能謂以後絕無，如時常報警協助，亦屬不勝其繁，似此情形，殊有影響公共秩序。查屬館從前原有第五局派來駐館警士一名，以防發生事故，藉資維護，自二十一年四月該警士退伍後，迄未續派，并經鈞廳函請首都警察廳飭局續派，屬館亦疊次函請，均以警士不敷分配，允飭局知照附近警所常派警在屬館門前梭巡，然效力有限，無裨實際。茲因發生陳振漢事，屬館已備具公函請其查照前案續派，尚未得復，理合具文將上述情由呈報，可否再由鈞廳函請首都警察廳飭局續派警一名駐館，俾資維護，伏候裁奪示遵。謹呈　江蘇省教育廳廳長周　江蘇省立國學圖書館館長柳詒徵三月二十九日

韓兆鴻先生等函（1937 年 4 月 2 日）

翼謀仁兄先生道鑒：敬啓者，江寧徐海秋先生《玉井山館集》版前經同人購存整理，並商之台端寄存貴館，附之公物保管之列，荷蒙允許，至深感泐，茲囑印書人王桂富送上版架三個、書版二百九十三片，即乞檢查存貯，有勞清神，感謝不盡。此次新印之書，俟裝訂完好即當敬贈貴館存閱，以後如貴館爲保存版片或爲流通此書起見，儘可及時付印，倘同人欲印此書，亦先時函商貴館。謹此奉達，即乞查照。順頌道安

韓兆鴻、夏仁虎、陳匪石、仇埰同啓四月二日

仇亮卿先生函（1937 年 4 月 2 日）

翼翁我兄有道：《玉井》書版送存貴館，另具公函備尊處存案。茲啓者：印工王桂富人甚勤練，現坊間印務無多，托詢貴館有無添印工機會，茲屬就便晉謁，乞指示之爲幸。此上，順頌道安　弟仇琛再啓四月二日

教育廳指令（1937 年 4 月 6 日）

呈一件：呈報二十五年度一、二月份經常費收支書表暨單據祈鑒核由。

年度一、二月份經常費收支書表暨表據各件，業經簽送審計處審核，並將書表各一份函送財政廳備查在案，應俟函復過廳再行轉令飭遵，仰即知照。附件存轉。此令。　江蘇省教育廳廳長周佛海四月六日

教育廳訓令（1937 年 4 月 7 日）

案准江蘇省政府購置審定委員會本年四月二日第四一五號箋函，略以「該館擬影印《來仙蝶堂詩畫册》具送總賬等請核定一案，經本會第一二七次會議決議，由原機關撙節酌辦，影印總價以總賬單內估價爲最高限度，請予查照」等由，查此案前據該館呈請到廳，即經轉請審核在案，茲准前由，合行令仰該館長遵照。此令。　江蘇省教育廳廳長周佛海四月七日

呈教育廳文（1937年4月8日）

為擬具建築善本書庫工程圖樣及施工説明書，呈請鑒核，伏候裁奪示遵由。竊查屬館需要建築善本書庫，業經呈奉鈞廳核准在案，該項建築手續頃已積極進行，除徵收土地另案辦理外，所有書庫設計圖樣曾延請中央大學建築工程系主任虞炳烈繪就，謹遵照頒布江蘇省立教育機關建築購置事項辦理程序甲項第二條之規定，擬具書庫工程圖樣及詳細施工説明書各一份，理合備文呈請鑒核，伏候裁奪示遵。謹呈　江蘇省教育廳廳長周　計呈書庫工程圖樣、詳細施工説明書各一件　江蘇省立國學圖書館館長柳詒徵四月八日

呈教育廳文（1937年4月8日）

為設計建築善本書庫，呈送虞建築師約估價單並縷陳計畫經過情形，仰懇函請教育經費管理處，在二十五年度已徵存庫項下借撥一萬四千元，俾資需用，伏候指令祗遵由。竊查屬館擬建築善本書庫，業經呈奉鈞廳核准在案，現已由建築師虞炳烈繪具圖樣及施工説明書呈候審核，同時亟應並行籌措者，厥維建築用費，查屬館前奉廳令准撥二萬元為建庫之費，當與建築師商榷，依據此數設計，並歷次參訪故宮博物院新建保險庫，據稱設計之時以二角五分一立方計算，以此比例，屬館建築費二萬元似可建造八萬立方尺之保險庫，容積雖不甚多，暫時已可敷用。嗣經虞建築師往返商榷，務從撙節，擬具地面庫房及地庫圖案，約需兩萬三千元，其容年非兩萬五千元不可，迭與虞建築師訪之營造工廠，僉云去秋以來物料昂貴，上年僅需兩萬元者，本

積尚未達八萬立方尺，蓋物價騰漲使然，非敢稍涉擴張也。又因該項書庫擬在新徵地面建築，必須建造圍牆，敷設地溝，其書庫之外欲與原有馬祠新堂即將來之善本閱覽室聯絡，又須造一長廊，以防取書時雨雪浸濕之患，而書庫容積有限，管理職員編輯繕錄以及裝訂修補等事，若仍在庫中闢設位置，又慮減少書籍容量，不得已須在庫側附建小屋，以爲辦公之所，此等聯帶需要，經建築師約計又需數千元，謹將該建築師約估價單粘呈備覽。至上項約估數外，尚有兩項爲該建築師所未計及者，即新徵之地兩畝有奇，雖尚未奉到市府復文聲述地價，以屬館曩年徵收館前平地、館後山地推測，似亦必需千元左右，延請建築師繪圖設計、監督工程，約以總值百分之三爲酬，當亦不下八九百元，總計需要之數幾達三萬有奇，雖異時招工投標確定實施與估計之數當有出入，度其距離，亦必不甚相遠。伏查屬館歷年所領臨時費項下指撥存儲之款，計二十一年度六千元，二十二年度三千元，二十五年度五千元，合之僅有一萬四千元，不敷甚鉅，歷年存放銀行定期利息，截至二十五年轉賬後亦僅一千八百餘元，再加近數月存款利息，合計本利至多不過一萬六千元，較之所需仍短一萬數千元，不免捉襟見肘之慮。詒徵前經面稟鈞座，聲述物價昂貴，今昔不同，恐需超過指撥之數，當荷鈞諭，如實際不敷，可借撥二十六年度臨時費應用。伏思上項建築需要迫切，夏季日長適于興工，緩至秋冬恐物價益漲，需款益多，理合將計畫經過縷陳鈞座，敬祈俯念各項用費已極撙節，除徵地費用及建築施工費擬請以利息抵充外，現存建築費只有一萬四千元，兩比尚短半數，合無統籌事實需要，函請教育經費管理處在二十五年度已徵存庫項下借撥一萬四千元，俾便在上半年招標興工建築，是否有當，理合具文呈請鑒

鋼骨水泥書庫工程估計單一紙　江蘇省立國學圖書館館長柳詒徵四月八日

核，俯准函請教育費管理處撥付，無任德便，伏候指令袛遵。謹呈　江蘇省教育廳廳長周　計呈虞建築師設計

江蘇省教育廳廳長周佛海四月十三日

教育廳指令（1937 年 4 月 13 日）

二十六年四月八日呈一件：呈送建築本書庫估價單，請函商教育經費管理處借撥一萬四千元，俾資需用由。呈單均悉。查該館建築善本書庫經費前經核定，以二萬元爲標準，茲據呈送，估計建築費需二萬八千餘元，雖所陳均屬實情，終嫌超出太多，仍應設法緊縮，以二萬五千元爲度。除動支已發臨時費外，並准提請教育經費委員會核議，在本年度經費內續撥五千元，下年度臨時費支配時再行酌撥一部，其餘並准動支該館公積金抵補，所請向教費管理處借撥一節，與會計法令不合，未便照准，仰即知照。表存。此令。

教育廳訓令（1937 年 4 月 14 日）

案據該館會計員邵希康呈稱「案奉鈞廳字第一九八號訓令內開『案查該員原取具之担保書，前經本廳發交金壇縣政府驗明繳還，嗣因本廳失慎，該件存科被焚，今再檢發空白担保書一紙，令仰該員遵照重行取具送廳，以憑查考，勿延爲要。此令。』等因，計發空白担保書一紙，奉此，自應遵照辦理。惟會計員今之

姓名乃幼時承嗣舅氏所題，現舅氏晚年生子已大，無慮後嗣，會計員已遵父母之命並得舅氏同意，業於去秋還族，茲奉發補填之担保書上擬援改祧歸宗俗例，請求恩准將舅氏所題之邵希康姓名更改爲父母所題之周啓文姓名填呈，以符名實，附證明書一紙，以資憑證，是否可行，敬祈核示祗遵，俾便即日填呈担保書，實爲德便」等情，計附原保證人保證書一紙，據此，查該員因改祧歸宗，更正姓名爲周啓文，既據原保證人具函證明並聲明繼續負責，自可照准，惟仍須飭由該員另行取具殷實鋪保及重繕保證書，並于擔保書及保證書上加粘該員照片，由擔保人及保證人加蓋騎縫圖章，以昭慎重。據呈前情，合行令仰該館長知照，並轉飭遵照。此令。　計發空白担保書、保證書各一紙　　江蘇省教育廳廳長周佛海四月十四日

教育廳指令（1937 年 4 月 19 日）

二十六年四月八日呈一件：爲擬具建築善本書庫工程圖樣及施工說明書，呈請核飭由。呈件均悉。查核所送建築章程施工說明書及圖說，分配大致尚合，仍仰加具鋼筋混凝土工程部分詳細圖說及計算書，連同建築預算等件各一份，呈候核飭爲要。此令。　件存。　江蘇省教育廳廳長周佛海四月十九日

致南京市地政局公函（1937 年 4 月 21 日）

爲建築善本書庫，急需徵用館後山地約二畝餘，函請派員蒞館測量繪圖，以利社教建設由。　敬啓者：敝

國立中央大學國學圖書館館小史　盋山案牘　合刊

館為建築善本書庫，須徵收館後山地約二畝餘，業經依法呈由江蘇省政府轉呈行政院核交內政部查復在案。

茲悉該地已經貴局調查明白，公私均無關礙，具復內政部核轉行政院矣，未審核准公告文件曾否到達貴局，

敝館以書庫設計圖樣早經繪就，急需使用該地以資建築，懇祈先行派員蒞館測量繪圖，俾獲早日徵用，以利

社教建設，無任感荷。此致　南京市地政局　江蘇省立國學圖書館館長柳詒徵四月二十一日

致南京市財政局公函（1937 年 4 月 21 日）

為准第二期徵收地價稅通知單，查照現行土地法第九章第三百二十七條第二項規定，學校及其他學術

機關用地得減免土地稅，復請查照辦理由。案准貴局二十五年度第二期徵收地價稅通知單內開「建築用地

八畝二分六釐七毫六絲，仰攜此單來局完納應繳地稅」等由，准此，查現行土地法第九章第三百二十七條規

定，左列各項土地得減免土地稅，其第二項為「學校及其他學術機關用地」，敝館為省立社會教育機關，正符

合此項之規定，依照法規應得免稅。准函前由，相應復請查照為荷。此致　南京市財政局　江蘇省立國學

圖書館館長柳詒徵四月二十一日

教育廳訓令（1937 年 4 月 23 日）

案准江蘇省審計處會字第 2449 號公函內開「案准省立國學圖書館二十五年十二月十八日函，附該館

二十三年度七、八月及一月份經常費聲復書，聲請補行核銷前經依法詳加復核，

除七、八月份准予從寬核銷另發證明書外，一月份仍照原案辦理，相應繕具審核證明書及審核通知書各一

件，函請查照轉發飭知爲荷」等由，計附審核通知書及證明書各一件，准此，查此案前據該館呈報到廳，當

經簽送審計處審核在案，合行檢發原附件二份，令仰該館即便遵照。此令。　附發二十三年度

七、八月份及一月份經常支出審核通知書、審核證明書各一件　江蘇省教育廳廳長周佛海四月二十三日

致第二屆全國美術展覽會函（1937 年 4 月 24 日）

逕啓者：貴會展覽期內，承借屋供敝館售出版書籍，極深感荷，茲備具國幣十元，酬賞臨時照料之工役及

警士，即祈察收轉給爲荷。　此致　第二屆全國美術展覽會

第二屆全國美術展覽會　江蘇省立國學圖書館四月二十四日

江蘇省政府訓令（1937 年 4 月 26 日）

案奉行政院二十六年四月十四日第二〇四八號訓令內開「案查前據該省政府呈，爲據教育廳轉據省

立國學圖書館呈，以計劃徵收山地建築保險書庫，轉請核准征收一案到院，經交內政部審核在案，茲據該

部核復前來，應予核准，即由南京市政府依法公告征收。　惟原賣徵地計劃書內容與部頒格式不符，建築計

劃圖未據附送，與土地法施行法第八十一條規定亦有未合，應由該省政府轉飭依法補具征地計劃書及計

劃圖各二份，呈院備查。其被征地價之補償事項，並應依據法定程序辦理。除令飭南京市政府遵照並飭

知內政部外，合行抄發征地計劃書格式，令仰遵照辦理。此令」等因，計抄發部頒征地計劃書格式一份，奉

此，查此案前據教育廳案呈前來，當經檢同該館原呈各件轉請行政院核示並指令知照各在案，茲奉前因，

合行抄發原格式，令仰該館長遵照，依式重行繕具征收土地計劃書三份，並查照土地法施行法第八十一及

第八十二各條之規定，補具詳細計劃圖及征地圖各三份，呈候察核存轉，所有被征地價之補償事項，並仰

依據法定程序辦理，是為至要。此令。　計抄發征地計劃書格式一份　江蘇省政府主席陳果夫，江蘇省教

育廳廳長周佛海四月二十六日

教育部第二次全國美術展覽會籌備委員會函（1937年4月27日）

經啓者：此次本會舉辦展覽，承貴館熱心贊助，遴選精品送會陳列，用使本會使命得以完成，良深感

荷，相應專函復謝，維希查照。　此致　江蘇省立國學圖書館　教育部第二次全國美術展覽會籌備委員會

敬啓四月二十七日

教育部第二次全國美術展覽會管理委員會函（1937年4月27日）

前准貴館輸送展品到會參加展覽，查該項展品已由本會點收，掣給收據在案，茲屆會期結束，應即發

還，相應檢同展品發還辦法一份函達查照，務希於規定期內帶同原收據到會具領爲荷。此致

國學圖書館　附展品發還辦法一紙　教育部第二次全國美術展覽會管理委員會啓四月二十七日

江蘇省立

呈教育廳文（1937 年 4 月 29 日）

爲奉令轉飭會計員邵希康重行取具担保書及保證書，并該員使用更正姓名應自何日起，呈請核示祗遵

由。案奉鈞廳四月十四日第七五八號訓令內開「案據該館會計員邵希康呈稱『案奉鈞廳字第一九八號訓令

內開「案查該員原取具之担保書，前經本廳發交金壇縣政府驗明繳還，嗣因本廳失慎，該件存科被焚，今再檢

發空白担保書一紙，令仰該員遵照重行取具送廳，以憑查考，勿延爲要。此令」等因，計發空白担保書一紙，

奉此，自應遵照辦理。惟會計員令之姓名乃幼時承嗣舅氏所題，現舅氏晚年生子已大，無慮後嗣，會計員已

遵父母之命並得舅氏同意，業于去秋還族。玆奉發補填之担保書上擬援改桃歸宗俗例，請求恩准將舅氏所

題之邵希康姓名更改爲父母所題之周啓文姓名填呈，以符名實，附證明書一紙，以資憑證。是否可行，敬祈

核示祗遵，俾便即日填呈担保書，實爲德便」等情，計附原保證人證明書一紙，據此，查該員因改桃宗，更正姓

名爲周啓文，既據原保證人具函證明並聲稱繼續負責，自可照准，惟仍須飭由該員另行取具殷實鋪保及重繕

保證書，並于担保書及保證書上加粘該員照片，由担保人及保證人加蓋騎縫圖章，以昭愼重。據呈前情，合

行令仰該館長知照並轉飭遵照。此令。計發空白担保書、保證書各一紙』等因，奉此，遵即轉飭會計員邵希

康遵照辦理，茲已由該員重行取具擔保書及保證書各一紙持送前來，理合備文呈送鈞廳鑒核，所有該擔保商

店是否殷實可靠，保證人現在情形若何，應請仍由鈞廳調查明確，藉昭慎重。再有該員于職務上應自何日起

使用更正姓名，伏候核示祇遵。謹呈　江蘇省教育廳廳長周　計呈擔保書、保證書各一紙　江蘇省立國學

圖書館館長柳詒徵四月二十九日

三十日

致南京市地政局第三科公函（1937 年 4 月 30 日）

案查敝館爲建築善本書庫，須徵收館後山地約二畝餘，業經依法呈轉行政院核准在案。本日荷貴科派

鄭君蓯館測量該地，惟此項地圖敝館需要多份，以備呈轉上級機關存查，請煩繪圖時另行添製五份，藉資應

用，圖費照算，用特函請查照辦理爲荷。　此致　南京市地政局第三科　江蘇省立國學圖書館館長柳詒徵四月

三十日

致中華圖書館協會函（1937 年 4 月 30 日）

徑復者：接奉大函，藉悉倫敦大學圖書館學科徵集我國重要圖書館概況、書目等，以供研究，茲寄上敝館

《概況》、編目綱要、圖書總目正補編各一部，又最近數年年刊四冊，統祈檢收，請煩貴會代爲轉寄該校爲荷。

此致　中華圖書館協會　江蘇省立國學圖書館四月三十日

教育廳指令（1937 年 4 月 30 日）

呈一件：爲呈送三月份工作報告表由。呈表均悉，准予存查。此令。　江蘇省教育廳廳長周佛海四月三

十日

致金松岑先生函（1937 年 5 月 4 日）

松岑先生道鑒：前奉惠函，祇悉一是。《宋史記》一書，敝館願遵示價承購，并蒙允可以分期付款，至深感

激。兹擬於本月先行匯奉書款二百元，請即將書挂號寄下，其餘三百元準於七、八兩月份二次繳清，如蒙裁

可，即希示復爲禱。專蕭，即頌道安　柳詒徵拜啓五月四日

南京市財政局公函（1937 年 5 月 5 日）

接准大函，以貴館係屬學術機關，其用地請按照土地法第三百二十七條規定免予征税等由到局，准

此，查土地賦税減免規程第十七條規定，公有土地或私有土地變爲公有土地時，應由管有機關造具清册一

份，囑托或呈請市政府核明税額，一面准予緩征，一面造具免税簡明表六份，呈轉內政、財政兩部及有關

部會核轉呈免税，准函前由，自應依照該項規定辦理。相應函復，即希查照爲荷。此致　江蘇省立國學

圖書館　南京市財政局局長陸肇强五月五日

国立中央大学国学图书馆小史 盋山案牍 合刊

教育厅指令（1937 年 5 月 7 日）

二十六年四月二十八日呈一件：呈解四月份续征飞机捐祈核汇转由。呈册均悉。捐款十四元八角九分如数收讫，准予汇转，仰即知照。此令。

江苏省教育厅厅长周佛海五月七日

教育厅指令（1937 年 5 月 7 日）

二十六年四月三十日呈一件：为呈送二十五年度社会教育概况报告表由。呈表均悉，应予汇编。此令。

江苏省教育厅厅长周佛海五月七日

金松岑先生函（1937 年 5 月 10 日）

翼谋先生阁下：复悉。即告《宋史记》之所有者王君慧言，决如约办理，该书王君当十六日返里，十七由木仓邮上，该款二百元请径汇无锡国专王慧言兄为荷。专颂台安 余三百决七、八月付 翼谋首五月十日

金松岑先生函（1937 年 5 月 10 日）

翼谋先生阁下：《宋史记》为唐蔚老所梗，不许出售，王函奉阅，只得解除契约矣。手颂台安 天翮顿

八一〇

首浴佛前兩日

附王慧言先生致金松岑先生函

松岑先生執事：日昨快聆大教，又承見惠鴻著，欣慰无量。午後至曹年丈處談良久，尊經閣記已將尊

意轉達，允於最短期間脱稿。兹敬商者：讓去《宋史記》事爲唐蔚老所知，頗以弟不能保守遺書爲憾（有云：

「先師之書，老弟能保存一日，即盡一日之天職，必不得已，由我門人代爲保存，是亦一道。」）未免爲之惺

愧，只得奉憑先生轉告柳翼老，此說暫行打消，不情之處，至祈鑒亮爲感。設或尊函已去，書款已經付郵，

自當立即匯還也。專此，順頌著安　弟王保讜拜啓五月十日

呈教育廳文（1937年5月11日）

爲建築善本書庫，因物價騰漲，核定經費不敷甚鉅，擬將地面庫及地庫工程分期進行，并擬具各項圖樣

及建築預算書，呈請審核存轉由。竊查屬館擬具建築善本書庫工程圖樣及施工說明書呈請核示一案，業奉

二十六年四月十九日鈞廳第八〇四四號指令内開「呈件均悉。查核所送建築章程施工說明書及圖說，分配

大致尚合，仍仰加具鋼筋混凝土工程部分詳細圖說及計算書，連同建築預算等件各一份呈候核飭爲要。此

令」等因，奉此，除遵令補送呈核外，伏查現在物料價格依然騰漲未已，較前呈約估價單時情形又大不同，前

單估計需二萬數千元者，今則非三萬數千元不辦，而鈞廳核定之數以二萬五千元爲度，相差達萬元之鉅，雖

經與虞建築師再三計劃商榷，將電氣設備及廁所化糞池諸事節減，毋如書庫面積容量已照最初設計一再減小，萬不能再行縮小，現預算地面庫需二萬一千餘元，地庫需一萬餘元，附屬建築需二千六百餘元，按諸目前物價情勢，此數已無從再省。竊思地面之庫爲保火險，不可一日無備，地庫爲保險兵燹，非常時期，勢不恒有，不得已比較緩急，爲分期進行之計，擬先完成地面之庫與附屬建築，兩共需二萬四千餘元，以期符合核定之數，雖其尚有少許出入，然招標後物價難保不再上漲，更有其他零星設備不能不稍留餘地，而徵收土地及建築師酬勞費約需二千元尚不在其內，至地庫工程，則擬俟教育經費稍寬，可以籌劃補撥時，再行呈請動工興建。所有因經費不敷甚鉅擬請分期建築之計是否有當，理合具文并附全館平面圖、新庫工程圖、新庫設備總平面圖各五份，鋼筋混凝土圖説及預算書各三份，呈候審核存轉。謹呈 江蘇省教育廳廳長周 計呈全館平面圖五份、新庫工程圖二種各五份、新庫設備總平面圖五份、鋼筋混凝土説三份、建築預算書三份 江蘇省立國學圖書館館長柳詒徵五月十一日

呈教育廳文（1937年5月15日）

爲擬購《宋史記》分期償付書款，擬自下年度七月份在購書費項下按月抽償，呈請核示祗遵由。竊按明王惟儉删正《宋史》，自爲一書，名《宋史記》，凡二百五十卷，昔賢多稱之，顧其書數百年來從未雕行，原稿早亡于水，海内流傳僅有鈔録副本一二三部。最近北平翰文齋以此書求售，索價千元，殊形昂貴，太倉王慧言君

家藏一部，首尾完善無闕，刻由金松岑先生介紹，王擬將此書出讓屬館，經議定價五百元，視翰文齋低廉一半，實爲不易得之機會。屬館擬承購此書，藉供學人研覽，惟查預算分配，每月購書費僅二百元，一次償付書款固屬力有不逮，而其他新舊出版書籍仍須按月酌量添購，不能悉數移用，當與前途一再磋商，經其認可，得將書款分期償付，第一、第二兩期各付兩百元，第三期付一百元，擬自下年度七月份起按月在購書項酌量抽償，庶于添購他書亦能兼顧，是否有當，理合具文呈報鈞廳鑒核示遵。謹呈

江蘇省教育廳廳長周　江蘇省
立國學圖書館館長柳詒徵五月十五日

致金松岑先生函（1937年5月16日）

松岑先生道鑒：頃奉手札并王君慧言書，誦悉一是。敝館蒙公介紹承購《宋史記》，書價遵示辦理，未減分毫，既已雙方允洽，約定交書付款無有異義，斷難中途解約，因非私人所購，業經呈報教育廳在案，若忽打消，出爾反爾，對于官廳何辭以解，在詒徵個人則毫無所謂也。蔚老之意在保守遺書，然今之圖書館殊非昔日之藏書樓比，維護保管，遠過私藏，著錄館目，公諸海内，爲垂之久遠計，蓋無逾于此者，此書歸館正爲慶得其所。仍乞轉達前途，務照原約履行，以免官廳詰責，無任感荷。維諒察，不一。敬頌箸祺

柳詒徵拜啓五月十六日

國立中央大學國學圖書館小史　盍山案牘　合刊

教育廳指令（1937年5月17日）

二十六年五月十一日呈一件：爲呈送建築善本書庫圖樣預算等件，並陳明擬分期建築緣由，祈核示由。呈件均悉。該館建築善本書庫，限於經費，擬分期建築，應予如擬施行。惟來件關於鋼骨混凝土圖說不詳，鋼骨混凝土計算書亦未附送，無從審核，仰再各補三份，連同招標章程暨開標日期一併報候轉會派員前往監標。再全館平面圖、新庫工程圖（2）（3）、新庫設備總平面圖各多二份，隨令發還，併仰查收。此令。附件分別存發。　計發還原圖八紙　江蘇省教育廳廳長周佛海五月十七日

教育廳指令（1937年5月18日）

二十六年四月二十九日呈一件：爲轉呈會計員邵希康保證、擔保各書，並請示該員更正姓名應自何日起始由。呈件均悉。擔保書應候令縣查對後再行飭知，至該員更正姓名一節，准自本年四月十六日起始，仰即知照，併轉飭知照。此令。　江蘇省教育廳廳長周佛海五月十八日

呈教育廳文（1937年5月21日）

爲屬館會計員邵希康更正姓名擬自奉到指令之日起，俾該員對于前後款賬銜接負責，免致中間參錯由。

竊查屬館會計員邵希康更正姓名應自何日起始，呈請核示一案，業于本年五月二十日奉鈞廳第九五八五號

指令内開「呈件均悉。擔保書應候令縣查對後再行飭知。至該員更正姓名一節。應自本年四月十六日起

始，仰即知照併轉飭知照。此令」等因，奉此，除轉飭該員知照外，惟自四月十六日至奉到指令之日中間經過

月餘，在此期內該員于款項出納及記賬蓋章等手續均係仍用舊名，事實上殊難追改，擬自奉到指令之日起改

用更正之姓名，俾該員對于款賬前後銜接負責，免致中間參錯，是否有當，理合具文呈報鈞廳鑒核示遵。謹

呈　江蘇省教育廳廳長周　　江蘇省立國學圖書館館長柳詒徵五月二十一日

教育廳指令（1937 年 5 月 25 日）

二十六年五月十五日呈一件：爲購置《宋史記》擬自下年度七月份起分期償付書價，祈核示由。呈

悉。所請應予照准，仍仰遵照規定購置手續程序辦理爲要。此令。　江蘇省教育廳廳長周佛海五月二十五日

南京市地政局公函（1937 年 5 月 25 日）

案查貴館徵收清涼山土地二畝三分八釐一毫九絲建築保險書庫一案，前經本局測製徵地圖表，函請

查照依法辦理，茲奉市政府令轉奉行政院令，核准轉飭依法辦理到局，除估定地價每方十元，依法公告並

通知外，相應函達即希查照爲荷。此致　江蘇省立國學圖書館　南京市地政局局長周湘五月二十五日

教育廳指令（1937 年 5 月 28 日）

八日

呈一件：呈送四月份工作報告表由。呈表均悉，准予存查。此令。　江蘇省教育廳廳長周佛海五月二十

復葉譽虎先生函（1937 年 5 月 29 日）

譽虎先生大鑒：前奉手札，祗悉一一。滬上文獻展覽得台端主持，曷勝欣幸。敝處擬將館藏清季籌防局吳淞炮臺檔案送會陳列，案內有精繪絹本及紙本各炮臺圖十四幅，此係滬瀆最有關係之史料，可令觀衆觸目驚心。又詢近得康熙刻《葉李合刻詩》上册，爲上海葉忠節公《蒼霞山房詩》，謹以應徵，即祈分別登記。先此奉復，順頌道安　柳詒徵拜啓五月二十九日

致王藝圃先生函（1937 年 5 月 29 日）

藝圃老同志惠鑒：敬啓者，敝館爲建築書庫徵收山地一案，業已接到貴地政局公函，估定地價每方十元，至深感荷。惟查敝館二十一年在同一地點徵收之山平地每方二元，二十四年在館前臨官路徵收之平坦基地每方五元，而現在所徵之地僅小部分爲山平地，其餘概屬山地，且隱僻無出路，爲他人所不需要之地，雖地價年有增長，而前後距離時期甚近，以彼例此，似覺相差懸遠。敝館設在京市，爲供給市民讀書求知之所，徵用

土地純爲市民利益計，諒可蒙市府之優遇，減輕地價，以利社教，如能以二十四年徵收平地之價作爲增減之標準，則以山地與平地較，亦已增加不少矣。夙仰臺端熱心教育，用懇鼎力惠助，俾獲減輕，所爲盼禱。瑣事奉干，屢瀆清神，無任心感。維荃察，不一。敬頌公綏　柳詒徵拜啓五月二十九日

呈教育廳文（1937年5月30日）

爲遵令補具鋼筋混凝土詳細圖説及計算書，並將招標章程及開標日期呈請核轉派員蒞館監標，候令祗遵。竊查屬館前呈送善本書庫圖樣預算等件，并陳明限于經費，擬請分期建築一案，業奉二十六年五月十七日鈞廳第九五四九號指令内開「呈件均悉。該館建築善本書庫，限於經費，擬分期建築，應准各擬施行。惟來件關於鋼骨混凝土圖説不詳，鋼骨混凝土計算書亦未附送，無從審核，仰再各補三份，連同招標章程暨開標日期一併報候轉會派員前往監標。再全館平面圖、新庫工程圖（2）（3）、新庫設備總平面圖各多二份，隨令發還，併仰查收。此令。附件分别存發。計發還原圖八紙」等因，奉此，除檢收發還多餘各圖外，遵即補具鋼筋混凝土詳細圖説（4）（5）（6）及計算書各三份，並遵照江蘇省立教育機關建築購置事項辦理程序甲項三之規定，擬即將此項建築工程登報招標，訂於六月二十五日下午二時在屬館當衆開標，理合將招標章程及開標日期連同補具圖説、計算書一併備文呈請鈞廳核轉，屆時派員蒞館監標，伏候指令祗遵。謹呈　江蘇省教育廳廳長周

計呈鋼筋混凝土詳細圖説（4）（5）（6）各三份、計算書三份、招標章程三份　江蘇省立國學圖書

致袁守和先生函（1937 年 6 月 1 日）

守和館長道鑒：久疏箋候，維公私均勝，爲頌爲慰。茲有懇者：敝藏明王惟儉《宋史記》鈔本僅存殘零十冊，貴藏係全書，擬借鈔補，如蒙惠允，即請函達照亭先生，先將首五冊或十冊寄下，所有遞寄手續當交郵保險，力求妥慎。特此奉懇，至希亮察。順頌公綏　柳詒徵拜啓六月一日

商務印書館出版科函（1937 年 6 月 3 日）

敬覆者：前奉大函，以即將縮本《四部叢刊初編》應贈之書計算奉告，見囑自當遵辦。查縮本《四部叢刊初編》有精裝、平裝兩種，全書各三萬九千六百葉，因縮印篇幅較少，故將原書數種合訂成冊，貴館惠假景印之《釋名》等三十八種，另附詳單，亦多與敝館其他藏本合訂，贈書按原約以本數爲計算單位者，只得略予變通，以葉數爲根據。又借照部分散見各冊之內，以其在各冊中所佔篇幅推算，各該種之定價均在一元以內，按約應贈印行部數百分之五，此種辦法與原約精神並無不符，雙方均不吃虧，諒邀同意。茲謹本此次印數爲二百部，全書借照此原則，將精、平兩種應贈之書分別開列於下：一、精裝本，每葉合價五釐。部分佔三四五三葉，共計六九〇六〇〇葉，百分之五計三四五三〇葉，合國幣一百七十二元六角五分正；

館館長柳詒徵五月三十日

二、平裝本，每葉合價三釐八毫。此次印數爲一千三百部，全書借照部分所占葉數與精裝本同，共計四四

八八九〇〇葉，百分之五計二二四四四五葉，合國幣八百五十二元八角九分正。以上精、平兩種贈書共計

合價國幣一千零二十五元五角四分，承示貴館現需此書一部，未知爲精裝（價二百元）抑爲平裝（價一五

十元），敬祈賜復。又其餘照原約掉換敝館自印其他定價相同之書，請開示書名、册數及價格等項，以便照

配爲荷。此致

　　江蘇省立國學圖書館　　商務印書館出版科總管理處生產部啓六月三日

教育廳指令（1937 年 6 月 4 日）

　　二十六年五月二十一日呈一件：爲會計員邵希康更正姓名，擬自奉到指令之日（五月二十日）起，應准照行，仰即轉知遵照。此令。

該館會計員邵希康更正姓名，據呈擬自奉到指令之日起，祈核示由。呈悉。

江蘇省教育廳廳長周佛海六月四日

金松岑先生函（1937 年 6 月 5 日）

　　翼謀先生閣下：接快信即與慧言書札交涉，渠以印行爲條件，惟條件苛酷，弟創一議，以二百元鈔一副

本（函去不復，催之乃復），雙方顧到，慧言不允。綜觀兩函（一函已寄上），一片似國專與圖書館爭購此書，

慧言有些三無賴樣子，而蔚老亦暗中主持，理學家不免有些拖泥帶水。弟意不如放手，雖呈教廳，亦可據實

附王慧言先生致金松岑先生函片二通

事言明罷議也。手頌台安　翮頓首

松岑先生撰席：日前在太，托班船寄奉函件，諒達典籤。隔昨到錫，接展惠書併柳函，此事既有成議而取消，無怪翼老之不能恝然，惟云已呈報教廳，計散處快函到時，即使尊函已去，恐亦無此神速，翼老在官言官，弟則里巷之士，不知官爲何物也。至蔚老之意，不過以先君殁僅十數年，譓亦稍知讀書之人，而遽將藏書出售，未免慨焉興悲，亦非必欲阻止者，而弟則爲之汗顏內疚，有子稱信近於義，言可復也，弟權其輕重，故寧稍負失信之咎，而不願照約履行。再，散意此書無論藏諸公家或私人，總以能刊行爲貴（弟初意肯讓去者，正爲台端函牘往還，殊抱不安耳。尚祈先生轉懇翼老，諒其苦衷，是所至感，惟是爲此區區，重勞自己無力表章故也）前年先生早有此意，惜乎未果，今翼老於此書既甚注意，盍與台端同事發起，弟當商諸蔚老共成厥事，或集股分，或售預約，海内當不乏同志也，尊意倘以爲然，並祈轉達翼老是荷。專此布臆，祇頌著安　弟王保譓拜啓五月二十一日

松岑先生大鑒：前接還示，事冗稍稽作復爲歉。《宋史記》八十本，即令十人分鈔，亦需歲月之功，且就至散處又多不便，還請翼老設法印行，否則只能從緩再談。至弟之請求，實爲流傳此書起見，非敢苟於條件，凡有文化之責者當具同心也。草復，順頌著安　弟譓拜復六月五日

教育廳指令（1937年6月7日）

二六年五月三十日呈一件：爲補送鋼筋混凝土圖說計算書及招標章程等件，祈核轉派員會蒞監標由。呈件均悉。除派本廳朱技士鴻炳準期前往監標外，並已檢件函請省府購審會派員矣，仰即知照。此令。件存轉。

江蘇省教育廳廳長周佛海六月七日

教育廳訓令（1937年6月7日）

案准江蘇省審計處會字第三〇七號公函內開「案准貴廳第六六四號函，送省立國學圖書館二十二年至二十四年度印刷圖書總目臨時費支出審核通知書聲復各事項，並補送圖書總目二十四冊，收入賬單一件，准此，當經依法詳加復核，除仍有應行注意等事項外，其餘尚無不合，相應繕具核准狀暨第二次審核通知書各一件，函請查照轉發飭知爲荷」等由，計附第二次審核准狀、通知書各一件，准此，查此案前據該館呈報到廳，當經簽送審計處審核在案，茲准前由，合行檢發原附件二份，令仰遵照。此令。附發第二次審核通知書、核准狀各一件

江蘇省教育廳廳長周佛海六月七日

致周佛海廳長函（1937年6月7日）

佛海廳長勛鑒：敬啓者，屬館善本書庫以限于經費，擬先建地面之庫，俟省教育經費稍裕時再行續建地

庫，業蒙核准，所有招標章程及開標日期亦經遵照規定程序呈報各在案。昨日茂華先生蒞館視察，詳閱書庫圖樣，察看地勢，謂地庫爲保障珍本祕笈之安全，關係綦重，有覺迅速完成之必要，詒徵亦深知地庫目的爲保險之用，一日不建，即善本書一日不得安全寄托，國內外人士來館參觀閱覽者，殆無不同此感想。分期建設原非得已，無如省款支絀，籌撥維艱，實不敢再有瀆請，反復思維，目前殊無善策以謀地庫之實現。惟屬館設在首都，供給各方閱覽，非止限于蘇省，蘇省財力既一時難以兼顧，似不妨仍照去年春間之議，向中央文化事業方面請求補助，當時各方接洽，原有可能之希望，嗣以議遷省會，因是中輟，現既仍在原址建築，所差地庫工程不過萬元，較去年擬請求中央補助之數減少大半，在中央方面亦較易籌畫，前議似可賡續進行。舍此以外，一時欲籌萬元，殊無別法，用是不揣谫昧，除另犢備具圖樣及施工說明書呈請鈞廳轉呈中央補助外，并懇鈞座便晤王部長先事接洽，或可事半功倍，易邀允准，如得萬元補助，地庫即可迅速完成，書林資以保障，無任感賜，伏候裁奪施行。維荃察，不一。敬頌鈞綏　柳詒徵謹上六月七日

呈教育廳文（1937 年 6 月 7 日）

爲地庫爲保障書籍之安全，關係重要，省款支絀，一時難以興建，擬請仍照去年請求中央補助之議，備具圖樣及施工說明書呈請轉呈教育部，伏候裁示祗遵由。　竊查屬館建築善本書庫，以限于經費，擬先建地面之庫，俟省教育經費稍裕可以籌撥時再建地庫，業經呈奉鈞廳核准在案。惟地庫之用，專爲預防不測之兵燹，

關係綦重，非常時期雖不恒有，第值茲國際風雲變幻之秋，建庫目的原爲此海內重視之數萬冊善本書籍期得

安全保障，庋藏久遠，苟地庫一日未建，即此數萬冊珍本秘笈一日未得安全寄托，詒徵反覆籌思，慄焉危懼，

亦深知省款艱絀，歷年籌撥已非易易，何敢再有瀆請。伏思屬館設在首都，供給各方閱覽，非止限於蘇省，去

年四月爲建庫及改造閱覽室，因蘇省財力一時難以兼顧，曾擬請求中央補助二萬數千元，經具牘呈請在案，

旋有將館遷鎮之議，因是中輟，現既仍在原址建築，所差地庫工程不過萬元，爲數有限，前議似不毋可行，如

能向中央請求萬元，較前減少過半，似亦易於籌畫。是否有當，理合備具圖樣及建築施工說明書各一份呈請

鈞裁，可否轉呈教育部于中央文化事業費方面酌予補助萬元，俾地庫得繼續興建，先賢著述早獲安全之所，

無慮兵火危險，不任惶悚迫切之至，伏候指令祗遵。謹呈

江蘇省教育廳廳長周　　計呈書庫各種圖樣說明

十紙、建築章程及施工說明書一份　江蘇省立國學圖書館館長柳詒徵六月七日

復金松岑先生函（1937 年 6 月 9 日）

松岑先生道鑒：頃奉手示并王君函片各一件，均悉一一。承臺端一再向前途交涉，至深感激。此書敝館

定購于先，無論國專爭購，當然不能違約失信，渠如自審，似不應出爾反爾。至謂敝處呈報廳文無此神速，是

未知敝處函牘向例隨到隨辦，不似其他機關或有延閣，茲將呈文及教廳指令鈔錄奉上，乞轉致渠，可以查覈

時日。敝處現擬三種辦法：一、仍照原約履行；一、遵台議以二百元鈔一副本；一、印行此書，敝處亦可加入股

本。擬重勞清神，轉達前途，請渠審擇，無任感禱之至。肅復，敬頌道安　柳詒徵拜上六月九日

教育廳指令（1937 年 6 月 11 日）

二六年五月三十日呈一件：呈送本年五月續徵飛機捐祈核鑒由。呈件均悉。捐款十四元八角九分暨清冊二份均如數收訖，准予彙轉，仰即知照。此令。

　　　　　　江蘇省教育廳廳長周佛海六月十一日

呈教育廳文（1937 年 6 月 11 日）

爲奉令依限編造屬館二十六年度預算分配表五份，呈請鑒核存轉由。案奉鈞廳第一六七六號指令內開（原文從略）等因，奉此，遵即查照屬館二十六年度概算，依限編製預算分配表五份，理合具文呈請鈞廳鑒核，藉備存轉。謹呈　江蘇省教育廳廳長周　計呈二十六年度預算分配表五份　江蘇省立國學圖書館館長柳詒徵六月十一日

呈教育廳文（1937 年 6 月 11 日）

爲奉令造具建築書庫臨時費概算書連同計畫等件，呈請核轉審計處，幷請籌撥其餘之款，俾資需用，伏候示遵由。竊查二十五年度奉令准撥屬館善本書庫建築費五千元，業經鈞廳彙案提請教育經費委員會第四

十一次會議議決，在本年度基金項下移撥在案。茲奉本年六月五日鈞廳第一七四七號訓令，飭即趕造本年度臨時費概算書連同計畫等件各二份，以憑轉復審計處簽發支付證書等因，奉此，查核定該項書庫建築臨時費額爲二萬五千元，因僅敷建造地面庫，地下庫尚須俟省教育經費可以籌撥時再建，業經呈奉指令核准在案。現計已領之款僅有二十一年度六千元，二十二年度三千元，二十五年度五千元，合計一萬四千元，連同此次奉撥二十五年度之五千元，共止一萬九千元，其餘六千元尚未奉撥。該項工程業經招標，尚未施工，已領經費亦未動支，編製概算尚不能限以年度，合將全部工程需費繕具概算書連同計畫等件各二份，具文呈送鈞廳核轉。再有該項工程下月初即可興工，除已領、待領之款外，其餘六千元可否迅賜籌撥，俾資需用，伏候示遵。謹呈　江蘇省教育廳廳長周　計呈建築書庫臨時費概算書二份、計劃連同圖樣四張各二份

江蘇省立國學圖書館館長柳詒徵六月十一日

周佛

海敬啓六月十二日

周廳長函（1937 年 6 月 12 日）

翼謀館長先生大鑒：手書拜悉。國學圖書館建築善本書庫，因限於經費，致地庫不能同時興築，所擬呈請中央補助辦法，尚屬可行，原呈已飭科照辦，便晤王部長時當再代爲面請也。專復，即頌公綏

国立中央大学国学图书馆小史　盋山案牍　合刊

教育厅指令（1937 年 6 月 17 日）

呈一件：呈报二十五年度三、四月份经常费收支书表暨单据祈鉴核由。呈暨附件均悉。据报二十五年度三、四月份经常费收支书表暨表据各件，业经签送审计处审核，并将书表各一份函送财政厅备查在案，应俟函复过厅再行转令饬遵，仰即知照。附件存转。此令。　江苏省教育厅厅长周佛海六月十七日

教育厅指令（1937 年 6 月 18 日）

二十六年六月十一日呈一件：呈送二十六年度预算分配表，祈鉴核由。呈暨附件均悉。查表列各项支配大致尚无不合，应准分别存转，仰即知照。此令。　江苏省教育厅厅长周佛海六月十八日

呈教育厅文（1937 年 6 月 18 日）

为分摊祝寿捐款二百十七元移用前年度节余抵补，缮具移用表三份，呈请鉴核存转示遵由。窃查二十五年十月二十二日奉钧厅第二五〇号训令，属馆应分摊购机祝寿捐款二百十七元，得在节余或公积金项下筹补等因一案，业经由教育经费管理处垫付，在经常费内分四个月（二十五年十一月份、十二月份，二十六年一月份、二月份）扣抵，并掣得中国航空协会江苏分会机字号九五七号收据一纸在案。所有以上各月摊扣之款，均经在属馆前年度节余项下如数移补，共二百十七元，理合缮具移用节余表三份，具文呈请钧厅鉴核，藉

備存轉，伏候指令祇遵。　謹呈
　江蘇省教育廳廳長周

詒徵　六月十八日

呈教育廳文（1937 年 6 月 18 日）

爲影印《來仙蜨堂詩畫册》繕具移用節餘表，並遵照規定補具概算書二份，呈請鑒核存轉示遵由。竊查

屬館擬動用本年度冬月節餘影印《來仙蜨堂詩畫册》一案，經將總賬單十一份送呈核轉，業奉鈞廳本年四月

七日第七一七號訓令內開（原文從略）等因，奉此，該項詩畫册業已付印，理合繕具移用節餘表三份，並遵照

頒發江蘇省各機關送審支出應注意要點十五條第五條之規定，補具概算書二份，具文呈請鑒核，藉備存轉，

伏候示遵。　謹呈

　江蘇省教育廳廳長周　計呈移用表三份、概算書二份　江蘇省立國學圖書館館長柳詒徵

六月十八日

教育廳訓令（1937 年 6 月 22 日）

案據金壇縣縣長楊卓茂本年六月三日呈稱「案奉鈞廳本年五月十八日第一五〇四號訓令『檢發省立

國學圖書館會計員周啓文所取具之擔保書一紙，飭即遵照查對該担保之商店資本額數以及法定代理人姓

名等項，查明具報』等因，奉經檢同担保書飭據警察第一分駐所巡官張文鸞呈稱『遵即按址前往慶祥綢緞

盍山案牘

八二七

號，查明該店資本確在五千元以上，其法定代理人朱曉雲對於是項担保書所蓋名章暨店戳均屬實在，報請核轉」等情到府，業經遵令於擔保書之左方填具「查對無訛」字樣，并加蓋小官章以資證明，理合隨文呈送鑒核備查」等情，附繳還擔保書一紙，據此，查此案前據該館長呈請到廳，當經轉發查對並指令知照各在案，茲據前情，除存查并指令外，合行令仰該館長即便轉飭知照。此令。　江蘇省教育廳廳長周佛海六月二十

二日

教育廳指令（1937 年 6 月 24 日）

呈一件：呈送五月份工作報告表由。　呈表均悉，准予存查。此令。　表存。　江蘇省教育廳廳長周佛海六月二十四日

教育廳訓令（1937 年 6 月 25 日）

案查前據該館呈報，建築善本書庫工程定期六月二十五日開標，請予派員監標一案，業經令知飭派本廳技士朱鴻炳前往監標，並函請省府購審會派員各在案，茲准省府購審會函復「案經簽奉核准，派技士鄭佩萱屆期前往監標，請予查照」等由，准此，合行令仰該館長知照。此令。　江蘇省教育廳廳長周佛海六月二十五日

國立中央大學國學圖書館小史　盋山案牘　合刊

八二八

呈教育廳文（1937 年 6 月 26 日）

為省廳委監視書庫開標及標價與預算不敷情形，呈請核示祗遵由。竊查屬館建築善本書庫招商投標，業經呈奉鈞廳核准在案，茲于本月二十五日下午二時經省委技士朱敏、廳委技士朱鴻炳蒞館當衆監視開標，計共四標，比即約同虞炳烈建築師詳細審核各商標單，其中以陳裕興標價三萬二千六百九十二元，亦大標價三萬三千二百五十元七角八分比較最低，然皆超越核定預算二萬五千元之額，相差達七八千元之鉅。旋經省委、廳委召各商個別商談，詢其從實核算，能否減低若干，僉以物料逐步昂貴，縱然克己，至多不過減讓千元上下，與核定預算相差仍遠，省委、廳委亦云按時下物價切實估計，預算之數確屬不敷，即使再行投標，想亦無多大距離，欲達到預算之數，勢不可能。並經諮徵約虞建築師就最低兩家分別召談究竟能否減低若干，經切磋商，陳裕興減至三萬一千六百九十二元，亦大減至三萬一千元，似此情形，其減讓之程度已屬顯可節省礎商若干，經虞建築師與該商等詳細核算，所減殊屬有限，不過一二百元，勢非追加預算，不克舉辦。所有上述開標情然可見，而如再行投標，其結果恐仍與此不相上下，徒延時日，勢非追加預算，不克舉辦。所有上述開標情形，理合具文連同鈔錄標單一併呈請鈞廳核示祗遵。謹呈

江蘇省教育廳廳長周　　計呈鈔錄四家標單各一份　　江蘇省立國學圖書館館長柳詒徵六月二十六日

呈教育廳文（1937 年 6 月 26 日）

爲建築善本書庫開標價格超過預算，不敷甚鉅，擬懇援照鎮館先例追加預算，并將最低兩家標價呈請核示祇遵由。

竊查屬館建築善本書庫，業經招商投標，將開標情形呈報鈞廳核示在案，茲查開標結果，最低兩家爲陳裕興標價三萬二千六百九十二元，亦大標價三萬三千二百五十元七角八分，當經省委技士朱敏、廳委技士朱鴻炳及諮徵與虞炳烈建築師分別召該商等切實商談，陳裕興已允減至三萬一千六百九十二元，亦大減至三萬一千元，然視核定預算二萬五千元之額，相差尚達七八千元之鉅。目前物料價格既如此昂貴，即再行投標，亦無多大出入，省委、廳委亦云按時下價格切實估計，欲達到預算之數勢不可能，似此情形，該庫規模較原來計劃既經一再縮減，無可節省，而預算不敷甚鉅，殊屬徬徨無措，除請求追加預算外，實無別法可想。查鎮江圖書館建築館屋係標價超過預算經呈請追加經費，屬館情形事同一轍，又查有省教育經費本年度已屆終了，尚有多數存餘，籌撥數千元似當不至爲難，伏乞俯念藏書重要，該項建築實不容已至，可否援照鎮館先例追加預算，擬懇在下年度省教育經費項下籌撥七千元，俾資興築，以免停頓，所有陳裕興、亦大兩家標價比較最低，并請鈞廳核示祇遵。謹呈

江蘇省教育廳廳長周

江蘇省立國學圖書館館長柳詒徵六月二十六日

呈教育廳文（1937年6月29日）

為建築善本書庫，與虞炳烈建築師訂立合同鈔錄一份，呈請核准備案施行由。竊查屬館建築善本書庫，係聘請虞炳烈建築師設計繪圖，所有圖樣及施工說明書等均經呈請鈞廳核准在案。茲與虞建築師雙方訂立合同，按期致送報酬，理合具文連同鈔錄合同一份呈請鈞廳鑒核，伏乞賜准備案施行。謹呈　江蘇省教育廳

廳長周　計呈鈔錄合同一份　江蘇省立國學圖書館館長柳詒徵六月二十九日

盎山牘存

江蘇省立國學圖書館叢刊第一輯

贈閱

請交換

三十七年一月印行

序

襄典盛山瞬逝十稔歲布館刊揭藥職業中罹國難不克賡刊文牘之友

避警先遯倉皇呼籲躬自屬草流轉昭陽頗多散佚間有福本雜廁廟日記

泰和病後記錄不全求之興化又丁寇劫勝利而還隻身東下接收輾轉

思復艱難瘠口腐毫不得一當舊友漸集粗為代言檢校之餘仍自削牘

語或慧激不避謽尤禳之當世期無譁飾起丁丑秋迄丁亥冬復書來札

亦間附焉嗟乎雪泥鴻爪泡影空華瑣末纖屑惡足存錄破廟枯僧萬念

灰冷書癡結習猶遺語業冀備館史垂鑑戒爾三十七年一月鎮江柳詒

徵

江蘇省立國學圖書館叢刊第一輯 序

盋山牘存 [一]

目　次

序 ……………………………………………………………………………………………… 八四七

二十六年分 ……………………………………………………………………………………… 八四八

致故宮博物院南京分院函 ……………………………………………………………………… 八四八

故宮博物院南京分院復函 ……………………………………………………………………… 八四八

致北平圖書館袁館長函 ………………………………………………………………………… 八四九

致李照亭函 ……………………………………………………………………………………… 八四九

呈教育廳文 ……………………………………………………………………………………… 八四九

〔一〕　原載《江蘇省立國學圖書館叢刊》第一輯，（民國）三十七年一月印行。——編者註

八月二十日教育廳薛科長復函 ………………………………………………… 八五一

教育廳指令（一五六六一） ………………………………………………………… 八五一

呈教育廳文 …………………………………………………………………………… 八五二

參謀本部勘委會來函（勘字第九五號） …………………………………………… 八五三

教育廳陳天驥、吳劍真來函（二十一日到） ……………………………………… 八五三

致自來水管理處函 …………………………………………………………………… 八五四

致王藝圃函 …………………………………………………………………………… 八五四

呈教育廳文 …………………………………………………………………………… 八五四

致教育廳諸君函 ……………………………………………………………………… 八五五

復陳、吳二君函 ……………………………………………………………………… 八五六

致金崇如函 …………………………………………………………………………… 八五八

金崇如來函（十月十三日收到） …………………………………………………… 八五八

致金崇如函 …………………………………………………………………………… 八五九

致湖南教育廳長朱經農函 …………………………………………………………… 八五九

致胡子靖函 …………………………………………………… 八六〇

致趙壽人函 …………………………………………………… 八六一

致北平圖書館長沙辦事處函 ………………………………… 八六一

致金崇如函 …………………………………………………… 八六二

致袁守和函 …………………………………………………… 八六二

致趙壽人函 …………………………………………………… 八六三

致胡彥久函 …………………………………………………… 八六四

致鎮江吳季衡函 ……………………………………………… 八六五

致金崇如函 …………………………………………………… 八六五

致鎮江民眾組織委員會函 …………………………………… 八六六

致吳季衡函 …………………………………………………… 八六六

致三汊河船捐局函 …………………………………………… 八六六

致市政府財政局函 …………………………………………… 八六七

致教育廳陳秘書，吳、薛二科長函 ………………………… 八六七

致吳季衡函 …… 八六八

再致吳季衡函 …… 八六九

致金崇如函 …… 八六九

致教育部總務司社教司函 …… 八七〇

致陳天鷗、吳劍真、薛翹東函 …… 八七〇

呈教育廳文 …… 八七一

呈教育廳文 …… 八七二

致興化縣食糧管理委員會函 …… 八七三

呈教育廳文 …… 八七三

呈教育廳文 …… 八七五

致金縣長函 …… 八七六

致陳秘書主任快函 …… 八七六

代電韓民廳長 …… 八七七

代電教育廳陳秘書主任 …… 八七七

致陳天鷗函…………………………………………………………八八七

二十七年分……………………………………………………………八八七

致財政廳陳秘書函………………………………………………………八八八

致陳天鷗函……………………………………………………………八八九

上教育廳辭職函…………………………………………………………八八九

繳納溢領公款呈…………………………………………………………八八〇

致張祖言函……………………………………………………………八八二

致馬叔平函……………………………………………………………八八二

馬叔平復函……………………………………………………………八八三

致金崇如函……………………………………………………………八八四

董廷祥來函……………………………………………………………八八五

汪靄庭來函……………………………………………………………八八六

致張祖言函……………………………………………………………八八六

三十四年分 ……

致馬叔平函 ……………… 八八八

致朱、杭、馬、蔣諸先生函 …… 八八八

調查南京龍蟠里江蘇省立國學圖書館報告 …… 八九〇

呈教育廳 …………………… 八九四

呈江蘇省政府 …………… 八九五

致蔣慰堂函 ……………… 八九五

致蔣慰堂函 ……………… 八九六

致蔣慰堂函 ……………… 八九七

呈教育廳 ………………… 八九七

致蔣特派員函 ………… 八九八

致經濟部翁部長函 …… 八九九

致教育部清理戰時文物損失委員會函 …… 八九九

致教育部清理戰時文物損失委員會 …… 九〇二

呈江蘇省政府主席、教育廳長 ………………………………………… 九〇二

三十五年分 ……………………………………………………………… 九〇四

致杭次長函 ……………………………………………………………… 九〇四

致劉虛舟函 ……………………………………………………………… 九〇五

致冷容庵函 ……………………………………………………………… 九〇五

致陳廳長函 ……………………………………………………………… 九〇六

呈教育廳 ………………………………………………………………… 九〇九

呈教育部 ………………………………………………………………… 九一二

教育部朱次長復函 ……………………………………………………… 九一三

呈江蘇省政府教育廳 …………………………………………………… 九一三

致盧彬士 ………………………………………………………………… 九一四

致冷副參謀長函 ………………………………………………………… 九一四

致冷容庵函 ……………………………………………………………… 九一五

致劉虛舟函 ……………………………………………………………… 九一六

致童潤之函（郵劉虛舟先生轉） …………………………………… 九一六

致陳彥通函 …………………………………………………………… 九一七

致文管處沈秘書函 …………………………………………………… 九一七

致張衣言函 …………………………………………………………… 九一八

致趙光濤函 …………………………………………………………… 九一八

致經濟部中央地質調查所周柱臣函 ………………………………… 九一九

致教育廳長函 ………………………………………………………… 九二〇

致陳廳長函 …………………………………………………………… 九二四

致冷副參謀長函 ……………………………………………………… 九二六

呈省政府教育廳 ……………………………………………………… 九二六

致教育部清理戰時文物損失委員會 ………………………………… 九二七

覆蔣吟秋函 …………………………………………………………… 九二九

覆盧彬士函 …………………………………………………………… 九三〇

呈教育廳 ……………………………………………………………… 九三〇

出席第三次清點會提案 …………… 九三一

呈教育廳文 ………………………… 九三二

致省立教育學院童院長函 ………… 九三三

致陳毅丞函 ………………………… 九三三

致清點文物委員會函 ……………… 九三四

呈教育廳文 ………………………… 九三五

致徐森玉函 ………………………… 九三六

致劉虛舟函 ………………………… 九三六

致陳毅丞函 ………………………… 九三七

致彭科長函 ………………………… 九三七

致朱、徐、朱、杭、蔣諸公函 …… 九三八

朱部長復函 ………………………… 九三九

致杭次長函 ………………………… 九四○

致彭百川函 ………………………… 九四○

致省主席王函 …… 九四一

致翁副院長函 …… 九四一

呈教育廳 …… 九四二

致葉退庵函 …… 九四三

致馬叔平函 …… 九四三

呈教育廳 …… 九四三

致杭次長函 …… 九四四

致曹漱逸函 …… 九四五

致省主席王函 …… 九四五

致教育部代電 …… 九四六

致趙吉士函 …… 九四七

呈省政府 …… 九四七

呈教育廳 …… 九四九

致曹漱逸函 …… 九五〇

致彭百川函 …………………………………………………………… 九五〇

致陳其可函 …………………………………………………………… 九五〇

致容鼎昌函 …………………………………………………………… 九五一

三十六年分 …………………………………………………………… 九五三

致南京市教育局函 …………………………………………………… 九五三

致戴院長函 …………………………………………………………… 九五四

致朱紹濱函 …………………………………………………………… 九五五

致馬局長函 …………………………………………………………… 九五五

致教育部函 …………………………………………………………… 九五六

致徐森玉函 …………………………………………………………… 九五六

致張敬禮函 …………………………………………………………… 九五七

復徐森玉函 …………………………………………………………… 九五七

致張衣言函 …………………………………………………………… 九五八

致魏克三函 …………………………………………………………… 九五八

魏克三復函	九五九
復魏克三函	九六〇
致劉季洪函	九六〇
致徐森玉函	九六一
復李白華函	九六一
李白華來函	九六二
復李晉芳函	九六二
致李拔可函	九六三
徐森玉復函	九六三
復徐森玉函	九六四
李拔可來函	九六四
復劉百川函	九六五
呈教育廳	九六六
致劉百川函	九六七
呈教育廳	九六八

序

曩典盋山，瞬逾十稔。歲布館刊，楬櫫職業。中罹國難，不克賡刊。文牘之友，避警先遯。倉皇呼籲，躬

自屬草。流轉昭陽，頗多散佚。間有福本，雜厕日記。泰和病後，記錄不全。求之興化，又丁寇劫。勝利而

還，隻身東下，接收蔘轕，規復艱難。瘏口腐毫，不得一當。舊友漸集，粗爲代言。檢校之餘，仍自削牘。語

或戀激，不避譬尤。襮之當世，期無諱飾。起丁丑秋，迄丁亥冬。復書來札，亦間附焉。嗟乎，雪泥鴻爪，泡

影空華，瑣末纖屑，惡足存錄。破廟枯僧，萬念灰冷，書癡結習，猶遺語業。冀備館史，垂鑑戒爾。三十七年

一月，鎮江柳詒徵。

二十六年分

致故宮博物院南京分院函

敬啓者：前荷電允，敝館藏書可檢百餘箱寄存貴院庫中。當於十四日運寄洋板箱五隻，荷賜查收見復。本日復運送書箱一百零五箱，計中國木箱麻布包扎者一百箱，又洋板箱五箱（合之十四日運寄之箱，共一百十箱）。敬祈察收，惠予存寄，並希示復爲荷。　八月十六日

故宮博物院南京分院復函

案查貴館前於本月十四日檢裝館書五箱，送存本院庫內。業經分別收存函復各在案。茲復准來函，續檢館藏書箱一百零五箱（兩批共合一百十箱），仍屬代爲藏存等由。准此，除派員照數點收，原封歸庫外，相應函復，即希查照爲荷。　此致江蘇省立國學圖書館。　故宮博物院南京分院　八月十六日

致北平圖書館袁館長函

守和先生大鑒：秋風淒厲，遙祝平安。南北同情，鄙況尚適。前借尊處之《宋史記》九冊，繕録未完，迭聞警報，郵遞恐有舛誤。已偕敝館善本書裝箱寄存故宮分院地庫，恐勞錦注，謹以奉聞。專此，即頌台綏，並盼惠福。

前向曹君處攜取袁、許手札，未審已否付印，近存何許，盼示。八月十七日

致李照亭函

照亭先生大鑒：滬戰激烈，尊處平安否？連日敵機屢擾京空，敝館尚如常工作。惟前借尊處之《宋史記》一函九冊，繕録未完，郵遞恐有舛誤。已於本月十四日偕敝館善本書裝箱運寄故宮分院地庫。（該書裝入某箱，敝處有存簿可查。如時局平靖，尊處需提此書，可隨時向故宮分院專提某箱檢寄，決不至誤。）恐勞錦注，謹以奉聞。守和先生處亦並去函，不知能達否？專此，即頌公綏。八月十七日

呈教育廳文

爲呈報裝運善本書籍寄存故宮博物院南京分院庫中，以防危險，請予備案事。竊屬館藏書素爲海內珍重，而館屋窳舊，既不能防火險，復不能禦兵災。詒徵在事十年，請求建造保險書庫不下十餘次，絀於經費，荏苒以至今年，始蒙省廳議準以三萬三千元建造書庫。招工投標時機已迫，雖得標者亦不願承造。自平津

肇釁，迄淞滬交鋒，詒徵無日無時不在憂皇悚懼之中。迭經赴省請示，亦未能遽定遷移藏庋之法。延至本月

十四日，詒徵知禍在眉睫，勢難再緩。不得已走商故宮博物院南京分院馬院長，請其顧念同舟，稍分隙地，保

藏珍本，以備兵災。馬院長慨然允許，且屬選擇珍本，另編箱號，儲存地庫。其大宗箱件，允存地面庫中。該

庫建造堅牢，雖值鄰近然燒，亦不致有意外。詒徵當即督同員役檢取館藏宋本、鈔本、稿本、校本及確為海內

無二之刻本，先行裝釘五大木箱運至該院，送入地庫。其時敵機尚未來京窺伺，方謂裝運可以從容。不意十

五日上午，裝釘書箱甫及三十許隻，而首都警報迭作。自下午一時至五時，機槍、高炮絡繹轟傳。詒徵力

持鎮定，切戒同人維持秩序，不可驚慌。無如勇怯攸殊，觀念各異，忠實負責者，毅然從事連夜工作，畏葸怯

劣者，五中惶惑，欲去惟恐不速。詒徵與張主任逢辰、汪主幹闓、朱保管煥堯、江保管國棟、王庶務煥鍈率領

書工公役等，聞警即停理書，解警即行裝箱，廢寢忘餐，至十六日下午始將所藏丁氏善本書室善本書全分，

及武昌范氏精本、歷年館中購儲及他處贈送寫本，繼續裝成一百零五箱。乘敵機來去之際，趕雇卡車分批運

送。汪主幹、王庶務押運前往，眼同點驗，將後運之木箱五隻寄入該院第四庫（即地庫，連上次所存五箱共十

箱）。其他中國木箱一百箱寄入該院第二庫，並領取該院復函，以資憑證。此十四、十六兩日趕裝善本，寄存

故宮分院詳細情形也。詒徵此舉，事前未及請示，實緣時局緊張，若俟函牘往還，誠恐緩不濟急，是以擅行移

動館書，不計干犯咎戾。理合將上項寄存館書經過及善本書目分裝各箱清冊，兩次致故宮分院公函及該院

復函錄呈鈞廳，請予備案，伏候核示。惟善本甲庫之書雖已全行寄存該院，而善本乙庫及普通部之書存在館

中木質書樓者，總計尚有十數萬册。自維棉力，如蚊負山，仰屋興嗟，束手無策，其應如何處理，實非讁劣所能預籌。相應申述本館特殊狀況，請求指示機宜，以便祗遵，無任迫切待命之至。

附呈本館善本書目四册、名人手札目一册及善本乙庫普通庫書抽出裝箱寄庫清册一册、善甲及善乙某號至某號未提寄之書清册一册、致故宫博物院南京分院公函稿及該院復函二紙。八月十七日

八月二十日教育廳薛科長復函

懿師賜鑒：手示敬悉。在此萬分無可奈何之際，能將珍本書寄存故宫博物院分館地庫中，已可較爲安心，無任欣慰。吾師爲此事煞費苦心，此種忠於職守之精神，令人欽佩無既。想館內同人，必能受荷師之感格，而不忍輕易言去也。惟寄存手續必須周密，省廳固須備案，而博院司庫方面除須索得典收文據外，吾師與彼私人方面尚有交誼，尤須鄭重叮嚀，以免將來亂平時之糾葛也。區區之見，不知師之意以爲何如？專復，祗頌崇安。受業泰頓首。

此間連日雖迭聞警報，但並未直接遭襲擊，附此告慰。

教育廳指令（一五六六一）

呈及函件書目均悉。該館長於時局緊迫期中，將館藏善本設法移寄故宫南京分院，具見籌度周密，出

力館員張逢辰、汪闓、朱煥堯、江國棟、王煥鈜等恪慎將事，應予存記。所有寄存館書情形，准予備案。至善本乙庫及普通部圖書，仍仰該館長妥籌保管方法，相機辦理。一面按照已定建庫計劃迅速進行，是爲至要。件存。此令。

呈教育廳文

呈報本部勘委會函借房屋，暫將本館雜誌閱覽室及前面門堂借與該會由。竊屬館附近收兵橋左側住有參謀本部所屬機關，自本月十九日敵機轟炸京市軍政要地後，參謀本部即移至收兵橋方面辦公。該機關有所謂勘委會者，因須讓屋與上級官長，乃派員四出尋覓空屋。二十日自午至暮，迭來副官等人，聲勢洶洶，自由出入，聲稱奉有命令，須在館中覓屋辦公。經諭徵婉曲辭謝，導令他往，舌敝唇焦，交涉五次，當晚幸尚未來。詎廿一日晨警報尚未解除時，該副官裴某、王某及庶務吳森等又來相屋，立逼館員將辦公室、閱覽室等騰出歸渠等使用，亦不待諭徵之允否。諭徵見其無理可喻，只得將館中雜誌閱覽室三間、職員住所兩間及前進門堂三間、工役房三間借與暫用。其普通閱覽室、報章閱覽室仍照常辦公。書樓、宿舍及印行書庫、檔案庫都尚可與該屋隔別，斯乃萬不得已之舉，僅能要求該會來一公函，以憑備案。該會當即備具公函前來，措詞亦異常強硬。諭徵伏思服務本館十載，於茲往來軍隊時時思來占用館屋，均經竭力開陳，幸未闌入。今年時局嚴重，突過曩時，該會強迫騰讓館屋，竟至無術解免，藩籬一決，尚恐紛

至沓來。自維典守不力，固屬咎無可辭，而屬館遠離省會，無從請命乞援，致爲強力陵踐，後此如何因應，尤冀鈞廳不遺在遠，預籌保障之方。理合瀝陳以上詳情，並錄呈該會來函，伏候訓示祗遵，無任迫切之至。

八月二十一日

參謀本部勘委會來（函）（勘字第九五號）

爲奉令覓相當公用房屋遷移，請騰出數間，並借桌椅以資辦公，即請查照由。本會現奉令，另覓相當公用房屋遷移，自應遵辦。茲查貴館房屋尚多，應請騰出數間，並借桌椅，以資辦公。除派員面洽外，相應函達，即希查照爲荷。此致

江蘇省立圖書館　主任委員劉運乾　八月廿一日

教育廳陳天鷗、吳劍真來函（二十一日到）

兩奉快緘，敬悉一一。京館珍本，承於緊急時期從容移置故宮分院地庫，至爲感佩。全面抗戰，文化摧毀自難幸免。吾輩盡力，以能達到最大限度爲償願，一切盼大力維持，至感至感。鎮郊擊落之倭機，弟等皆寓目也。承詢特復，即頌道安。

外，餘以酌量分散庋藏爲宜，種種處置，由先生尌酌辦理。除此百零五箱之

致自來水管理處函

敬請者：敝館申請裝設自來水，旬日前已遵章繳費。館內管件業經裝竣，而館外水管久未裝置，以致無從接水。敬祈俯念敝館藏書重要，當敵機肆擾之時，儘先將龍蟠里口至敝館門側水管一段，迅速裝置，剋日接水，則感戴盛德無既矣。八月二十四日

致王藝圃函

敬啓者：敝館裝設自來水，旬日前已遵章向自來水管理處繳費。館內管件業已裝竣，而館外水管迄未開工，以致無從接水。邇日敵機肆擾，消防極關重要，敝館藏書廿餘萬冊，尤宜慎防火患。詒屢屬館員向該處申請早日裝置，仍復延宕不理。敬祈執事便中代爲催促該處迅予裝管，館書獲全，實賴盛德。專此布托，即頌公綏。八月二十四日

呈教育廳文

呈報裝設自來水管，供消防、飲料、建築諸用，造具收支清册，請予備案由。竊屬館地址偏僻，經費拮据，多年以來未能安設自來水管。本年因招標建築書庫，亟須裝設自來水管，始便應用。復因時局緊張，館書重要，防患未然，非有自來水管不能期消防之得力。爰於書庫甫議興工時，即向南京市自來水管理處請求自

龍蟠里口接鋪地管至屬館門首,並囑遠東公司開具價單,核實估計,俾在館內設置應用各項管件。京市管理處索費奇昂,迭經交涉,未予減讓。遠東公司價單,詥徵曾親齎至省報告省政府購審會,請求核定,並屬鎮江自來水公司核其牌價,酌量應減之數。遷延孔久,戰釁已開,建築雖停,消防彌重。詥徵於敵機肆擾京空之時,督同館員分頭督促京市自來水管理處及遠東公司,同時裝設館內外自來水管。閱時念餘日,甫克裝竣。

綜計是項用費,繳納京市自來水管理處者五百二十三元六角九分,付給遠東公司者五百五十八元,合計一千零七十一元六角九分。因初意設管爲建築水泥鋼骨書庫所急需,書庫建築費預算原擬有設備費六百元,擬即以此項支付自來水裝費,其不足之數,擬請以預計繳納市府征收山地之半價移充。緣市府初定地價每方十元,現止繳納半數,市府業經頒給地圖,訂立界石,准予館中使用該地,嗣後當不至再令補繳半價也。當兹非常時期,書庫急切未能建築,而支出自來水裝費已達一千餘元,理合將上項情節並造具收支清冊,據實呈報鈞廳,先予審覈,並請轉諮省政府購審會備案,一俟時局平靖,書庫建築完成,再行彙列建築書庫報銷案,內呈廳彙轉審計處覈銷,是否有當,伏候訓示祇遵。 九月六日

致教育廳諸君函

天鷗、劍真、翹東諸先生大鑒:敵機肆虐,京市震驚,凡所破壞,不堪收拾。敝館連日以來,雖幸無恙,瞻念前途,難免危險。存書廿餘萬冊,一時遷徙爲難,不識能否局部陸續運出危城,以冀保存若干舊籍,至其地

点，亦未敢臆定，孰爲妥善，分舉如左，祈速酌示：（一）江寧縣政府縣立中學，此最近，可與彭縣長接洽立遷。（二）鎮江教育廳圖書館，近山僻静，鎮江中學如有儲藏室等，擬向沈校長商借，或招隱寺、鶴林寺不知有軍隊駐紮否，亦須先與寺僧接洽。（三）揚州中學有圖書館，或可寄數十箱，或租房屋，未知有相當房屋否，如有亦須出租金及派員役看管。（四）興化不知有相當地點否，較揚、鎮又僻，擬請商之金崇如。如遷鎮、揚、興化，擬在鎮江救生會雇大號紅船，開至水西門裝運，以避免火車站、公路等危險，紅船江行極穩，不虞風浪也。（五）長沙，如以蘇省各地皆不甚妥，則須遠遷，或寄存湖南大學、明德中學等地，亦有熟人。（六）重慶，中央大學全部入蜀，亦可派員役隨同該校教授等西上。此兩處運費不貲，如決遷遠地，則擬由江南鐵路先運至蕪湖，由蕪湖再登上水江船。以上數地如蒙稟承廳座擇一示復，即祈發一命令並一護照，以便即日遷出（江寧縣無須護照）。惟館書皆係儲之玻璃廚櫃，所有木箱可以細紮者，已悉數裝善本書寄存故宮分院地庫。京市頃無板箱可購，不得已自購木板召匠定做，能做若干尚未能預計也。鄙意綫裝書十數萬册運儲他地，館中尚有洋裝新書數萬册可以供人閱覽，以及月報雜志，無大價值，儘可不動。一面照常開放閱覽，一面保守館屋器具，兩者並行不悖，是否有當，敬俟卓裁。匆此布臆，即頌公綏。九月二十七日

復陳、吳二君函

頃荷三十日快示，敬悉一一。遷移書籍之舉，即承指示，以長沙、興化兩地爲宜，遵即計畫進行。一面飛

函朱經農、胡子靖及湘大教授趙壽人，聲明有書百箱左右擬寄運湘省，不知麓山有無平房可以租賃，或有相當地點可寄，盼其速復；一面快函金崇如，詢問興化情形，或借屋，或租屋，以及須派員駐守與否。俟得復，即就近先運一部分至興化。大致館書舊分三部分：一曰善本（即八月間全數寄存故宮分院地庫之書），一曰續提善本（已有少數附善本寄存故宮地庫，其大宗都在館內），一曰普通書，又分綫裝與洋裝二種。如敵彈猛烈，故宮地庫猶不足恃，或再將故宮地庫所寄一併運前，未識時局能待此從容進行否。附呈館書統計油印，閱此即可知其概數。現所苦者，板箱缺乏，購買木板及洋釘亦至不易，連日僅製成木箱二十餘隻，每箱約裝八百冊左右，益以雜配小箱，僅可裝兩萬餘冊。其餘十數萬冊，不能用書厨抬去，故擬先托鎮江民衆組織委員會，代購板箱，雇紅船運來，即由寧運至興化需省府頒發護照否，至三北公司運載水脚，又不知鎮地板箱能購至若干隻及長江紅船能直達興化否，由寧運至興化需省府頒發護照否，至三北公司運載水脚，又不知鎮地板箱能購至若干隻及長江紅船能直達興化否，即由紅船運至江北，以節專運空箱來京之費。又不知以百箱計需費幾何。詒擬先在中國旅行社調查，再視館中經費所能節省移用者，請求支配。尊處能知其詳，亦祈示及，先此布復，即頌公綏。

再，南京至興化，雖近在本省。詒意仍須廳中頒一命令或一護照，詒方可遷書出館出城。從前運寄故宮分院地庫之書，以同在一城內，並未離開南京，故不得已擅行處理。近數日來，敵機侵襲較稀，比較可以從容，又以裝載大批書籍出城，誠恐軍警途中盤查攔阻，故須得廳令運行，庶可免軍警干涉也。十月二日

致金崇如函

都門把晤，倏已深秋。國難嚴重，貴治尚安謐否？詎因敵機擾京，肆意轟炸，職守所在，以保存書籍爲重。請示教廳，如遷移京外，以何地爲宜。廳方來信，謂遠則長沙，近則興化。用特惠函奉詢，現擬裝運幾裝書數十箱或百箱，貴治有無安全地點，相當屋宇可以庋置？此項房屋，隸公家者則以公牘借用屬私人者則以館款認租，惟須比較空曠僻靜，可免風火之虞。運存期間，暫不開箱，可以積叠，約占平屋三四間。如須派人看守，則以三間兩進爲宜（擬派員役三四人）。敬祈蓋籌，爲我將伯。再，長江所行紅船，能否直達興化？或渡江以後，尚須另雇內河船隻以至？通行輪船運載水脚，較之帆船若何？或帆船運書行程較緩，先行派員乘輪船至尊處接洽，以免書至而無處安頓如何？諸希推愛調查詳示，並祈迅速函復，無任感盼。專此，即頌公祺。十月二日

金崇如來函（十月十三日收到）

接奉函諭，遵查本縣城市居民稠密，空曠僻靜之適當處所極少，且敵機亦時常經過，暫雖安謐，確非萬全。惟距縣城東北約六十里之唐子鎮東首，有木塔寺一所較爲僻靜，屋宇寬宏，可選擇借用，度置百箱亦敷容納（派固定員役看守最好）。如決定遷輿，此處爲宜。長江紅船走大涵可直達興化，經過縣城，直達該寺。普通運費，民船較廉，惟需時亦較多。如能向省方輪船總隊部或京市公共機關撥輪船頭一隻拖運，

最爲簡便。起運前，先派員察看屋宇與指導佈置，亦妥。就當前抗戰大勢觀察，沿海防線鞏固，戰略不更，
此地尚無問題。近來所籌忙者，均關於非常時期之重要工作。得地較厚，得兵最難耳。肅復，敬頌安康，

受業金宗華謹稟。十月八日

致金崇如函

崇如老同志惠鑒：昨晚接到八號快函，欣悉一是。茲先屬敝館汪主幹藹庭、王庶務悦之晉謁琴堂，敬希
詳爲指導，並希派員偕赴木塔寺相度環境，與住持接洽諸由兩君面陳。冀托福庇，以避敵焰。京空日受敵機
侵擾、搬運書籍尚須俟空襲間隙。發此箋時，即甫由地窟聞解除後所寫也。匆匆不盡，即頌升祺。

附件：（一）寺外環境及交通。（二）寺僧若干人，方丈爲人若何。（三）院宇能否獨立，及向來有無駐紮
軍隊情事。（四）食宿情形若何。（五）鎮地有無巡警及團丁，可以請縣政府特派照料，如有月須津貼幾何。
（六）鎮上有無消防設備。（七）地方有無讀書人及新式學堂。（八）與寺僧接洽房屋或借或租借，亦須酌送
香儀，租則月約幾何。十月十四日

致湖南教育廳長朱經農函

敬啓者：敵機肆虐，京市震驚。敝館藏書僅有一部分寄存故宮分院地庫，尚餘廿餘萬册庋在木質樓房之

中。

　頃爲力謀安全計，商陳蘇省教育廳，擬裝運百箱左右赴湘寄存，未知長沙城内及麓山附近，有無公共場

所可以借儲，或私家房屋顧行租賃者。竊計開戰以來，都中各機關重要物品絡繹運湘，敝館已形落後，故特

函懇我公，就近調查，速賜復示，無任感盼。再，胡子靖先生近日精神康健否？明德中學有空房屋可暫庋

否？如能托靖老設法，則敝館尚可僅寄書箱，不必派員駐湘保管也。專此，即頌公綏。十月二日

致胡子靖函

　夏間寄詩畫册時曾上一緘，並致謝爲小兒介紹事，嗣即戰雲四起，音問久疏。湘省安全，遙度我公精神

矍鑠，愈于寧寓時也。茲以敵機肆虐，京市震驚。敝館藏書雖已有一部分運存故宫分院地庫，而存館之書尚

不下廿餘萬册，木質書樓不堪襲擊，過去雖幸苟全，來日尚難預卜。頃商之教廳，擬運書百箱左右至湘存貯，

未識貴校或其他公私學校有無相當房屋可租或借者，暫寄之時固不開箱，百箱容積約佔平屋三間耳。但冀

空曠僻静，可免風火之虞。又，所在之地能否托人照料，或必須派員常川駐守，均希我公調查酌核示復。開

戰以來，京中各機關重要物品多已運湘，敝館此舉已落後，聞三北公司輪船可以由寧徑抵長沙，不知寄運水

脚需費幾何，尊處見聞較確，並祈示復。再，我公每賜書必出親筆，如公務殷闐，可屬友人代書，以節賢勞，是

所至懇。專此布禱，即頌道安。另，已函托朱經農、趙壽人兩君，度渠等亦必與我公接洽也。十月二日

致趙壽人函

前承寄示穆母挽詩，滿擬暑假時束來，可以暢傾別愫。而戰雲四起，海宇麋沸，積久未修尺素。遙想獄

雲湘月，講席樂康，心焉企羨，無時或釋。敵機肆擾，京市震驚，敝館五十日來雖幸苟全，異時殊難自必。頃

商陳教廳，擬遷故籍離此危城。廳議近則興化，遠則長沙。用特飛函奉詢，麓山附近有無安全地點，空曠房

屋或廟宇、學校、私人別業可借或租者。書約百箱，暫時寄存，儘可積迭，容積不過兩三間平屋。惟公家有人

照料，敝館具牘干託，或不須派員常川駐守，自租房屋必須派人料理，食宿用器一切均須自籌。二者孰當，

敬希我公調查酌核，迅速示知。頃已分函朱經農、胡子靖兩君，同以此意相託。我公如在麓山左側得有佳

處，即祈便告朱、胡兩公，以免歧出。或近處不易設法，即祈入城與兩君會商，當可多方接洽也。專此奉告，

即頌講安。十月二日

致北平圖書館長沙辦事處函

守和先生道座：倭奴肆虐，南北同仇，遙望燕雲，每爲貴館及執事興慨。昨得湘函，敬悉大旆南下，計劃

復興，僑寄麓臺，廣徵緗帙，應變持顛，規麾弘遠，曷勝傾企。茲謹檢敝館印售書全份，及鄙人贈品付郵寄呈，

另附詳目，聊助涓埃。郵件到日，乞賜復書，兼希略示湘垣各方狀況爲盼。京市空警已歷六旬，敝館幸尚安

全，亦擬徙寄要籍，遲回審慎，尚未進行，並祈錫以南針，預籌善策，臨楮毋任瞻繫。此頌公綏，不備。十月十日

致金崇如函

崇如仁弟惠鑒：汪、王兩君歸，知公務殷闃，瑣事復荷關垂，至紉盛意，赴鎮時復蒙沈、馬、卞諸君詳加指導，尤爲銘感。頃已將調查經過報告廳方，如決定運書至興，當再以快函或電奉聞。館中尚須趕製木箱，本擬在鎮薈購，詎省會亦因各方收購，不能得大批板箱，只好在寧購板自製。敵機日日肆擾，又未知能得間隙裝出否。先此布謝，即頌時祉。沈、馬、卞諸先生均希道念。汪局長悼亡，敬希代爲慰問。正思堂額尺寸大小，即示知寫寄。十月二十六日

致袁守和函

守和先生大鑒：荷教極感垂注。所示兩地似以南嶽爲尤僻遠，未識該館隸省抑隸衡陽縣，在山之某部分？頃已報告教廳，俟得決移確訊，當以快電或航函先聞也。前得尊處徵書公啓，當將敝館印售書全份及私人所印數種挂號郵贈，未審已否到湘。細審地址，知尊館與臨時大學即在一處，諸好均希代爲問候。經農兄處公務諒甚忙，亦祈代候，不另函矣。專此布復，即頌公綏。尊處存滬之書，現在能否運湘？科學社似尚安全也。十月二十六日

致趙壽人函

壽人先生道座：前荷航快，種承關切，五衷銘感。所示以南嶽爲最宜，可向教廳聲請一節，當緣詒另函胡子靖、朱經農二君，擬俟其函復彙報。嗣得胡彥久兄函，知靖老抱恙住醫院，未能代爲設法，而朱君訖未答復。近甫由袁守和君代爲作復，指定臨時大學及南嶽圖書館二處，並云兩處房屋均不多，如決欲運來，當爲特別設法，第須開箱供人閱覽云云。詒當即以尊意及袁函報告教廳，亦尚未有確訊，大抵非常時期，交通不便，機關又多有分析遷徙者，故不能如平時之敏捷也。詒處運書尚有一層困難，即書籍非裝整件木箱不可。而都中自八月以來，紙烟箱、洋貨箱售賣一空，只好自行購板製箱，板多潮溼，製成尚須晒乾，迄今僅成二三十箱，一時亦不能即行運寄，只好從容籌措。茲特先行函達，並復袁君，亦以南嶽爲較宜。俟教廳報可決定赴衡，當即電達或再發航快，請各方知好預爲接洽，俾免臨時無處安頓也。都中現象自係危城，第自八月以來共計聞警八十五次，其最多之時，一日之間來襲五次，共機九十六架，投彈二百餘枚，猛烈可知。據報章所載統計，則七十日間，中彈而死者二百餘人，受傷者三百餘人，房屋焚燒毀壞者二千餘間，誠可謂之空前浩劫。未來之禍，尚不知伊于胡底。詒於八月中旬已自分以身殉書，知糜爛之不可抵抗，而職守又不可放棄，自身關係儘可付之度外，家人孺子更應聽其自謀，不復計憶。然亦不自意其尚能苟活七十餘日，而館屋及附近地方亦幸安全，惟日聽飛機轟炸及我軍高射炮連珠環響耳。館中有山地兩畝，倉卒挖一小洞，又在山間築一小房，可容職員工役稍避流彈或墻壁傾壓之虞。兩三月中，聞警則避入地中，解警則仍翻故籍，假令後此

一如從前，即亦可不作避地之想。惟敵心叵測，無惡不作，任何人亦不能預必其不侵害至某所，此詒所以各

方接洽，力求安全，近則興化，遠則湘省，擬以全部分之書籍分寄若干處，縱令一地有失，他處尚可免於焚炸，

特不知運數如何耳。彭一湖君仍在衡山否，晤乞代為致意。專此，即頌箸祺。十月二十六日

致胡彥久函

彥久世仁兄惠鑒：前得賜函，知尊公前抱清恙，調治就痊，尚在醫院靜攝，未審近日起居飲食逐漸復原

否？遠道馳思，敬希代為問候。前函擬運寄書籍一節，朱君訖未答復。僅由袁守和君代答，以臨時大學及南

嶽圖書館為宜，兩處房屋均不甚多，如決運寄，當特別設法，並須派員保管，開箱閱覽云云。趙壽人君亦勸運

寄衡山，較為僻遠。詒閱各報，似湘垣及衡山亦有敵機窺伺，其緊張之狀況，自與蘇、寧各地有別，惟未識衡

山館係省立抑屬縣轄，在南嶽之麓抑在山之中部，輪軌有無困難，異時是否兵衝。除報告蘇省官廳請其決

擇，並再函袁君詢訪詳情，亦希我兄代為調查示知。如決定遷湘，到長沙時尚須藉鼎力助我照料接洽也。首

都自上月二十六，敵以大批機彈猛烈轟炸後，一月之間雖不斷空襲，其程度似稍減殺。惟蘇浙各地交通斷

絕，較前月為甚耳。詒處日處危境，時時有全部毀滅或局部震炸之可能，過去七十餘日，亦不自意其尚能苟

延殘喘，而未來之如何，尤不可知。遠想湘中弦誦如恒，閭閻安堵，不勝企羨。謹此布復，即頌侍祺。十月二十

六日

致鎮江吳季衡函

季衡先生大鑒：汪、王二君回述在鎮奉教，至承垂注，茲決奉托代購板箱數十隻（三十至五十，能多更好）。僱一駁船徑運南京靠旱西門或水西門，運送至龍蟠里，箱價、船價（一次運費）、上下運費均乞費神講定。或先請墊付，或至寧交船老闆，一切拜託，以速爲妙。冷先生及健行均乞代爲致托，無任盼禱，即頌公綏。十月三或先請墊付，或至寧交船老闆，一切拜託，以速爲妙。冷先生及健行均乞代爲致托，無任盼禱，即頌公綏。十月三

十日

致金崇如函

崇如仁弟惠鑒：二十六日具函致謝，並述裝箱未能應手情形，計已達覽矣。茲寄上正思堂額，乞酌用否。另寄汪局長夫人挽章，即希轉交爲盼。前日敝館張主任赴鎮與吳科長接洽運書之事，當以木塔寺較爲僻靜，適於藏書，第恐巨箱纍纍驟入該寺，有無動人猜測之患。屬函再託執事在城廂附近調查屋宇，不拘公私所有，或借或租，類如舊日學宮或新式之學校，及圖書館或附近地點，人民常見書籍，不致爲軍火或珍寶者，能得三間房屋一兩進即可容納。初至時自然堆積，或停頓數日之後，即可分批開箱陳列，使人知爲老舊書籍，不甚值錢，至多不過等於古書鋪之類。然後再看情形，不妨作爲流通圖書館或南京分館公開閱覽，即使欣賞者無多，亦免使保管者枯坐古廟看守釘實之木箱，且於貴治文化事業亦不無裨助。張君歸談此意，詒亦以爲此意似較前商專

顧庋藏者較進一層。惟江、王二君談及，城中屋宇從前租價甚廉，自兵事發生後，有避地而來者，當地人亦漸增高租價，鄙意即月出三四十元房租，亦未始不可，開報此層，似不必慮。但冀四周無草屋，可免風火，入居時不必自行修理者，即可權住，未識尊意以爲何如？汪君去年在通，如相見談命最精，執事便中可與一商，或託當地人留意物色，隨時示知爲盼。此間箱件仍未能趕製，另託鎮友代購，亦未悉能得若干。前線局勢不同，憂憤之至。專此，即頌近祉。十月三十日

致鎮江民衆組織委員會函

敬啓者：頃承尊處代敝館收購板箱，雇船運送，兼承陳君督載，沿途照料，無任感謝。上項代墊箱價及駁船給養費，即日由銀行匯寄，先行蕭函鳴謝。此致 鎮江民衆組織委員會十一月八日

致吳季衡函

季衡先生道鑒：五日接四號手書，欣悉購箱派船，種費清神，無任感荷。嗣即風雨連朝，殊深焦盼。今早放晴，陳君攜尊函蒞館，展讀之下，快慰無既。該箱照數點收無誤。承墊箱價及駁船給養費，即日由銀行匯寄尊處。敝館裝載書籍尚需時日，當屬原船開回。屆時如需裝運，擬仍修函，再請尊處派船來京。竊計放空來京，視在京守候之費當較少也。一切費神之處，容面謝。先此布復，即頌公綏。十一月八日

致三汉河船捐局函

敬啓者：敝館由鎮裝載木箱船隻，頃承查照放行，無任感荷。該船即日放空回鎮，並無裝運貨物，屆時仍祈准予通過。敝館已與市政府財政局馬科長接洽，得其認可，特再函達，諸希垂察。十一月八日

致市政府財政局函

敬啓者：敝館因裝庋藏書，需用板箱，函托鎮江民眾組織委員會雇派四〇一一號駁船，船主名袁利，裝載該箱來京。此係因公需要，並非商船營業。現該船因板箱運到館中，點收無誤，放空回鎮。誠恐沿途局卡認係營業船隻，或有阻攔情事，用特具函聲述，敬祈貴局發給免稅執照，以便通行，是所至禱。十一月八日

致教育廳陳秘書，吳、薛二科長函

天鷗、劍真、翹東諸先生均鑒：在鎮奉教甚慰。昨因警報頻傳，亟乘上水船赴寧。今晨抵館，得興化金縣長快函，又爲敝館相度該縣城內倉聖祠，環境尚適，內有大殿三間，可置書箱，客房兩大間，可住職員或臨時陳列書籍之用。詒即與館中同人商酌，爲預防兵事計，姑先遷移一部分書籍至該縣，約四五十箱之數。另牘請發廳令及護照，即祈迅速賜發。緣時局變化孔亟，一日是一日之狀況也。此項書籍由鎮江民眾組織委員會雇駁船裝載，或加小輪拖帶，出發時當再申述也。軍委會工程師來館相度工事，需費五六千元，且恐地下

八六七

潮溼，不能存書。詒意或小試其法，以節用費，現尚未定。並以奉聞，即頌公綏。

再啓者：護照上箱數，敬祈空一二字。館中擬裝之書，總在五十箱上下，恐來船容量或有增損，故請將數字空，由臨時再填。此項護照如因局勢變更，一時不能將書運出，亦即繳還，不作他用也。又啓

高淳之議，因未與該縣接洽，且未知有無相當地點。興化已接洽數次，故先運一部分至興化。如再有餘暇，當至高淳接洽也。又及。十一月十二日

致吳季衡函

季衡先生道座：前承屬陳君押載箱件到館，備感盛情。該箱點收後，即繕謝函託陳君攜呈，並由銀行匯寄墊款陸拾伍元，計已先後察收。詒昨在鎮，造府奉謝，值駕出，未克晤教。本擬今晨再趨府卲談，緣警報送作，即夜乘上水赴寧。到館即得興化金縣長快函，又爲敝館覓得妥適地點，爰與同人商酌，一面報告教廳運一部份書至該縣，一面仍函懇尊處再派與前次來京容量相等之船，徑泊漢中門口，俾就近裝載，並請囑其攜備油布遮蓋書箱，以防雨濕。屢瀆清神，至爲不安。前聞陳君云，尊處派有裝鐵船在京，如該項船隻尚未放回，就近令其來館，尤爲便利，第恐相距已五六日，各船未必尚停都門耳。江行下水帆船甚快，由揚至興恐河行迂緩，尚擬雇一輪船拖帶。前聞陳君談及尊處雇輪拖船亦有定價，能與定議，或一同到寧，或在鎮接拖，均按日授資，尤所感盼。專此拜託，即頌公綏。冷、柳諸君均希道意。

空船來京，計不需尊處派員押載，第屬船主持尊函到館爲憑即得。　又，陳君前在京時，諸多簡慢，稍暇詣到鎮，當再致謝敬也。　又及。十一月十二日

再致吳季衡函

季衡先生大鑒：昨上快函，計邀台覽。夜來熟思，空船赴寧，恐遭阻截，仍以請尊處派員押船來京爲妥。公費由館照送，請函示，不必客氣，是所至禱。瑣事瀆請，毋任感悚。冷公及健行處均祈致意。此頌公綏。十

一月十三日

致金崇如函

崇如仁弟偉鑒：七號快信十一日收到。即稟教廳，請發命令及護照，運書五十箱至貴治。一方雇船裝箱，分派職員押運前來，大約總在月半前後出發。　茲先函復，屆時再行通知，或由敝館張主任在運書之前到達，以便接洽一切。種費清神，無任紉感。詒在寧守館，赴興與否，一時未定，大抵視前綫及都門狀況耳。專此，即頌公祉。十一月十三日

致教育部總務司社教司函

敬啓者：敝館請領護照，蒙諭應備手續。茲將裝箱書目一册呈請備案，該書計裝五十木箱，押運職員係敝館保管部主幹汪閬、庶務王煥鏞，該員照片兩張並應繳印花稅二元，隨同書目齎呈。敬祈察核，即行粘貼頒發，毋任盼禱之至。十一月十五日

致陳天鷗、吳劍真、薛翹東函

天鷗、劍真、翹東諸先生均鑒：頃接十五日快函，並奉到省府護照，敬承眷注，無任銘感。時局緊張，日有不同，前託鎮江民組會封雇船隻云已開來，尚未到達。運寄書箱，有無波折，尚未可知。然即運寄五十箱，亦不過現存館中之書十分之一，其餘尚無辦法。目前可以裝書空箱，只有四十餘隻。館中同人尚在努力查號裝箱，異時或寄存故宮地庫，或運至湘省，目下一無把握。重載纍纍，向警廳請一通行證，越三日尚未發下，其困難可知。昨日夜間，又來教導總隊補充團士兵官長六七十人，乘車持械，衝門直入，強住館屋，迫令停止閱覽。雖經婉曲磋商，將雜志及報章兩室讓與，僅僅保留閱書之室，而承辦軍需應付不了，自桌橙床鋪以及稻草零物，隨意取携，無可理喻。厄運至此，夫復何言。諸公總攬全省教育，近日以來應急措置，尚希略示一二。敝館設至強敵逼近時，是否悉行移交軍隊，尚祈指授機宜，以便相機因應。除已另具公牘呈廳外，謹以近狀奉聞。務希惠示一切爲盼。專此，即頌公綏。

即日可否請省府發一運書赴湘護照，填明五十箱，看上水船能裝出即裝出，如不能運出，將護照繳銷，何如？十一月十七日

呈教育廳文

爲報告教導總隊補充團官長士兵借住館屋事。竊屬館自八月二十一日經參謀部勘委會借用館屋，不得已允將雜志閱覽室之新堂及前進門房借與該會，即行呈廳備案。嗣至九月二十八日勘委會自動遷移，當將房屋收回，查點用具等物，尚無損失。惟前進牆壁及板門爲之毀損。爰經集議，一面召匠拆卸牆壁，一面督工移疋舊釘報紙，冀免後來者援例借住。自九月杪至十月初，各方軍隊士兵時來詢問，均經據情婉却，幸獲保留二十餘日。詒徵前次赴鎮到廳，業將經過陳述，不意近日戰局益形緊張，軍隊調動頻仍。又以清涼山附近三月以來未罹敵彈殘毀，人尤視爲安全地帶，竟抱鵲巢鳩佔之圖。月之十六日，一日之中，來軍隊相屋數次，導之察看，實無餘屋，婉詞曲說，力祈鑒原。延至晚十時，館中同人均已閉門安寢，忽有大隊士兵乘坐汽車屯集館外，屬聲衝門，强行闖入。詒徵聞聲出視，自知無力抵抗，告以無可如何之中，當爲雙方相安之策，即夕將盋山精舍閱報室讓空，俾可小住。而該團人數衆多，官長又需特別分住，商榷遷就至再至三，計非再將新堂前後兩進立行搬讓不可。詒徵督同職員工役，星夜將新堂所疋舊報八十架，悉數移至閱書兩室，自十一時至三時，始克竣事。職員工役住在兩房者亦貪夜移床，與他人併居雜處。當時該團尚指索閱書兩室，以

爲該室明窗净几，適於起居。詥徵及各職員堅持，此事爲職務所關，非至萬不得已之時，本館不能停止閱覽，

亦即不能讓與軍隊居住。該團聆此懇切情詞，始獲暫分界限。以故屬館職員雖經一夜辛勤，即日仍照常辦

公，附近學人亦尚來館閱書閱報。惟慮軍隊林立，需索煩苛，設再增駐人夫，或更自由行動。藏書之所，潰決

藩籬，凡百前途，不堪設想。伏念國勢阽危，群情惶駭，詥徵能在此館一日，必盡其一日之力。謹將該團占屋

情形，先行據實呈報。伏候訓示祗遵，無任迫切之至。十一月十七日

呈教育廳文

爲敬陳困難請示辦法事。竊屬館藏書三十餘萬册，自暴日肇釁，僅將善本甲庫書二萬餘册運寄故宮博

物院分庫，餘書皆存館内，迭經聲請，有再運一部分書至湘省及興化之計畫，往來接洽，時機已迫。甫奉頒發

赴興化護照，遽聞南通已淪敵手。江北恐非安全之地，而國都各機關刻日遷往上游，輪船火車均無從插足。

詥徵頃詣故宮博物院分庫探詢情形，據云只能將該院一部分古物運出，餘件仍存地庫。叩以可否將本館寄

存之百十箱書，隨同該院古物運往上游，該院答謂不能；又叩以可否再將本館書籍檢寄一百箱，並屬本館職

員借住該院，共同保管，據云此層尚可照辦：此十八日接洽之情形也。惟都市迭經轟炸，該院自存之物尚需

遷移，雖其地庫較勝本館山樓，究未離開危險區域，欲求稍遠兵鋒，計非徑往上游不可。本館財力既形薄弱，

無從雇覓專輪；或者沿用舊日江行帆船，姑先運至漢口，再議前進，而帆船行程迂緩，又有風濤之險，不敢冒

昧從事。爰就以上各情臚陳鈞廳，請示祗遵。或再寄故宮地庫，或仍運興化，或用帆船運至上游，能盡一分之力即盡一分之力，庶于職守稍竭愚忱。迫切上陳，佇聞明命。

附陳者，如鈞座以帆船上溯為可行，即祈發給護照，將前請頒發之赴興化護照繳銷。詒徵再稟。十一月十九日

致興化縣食糧管理委員會函

敬啓者：敝館因時局關係，請准教廳以館藏圖書之一部分遷移貴縣保存，仰荷貴會俞允，飭撥空廒餘屋以資應用而便辦公，無任感幸之至。現計借用漸字號倉屋三間、晉字廒倉屋三間及東廳朝南房屋兩間，尚敷布署。將來如需擴充，擬俟屆時再行商撥。惟目前所住上項各屋，藏書及寄宿之用與存貯糧穀不同，擬就窗壁小有修改，添設風門及兩號毗連之內門，以便通行及關鎖等事；將來歸還房屋時，仍由敝館召工恢復原狀。此應行向貴會聲請者。至敝館借屋雖屬臨時性質，以時局關繫，亦難預定期限。彼此同屬公務機關，應否請求貴會酌定賃金，按月繳納，以重公益，實為兩便。十二月七日

呈教育廳文

為報告分運館書，暫在興化縣西倉設立臨時辦公處由。竊自暴日肇釁，京市震驚，屬館藏書，日虞轟炸。

業於八月十五日寄存善本書籍一百一十箱于故宮博物院南京分院地庫，呈經示復在案。其餘二十萬餘冊存貯館中，無可爲計。雖嘗建一夾室及山間小屋，容量亦復有限。迭經函牘聲請及赴廳面述各情，當蒙指示酌分館書，或運湘省，或運興化，以避危險，各方接洽，延至多日。卒以運赴上游，費用太鉅，且值國府遷都，群情震駭，舟車運載，均難插足。故宮地庫雖仍允寄存，然該院內庫已經封鎖。又聞衛戍司令部移駐其間，儲之外庫，亦與山館無甚出入。故爲館書安全計，惟有酌分一部分運至興化縣一途。請照雇舟，復多波折。直至十一月二十外，首都及省會各方遷徙已及十九。屬館始獲運出藏書五十七箱，合計三萬餘冊。所有裝箱清冊及各書部數帙數，謹就館印目録加蓋裝字紅記，附文呈報備案。上項書箱由張主任逢辰、汪主幹闓、王事務員必旺、謝事務員德洤四人隨船押運。于十一月二十八日抵興化縣。當與興化縣縣長金接洽，暫借該縣城內豐圖倉漸字、晉字兩廒，平房六間存放。該房本爲積穀之用，地板高燥，空氣流通，墻垣堅固，環境清曠，庋放書○，尚爲適當。如時局能稍平靜，尚擬再求善地開放閱覽，以期裨補江北文化，一時似尚未便進行……此分運館書至興化之情形也。至龍蟠里本館所存善乙及普通書尚不下十數萬冊，印行書籍亦達九萬餘冊，檔案書板等等，又復充屋連楹。詒徵本意堅守危城，以盡職責，故自八月以來，敵機之襲擊轟炸百有餘日，堅不爲動。無如政府西遷，戰事逼近，教導團部、營部迭次占領館屋，不容詒徵及職員等住屋辦公，書生荏弱，無可抵抗。適值書船運出，復奉第三五八七號密令，墊發生活費，遣散職員，爰僅酌留職員四人、工役三人在館照料。將夾室及山房存書彙存後樓，嚴加扃閉，中進可達後樓之門，亦爲釘塞。其餘館屋用具，一

聽軍隊之自由使用。詔徵於十一月二十四日挈同朱保管員煥堯、周會計啓文、戴事務員瑞琪，運載館中重要文件，取道揚州，赴實驗小學鈞廳臨時辦公處，報告一切，仍乘帆船迤邐前進。至本月五日到達興化，即在該縣西倉寄存館書之處，設立臨時辦公處。間關奔走，險阻備嘗，憂患餘生，幾不能爲遠久之計，力之所及止此。理合將以上各情備文呈述，伏候訓示祗遵。十二月七日

呈教育廳文

請就地指撥維持費由。竊屬館在興化縣西倉設立臨時辦公處，業經備文呈報在案。前奉密令，墊發職員十一、十二月生活費及運書舟車等費。館款所餘無幾，後此設無經費，恐難以維持。目前教育經費管理處及稽核員審計處等散處各方，一時未易開會簽發支付經費通知書。急則治標，必須求一變通之法。竊以教育經費，本自各縣解省經管理處支配。從前經費支紬之時，恒有各學校機關持管理處通知書至各縣領款之例。本年江北各縣秋收豐稔，未受兵災，現在已屆收漕之時，如援前例，由廳令行各縣及各機關，直接就所在縣款於興化縣，再行呈報教財兩廳及教育經費管理處備案，似可省手續而應急需。屬館現設臨時辦公處於興化縣，約計南京本館保管費及臨時辦公處薪工雜費等項，每月合計需費五百元，視經常費不逮五分之一。興化夙稱饒裕，如蒙廳令，指令屬館在興化縣應解省庫教育經費項下，每月直接撥付屬館維持費五百元，在該縣似無把注之艱，在屬館即濟燃眉之急。管見所及，冒昧請求，伏候鈞示祗遵，實爲德便。十二月七日

致金縣長函

敬啟者：敝館近就貴治設立臨時辦公處，並運一部分書籍庋存西倉，迭荷關垂，深紉公誼。茲因敝館十一月經費尚未領到，嗣後長駐貴治，無法維持。業經備文呈請教育廳，援照從前各學校機關分赴各縣領款之例，擬就貴縣應解省款教育費項下，每月直接撥付五百元，以應急需而省手續。時局緊張，事資敏捷，謹將敝館呈請教育廳原牘錄呈台覽，一俟奉到廳令，即希剋日指撥，不勝翹企盼禱之至。十二月七日

致陳秘書主任快函

天鷗先生偉鑒：在邠奉教至慰。嗣以回鎮接眷屬，展轉多日，五號始抵興化。館書五十七箱，暫儲該縣西倉晉字廠，詒及職員五人即在漸字廠辦公，一星期中改造窗壁，檢點書箱水漬，頃始稍稍就緒。當地人多，來詢何時開放展覽，及可否納資借書。答以倉中並無設備，閱覽尚須另覓地址，恐非目前之事。外間謠傳孔多，恐亦未甚安謐，此後若何進行，尚祈詳爲指示。前具兩牘，由局挂號寄邠：一係報告運書至興化，附呈目錄一册備案；一緣十一月份經費未發，請以廳令囑興化縣就近指撥維持費五百元。未審邠局已否轉遞淮陰，茲再錄牘稿各一份呈閱。如該牘寄到，務祈迅賜指令，或先以長途電話告金縣長，以便與縣政府接洽，俾濟眉急。經費管理處有無消息，廳中對於各學校機關局部維持有無共同標準，諸希賜示，無任盼禱。專此，即頌公綏。馮、曹諸君並希致聲。十二月十三日

代電韓民廳長

江蘇省政府民政廳廳長韓，請轉教育廳陳天鷗先生鑒：虞寄邗牘，請在興化撥維持費月五百元，計達勛覽。元函淮陰申請，未荷復示。館款奇窘，懇速電令金縣長就近指撥，以濟眉急。無任叩禱。十二月二十一日

代電教育廳陳秘書主任

天鷗先生鑒：虞寄邗牘，請在興化撥維持費月五百元，計達勛覽。元函淮陰申請，未荷復示。館款奇窘，懇速電令金縣長就近指撥，以濟眉急。無任叩禱。十二月二十一日

致陳天鷗函

敬啓者：詒徵自揚抵興化後，具牘報告，並請經費，續上快郵，未荷賜復。頃晤鎮館陳館長，云該館已領到十一月份經費。敝館同隸廳治，計亦一律寄發。誠恐寄遞舛誤，用特申函，敬祈飭寄興化西倉敝館臨時辦事處。詒徵督率各職員夙夜在公，未敢曠職，鈞廳近在淮陰，一視同仁，當不忍令其向隅也。迫切待命，敬頌公安，並叩年祺。十二月三十一日

二十七年分

致財政廳陳秘書函

卜長先生道座：敬啓者，敝館前奉教廳令遷興化辦公，抵興已及月餘，前領經費僅及十月份，積餘之款流用至十二月已將告罄。抵興之初，即具牘請教廳會商貴廳，暫在興化縣應解省庫教育專款項下指撥五百元一月爲敝館維持費，並與興化金縣長接洽，據稱奉到廳令即可照撥。延及匝月，待命孔殷，累函教廳申請，計已與我公接洽，未卜能否俯如所請，以濟眉急。敝館遷興，機構尚全，諮徵督同各職員日事工作，與他機關僅以私人避兵者不同，所請之數亦甚微末，不過平日經費五分之一。祗緣教費管理處遷漢，致存在蘇省之機關反無從請發經常之款，倘以前次教廳核准四個月之預算計之，即祗發十一、十二兩個月經費，即可爲敝館所請十個月之維持費矣。歲序已更，點金乏術，敬求鼎力予以救援，公誼私衷，均深感盼，臨楮毋任迫切待命之至。專此，即頌公綏，並候福音。附呈前上教廳牘稿。一月五日

八七八

致陳天鷗函

天鷗先生道鑒：敬啓者，頃晤金縣長，據云晨間得電話，知我公俯念館款艱窘，允爲設法救濟，惟虞財廳能否俯如所請。詢徵聞訊之下，感荷無既。茲特函財廳卜長先生，聲述艱困，乞其准如前牘指撥。我公便晤時，仍祈鼎言，冀能從速令撥，俾免困於涸轍。千萬叩托，即頌公綏。

再，鄙意初無奢望，只冀照發二十六年之十一、十二月經費，特方式有二：其一照前核准之緊縮預算頒發，則兩個月之經費共計五千有奇，此蔓付也；其一則在興化縣解省教廳之中指撥五百元一月，即以此兩個月之經費分十個月發給，此零付也。在二十七年一月請發二十六年兩個月之款，此詢徵職務所應盡也。由蔓付而變爲零付，則更屬體恤公家，不敢浪費之微意。務祈鑒之。　一月五日

上教育廳辭職函

爲艱鉅難膺，聲請准予辭職，遴員接替，以便交代解散事。竊自首都淪陷，屬館屋宇書籍存亡莫卜，所有自寧運至興化之書籍器物，以及督同會計慎重保管之現款存摺、存單等項，價值不貲。興地雖尚安全，而鄰邑已罹敵焰，風聲鶴唳，夙夜堪虞。詢徵反復思維，實難再行負荷艱鉅。惟有趁此興化縣境安全之時，聲述實情，敬希准予辭職，遴員接替，以便點查交代，免致紊亂時期措手不及。除先將木質鈐記一方親齎呈廳，並率同周會計啓文將經手摺單現款一併送廳保存外，並屬在事各員靜候廳派人員到興，按照前呈書目及財產

国立中央大学国学图书馆小史　盋山菴牍　合刊

表詳查所存書籍器物，正式移交，剋期解散。詒徵經手未清事件，仍在鈞廳行轅靜候指麾，或有溢領公款，亦

當依法追賠。但祈無負平生，庶免有玷公務，幸亮下情，實爲德便。四月七日

繳納溢領公款呈

案奉鈞廳上月二十八日淮字第一〇七五號指令內開「呈暨附件均悉，查該館各項結存款及圖籍價爲

數不貲，應行妥慎負責保管。二十七年一月份起，該館職員薪水即依照聯合中學支薪辦法辦理，並應照省

府新訂公務員薪給折扣辦法發給，不得照前訂標準支給。所有過支各款，應即分別追回，併仰遵照，此令。」

又奉上月二十八日淮字第一〇七號指令內開「呈暨分配表均悉，查該館維持費預算分配表應自二十七年

一月份起編造，至六月份爲止。職員薪水不得超過聯合中學職教員待遇標準，並須遵照省府新訂公務員薪

給折扣辦法辦理。該館職員薪水按照新訂折扣辦法，每月應減支五十元。六個月共減之三百元，應即專款存儲，不得

混入常費內開支。仰即知照，此令。」又奉上月二十九日淮字第一〇八五號訓令內開「案查本省公務人員俸

給，前經省政府委員會第六四次談話會決定，自二十七年一月份起，以二十元爲底薪，二十一元至六十元七

五折等語，記錄在卷。所有各該機關保管員生活費仍照前訂標準發給者，其溢支之數並應追回，以資撙節，

而符通案。除分行外，合亟令仰遵照，此令」等因。竊詒徵奉職無狀，際此時艱，率同職員溢領公款，理合遵

令按照聯合中學支薪標準，自本年一月至四月，每月支付生活費五十二元，合計共應支領二百元。其一月份私照上年廳頒標準支領一百五十七元五角；二月份周會計私以每月在興化縣領到維持費五百元之百分之六十剋算，支領八十四元；三月及四月私以傳聞聯合中學支之標準，兩月各支領六十元。合計詒徵個人共領過公款三百六十一元五角，雖照從前廳令館長月薪二百元之成案，尚未領足兩個月之數，但以上各項指令及訓令衡之，實應繳還一百六十一元五角整。詒徵雖在顛沛之時，絕不敢存苟偷之念，謹向親知告貸，籌足應繳公款一百六十一元五角整，親齎呈廳，請予察收。至館中主任、保管各員，由寧赴興，備嘗艱苦，本省各社教機關早經停頓，各職員仍在興化西倉繼續工作，編輯閱覽，雖星期一亦不獲休沐，從寬豁免，以恤寒儒。倘以功令間溢領公款合計二百三十七元，可否懇祈俯閔各該員避難在興，告貸無所，不無微勞足錄。此四個月既頒，礙難瞻徇，則督率處理，咎在詒徵，既未能於一月間預知省府將於二月間頒發公務員俸薪折扣辦法，又未能於二月間逆睹鈞廳將於三月間有所謂聯合中學支付生活費標準，以致浪費公款，騰消四方。雖截至繕呈之日，亦尚未奉到省府鈞廳正式頒發公務員俸薪折扣辦法及聯合中學支付生活費標準全文，但隸屬機關，祇可自行引咎，職員欠款，詒徵理合代償。

查前清龍蟠里圖書館所藏書籍字畫，有以公款購取者，有范、徐兩家因欠公款以書籍字畫抵償者。詒徵自赴興以來，鎮江私寓業被焚燬，家藏書物，蕩然無存，尚幸在寧時隨身書籍曾附館中書籍運至興化，現有八木箱，亦隨同館書寄存興化縣屬五區中圩羅漢寺中。該書雖無珍貴之本，以詒徵逐年購置價值計之，似尚可值四五十元一箱，可否援照舊案，准予詒徵以上項寄存羅漢寺之私

人書籍八箱，代各職員賠償應繳之款。一面可以章鈞廳寬大之恩，一面可以昭學界將來之戒。愚慮所及，未

知當否，理合將兩項辦法瀝忱請示，伏候指令示遵，不勝迫切恐惶之至。 四月七日

致張祖言函

聚首數年，忽爾睽隔，停雲落月，思何可支。此二十日中，雙方函電可知梗概，尚盼詳函縷述一切。弟況

具家書中，可詢之舍間，不必複載。金君病已愈否？省電運書如何措置？同人存散，尤所關懷，文郎有竹報

否？潭眷能返通否？訪書之事，濂溪漠不關心。幸訪知杭立武在漢，往晤一次，初謂第運故宮之物未能兼及

館書，且示以活字記錄山館之一一〇件，註明未運。第詢其究竟，則謂地庫所存，悉數運出，並無遺餘。弟謂

書雖非盡存地庫，但宋元珍本十大木箱，分院復函明云存第四庫，不得諉爲未運。杭聆此言，亦自承運出，屬

函重慶，詢之馬君。 至第二庫之百箱，杭語亦有，然疑並未決定，曾無一箱運出，其中意味，不問可知。弟擬

姑先函詢馬君，俟得復再議，一兩月內，或須赴重慶、成都一行，以明真相。館存文件，務希注意保存，弟處僅

有鈔件也。 匆布，即頌道安。 諸知好均祈道念。 四月二十八日

致馬叔平函

叔平先生道座：客冬以來，天旋海沸，文物之劫，前史所無。 春初閱滬報，欣悉貴院珍藏悉已西運，敝館

寄存之一百二十箱，當托福庇，附載而西。蟄處昭陽，輒爲抃躍，邇日予身赴漢，冀得好音。幸晤杭立武先

生，據云地庫所儲全數運出，初無賸餘淪于敵手，敬聆之下，尤爲感頌。杭君並云，上項箱件已運成都，庋存

之所尚未確悉，屬函我公，當得其詳。又謂途次軍政各方，維護周密，決無遺餘，此尤足使詝徵感激涕零者

也。詝徵即擬即日赴渝，閟聆教益，緣摯友之約，便道先至泰和，小作勾留，即行入蜀。敬祈公暇，垂示轉運

之詳及箱件現寄定所。異時造謁，或鄂或川，亦可預訂，以免相左。館籍獲存，皆拜我公之賜，不獨詝徵頂

禮，即先民來哲，亦將頌德于無窮也。專此聲謝，敬頌公綏。　四月二十八日

馬叔平復函

翼謀先生大鑒：頃得由渝轉來惠書，藉悉台端抵漢，欣慰無似。本院文物存京者計有萬四千箱，益之

以古物陳列所之五千餘箱，共爲萬九千餘箱。自十一月十六日起迄十二月三日止，共運出一萬六千餘箱，

其時太古公司之溫州船，業經言定繼續裝運。不料自四日起形勢益緊，溫州船竟停泊江心，不能由我裝

運，致本院賸餘之二千餘箱及各家寄存箱件皆無法再運，次日即有英船在蕪湖被炸之事。不得已祇得將

庫封鎖，於九日晨退出南京，時機太促，未竟全功，此實最可痛心之事也。杭立武先生所云地庫所儲全數

運出者，因第一批江安船所載皆地庫之物，但屬本院自存，而各家寄存者不與焉。同屬國家文物，本無人

我之分，惟就責任言，不能不先己後人，此應請鑒諒者也。假使溫州船能停泊碼頭一日，不特本院文物悉

國立中央大學國學圖書館小史　盋山案牘　合刊

數運畢，即各家寄存之物亦可附帶運清矣。乃事與願違，留此千古遺憾，弟之罪戾，實無可逭。辱荷垂詢，

謹將經過情形臚陳左右，幸希鑒察，專復，敬頌旅祺。弟馬衡上言。五月八日。

致金崇如函

在淮陰時，曾屬周君携去一緘，計邀青。及到漢，值余、趙二公均詢尊況，抵泰和後，郭君洽周亦深致念。

詒遄行三千餘里，尚能勝舟車之況瘁，所難愁然者，典司十稔之故籍湮淪飄蕩，莫可如何也。興地邇日風鶴

若何？吾弟清恙就痊，賢勞當更倍於昔。以此間無綫電訊測之，似敵勢不充，未必侵入貴境。縣府曾否移

治？居民及流寓者有無遷避之擾？自慚衰朽，遁迹異邦，不克與弟共晨夕，稍助萬一；而弱小寄居，復累公

餘之清慮，未知後來何以爲報。在漢晤濂溪，知亭林發電之由來，乃緣吳、鈕二公在渝詢及，且亦未悉館藏宋

元珍本久寄故宮地庫，初未運至昭陽，故疑詒所携至興地者價值絕重，亟須轉地保存，當將經過及書籍性質

詳告濂溪。未幾聞冷禦秋言，昌黎已電濂溪，謂屬吾弟將倉書運至袁浦，此出當軸盛心，詒固不能贊一辭，又

未能躬預其役，未識吾弟與省方及張君規畫布署若何。大概先提兩寺所儲，合之倉存箱櫥，悉數點運，惟未

悉在興曾否逐箱清點，抑至袁江再行啓箱。館友已否盡散？所存現款是否敷用？未得詳函，是用耿耿。詒

初意上項書籍久庋興地，爰有保存會之舉；一旦幡然，大類詒之失信，不知石、顧、朱、任諸君能相諒否，冀公

便中詳爲解釋。前項組織不妨存在，亂離之際，公私典籍都患無所付託，不必因館籍他移而遂廢止。例如周

八八四

伊耕君所存文牘當仍寄存寺中，在興緇素爲之保障，亦甚盛事。詒存八箱，如未充公，並盼垂注，若評價償款，自亦不必寄寺矣。故宮所寄，尚屬疑團，濂溪允爲代詢，似亦未能特別注意。詒在漢時，已訪晤杭立武君，初謂第運故宮古物，未能兼顧館書，嗣又謂庫確已運空，必有舊書在內。頃已函渝馬叔平君，探其真相，俟得復函，再擬入蜀。廳中所畀公文，不允辭職，給假訪書，得支旅費。然一文未畀，想係屬解私囊。詒生平不肯向人乞假，至是亦不得不至贛措資，此由漢而贛，再擬入蜀之苦衷也。在此與弱女相依，食宿均甚安適。詒距敵既遙，不聞警報，鄉村風景，不啻仙都，惟繫念家小，兼念良朋，寢寐以之。漢皋友人，有得王伯沈先生金陵手書，云尚無恙，現住寧海路鍾氏宅中，此足下聞之，當爲狂喜者也。假館三日，始稍寧帖，覬縷言之，不盡欲白。即頌近祉。興地諸公及寄居摯友都乞道念，不及一一致函也。四月二十九日

董廷祥來函

四月一日中午，偶來四五十人，汽車兩輛，自行動箱移書。廷率館役二人，前後往返婉辭懇求無效，即派李某往楊府稟告，楊公隨至。用筆談，彼方答云其書逆產，楊答曰文化非逆產也。彼又云東亞和平，文化大同，該書應運彙集其他，未果。由一日至五日，將前後樓及借閱書運盡，並將繆存之書與字畫六箱統運去。最後仍至馬祠，擬運新書。廷舍淚苦求，並説此處書籍皆無重要，各庫分存數份。彼方略存仁慈惟惟，答云留存其書，爾等有飯碗了，否則無有辦法。四月七日發，十八日到興

汪靄庭來函

前月二十八日，冒險至下關，無通行證，不得入城調查。有念佛堂處可領京市難民證，持以入城。步行至龍蟠里，已昏黑莫辨，頹垣敗壁，淒涼萬狀。訪董君廷祥於冬瓜市難民區，詢館事甚詳。翌日，復巡視館內各處。董君於某日為軍隊強迫出館，城陷後，難民相率搬運館中什物傢具，絡繹於途，董君雖阻之而不能也。幸館書未遭劫，其損失者概為印行書。自治會成立，董君呈請保護。自治會派楊復明先生主其事，除董、梁二君留任外，派高玉山襄其事，復派一張某者，聞係一書賈佐之。楊先生不常蒞館，印行書已整理完畢。闈視之，頗粗率，恐未能憑也。現繼續整理普庫集部，就每箱書籍寫一草目。密室內之書封鎖如故；存故宮分院之書聞有陳群者蒞館閱書，談及嘗在該院查閱無恙。其目前經費月支七十四元，留守員四人各支十二元，工役二人鄒文耀、老李各支八元，餘為辦公費，聞將來或可增加。館內各處，軍隊然火禦寒，地板焚燬多處，未釀火患，誠屬天幸。館後竹籬盡為難民拔去，花草亦多損失（下略）。四月十九日收到

致張祖言函

七月一號曾上一書，計邀青。及屢得家書，知興地近尚平靖，鄰邑且漸恢復，館務仍舊進行，舍間諸叨福庇。又因寺書曾赴中圩一行，曷勝欣感。昨信述及周君面謁大樹，據云七月經費照發，同人職業，計可維持。詎新病後，雖欲奮飛而不能，知已當諒之也。內子函述五、六兩月仍支此後一切，端賴我公鼎力規畫布署。

詒薪，論理已不應受，第自徐至漢旅費等等皆未支付，故姑以抵假出資斧，此後萬不可再支分文。緣訪書之舉已成過去，馬君來書直截了當，謂一箱未運（五月八號信）。據汪君函述陳言，又似都在地庫。詒目前固不能入川，即能亦毫無裨補。綜合各方函件，頃所能保管者，止此在興之書，興書他運未諧，復由公及同人經營布署，與從前性質亦不盡同。詒豈可以遠游置身事外，而使家人在興坐領乾修之理！為此特函我公，請自七月份起停發詒薪，我公代理館務，應請月支六十元，庶名實相合，此乃事理當然，務祈勿存客氣。詒一時亦不再聲明辭職，以其本不在職，無所用辭，姑援各方留職停薪之例，以俟時局之變遷。蓋局勢苟有轉機，秣陵幸能回復，種種經手事件，尚須有一交代，總共損失幾何，皆詒應行負責，聽候當事處分，不止於春間之追繳溢款已也（例如各處寄售書如何結束，馬祠之書某時實存幾何，至某時又損失幾何，此時尚未有定論也）。十一年來遭閔受侮，努力工作，無非冀無負丁、繆諸公。而今已矣，既無以對前人，亦無以對自己。雖曰大勢使然，然其不能先事圖維，早運善本於安全之地，則日喙莫辨也。至於預計將來，則冀屺兒能自贍其妻孥，愚夫婦桑榆之景，所需幾何，時局苟能挽回，詒擬仿趙蜀琴之支持。至於家用自有籌措，舍間第能節約，亦可勉強生活，教書私塾兼行鬻字，不願再藉官府之力，消耗老百姓之賦稅，此亦詒平時常與我公談及者，諒不斥其迂也。七月二十二日

三十四年分

致馬叔平函[一]

叔平先生道座：損書具承盛恉，敝館寄存之書久荷關垂。際茲院物璧還之時，亦得使館書珠返，紉感無似。

職責所在，亟思東飛，前曾致電顧司令長官，轉江蘇王主席，先行會商，派員接收此項書籍。猶恐電文不詳，並已詳託教部彭君百川，於前項寄存之書及敵偽將全館所有移貯之書，調派舊館員詳切調查，以便歸館。

茲承惠示，敬祈隨時與彭君及王主席洽商處理，是所至禱。專此，即頌公綏。　八月二十五日

致朱、杭、馬、蔣諸先生函

驪先、經農、立武、叔平、慰堂諸先生公鑒：河山再造，文物重光，受降初步，自以各復其舊爲原則，所謂大王返國說亦返屠羊也，謹呈芻議關於圖書之事者，伏候採擇施行。

[一]　底本闕題，標題爲整理者所加。

一、敵偽對於公私圖籍，蓋先儘儘私人剝掠，而後彙爲公藏。傳聞北極閣下中央研究院中，存儲中外典籍不下八十萬冊，是特敵偽酋豪掠入其國或其私家之所餘，彙聚於一所，以示其尚知保存文化云爾。其劫往彼邦及分藏於各酋豪私家故里者，當尚不止倍蓰於此，應如何分別根追，意中央派往接收人員，必已預定計畫，俟到寧時實施。竊謂此非僅僅對於敵偽所立公共儲藏之所籠統接收爲已足，必須詳切調查在寧各敵偽私宅，凡藏有大宗圖籍者皆應查封，或彙聚一處再分析其公私性質，俾原機關及原主人得以領取。其運往彼邦者，亦必有線索可尋，應向彼邦指索。又如敵偽劫奪公藏之書，由私人分售得贓者，亦須查明經知劫售之人追還原書，且予懲處。

一、敵偽彙聚於公共場所之圖籍，經我方接收時，務須嚴密監防，勿令在事之人得乘敵我交替之時乘機盜取，並須首先調查彼中登記完全詳細之目錄或卡片，俾無遺漏。至總數既得之後，即宜詳加分析，孰爲某所、某校、某館之書，各別存貯，以便該所、該校、該館領取。大約各機關、各學校藏書，都有機關學校圖記，易於識別。若該機關印有詳備目錄者，則更可按目而求。其私人藏印記者，亦準公書分別庋貯，列表登報招領，以示中央愛護公私文物之盛意。

一、敵偽各機關學校有自置、自著、自印之各項圖籍，非其掠奪所得，而可供考索敵偽七八年來施行事實者，宜彙聚一處，如中央研究院、中央圖書館之類，以供檢閱。其圖籍有多份者，亦可分布各公共機關學校。

一、敵偽劫掠圖籍不限地域，或寧垣之書移至北平，或蘇杭之書轉至寧滬，似宜由分別接收人員訂一共

同辦法，互相聯絡，雖止接收一地之機關，而不以一地之關係為限。如在寧者發見敵偽所劫北方某機關某學

校某私人之書，亦得通知該機關學校領取。則四海一家，與敵人之割裂吾華有別矣。

右陳各節，姑就管見所及為言，然事屬懸揣，未經實地考察，當尚多未盡事宜，又即以鄙見所陳，亦非少

數人短期間所能從事。其應如何集思廣益，以縝密之精神，維固有之文化，俾無偏陂凌亂，為敵人所竊議，意

必於初步派員接收之後，廣集學人共同研究處理。粗陳管見，伏候鑒裁，續有思議，當更貢之左右也。臨楮

悚仄，敬頌公綏。八月二十六日

調查南京龍蟠里江蘇省立國學圖書館報告

國學圖書館全部房屋存在二十五年南京市政府所發土地所有權執照兩份，由舊館員保存未失。偽方劫

奪館書及器物後，設置師範學校於館中，內部門壁頗多更改。現由總司令部及教育部將偽立師範學校解散，

尚留少數無歸之學生住內。教育部擬就館屋改設第一臨時中學，經詢徵與教育部接洽，保留東部盋山精舍

及新堂平房數進，以備召集舊館職員，準備接收各方暫行封存、不日清理分別歸還之書籍。因館屋苟全部借

與臨時中學，則書籍無處存貯也。

館中舊存書籍，當十六年夏詣徵接辦時，共約十六萬餘冊。以後陸續購置，截至二十六年七月，計新舊

各書合共二十四萬餘冊。自國難發生，前省府及教育廳並無若何遷徙之計畫及命令。彼時中央委員張溥泉先

生勸諭徵暫將珍貴書籍寄存故宮博物院地庫以避轟炸，嗣商得馬叔平院長同意，在日機逐日襲擊京市時，趕運善本書籍共一百一十箱寄貯該院，取有收受公函，並立即造具某箱所裝某書清冊，備文呈報教廳備案，教廳亦有指令，准予備案。而館中存書尚有二十餘萬冊，至國府西遷，蘇省府亦遷江北，諭徵不得已，率領館員裝運館書約三萬冊至興化縣。尚擬再行到寧，設法運書若干至湖南，而江南北業已不通，所存館中之書及寄存故宮者均無法取出，以致淪陷敵手。興化之書，分貯觀音閣、羅漢寺等處。二十九年興化第一次淪陷，將觀音閣焚燬，致館中所寄存之各省方志七千餘冊悉爲灰燼。尚餘二萬二千餘冊，存放北安豐中圩羅漢寺，諭徵奉顧司令長官電邀赴贛，當將清冊呈報教廳，請派員保管。三十年春興化再度淪陷，省府遷至曹甸，所委保管二人潛匿中圩，猶不避艱險，實行保管，曹甸方面亦時通消息。迨曹甸淪陷，興化敵僞知藏書所在，遂行劫取分售，保管員二人無力抵抗。此南京及興化各書淪陷之經過也。

本月十日，諭徵自重慶乘江安船回南京。亟向各方調查館書所在，知寄存故宮博物院地庫之一百一十箱及在館中書樓以及密室所藏悉爲敵僞攫取，分存數處：一、僞立文物保管委員會（在竺橋地質調查所內），一、僞立中央圖書館（在國府路），一、陳逆群私宅之澤存書庫。餘如僞立博物館（在中央研究院內）及僞立玄武湖圖書分館，均有館書，多寡不等。現均由總司令部及教育部特派員查封，預備分別清理。以上各處之書總計不下百餘萬冊，其爲國學圖書館舊有之書當不下二十萬冊，如能按照館目（館中印有全份書目，計三十冊）悉數歸還，不難恢復舊觀。

至敵僞劫取興化之書，聞有一部份方志在蘇州圖書館中，尚有若干存陳逆群之澤存第二書庫（在蘇州，亦經查封）。　其不在蘇州者，聞尚有若干在興化，又有若干經僞副師長馬幼銘售賣，馬現匿居邵伯，如能向馬追究，必可水落石出。　又館中密室，在二十八年爲梁逆鴻志偵悉，剗劫而去，計鐵木箱櫃三十件，內有書畫及善本書，現尚未知該逆潛藏何所，惟該逆曾將館中積年所鈔《明實錄》（在密室中）交商務印書館印行，該逆有序文，載明此書係從國學圖書館密室中所得。　館中前存清季咸、同、光、宣中江南各機關檔案，積有五大屋，每宗檔案，亦有詳目附書日後印布。　敵僞將此項檔案悉數售與民間作然料，現已片紙無存，言之殊堪痛恨。又館中積存淮南書局所印書，江楚編譯局印售之教科書，以及江陰繆氏、大興王氏各家刻之書託館中發售者，連同本館逐年印行之年刊、《小史》、《書影》，共計五六萬册，亦爲敵僞奪售或售爲然料，致年刊等徵集不易，尚須俟各處啓封時詳查，或者每處僅存各書一二部耳（藏書二十四萬册外，合之印行之書，原共三十萬餘册）。

　　館中器具有爲僞立國師占用者，有移至僞立中央圖書館者，亦有爲兵民掠取爲然料者。　僞國師之器具，現充臨時中學之用。　館中如即復員，尚須向臨時中學商取若干床榻、桌椅、厨架，始可住宿、辦公。　至僞立中央圖書館中器具，現均由總部封存，必須俟全部啓封時，始可聲明收回。　第恐書籍有館目可憑，有圖記可證，不難辨認；一切器具，從前貼有紙條者必已磨易，不易證明館有，或爲他方有力者占取，惟以其他文字證之。　如館樓扁額「陶風樓」三字，係故譚院長延闓所書，以及舊扁「盋山精舍」四大字，聞均在僞中央圖書館中，以此證之，足見

書箱、書架、書廚以及床榻、桌椅等，悉爲此館移往。設不聲明上項器具應連同書籍收回，則添補器具，既需巨款，又須時日，轉覺困難矣（第即全部收回，恐尚須添補）。

館中舊職員汪閬、陶基承、江小石、董廷祥四人均在南京。汪、董等在淪陷時，有報告到興化及上海，展轉傳達，詒徵到寧，得以略知各方梗概者，亦由此兩人。如目前需人保管臨時中學分出之平房數進，似以汪、董二人爲宜。此外在鎮江者有王震保、陶竹平、李竹虛三人，王君相從興化數年，即寄居西倉時，尚編製《清史稿人名索引》，工作不倦。在海門者有周愨，在宜興者有周啓文，在南通者有王焕銶，三人均係相從患難，備歷艱苦。周君愨，學術尤有根柢，館目半經其手訂。周君啓文，本係會計員，既精於會計，又極誠懇篤實，經前金廳長辭職回籍。周去時將鈐記、圖章及興化數年之案卷，交與謝君石麟接管，謝亦經教廳委派者，伏處田間，等於地下工作，及馬幼銘等劫取館書，始發員，寄居北安豐中圩牛棚草舍中，猶苦守不去，至曹甸將陷前，始呈明金廳長充保管信到渝，略述隱語（彼時不敢明言，只云存貨被劫）另行謀生，現聞服賈揚州，尚未得其詳狀。王君焕銶，初隨詒徵到興化，嗣在教廳服務，勤職工書，爲時稱許，教廳遷曹甸後，還鄉服賈，聞甚介潔，故生計不寬。通海各地近尚不靖，通信未知能達否。

館中積存建築費及積餘等，均有存單存摺。二十七年詒徵偕同會計至淮陰呈送教廳，領有收條，教廳將各單摺存放江蘇農民銀行。詒徵在渝，曾向該行查詢，得其復函，件數無訛，合併聲明。

十月二十二日

呈教育廳

為擬委派職員職務由。二十六年國學圖書館職員共二十八人，年支經常費三萬元，其職務自館長、主任、文牘、會計、庶務外，共分保管、編輯、閱覽、印行、訪購、傳鈔六部，工友約十餘人。目前館屋具存，但大部分借辦臨時中學。所有藏書，均為敵偽掠奪分儲，經總司令部會同教育部特派員分別封存。故復員之始，惟保管館屋及接收館書兩種工作最為重要，次則整理群書，清查損失確數。須至三十五年暑假後始能恢復原狀，開放閱覽。現擬召集舊日職員十餘人，為接收館書之準備，如各方面啓封時需要多人，或須再行增聘，第亦不致溢出原額。故就目前約計設置職員如左：

主任：一人，文牘：一人，會計：一人，庶務：一人，保管員：六人，書記：二人（或四人）。

擬均就舊職員之不附敵偽，相從患難者邀致。其曾在偽館所工作，能不忘舊業，時有密告，兼熟悉館書者次之。工友約三四人。

文牘、會計、庶務目前工作不多，亦均須兼任保管之事。所謂保管，即隨時會同各方面點查書籍人員清理存書，分批歸還原館，再行加以整理，始可編製存佚清目，為此次變動紊亂之結束。同時負責保存，勿令再有散失，以便恢復閱覽、印行種種工作。十月二十二日

呈江蘇省政府

案奉蘇政字八七三號訓令,派詒徵接收南京總司令部封存各處積年敵僞劫掠國學圖書館之書籍等因。詒徵職責所在,理合祇遵。惟接收各方書籍以及器具等項事務繁猥,需員襄助,非詒徵一人所能爲力。前已擬具說帖,面呈廳座,蒙交曹科長核閱。前項擬件未識當否,敬祈酌核各情,規定相當人數,並就目前生活狀況核定職員薪津及臨時辦公、修繕、裝運等費數目,合無參照社教機關撥借臨時費事例,先行支國幣八十萬元,俾便刻日召集舊員,從事工作,支付各用,實報實銷,實爲德便。十月二十六日

致蔣慰堂函

慰堂先生道座:晨間奉教,快慰無似。僞中央圖書館移去器具,現已屬舊友造具清册,另行函請發還。

頃聞僞立玄武湖分館已經尊處接收,將該處書籍、器具全數移至貴館。其中書籍,聞皆普通社教之本,不屬敝館舊籍,止有若干敝館印行之書,如《宋元書影》《國學圖書館小史》《三朝遼事實錄》等書,約共八十餘種,皆係敝館貯庫數百部中之一部分。在二十六年前,敝館此項印行之書籍,恒贈送發售,爲我公所諗知。自經敵僞占領移徙後,詒徵來寧徵集,尚未知僞中央館存儲多寡。何時可以領取所有玄武湖僞館分貯敝館印行各書之每種一部,務希眷念舊誼,即行發還敝館,此即爲敝館各書得歸原處之起點,想大君子必憫其於卅萬册悉數移徙之餘,先求得一部分也。又該僞館中之器具,有長桌兩張、長几四張、書厨大小四張、挂鐘一具,

均係敝館之物，亦擬請求發還。當時各物，有舊館員造冊存查，且爲館內外人所共識，此次尊處接收，係連同

該僞館其他器具一併移還，詢徵所請止此，對於其他器具，不敢冒領，度高賢亦必諒其止請舊管之物，而無其

他覬覦也。特此奉申，諸希鑒允。即頌公綏，伏候示知何時可以祇領，詢徵即屬舊館員趨前奉命也。十月二十

九日

致蔣慰堂函

敬啓者：首都淪陷以後，國學圖書館書籍器物送敝僞劫奪，詢徵前留館之保管員無力抵抗，至二十

八年清查館中殘餘器具，繕具清冊。嗣是敝僞將書籍器具乃至匾額等件，悉數移運至僞中央圖書館及文物

保管會等處，將龍蟠里館屋改辦國立師範學校，一切俱非原狀。詢徵近奉江蘇省政府命令，來寧接收館屋及

書籍器物等項，並經蘇省府申文，何總司令並致函尊處在案，除館屋及書籍正在分別商洽接收外，其敝館器

具經敝僞移至僞中央圖書館及僞文物保管委員會等處者，理合聲請歸還原館，以便應用。緣接收整理原有

書籍，必須有几桌、厨櫃等物，始可陳列庋藏，而職員辦公、食宿又非有應用器具無可措置，此是實在情形，並

無其他希冀。爲此鄭重聲述，請將敝僞所劫奪敝館器具移至僞中央圖書館等處者，查照敝館付呈底冊，先行

定期發還，以便派員工祇領。其箱厨等件尚貯書籍未動者，擬俟清查書籍時，隨同書籍運回。伏希顧念公

誼，體恤敝館劫餘慘狀，俯如所請，實爲德便。專此，敬頌公綏。附呈底冊一扣。十一月三日

致蔣慰堂函

拜讀復示，允將遷存玄武湖偽中央圖書分館器物、圖書委託保管，盛誼卓裁，曷勝感佩。詒徵前函所請，發還敝館印行書八十餘種及几桌、書厨、挂鐘等件，祇冀收回舊管，未敢溢越范圍。區區之忱，諒邀鑒察，謹申前請，盼予頒發。該項書籍既易於辨認，器具亦無多件數，在尊處爲無足輕重，在敝館祇不遺故舊，其非敝館書物，決不敢冒領一件。務祈俯憫顓愚，不吝輔導，佇候明示，敬頌公綏。 十一月四日

呈教育廳

爲請領臨時費預算由。 謹將臨時各費預算摺呈鈞鑒：

一、修繕項下。現保留館屋，五間之屋兩大進，三間之屋一進，約計五間之屋兩進，須添隔板各兩間或板條加石灰，後進擬添閣樓板三間；後院須添墻約四方；板門兩邊各二扇；五間大屋中須裝電綫及燈泡約十二只，另留群房須添三眼灶一座。上項目前估計必需修繕，不知領款以後各種價格如何，暫請領費五十萬元。如數不足，再行請發。

一、館員分班往各處清查書籍車飯費。館書現經敝偽分貯國府路、竹橋及山西路等處，接收時須分派館員逐日往彼清查，始能將館書與他處之書分別存貯，再行收回。故館員每日赴某處查書，必須乘坐人力車及在外小肆吃午飯。假定日派四人，一人一日車飯費至少須法幣三四百元，以三百元算，四人一日一千二百

元，一月即三萬六千元。查書之時期雖未能確定，亦須兩三月之譜，暫定十萬元。按行政院頒發公務人員在外辦公旅費定爲每日每人一千元，此項所擬力從撙節，恐尚不敷。

一、裝運器具板片書籍等費。存貯僞中央圖書館之器具約八百餘件，書板八千餘片。其書籍分貯各處者約十五六萬冊。清查之後即須裝運回館，每一大車即須三四千元，假定以五十大車計算，約共二十萬元。

一、臨時添置費。館中用具雖可向臨時中學商取應用，但不敷之處仍須另行購置，如床榻、鍋碗、水桶、水壺等項，零星購置不能細舉，只可就上三項餘款酌量移支。至藏貯書籍之箱，爲敵僞毀損者極多，須將現存各處者調查收集，其缺少之箱櫃等亟須添置，尚難以估計，亦須續請指撥。

以上各項所請，僅就前次簽呈領臨時費八十萬元之數，緊縮估計，絕無浮冒，務請准予在復員經費項下借撥，以應急需，不勝迫切之至。十一月十四日

致蔣特派員函

敬啓者：頃聞珠江路僞文物保管委員會所貯器具，由尊處移交經濟部接收。查該處器具，多有敝館之物。敵僞劫掠書籍時，亦將器具移去。比年毀損之餘，尚有若干可以辨識者。敬祈尊處通知經濟部，俾敝館派員前往祗領，其非敝館之物，決不敢冒領，致干罪戾。而大盜所劫，原主管者聲請領回，經濟部諒亦必哀而許之也。附清單一紙：計閱報大長方桌一張、小長方桌六張、陳列櫥八張、站櫥二十餘張、卡片櫃四張、雜誌

公報架八張、黑綠色圓鐵凳三十餘張、鐵書立二百餘付。十一月二十五日

附啓：敵僞劫奪敝館書籍時，移去玻璃書櫥百餘具。又敝館寄存故宮地庫之書箱百具，尚係丁氏故物，聞多爲敵僞所毀，亦有保存現尚貯書者。亦祈分別就現可移取者，歸還敝館，餘俟領書時連書取回。

致經濟部翁部長函

詠霓先生勳鑒：敬啓者，勝利空前，舉國稱慶。詒徵齒返首都，期復舊館，接洽兩月，僅保留空屋十數間，書籍器具均經敵僞劫奪，移庋他處，比方擬進行領回。私比破廟枯僧，發願興復古刹，而經典衣裝概須敲木魚求助於大護法，誠不得已也。比以請領舊館器具，商之貴部地質調查所席先生，蒙允以友誼贊助，即將原函郵寄請示。伏思敝館久邀大賢愛護，丁茲浩劫，文物一空。設使書籍領還，而櫥櫃箱架一無所有，購置則力有不及，爭執則更非所能，惟有陳述歷劫實情，仰祈鼎力鑒助。區區所祈，只冀領取原管器物，不敢希冀敵僞新器及他機關所有，度大君子必閔其誠而許之，亦不必以他機關例爲慮也。臨穎不盡欲白，敬頌公綏。

附致席先生函稿及本館存貴所器物單共一紙。十二月四日

致教育部清理戰時文物損失委員會函

爲館中文物損失孔多，先行造冊列舉，請求彙案向日本索償，餘俟清查再行造報事。竊本館創自前清，

多歷年所薈萃文物，弁冕東南。自經國難，內外損失不可億計，大宗書籍封存僞中央圖書館、僞文物保管委員會及陳逆群之澤存書庫，以及僞前師長馬幼銘劫去寄存興化各書、梁逆鴻志劫取館中密室各書，方待清理追求，未能確定存燬之數外，就目前人所共知之事實，損燬文物計有多種，亟應列舉，請求彙案，先行向日本國責令賠償，茲謹條舉如左：

一、寄存興化北門外觀音閣被焚之書六千餘冊。廿六年國府西遷以後，曾奉教育廳令移運館中存書若干部冊，寄存蘇北興化縣，以防兵燹。詎廿九年五月興化縣亦經敵軍攻陷，所至焚劫，以故館書之寄存興化北門觀音閣者，亦與該廟俱燬。此項書籍多係木刻叢書及各省方志，現多不易購求。綜計所燬書六千八百零三冊，書名冊數詳具附冊一。

一、龍蟠里本館所存清季江南各公署檔案若干件又六十餘大簍。本館積存前清咸豐、同治、光緒、宣統間江南各公署檔案，迭經館員清理印布目錄者，計六千四百八十六宗；尚有未及清理，存儲書樓者六十餘大簍。該項檔案均有歷史價值，如操江輪船檔案、吳淞炮台檔案印在本館年刊者，均可見其關於軍政之重要。詎廿七年敵僞遷館中文物，將上項各種檔案悉數運去，片紙不存，聞多焚燬及售賣作還魂紙，比之書籍尤爲無從追索，且海內外絕無副本，價值更不能估計。除六十餘大簍未有清目外，其曾經館員清理保存者，詳具附冊二（本館有印目三冊）。

一、本館逐年印布及存售各局印刻、各家印刻之書。本館逐年印布館藏稿本名著及本館《小史》《宋元

書影》《概況》年刊，各種目録，多則千部，少則數百部。除發售及贈送外，截至二十六年底尚存有數萬册。

又自清季淮南書局、江楚書局歸併本館，其書籍由本館印售。又有江陰繆氏、大興王氏、江寧許氏各種書板，或售歸本館，或寄贈本館，均由本館陸續印刷發售者，每種少或存數十部，多或數百部。本館經理印售，向有刊目公布。以上各項書籍，亦經敵僞劫掠一空，各書種類部册詳具附册三。

一、本館訂存日報若干册。本館自民國十六年以來，購置各種日報，均經裝訂成册，以備學者研究近世史料及政俗流變。截至二十六年底，計有一千八百九十四大册又十九束，亦經敵僞劫去焚燬變賣，其名目詳具附册四。

一、本館器具多種。本館器具歷年購置增加，共計約二千一百餘件。二十六年首都淪陷以後，除敵僞劫奪，分貯於僞文物保管委員會及僞中央圖書館，現尚未收回，不能確定實數外，餘一千二百餘種，都爲敵僞劫奪損毀。兹附本館財産目録一册，以便追索賠償。至前清江楚書局存有印書機器及印書石，久歸本館，恒擬召匠印書。二十六年後亦爲敵僞劫去，聞印書石尚有若干方存貯僞中央圖書館，而機器則爲敵運去鑄軍械。

以上各項皆確知損毀，應行聲請政府彙案，通告日本責令照原書原物或估計價值賠償者。至館存善本書、普通書及名人手札、各種書畫、拓片、古物載在館印總目、專目者，以現在尚未清查，不能得其確數及約數，應俟清查後始能造報清册。惟報載教育部已經將全國文物損失約數通知日本索償，又稱公私文物之損失限本年十二月中報告，似本館此項報告尚未逾限，應否准其彙案索償，及第二批清查後能否再行造報，伏

候指導施行。附送本館寄存興化被燬書目一冊、排印本檔案目三冊、印行書及寄售書籍損失清冊一冊、日報

損失清冊一冊，又本館財產損失目錄一冊。十二月十二日

致教育部清理戰時文物損失委員會

為報告焦山書藏全部被燬，請予彙案責索賠償事。竊江蘇鎮江焦山海西庵有書藏一所，創自前清嘉慶

十八年儀徵阮文達公元，時為漕運總督，舉其家藏之書置之寺中，嘉惠學者。經太平軍之戰事，未遭兵燹，海

內名流如丁丙、梁鼎芬等續有徵集捐贈之書，地方人士亦時舉藏書或稿本庋之是中。民國十八年蘇省修志

時，官紳集議組織委員會經理焦山書藏，清查存書，至二十三年印成書目四冊。方擬加以擴充，繼阮文達之

志業而大之，詎二十六年冬日寇陷鎮江時，占領象山，以焦山為江防要塞，對岸施炮猛烈轟擊，將海西庵房屋

焚燬，焦山書藏之存書悉成煨燼，名藍勝迹不可復睹。詔徵前厠書藏委員會委員，理合聲述經過，連同原印

書目，請求大部彙案，通告日本，責索賠償。臨文不勝悲憤之至。附送焦山書藏書目四冊。十二月十二日

呈江蘇省政府主席、教育廳長

為會計員服務忠勤，請予加委事。竊本館會計周啓文，自二十五年八月奉前江蘇教育廳委派到館服務，

勤慎從公，歷年經手款目送經報銷在案。廿六年國府及蘇省府遷移，該員隨同詔徵遷至興化辦公。廿七年

四月後詒徵至淮陰，將館存建築經費逐年積餘及售書專款，各銀行之存摺存單呈送教廳，當經前代理廳長職務秘書馮策派員點收無訛，代交江蘇省農民銀行保管，迄今存在蘇農渝行。該員續奉廳令，與館員戴瑞琪將運存興化書籍送徐赴漢，詎書箱運至徐州時，軍務萬分吃緊，該員等險遭不測，不得已復將書籍折回興化。

該員遂以會計兼充保管員，月支薪水甚為微薄。該員往來城鄉，照料藏書，不避艱苦。至三十年興化淪陷後，猶匿迹中圩，營護寄存羅漢寺書籍。三十一年敵偽及新四軍百端滋擾，羅漢寺拆毀無餘，該員將書籍分存民間草房，聲請曹甸教廳加派妥員，以重職守。嗣教廳加派趙作人與舊館員謝德淦負責保管，該員始行告假回宜興原籍。其二十七年至三十一年經手款目，亦均呈報曹甸教廳，不以時局阽危而忽略職務。現本年十一月本館復行開辦，該員首先到館復職。詒徵深嘉其志節，洵為始終不渝。現正督同各館員清查館中損失，以備請求向日本責索賠償。伏查二十五年起，蘇省定章各學校機關會計人員均係由廳委派，理合將該員歷年服務情形據實聲報，請求省府會計處加給委令，并由該員覓取殷實商保照案具保，以重計政，實為德便。十二月十二日

三十五年分

致杭次長函

立武先生鈞座：昨謁崇階，粗陳館況，猥荷垂注，至深感仰。敝館經敵僞遷徙，文物蕩然，戰前藏書廚櫃不下五六百具，目前僅有六廚，故在接收大宗書籍之先，非亟謀存放書籍之器物不可。昨日面陳有一部分器具爲敵僞遷至僞圖書專門委員會即地質調查所中，頃已爲經濟部接收，詒徵會商之地質調查所席君承藩蒙允以友誼撥助，嗣經派員祗領，復未領到。茲謹將前致席君之單，附呈鈞鑒，敬祈鼎力俯予援助，或派員與席君商洽，或面晤經濟部在京執事便爲提及，以敝館迫切需要，仗大部公平主持，但冀收回館所舊有，不敢希冀他機關之物。當爲我公及該部所諸公所鑒諒也。專此布禱，敬頌公綏。

附呈請領敝館經敵僞遷至地質調查所之器具清單一紙。計開：閱報大長方桌壹張、小長方桌六張、陳列廚捌張、站廚二十餘張、卡片櫃四張、雜誌公報架八張、玻璃書廚一百餘張、書箱壹百個、圓鐵凳三十餘張、鐵書立二二百餘付（附注：書箱係前存故宮地庫，經敵僞劫去者。聞已多毀壞，願盡所存者賜還）。一月四日

致劉虛舟函

虛舟先生道鑒：在鎮荷教，至以爲快。新年惟動定綏和爲祝。詢爲館事奔走三月，僅於年內接收梁逆鴻志所劫館書一批。其大宗書籍在寧者，尚未啓封清查。昨得蔣君吟秋書，謂詢前由寧運至興化之書，經僞師長馬幼銘劫去，展轉流入蘇垣，有方志一批，計一千三百餘册，已由蘇州圖書館取得，代爲保存，屬詢派員赴蘇携取。又謂方志以外之書尚有若干種，曾爲僞政府所設之教育學院所得，近由無錫教育學院接收云云。敬祈先生便中函詢童院長，在蘇接收文物有無僞館書籍，倘有鈐蓋僞館之書，尚希俯念劫餘，慨予賜還，實紉公德於無既也。江北情況若何？亟盼敉定，於館書亦有關係。詢前在鎮晤興化來友，云尚有館書八箱分貯鄉村，若行旅暢通，亦必往覓取也。專此布臆，即頌新禧。一月四日

致冷容庵函

容庵先生勳座：敬啓者，龍蟠里江蘇省立國學圖書館藏書，經敵僞劫掠存貯僞圖書專門委員會中。日本投降後，據其所印善本書目較之館中原有目錄，尚無大差，惟封存數月，詢徵訖未獲接收。頃得北平圖書館館長袁同禮君函稱蘇州護龍街文學山房有元刊本《揚子法言》一書出售，索價七萬元，係僞館所藏書，有圖記可憑。詢徵聞之，深爲駭異，查該書載在日人所印目錄，封存已久，何以蘇州書賈得以竊取出售？此中情弊，未敢臆測，爲此據情陳述，伏祈嚴飭原經手人在寧蘇雙方澈查，先將該書肆所售《揚子法言》一書追回存貯，

俾詗徵得以接收。此外倘再有類似此等情事發生，亦祈一體嚴密究辦，以重公物而警姦究。是所至禱。專

此，敬頌公綏。　一月九日

致陳廳長函

石珍廳長老同學惠鑒：秉侯來館，粗悉近況，到廳計已述及，茲將各事縷述如左：

一、館中大宗書籍器具現仍封存僞中央圖書館、僞文物保管委員會，訖未啓封清查。聞有若干器具在僞
文物保管會即地質調查所者，已由蔣特派員復璁交與該所。詗徵迭次與蔣交涉，閣置不理。近又函陳杭次
長及冷副參謀長請爲設法，尚未得復。而封存之書，已有經人竊出者，前得北平圖書館袁館長同禮來函稱蘇
州護龍街文學山房有元板《揚子法言》一書出售，索價七萬元，有本館圖記，屬爲收買。詗徵查此書係封存之
書，載在日人所印目錄，不知何以得至書肆出售，此中情弊，未敢臆測。業經告知劉參事、杭次長，並函請冷
副參謀長查究。但本館書籍久久封存，不容接收，而外間已有盜售館書者，現只發見《揚子法言》一書，難保
無其他事件。詗徵奔走三月，極欲接收，而形格勢禁，無可措手，每對館中空屋浩歎。其經濟部所取本館器
物如何可以收回，文學山房所售之《揚子法言》應否收購，及如何催促蔣特派員准予接收本館文物，諸希卓裁
援助。

一、前經梁逆鴻志劫取本館書籍字畫，由曹靖陶報告之事，奉省府令詗徵接收。詗徵到寧，即與蔣特派

員商洽，蔣謂聞已爲軍部及特工方面取去，無從訪求。嗣詣徵自赴國民政府，晤文官處沈秘書勉後及立法院周君仲敏，乃知確尚貯存國府後樓。當即率同館員前往清查接收，計工作兩日，接收書籍四千三百餘册、書畫五件。按之曹君所交目錄，計少去《明實錄》四百四十二册，書畫六十八件，沈、周兩君均不知係何時何人取去，現已函詢曹君。按本館在廿六年藏書總數約廿四萬册，此次接收之書，僅全數六十分之一，然珍貴罕見之書，亦已有若干在內。而歸館後存貯爲難，極力設法，僅有舊書厨六具勉強裝置，此後接收大宗書籍，若無完備厨架，即無法保存。本館廿五、六年有書厨五百數十具，迭經敵僞劫遷，現存於僞中央圖書館，僞文物保管會尚有若干，現尚未知確數，即使分別收取，計尚不敷應用。而地質調查所已經擷去一部分（有清單致蔣特派員及地質調查所席研究員，請予發還，而渠等皆置之不理）設僞中央圖書館所存器物及僞文物保管會殘存者復不能取得，則書籍雖可收回，猶人之裸體而無衣服，何以爲計？詣徵親詣各木器舖，訪詢舊書厨價格，雖多寡不等，平均總在兩萬元上下一具，若以五百厨計，即需法幣一千萬元。前所領之臨時費悉數購置，亦不過可得二三十厨，以四千餘册即需六厨例之，僅可存兩萬餘册。故前告彭秉侯君，謂目前幸尚書籍未來，若悉數收回，至少總有十餘萬册，其委之地下抑懸之梁楹乎？館中書樓爲第一臨中占用，僅僅保留空屋十大間，無厨架固不能藏書，有厨架亦不夠存放。詣徵迭與臨中俞校長接洽，欲收回書樓，以萬不得已，則將館書庋之樓上地板，總較愈於委之平地，若貯書樓上，而館員住樓下，保管將梯門封鎖，亦可不虞散失，此乃萬不得已之計。而俞校長以書樓可爲講堂，餘屋不能適用，又靳而不肯交還。故詣徵於接收書籍

及器具及房屋種種困難，俱有進退維谷之狀，尚希鼎力蓋籌爲之援助。此近日情形，不憚覼縷。若日内該兩處啓封清查，當再隨時報告也。

一、館抄《明實録》貯在國府後樓者，上述共少四百四十二册。但近有人述滬上傳薪書店，有《明英宗實録》七册出售，索價七千元，即係此四百餘册中之七册，前商之劉英士君，渠謂索價不多，即可收購。第詒徵恐此端一開，則竊書者大得其計，若依此價源源出售，館中悉數收回，即須四十餘萬，長盜風而損公款，義有不可。惟該書係由梁逆交商務印書館印售者，當時售價全書不過九千元，此事似應與商務印書館正式交涉，以此書底本係本館所鈔，該館據以影印，應將版權歸館，并應先行贈送本館以全份。若影印本全數到館，則所有抄寫之底本亦即不足珍惜。或須登報聲明，此項館抄《明實録》凡有發見，以盜售論，杜絕書肆出售之門，即以制止姦宄竊書之計，尊意以爲何如？

一、委書廳牌，勉寫繕就，殊不成字，幸更請名手書之。此頌公綏。一月十日

再，館中全部損失，現尚未能得確數，只可依部頒之數估計。現所知者，館藏檔案全部損失，其價值無可估算。又印行書損失七八萬册，及已知器具損失之數，業經在京備文致教部所設之文物損失調查會（在朝天宫）並經聲明。全部書籍器物清查後，再行呈報。

呈教育廳

為遵令編製三十五年度工作計畫及三十四年十二月份以前工作報告事。案奉鈞廳教三字第零零九四號訓令內開：「查本省各省立社教機關三十五年度工作業已開始，各該機關應參酌社會實際需要，擬訂本年度工作計劃，并按月編造工作報告，呈廳備核，茲規定呈報期限如下：（一）三十五年工作計劃，限本年一月二十日以前報廳。（二）三十四年度十二月份以前工作報告，限本年一月十五日以前補行填報。（三）自本年一月份起，各該機關工作報告須于次月五日以前按月編報。除分令外，合行令仰該館切實遵照辦理為要。此令」等因。奉此除遵辦外，理合編製三十四年度十二月份以前工作報告一份，暨三十五年度工作計劃一份，備文呈送，仰祈鑒核備查。附呈三十四年度十二月份以前工作報告及三十五年度工作計劃各一份。一月十二日

本館三十四年十二月份以前工作報告：

三十四年九月十四日，詔徵在四川江北縣柏溪中央大學分校，奉教育部杭次長書，屬至渝候船回京。二十八日偕教育部派員登江安輪船。三十日開行。

十月十日抵京，暫寓教育部。十一日偕教育部劉參事至龍蟠里視察館屋，逐日召訪舊館員，調查館書存貯所在，及敵偽所交善本書目，迭次與教部劉參事商權，館屋借與第一臨時中學，必須保留書樓，以備收回館書之用，劉參事堅執不允，不得已，保留平屋數進。十六日由京赴鎮，草具調查報告。二十二日謁王主席、王

政務廳長，報告一切，嗣奉令赴京接收。二十八日到京，暫寓國立編譯館。三十日再巡視館屋，聞中央圖書

館接收偽玄武湖圖書分館文物中多本館書籍器具，送函蔣特派員，請其歸還本館。

十一月六日舊會計員周啓文到京。七日入住館中。八日赴鎮，請領經費，十八日始領到十一月經費廿萬元。十九日由鎮赴京，舊館員戴瑞祺同行。二十二日到館，舊館員汪闓、江國棟、董瑞芝等均到館辦公，清理廿六年寄存漢口書一箱。二十三日收回玄武湖偽圖書分館書三一四冊、櫥桌十件。二十六日雇廚役，命匠作竈，始炊爨。三十一日陳廳長到館視察。

十二月一日赴中央圖書館蔣特派員召談話會。二日訪張道藩先生，報告館中檔案、印行書、器具及興化書損失狀況。四日函地質調查所，領本館存貯該所器具未得，函經濟部翁部長，遂日檢閱偽中央圖書館發售本館印行書單，製損失表並檔案目錄、興化被毀書目錄，備文送教育部所設調查文物損失委員會。十三日周會計赴鎮請款未得。十九日赴鎮請款，二十六日始領到臨時費六十萬元。二十六、二十七日送訪立法院周仲敏君，知梁逆鴻志劫取館書一批尚存國民政府後樓，遂與國民政府文官處秘書沈勉後君商洽，即日率同館員往取。二十八日至國民政府後樓清查存書，上下午共得館書五百種二千五百三十三冊，分雇人力車、馬車運回本館。二十九日上午仍赴國民政府後樓查取館書，計得三百四十種一千七百八十一冊，書畫三種、爛書一束，嗣即整理歸櫥，編寫目錄。此三十四年十月至十二月抄工作概況也。

本館之困難最大原因在以省館而居京市。京市之機關接收易，省立機關與京市之機關爭接收難；京市

之財力雄厚，省立機關經費艱難，無從著手。所幸館屋全部尚存，館書之善本雖未歸館，亦尚存在。前途不可謂無希望，計惟盡心勉力爲之而已。

本館三十五年度工作計畫：

本年度工作擬分爲兩時期：上半年自一月至六月止，可接收存貯於僞中央圖書館、僞文物保管委員會中之本館圖書器具，此項書籍與他機關混合庋貯，故須俟教部定期啓封後逐日派員，會同各機關派員分別清理，某日清出本館書若干，即取回若干。俟該兩處書籍清理完竣，方可確定本館書籍尚存若干，目前無從預計。該兩處清查後，仍須請求教育部會同都市派員查陳逆澤存書庫之書，凡屬本館之書均須收回。

陳逆書庫分京、蘇、滬三處，京市清查後即須赴蘇、滬清查。同時須取回本館前運興化之書，經僞副師長馬幼銘劫掠運至蘇州，經蘇州圖書館接收之方志一千三百餘冊。又，無錫教育學院所接收僞教育學院之書，亦有本館前運興化，經馬某劫掠之書之一部分，亦須前往收回。而興化劫餘之書，尚存八大箱，分存北安豐中圩小民處者，應候江北道路通暢，即行取回。綜計各方書籍，如能依此程式取回，雖有損失，當亦不下十數萬冊。而此十數萬冊之書如何存貯，必須隨時添置箱櫥架櫃及收回書樓，以愼典藏。此六個月間，未知能藏事否。

至七月以後，第一臨中結束，館屋全部收回。則一面繼續清理工作，將館書實存若干、損失若干編製詳目，與前印本館總目參照，以明真相而謀補償。一面即須開放閱覽，號召學者住館讀書（從前館章，有好學

者，得請求住館讀書）。而傳鈔、印行各部，則須視財力若何舉辦，目前尚難逆睹。故本年工作雖可約略分兩時期，但經此八年浩劫，人力、財力都感困難。接收保管，慎重將事，已慮不逮。恢復舊觀，殊非易易也。

呈教育部

為援照部校接收事例，請予正式接收偽國立師範學校及偽中央圖書館事案。查京市自三十四年秋受降以後各機關接收事例，一則依房屋之原主管機關，一則依事業之相聯屬性質，如大部接收成賢街之實業部，即依房屋之原主管機關之義也；又接收山西路之偽教育部，即依事業之相聯屬性質之義也。又如中央大學接收原有中央大學房屋，又接收偽中央大學之設置於金陵大學者，亦即此兩義之事例，均為眾所共喻。伏查江蘇省立國學圖書館自二十六年京市淪陷以後，即經敵偽占領，改名為國立中央圖書館（見偽《中央圖書館第一年刊》偽館長段慶平《發刊詞》），又以館址僻處城西，遂將原址作為偽師範學校，遷本館於國府路（亦見偽館長段慶平《發刊詞》），是偽國立師範學校，依房屋原主管機關之義，應歸江蘇省立國學圖書館接收；而國府路偽中央圖書館依事業相聯屬性質之義，亦應歸江蘇省立國學圖書館接收，以其非由戰前之中央圖書館籌備處改設，而由龍蟠里江蘇省立國學圖書館改設之偽中央圖書館遷移也。詒徵前奉江蘇省政府命令到京接收，業經江蘇省政府備文到部在案。第茬荏兩月，迄未獲將兩機關所占領之房屋、器具及遷移書籍、器具等正式接收，茲為慎重職權起見，聲述上舉事例。請求大部派員會同詒徵，將前查封兩偽機關正式移交與

江蘇省立國學圖書館，以便敝館進行圖書館事業，恢復戰前狀況。至於龍蟠里房屋現爲第一臨時中學借用者，請先將書樓交還。僞國立師範一切器具，請將清册交館點查，再由第一臨時中學向敝館商借，亦不妨臨時中學之進行。僞中央圖書館有其他機關之文物，亦當遵照部令由敝館會同各機關派員清查，歸還原主管機關。如此辦理，庶見上符京市事例、下保省館職權，實爲德便。

教育部朱次長復函

翼謀先生道鑒：比讀貴館來牘，備悉一是。查本部接收山西路僞教育部，僅爲檔案文卷，其房屋仍歸原機關中英文教基金會使用。至僞中央圖書館圖書，現正由京區清點接收封存，文物會從事清理。其中原屬貴館所有者，自應發還，已由部飭該會注意矣。特函奉達，祗希惠察，專頌著祺。弟朱經農敬啓。二月二十日

一月十五日

呈江蘇省政府教育廳

爲接收困難，呈部聲請録呈牘稿，請予備案，並請省府據情呈部，以利接收事。竊詢徵奉府令到京接收，荏苒數月，訖無眉目。除書籍封存僞文物保管委員會，静候部令，會同各機關派員清查，始可接收外，關於館中房屋、器具及僞中央圖書館書籍、器具均未能正式接收，誠恐有負使命。謹在京就近具呈教育部聲述職

國立中央大學國學圖書館小史　盋山案牘　合刊

權，請予接收，理合將原呈錄稿呈送備案。惟詒徵人微言輕，懼雖聲請，難獲邀准。本館隸屬府廳，應請主管

長官鼎力援助，合無據原牘情節，由鈞府鈞廳特為具文到部聲請，庶或有濟。臨穎不勝迫切待命之至。附呈

上教育部呈文稿。一月十五日

致盧彬士

彬士先生老同年道座：奉廿一日教，欣承代購板箱存貯館書，費神墊款，感何可言。遵即由銀行匯上陸

千元，敬希察入。春初館友得便，即赴貴館祗領該書，不知箱件由火車附客人携帶，及託轉運公司送運京館

執便，尚乞就近調查惠示。假定轉運公司妥帖，或視火車寄艙方便，但恐其日期不能剋定，或運費視火車加

磅為昂耳。（下略）敬復，即頌年禧。一月二十四日

致冷副參謀長函

容庵先生勛座：前謁崇階，具陳鄙況，遂荷鼎言，催促清點館有舊籍，計可按目查收，無任感荷。敝館目

前困難尤在，前經敵偽遷掠，器物蕩然。詒徵到寧以後，即將舊館員所造劫遷器具清册，送交蔣特派員，請將

所存於偽文物保管委員會及偽中央圖書館中敝館器具發還。蔣君不允所請，遽將存貯偽文物保管會中之器

具，不待會同詒徵查點，即移交經濟部。目前即將清點偽中央圖書館，詒徵誠恐復遇阻力，眼見敝館舊器物

而不能領回。在偉大機關使用器具，捨舊購新不成問題；省館則經費支絀，接收既多阻折，購置復無財力，係屬特別情形，非有大力援助不能恤其窘迫。我公十年前曾蒞敝館，當猶能憶其房屋器具多屬舊式，然前後各室器具充然之狀。伏祈俯念舊誼，便爲切託杭次長、蔣特派員及總部所派會同各機關清點之王處長，閔恤前情，許其於清點僞中央圖書館時，先將敵僞所劫敝館器具領回，則書籍歸館方可庋藏，職員辦公方可憑藉。若清點之後，仍行封存，不令領取，徐候處分，則敝館之困難更甚於無書之時矣。迂愚之忱，九頓首以請，諸希鼎力垂察玉成。臨穎不勝迫切之至。專頌公綏。一月二十八日

致冷容庵函

容庵先生勛座：高軒枉過，有失迎迓，至歉至歉。承示將邀各方共同商權，尤爲感荷。大致教部朱、杭兩次長、蔣特派員，市府馬副市長及總部王處長均爲重要之人，能得此諸君贊助山館，則一切迎刃而解矣。詒徵所請求，具於別紙，伏希察核，敬候召集，當即趨赴。專此，即頌公綏。一月二十八日

附請求意見：

前呈教部，謂僞中央圖書館係在龍蟠里國學圖書館時所改名（見僞館長段慶平所印《年刊》之《發刊詞》），嗣遷至國府路，亦係將龍蟠里國學圖書館中書籍、器具在彼開辦，並非將前中央圖書館籌備處改設者，此層最關緊要。

各方如認清此點，則僞中央圖書館全部應歸國學圖書館接收，始合於京市各機關接收事例。

但詒徵仍聲明遵照教部命令，會同各機關清點，凡該處文物有原屬各機關者，均歸各機關領回，絕不思占有

他機關之文物。惟名義既正，則除去歸各機關之文物外，當然即屬國學圖書館所有，無待於爭執矣。

國學圖書館書樓及他室扁額，均由僞館長自龍蟠里遷至國府路僞館，此即全部器具遷往之證，非他機關

所可比例。現在器物尚有國學圖書館所編號標識，雖亦有經僞館洗去者，但亦可據以類推。又聞僞館新

製器具，多有將國學圖書館書厨上層木框及下層之架改製者，形式雖異，材料亦可辨認。總之國學圖書館自

經劫遷，所有數十年之積累，蕩然一空。即將僞館器具全部取回，尚不能符原數（有另一批器物在僞文物保

管委員會）。倘各方不諒其苦痛，勒掯不令歸館，則書籍雖收回，各事無從措手也。

致劉虛舟函

虛舟先生惠鑒：荷示欣悉，錫院檢得敝館書六十餘種，劫餘故籍，得返山館，亦諸君子之賜也。茲致童院

長一箋，乞其以郵包寄來，敬希察後代致，費神容謝。此頌年禧。　一月二十八日

致童潤之函（郵劉虛舟先生轉）

潤之先生大鑒：省府晤後，聞院務鼎新，爲祝無量。頃得虛舟兄書，知敝館前寄興化之書，經僞師長馬幼

銘劫去，展轉至蘇垣者，頃由尊處發見六十餘種，慨允歸之山館。劫後殘編，如返趙璧。聞訊之下，欣感交

集。該書敬祈公餘付郵局分包寄下（南京龍蟠里國學圖書館）。共需郵費若干，示知即行匯奉。瑣事費神，望雲拜託。專此，即頌公綏。 一月二十八日

致陳彥通函

彥通足下：昨由石君轉到曹君致足下書，具悉一一。《明實錄》底本務祈切託曹君追求，至印行之本，以版權論，亦應歸山館。至少必須覓寄一部，以備學者閱覽。此外山舟輩所印，如《純常子》等書，亦盼寄閱。此頌文祉。 一月二十八日

致文管處沈秘書函

勉後先生道鑒：昨承枉顧，邑譚甚快。茲再瀆者，敝館前存貴處之書，已蒙發還。惟尚有種種缺少之件，當函詢前經手之人。已得函復，除書籍另有聲述外，並謂原貯之廚箱暨保險櫃共卅餘件，當初堆置僞立法院會議廳之前進，介乎會議廳與傳達室之間右邊的小室內（不在右室，必在左室）。此等物想必未有人竊盜，不妨仍與周君接洽，領導開視可也云云。據此則敝館前經梁某劫奪廚箱、保險櫃等件，確係仍存前僞立法院中，惟越時已久，所有箱廚等件不知仍在該室否。擬懇尊處飭查有無該件，或由電話中與立法院周仲敏君接洽。該件無論在立法院，或任何處，統乞發還，不勝感荷。并候示覆，敬頌公綏。 一月二十八日

致張衣言函

衣言同學惠鑒：周君回京得手書並已聞正維言及各事，大致服務內部與主管機關均有利病得失，止可相機因應。兩鎮校恢復，一切都是從頭做起。經費巨而物價昂，以詒處理此館之事推之，費精勞神，去舊觀尚遠可必也。另致趙科長書，請閱後轉交。所陳諸事，便乞商詢。如追求書賈盜竊之事，恐亦不過一紙公文，不易水落石出也。　此頌年禧。　一月廿九日

致趙光濤函

光濤老同志偉鑒：前荷快函，深感厚意。館事有待商權及贊助者，縷述如左：

一、昨周會計到鎮領到一月份暫付款，探詢臨時費，未得要領。敬祈特別籌措，以應急需。頃甫購置書櫥七具（十萬六千元）、書架十具（約八萬元），以此例推，如偽中央圖書館、偽文物保管會所劫舊器具不能收回，而一二十萬冊之書已清查返館，真是無法應付。聞故宮博物院運取箱件，每次卡車須四萬元，至本館能運書籍器具時，不知又漲價幾何。暫付款仍是舊數，職工人數無從增加，假使檢查運送之時，現有人數不敷，即須增加臨時職工，此亦須預計者也。

一、前呈教部文並未批復，杭次長謂清點會章程已可解決。實則詒徵所請，如收回書樓及偽中央圖書館應全部歸本館接收兩事，都與清點會無關，惟在教部特許。普通公文徒事形式，未必有效。仍祈廳長或以電

話，或以私函接洽，較為得力。

一、館書已有散在書坊，輾轉來問本館收購者（上海傳薪書店有館抄《明實錄》百十餘冊，索價五萬元；蘇州文學山房有館藏元刊《揚子法言》四冊，索價七萬元），前已告知廳長。恐類此者尚多，收購則無此巨款，且適長盜竊之風。不問則書未歸館，已落他人之手，殊為有玷職守。廳長謂此等書賈實應行嚴辦，不能坐視奸人之盜竊，再以巨款收書，此義洵極正大。惟如何嚴切追究禁止之處，尚乞商訂示知（《明實錄》是梁鴻志劫去者，《揚子法言》乃封存於偽文物保管委員會者）。

一、前請查究任援道所劫去之館書，已否有消息，便祈示知。

以上各條費神請求，并希隨時示及。此頌公綏。一月二十九日

又上海封存之書，據教育部文物保管委員會徐委員森玉在寧告詒，行將啓封，亦須邀詒參加，詒允候其通知。但詒及本館職員預計在寧接收書籍器具，必須曠日持久，即抽身赴滬一行，亦難與各方會同清點。屆時必須廳中另派一人，可以常川駐滬，逐日清查者，與詒偕往，庶詒不致顧此失彼，此亦宜預為籌及。如住滬點書一兩月，亦須另支費用。此館之費在京接收尚不夠，不能再顧滬地查書也。

致經濟部中央地質調查所周柱臣函

柱臣先生大鑒：前謁翁副院長，呈送敝館器具經敵偽劫取庋存地質調查所中者，請予發還敝館，當蒙翁

盋山案牘

九一九

副院長允屬尊處處理。茲謹函陳顛末，敬祈查照原冊，示知尚存若干件，訂期俾敝館派人前來祇領。是所至禱。專此，敬頌公綏。佇候福示。一月三十一日

致教育廳長函

石珍廳長老同學偉鑒：獻歲發春，新猷日懋，爲頌無量。此間開始清點館書，雖尚未收回，然已計日可待。此後問題似無多虞，然以過去之經驗預測未來，則暑後收回館屋，難保無軍隊占領，及今不圖，臨時挽救已無及矣。戰前此館經費年支三萬元，在彼時似甚少，但以今之幣值計算，即相當於法幣三千萬。就館言館，如能得此巨數，自亦足敷展布；然以省款之支絀，及社教之不能比學校，即便聲請，決不能達此限度，似非另闢途徑無以善其後。因此思得一策，就此館之屋與書及第一臨中所有學校用具，辦一國學院或國學專修學院，則請費較易，而保存館屋亦不至有何意外。而在執事主持廳務之時，又添設學校，亦可以示提倡學術之盛心。至於經費，或請中央補助，或在省方設法，大約不會超過二三千萬元，實即以從前之款數爲之，非分外之請也。私意如此，未識可否進行，茲先以牘稿及課程表要旨等寄閱。如以爲可行，即正式聲請；若不能籌辦，亦即作爲閑談，不必向外人提及，將稿件寄還可也。專此密布，即頌新禧。二月四日

請轉呈教育部，就本館建設國學院，發展館書功效，儲成文學人才事。國難以來，各大學趨重實科，工程機械人材充牣，而國學國文漸趨衰落，官署機關秘書文牘取材於各大學畢業生，往往不能適用。各校教師精

研國學擅長文筆者，雖尚不乏其人，而學校日多，供求亦未能相應，及今不圖，後此將有青黃不接之虞。此繼往開來所應有事，非爲抱殘守缺計也。學校之設，多重實驗，工科宜就工廠，商科宜就商場，農科宜就農場，醫科宜就醫院，此人所共知。則創建專治中國學術文藝之學校，宜就儲藏中國圖籍美備之圖書館，實屬一例。顧近代創辦學校者，多知必辦圖書館，而辦理圖書館者，未聞就近創辦學校，殆所謂知其一而不知其二也。普通人之觀念，以圖書館屬於社會教育，而講之教者又徒趨重宣傳補習，以薄物小篇爲盡其責，反視儲藏美備之圖書館爲窳舊，而無益於今之社會，極之爲古董肆，爲養老院，爲少數賞鑒家所矜重，閑散游惰，而圖書之功效無由昭著於世。欲矯其弊，宜合學校與圖書館而兼籌並進，則功歸實際，款不虛糜，於事於人皆得其當矣。江蘇省立國學圖書館所藏錢唐丁氏、武昌范氏及十年前增購各書號稱豐美，爲世豔稱。從前雖訂有住館讀書章程，以其自由閱讀，不類學校之性質，故來者不多，效未大著。際茲國運鼎興之時，宜有一新耳目之舉。自三十四年教部借用館屋辦理臨時中學，雖似就圖書館而辦學校，然館書既未收回，中學亦難語高深之學術、文藝，徒爲空屋計耳。本年暑假後，臨時中學即須解散，學校用具都可留存，彼時館書亦可全部收回，繼續整理開放閱覽。第館中空屋尚多，兼以附近沈公祠亦已久爲國立師範及第一臨中用爲宿舍，若在暑假後以此項房屋設立一國學學院，招收高中畢業學生一兩班，專治中國學術文章，以備畢業後服務公家、擅長文筆，及分教學校、傳述國學，則館屋得用，而館書之功效視前之僅供少數人之研閱者，尤得其利；並可由江蘇省館創此一例，嗣後國內各大圖書館皆可仿辦，通高等教育、社會教育之郵，不復以此疆爾界，致圖書

館僅爲民眾補習之附庸之具，洵屬一舉兩得。夫唐宋以來迄於清季，國學鄉庠之外，最爲養成專門學術文章之人才者，實日書院。書院者，有豐美之書籍可供學者研究，而又有大師宿學主持其事，故能造成風氣，創垂學脈，昭灼史册。近日學校科目孔多，自非僅限於中國學術文藝，而病中國學術文藝之衰落者，乃欲復興書院，若川中之復性、輔仁各書院是。然設院而實無多書，轉以興學而再事購書，不知即圖書館爲書院之省便，此本館所以有藉館立院之請。又，舊日圖書館囿於社教，日言工作，而經費亦視學校低減，不能廣羅宿彥、提倡學風，皆由謀教育者視圖書用經費等等未得其當，故學校之必有圖書館，人所共知；而圖書館之可辦學校，則反不解。本館基於以上各種理由，謹爲逐層聲述，當世明達必不以爲河漢。至於經費之若何指撥，師儒之宜預羅致，未敢擅定。謹擬課目表及設院要旨，伏候核示。如可採納，即祈轉呈教育部准予立案撥款，以便籌備一切，實爲德便。

國學院要旨：

一、尊國族——闡揚固有文化——振興民族精神。

一、翊世運——本聖哲學理——翊世界和平。

一、儲通才——貫通中國政教，體用兼備，足以從政新民。

一、廣文教——精研文學權能，道藝一貫，咸可著書教士。

一、處都會，則聞見廣師資多。

一、富圖籍，則參考便志意崇。

一、合大學文史政教諸系，而有統宗。

一、兼書院講習考課諸法，而重自習。

一、國運方日進無疆，國學亦必起衰復盛。

國學院課目表

第一學年	第二學年	第三學年
文字學	音韻學	校勘學
目録學	版本源流	圖書管理法
四子書大學、中庸、孝經	論語	孟子
群經詩、爾雅	書	易
四禮周官	儀禮	大、小戴記
春秋經傳左氏、國語	公羊	穀梁、胡傳
五史史記、漢書	後漢書	三國志、新五代史
四通通鑒、續明、綱目	通典、通考、續清	通志、續清
諸子老子、莊子、墨子	管子、韓非子	荀子、呂氏春秋

續表

第一學年	第二學年	第三學年
宋明理學宋元學案	朱子文集、語類、周、程、張、陸諸家	明儒學案 清初諸儒
各體文文選、及梁隋文	唐及清賦 駢文	唐以來散文
各體詩歷朝詩選	陶、謝、李、杜、韓、白詩	蘇、王、黃、陸詩
詞曲五代、宋詞	元、明雜劇	明、清傳奇
譯述楞嚴經、天演論	群學肄言、原富、法意、七克	林譯小説
外國語文	同	同
算數曆法	同	同

清代經師學説閱讀、諸史閱讀、子集閱讀、小説閱讀、地圖方志閱讀。各科講授之外，自由閱讀或延長至第四學年，仿大學研究所辦法自由研究，提出論文，始予畢業。

致陳廳長函

石珍廳長老同學大鑒：前寄擬設國學院牘稿及課目要恉等，計邀青，及昨訪朱次長談此事，朱頗以爲可行，是一機也。省款固絀，中央之款則甚多，第一臨中月支七百萬，暑後停支，則就其中請撥若干補助此院，

亦非分外要求。目前財政無中央、地方之別，不過直接、間接稍殊。中央以數十百萬辦臨中，抽撥若干辦一學院，提倡中國學術文章，比普通中學尤有價值，即以矯正敵僞思想及其他黨派言論行動而論，尤須以聖哲學理爲之權衡，此舉乃對國家全體之關繫，非一省之關繫。至於省有之書久庋京市，供府部院會市縣各方人士之研閲，向來只用省款，中央曾無補助，今以此請，則京與省相得益彰。鄙意此事詒可游説，而實際進行則惟鼎力是視，幸先與瑯琊商榷，再以尊意向騮、麟諸公言之，私函勝於公牘，計議成熟，再以公牘請之，可迎刃而解也。以目前館款計，不能羅致學者，臨中教員平均月入五萬，此館望塵莫及，何以延攬英賢？以國學爲名，而惟事簿書期會，不能發皇藏書之精蘊，何足名學？君前在部語詒，後此辦學校當以學術爲重。學校固有多方面，而今日國學、國文之衰退，不可不急謀振起。故同時江蘇雖有數學院，仍不妨添此一學院，以其他學院兼科學或偏重社會化也。至此院果成，詒亦不尸其名，當與君共商延致學者，使館院聯繫得法。詒於館事可告一段落，衰朽之身不勝今日競争環境，當謝去别謀讀書之所，此意自初到寧時即與知好迭言，非至今日始萌退志也。他機關有書者，詒固可厠其間，藉讀書爲工作，以了餘年，即不必服務公家，歸里賃一小屋，收集私人劫燼所餘之書，亦儘可進德修業，不必博覽群書如從前所事。伸筆縱談，恃愛不覺覼縷，此頌春祺。

二月八日

再，前請添加處分陳逆群澤存書庫及蘇、滬各地之書之事，部覆謂已組織清點會處理，殊爲文不對題。此次清點會限於僞中央圖書館、僞文物保管會各機關，陳逆之澤存書庫並不列入，蔣慰堂謂當另案辦理，而

部覆混為一談。不知是部中辦公事者未知其詳，抑另有用意。詒不得不告省廳，是否再行聲明，幸酌之。

致冷副參謀長函

容庵先生勛鑒：前日晤教甚快，春和景明，各方已如恒工作，不久即清點國府路偽中央圖書館文物，務希鼎力玉成敝館，切屬王秘書及蔣特派員，允予敝館將敵偽所劫遷之器物得在啟封時領回，不勝感盼企禱之至。專此，即頌公綏。二月八日

前呈清冊祈交王秘書察閱，即知該處所劫館物矣。

呈省政府教育廳

為奸偽盜售館書，應予收購及究辦，呈候核奪由。屬館藏書前經敵偽劫奪，分庋京市各地。上年秋間，總司令部及教育部特派員分別封存，屬館迄今尚未獲接收，而館書多有散在各地書肆出售者，其為奸偽勾結盜售無疑。上年十二月二十六日，北平圖書館館長袁同禮來函，謂在蘇州護龍街文學山房見有元版《揚子法言》一書，蓋有本館藏書印記，索價七萬元，應行設法備價收回云云。查此項元版《揚子法言》貯存偽文物保管會，見於日人所印打字目錄，與其他各書既經總司令部及教育部特派員封存，何以不翼而飛，流轉至蘇州書肆？此等情事，甚屬可駭可疑。又上海傳薪書店書賈徐姓聲稱，收得本館所藏抄本《明實錄》一百數十本，

迭次託人向本館兜售，索價五萬元。該書係梁逆鴻志在本館密室中劫去，交商務印書館印行之底本，全書共計四百數十冊。屬館前在國民政府後樓查獲梁逆所劫各書，僅存《熹宗實錄》十三冊，其餘各朝實錄均不在內，當經報告國民政府文官處沈秘書，擬訪梁逆寄頓該書之所，以冀全部收回。而該書已有零種散在滬肆，索價甚昂，顯係奸商與梁逆管書之人勾結盜售。誠恐類似此事者，尚或層見叠出。以常理論，詒徵主管此館，聞有舊管館書散見書肆，宜亟設法收回，但本館所請經常各費，並無收購館書專案，且書賈索價孔鉅，狡獪百出，即請領若干鉅款，恐尚不敷收購，且令奸偽竊笑，愈長盜竊之風。為此聲述各情，伏希核奪。當此奸偽肆行之際，應如何澈底查究，勒令書賈供述實情，一面收回館書以重公家典藏，一面杜絕奸情，毋令轉嫁隱匿，敬候鈞裁。至在偽文物保管會之館書，計已散佚若干，因全部尚未接收，無從得其確目。梁逆所劫、接收寄存擬，敬候鈞裁。至在偽文物保管會之館書，計已散佚若干，因全部尚未接收，無從得其確目。梁逆所劫、接收寄存已悉。謹附呈清冊二扣，備案存查。附呈江蘇省立國學圖書館寄存偽立法院書籍字畫損失清冊、接收寄存偽立法院書籍目錄各一冊。二月十一日。

致教育部清理戰時文物損失委員會

敬啟者：江蘇鎮江縣焦山書藏燬於敵軍，詒徵以書藏委員會委員關係，前已備文連同目錄四本呈送在案。茲據焦山定慧寺僧智光開具該寺房屋、文物各種損失清單，屬詒徵代為報告，請予彙案列入，要求敵人

賠償。謹將該寺僧所開清單備函申送，伏希存查彙報，是幸。二月十一日

附損失單（中華民國二十六年農曆十一月二十四、五、六日江蘇鎮江焦山定慧寺戰時損失）

房屋：枕江閣三間、彭來閣四間、鶴壽堂三間、伊樓前後八間（上皆二層樓，放火燒者）、三層樓五間（以上均炮擊燒），石肯堂三間、法堂三間、大廳三間、丈室四間、衣寮三間（上皆二層樓，放火燒者），海雲堂五間、客堂九間、廚房五間、碑亭兩座、頭山門一座（上皆平房，炮打毀者），又毀走廊十六間、大殿、二殿、藏經樓、大寮、齋堂、華嚴閣（均炮打殘者）。凡屋內用物皆全毀。

古物：周鼎一只、陶鼎一只、玉帶一根、伏波銅鼓一面、漢泥香爐一個、翡翠嵌屏一幅（梅蘭竹菊）。

字畫：中堂八十幅、屏子一百五十幅、對子二百付、手卷三十軸、碑帖二百種。

石刻：陀羅經幢、道德經幢、宋清臨鶴銘二種、唱和詩、漢隸、洪亮吉字。

法器：水陸內外壇新舊莊嚴兩套。

經典：華嚴梵本三十部，方本二十部，法華正文、注解各二百部，楞嚴正文、注解各二百部，各宗經書二千五百冊，各種雜集二千五百冊，彌陀疏鈔二百部。

流通：經書三千冊、各種百種。

匾對：木質匾二十塊、對子四十付。

殺死工夥二名，要塞士兵六名。

注：二十三日寇占象山，二十四、五兩日由象山全日炮擊焦山，二十六午後登焦山，第一次名燒殺隊、二

次崗山隊、三次青山隊、四次中村一雄與金井得崇、五次明古屋隊，當時守山者定慧寺僧德峻、僧智光。

中華民國三十五年元月十五日焦山定慧寺僧智光呈

附注：海西庵（即書藏處）觀音崖炮擊燒者，水晶庵、碧山庵、松寥閣放火燒者，每庵樓房皆二十餘間。

別峰庵大殿炮擊毀，餘殘破。

覆蔣吟秋函

吟秋老同學偉鑒：周君回，誦手書，欣悉敝館書承惠予領回，一切俱承關照，感何可言。此項書籍由寧運

至興化，由興化寄存中圩羅漢寺，當時苦志保存，卒因興化不守，無法他運，而為馬幼銘所奪去，詒徵抱痛五

年。今承執事慨念同舟之誼，舉所發見於偽方者，俾之來歸，是雖僅運興之書二十餘分之一，然已為詒消去

罪案一部分，對此書目、箱件不勝悲感。然亦隱覺此次劫運中，文物之聚散有緣數存於其中，緣與數當歸

者，至其時則歸，否則無可奈何。目前封存在寧之書，雖明知有此館之若干萬冊，然尚未能到館，詒亦惟有靜

候其時耳。恒想到蘇暢談一切，兼探可園梅訊，為寧書所羈絆，竟不獲抽身。必俟各方清點都有眉目，始可

於其過程中抽旬日，由鎮而蘇而滬。君聞其況，能無閔其顢愚耶！另具公函聲謝，並草此奉報，即頌文祉。二

月十五日

覆盧彬士函

彬士先生老同年道鑒：周君在蘇，種承台愛，歸荷手書，敬悉一是。公事非公以私交相助，不能如此順利，感何可言。復蔣君書，略述私心之感痛，並希察及，茲不一一。可圜鐵骨紅梅，時時神往。二十五年詩有『元宵吳市月如瓜』之句，承公賜和。今其時矣，重游有待，惆悵無已。即頌著綏。二月十五日

呈教育廳

爲請求續發臨時費，以利進行接收事。案查屬館書籍、器具，自經敵僞劫奪，散在各處，接洽收回需款至鉅。前於上年十二月已蒙發給臨時費六十萬元在案，惟以先後收回梁逆鴻志所劫書，及寄存興化書被劫之一部散在蘇州圖書館者，又酌購書廚、添置木架若干具，所餘無幾，緩日專案報銷。目前南京區清點委員會已開始工作近一月，轉瞬即須清點偽中央圖書館及偽圖書專委會，兩處清點工作與屬館極有關係，除派遣本館原有職員參加工作，尚慮不敷，必須添用臨時雇員。兩處封存屬館書籍約十八萬册上下，單以運書一項而論，需費已在百萬元以上，合之修繕雜費等項，爲數更爲可觀，其詳概算書中。至收回書籍逾十數萬册，所有收回之書箱、厨架不敷存貯，必須另行添置。書厨、報架及修繕館屋等費，尚不在內。而前項臨時費存數有限，實難着手進行，爲此擄陳各節，繕具臨時費概算書三份，呈請鑒核，仰祈如數續發，以利進行而便接收，實爲德便。二月十六日

出席第三次清點會提案

主席諸位先生，茲當清點偽中央圖書館文物之始，詒徵謹為國學圖書館聲請：

一、本館舊管之圖書、古物、書板、字畫等，請點歸本館。

二、印行之書，如書目、年刊、《小史》、《書影》及各種影印之書，即印有偽中央圖書館圖記者，亦請點歸本館。

三、本館器具，經偽中央圖書館遷至國府路偽館之扁額、書櫥、書架、書箱、几桌、椅杌、炕床、卡片櫥架、傘架、水缸、火盆、痰盂、收音機、印書石、油印機等，不特館員同人等一見便知，即常來閱書諸公亦多認識，務祈悉數點歸本館。

此乃本館特別情形，與他機關不同。偽《中央圖書館年刊》首稱：「就龍蟠里原址計劃整頓，改名為國立中央圖書館。」又稱：「遂將原址作為師範學校，遷本館於國府路。」故該處之器物，悉自龍蟠里國學圖書館遷往（尚有若干遷至偽文物保管會，所有本館舊管器物清冊，迭經送呈特派員在案）以致本館一切蕩然。假使僅僅收領書籍，而無櫥架等庋貯，即無以負責保存；而供京市學者之閱覽，亦非有椅桌等等用具不辦。詒徵決不敢覬覦他機關之器物，止求舊館所管經敵偽劫遷者得歸原館，區區微忱，伏冀主席諸位先生閔本館之凋殘及經濟之支絀，允其所請。此非詒徵私人之幸，實聖哲遺書及京市學人所利賴也。二月二十三日

呈教育廳文

呈為彙報屬館陸續收回各方書籍，請予鑒核備案由。竊查屬館書籍，自二十六年寄存各處，及經敵偽劫奪以致四散者。上年勝利以後，詒徵於十月初自渝返京，過漢口時將所寄存漢口銀行之本館印行書帶回，計《東萊書說》等八四部三三零冊。十一月二十五日又收回偽中央圖書館玄武湖分館之屬館印行書，計《東萊書說》等一一一部三三一冊。十二月九日復由舊館友繆君轉來舊藏書一部四冊。十二月十日詒徵復查到本館《概況》二部二冊。二十九日收回梁逆鴻志所劫屬館舊藏書《易說》等計八五一部四三六八冊、書畫五種五件。本年一月十三日復收回鎮江定慧寺所借之舊藏書《焦山志》一部八冊，又收回從前寄在上海科學社印行書、本館《覆校善本書目》等五部十冊。二月十一日柳貽生寄贈由上海傳薪書局購回本館之舊藏殘本《明實錄》四部二一七冊。十三日復收到北平修文堂書店申莊孫實君寄贈本館舊藏之《續復古編》一部四冊。十四日蘇州圖書館交還本館寄存興化之志書，計《景定建康志》等一二九部一一三六冊，及殘本《吳縣志》二四部一八四冊。十七日又收回任援道所借《十三經注疏》等三部三七四冊，其中《十三經注疏》缺《春秋注疏》卷一二計一冊，《宏簡錄》缺卷二至卷十六計三冊，因此另贈廣東刊本《十三經注疏》一部一二零冊，康熙刊本《宏簡錄》附《元史類編》一部八十冊。又，最近奉到二月二十七日教三字第九四六號訓令，關於接收任援道所借之書，業已如數照收，不再另案專報，合併聲明。總自上年十月起訖本年二月底止，收回及償補共一二一部七零五九冊、書畫五種五件，都已插架庋藏，編製目錄。其餘寄存偽中央圖書館、偽文物保管委員會，及寄

存興化之書，經敵偽所劫散佚各處者，都不在内。理合先將陸續收回情形，造具書籍清册（除梁逆鴻志所劫書籍前經收回，已附目録呈報在案，兹不另具詳目），備文呈報。仰祈鑒核備案，實爲德便。附呈陸續收回書籍清册一份。三月三日

致省立教育學院童院長函

潤之先生道鑒：貴院賀先生來，承運送敝館書壹大包，計十四種八十三册，清點無訛，至爲銘感。此事本應敝館派人趨前祇領，緣正清點在寧文物，未克抽派館員，乃荷盛情，乘賀先生赴京之便携寄，以省敝館友往返勞費。公私交便，爲德無量。詒候得暇赴申，當至貴校專誠致謝。先此布臆，敬頌公綏。附呈收據壹紙。

三月七日

致陳毅丞函

毅丞先生大鑒：在鎮奉教至慰。所塵各節，計已達于廳長。諸費清神，仍希鼎力贊助。前述馬幼銘住邗羊巷，兹得友函，其妻化名匿居地官第，如屬江都縣嚴密查封，宜先偵查確切。兹將友函附呈，大約門牌號數，此君尚可續訪函告也。專此布臆，即頌公綏。四月十二日

致清點文物委員會函

查本館書舊分善本、普通二大類，善本又分甲、乙兩類。善甲書自後增者外，悉丁氏八千卷樓舊藏，著在《善本書室藏書志》，尤爲海內外所稱重。二十六年驟丁國難，善甲全份及善乙集部一部份與名人手札，分裝一百一十箱，寄存故宮地庫。善乙又一部份藏在本館密室，餘仍存本館陶風樓下。首都淪陷，樓書首爲敵僞劫去，運至竺橋僞專門圖書委員會。二十九年二月地庫書又爲敵僞發見，運至竺橋分立專庫，印有打字本《善本書目》及《補遺目》（此次封存及啟封時，僅據寫本《善本書目》，而《補遺》則據打字目）。而密室之書爲梁逆鴻志劫去，貯存僞立法院即國民政府後樓。自三十四年十二月迄本年五月，善本書陸續歸館，按館目檢收，尚十存其九。　其先歸館者爲梁逆所劫密室之書，而《明實錄》僅有天啟一朝，餘書亦闕若干部冊。　竺橋之書先歸館者，乃故宮運回之一箱，敵僞劫至竺橋訖未開箱者，按本館底冊檢閱，尚屬完全。其餘百零九箱，原箱皆不存，僅發見丁氏原箱一具，亦已殘破，而存貯《全唐文》之一箱，迄今尚未查得。故竺橋上下兩善本庫，實僅本館寄存故宮地庫一百零八箱之書。雖曰十九具存，而有目無書，或未載在打字目及寫本目者，凡若干部冊，茲爲分別臚舉損失確數，其應如何澈究，追回原書，或向日本索賠，伏候公決。至歸館之書，已具清點目錄，不另錄報。　相應函達，即希查照爲荷。　附館藏善本損失清單一份、名賢手札目一冊。　五月十三日

呈教育廳文

呈報本館善本書存闕清册，請予備案，並請轉呈教育部澈究損失，追回各書，或向日本索賠由。竊查本館藏書分善本、普通兩大類，善本書又分甲、乙兩類，尤以善甲書爲薄海內外所稱重，杭州丁氏有《善本書室藏書志》，其書歸館後，清季印有《善本書目》，民國初年印有《覆校善本書目》。詒徵承乏此館時，印行《總目》，註明善甲、善乙、兼志藏書印記，以昭慎重。二十六年八月敵機襲擾京市，當時倉卒移善甲庫書箱百具，又提取宋元精刊及孤本、校本，另裝板箱十具，寄存朝天宮故宮博物院分院地庫，以避轟炸。其善乙書之精本及館藏名人手札，亦附裝此一百一十箱中，並經造册呈報前教育廳在案。是年十二月首都淪陷，寄存故宮分院之書未能運出，仍深錮於地庫。直至二十九年二月，敵僞衝破地庫，將館書箱件移往竺橋僞圖書專門委員會、闕書庫貯藏，並印有打字目録，其在丁氏原存百具內者曰《八千卷樓善本目》，在另裝大板箱內者曰《八千卷樓善本補遺》。自去年日軍投降，教育部派員將各僞立機關查封，迄本年一月組織清點委員會清點文物，本館會同各機關派員清點，次第收回館書。計自三月十八日開始清點竺橋僞圖書專門委員會，迄四月二十一日始在故宮博物院自竺橋運取各箱內收回本館寄存善本書一箱，計書五十六部二百九十八册。五月初二日復自竺橋運回善本書二千二百六十二部一萬五千九百四十四册。即前寄故宮之丁氏書箱及大板箱中之書，尚有一箱至今並未發見。其善乙及普通書分批運回後，不下十數萬册，清理需時。兹爲注重善本起見，謹先將善甲書存闕清册，呈請備案。其已收回之書卷册繁多，不及繕寫，爰就館印《覆校善本目録》分別

存闕，呈請鑒核。是目所闕之書，及善乙精本、名人手札、本館石章等附存百箱中，現未查見者，繕具清單，逐

項開列。並附梁逆鴻志前劫本館密室之書，按照館目查點未得者，彙案呈報。其應若何澈究損失，追回各

書，或向日本索賠，伏候轉呈教育部示遵。至竺橋各書清點完畢，本館藏書全部存佚確數，俟竣再行呈報，合

併聲明。附呈本館《覆校善本書目》四册，是目所闕者上注闕字，其不注闕字者皆已自竺橋及故宮博物院收

回，本館善本甲庫及乙庫損失之書清册一份、名人手札目一册。五月十三日

致徐森玉函

森玉先生道鑒：滬區清點首次會議，詢因京館各處清點接收正在進行，未克抽身來滬，敬祈我公代表。

鄙見如發見敝館書藉，敬希匯歸一處，至清點畢發還，是所至禱。詢一俟得暇，仍擬來滬奉教。陸君處未復

信，仍盼一訪。專布，即頌公綏。三月三十日

致劉虛舟函

虛舟先生大鑒：在鎮邑談至慰，昨到館即接上海清點文物委員會通告，十號開第一次會議，詢日內正督

率館員接收偽中央圖書館所劫之器具，不克即日赴滬，計惟先去一信，述初會不能出席，俟暇必來滬一行。

計清點亦尚需時，目前方著手耳。京館各書，館中全部盡日往查，約至本月底方可竣事，目前亦無可派往滬。

前在鎮造訪陳廳長未晤，故與兄所議各節無從進行，不知日內君晤陳廳長談及否？詢託陳、張兩秘書報告者，渠已悉否？京鎮隔閡，不能及部會諸公之敏捷，詢之衰朽奔走爲難，最好由省方發動遴派能在滬久住同清點者加入，不必以詢之名義傳合，蓋該會委員是一事，蘇省須參加又是一事，省方自動較易措辭。即謂據蘇省人士聲稱滬上封存各書多有關於蘇省公私文物，茲派某人前來參加云云，如泥於詢一人，渠等祇承貽詢查寧館之書，反受限制也（對於南京之澤存書庫，宜亦取此等態度，前日杭次長允派人赴查，亦止以館書爲限，蓋渠等深恐詢越雷池一步也）。匆此布聞，即頌公綏。　五月十二日

致陳穀丞函

穀丞先生大鑒：前告馬幼銘家在邗地官第，頃又得邗友書，該宅托名律師張嘉禾，實馬寓。茲以原函呈覽，祈督江都縣嚴追。此間文物在月底月初可陸續收回，前請廳中派員會同接收。亟盼在此時間來一視察，可得清點裝運查收各種實況。　敬希言之廳長，能屬秉侯兄來最好。匆布，即頌公綏。　五月十二日

致彭科長函

秉侯兄鑒：館書善本分兩批收回，約存十八九。普通書亦收回一批，尚有大批下周可運。所留館屋業已滿塞，無隙可容。此數月內，館中同人以蘇省之待遇與京市之待遇者頡頏，餐風沐雨，努力工作，不第爲本館

服務，兼爲府部、院會、市局、學校各私人效勞（因敵僞將館書與各方混合，清理館書同時，即爲各方清理）以致奔走而生病，依然扶病奔走。不第館員如此，且有舊館員力助此館，並不受絲毫報酬者。京市物價日漲，板車運書一次，即須漲價一次，館員督運、雇車、吃飯，每次亦必溢於上次之數。目前如何應付，未來作何計議，詒職守所在，自應殫竭心力，亟盼廳方有人來此一視實際情形，方知此等閑散不急之事，亦有須急切處理，而非迂愚私人所能爲力者。前有快函致廳長，公冗未復，故復函請爲代陳，務希日内派員蒞館視察點收，以重公務，是所切盼。　寧鎮咫尺，午蒞夕回，無多擔閣，但祈恕其款接簡慢耳。此頌公祉。五月十三日

致朱、徐、朱、杭、蔣諸公函

驪先、森玉、經農、立武、慰堂先生大鑒：京滬兩地組織清點文物委員會，事體繁重，爲期孔久。各方面參加之人大率自備資斧爲公家服務，僅少數人開支旅費或略贈交通費，或得一餐果腹，而爲章程條例所限者，皆衹有恪奉命令，以原機關文物之關係，消耗精力日力，兼爲其他機關努力清點，不避風雨，致生疾病，醫藥之費亦無所出，此就南京區清點經過，人所共知者也。公家經費支絀，服務文化教育界者，夙矢清廉，尤當體恤時艱，共謀公益。上海區經費若何，未經公布。南京區經費，聞僅限於法幣五百萬元，際此幣值低落之時，所謂五百萬者才抵從前數千元耳。杯水車薪，誠屬困難，主持者撙節從事，與會者自亦不生異議。惟是節流不如開源，裒多即可益寡，大部統籌全局，端宜稱物平施。側聞陳逆群之澤存書庫，屯積印書紙張，比屋連

楹，估計價值不下法幣億萬，封存之後，未經公布發售爲國家某項用途。按照現行處分逆產事例，凡屯積大宗物品，均係公開發售，以濟公用。竊謂陳逆所屯此項紙張，應由大部邀約京市機關，共同清查，公布數量，招商承領，所得貨價即可補充京滬兩處清點會之用，不但可以增加服務于本會者之膳食交通醫藥之費，兼可平抑市肆紙價，一舉數得，爲益無量。諸先生素富仁民愛物之誠，復司接收清查之柄，大公無私，衆所欽佩，對於斯議，諒荷採納。詒徵濫吹會委，管見所及，不敢目閟，謹獻芻蕘，幸垂荃察。即頌公綏。

再，偽圖書專門委員會典守之責，係事務組組長日人福崎峰太郎，繼之者爲梅田潔。接收清點之時，尚留梅田潔以備質詢。現在清點未竣，聞已縱令梅田潔回國。是否俟清點完竣，各機關確知一切損失，再將福崎及梅田召來追究索償。會中經費雖少，似不應惜此養給一扣留之日本人之費也。五月十七日

朱部長復函

翼謀先生大鑒：五月十七日手書敬悉。承建議由部邀約各機關代表，會同清查存書庫藏紙，招商承領，貨款即充京滬兩地清點接收封存文物委員會費用各節，甚感。惟查澤存書庫一切文物，前經本部呈奉行政院核准，令撥國立中央圖書館接收；所有存紙，亦已令准撥充該館印書之用，早成定案，不便變更。知注述復，諸維亮察，祗頌台綏。朱家驊敬啓。六月二十二日

致杭次長函

立武先生鈞鑒：館書善本及普通書次第收回，尚有散在澤存書庫者，未克往檢，及器具之散在東方中學及中央圖書館地質調查所者，未盡收回。伏思詒徵自去秋附舟東返，期復舊物，此閱月中，雖瘠口屈身，備受困辱，而館書尚存十數萬冊，如趙璧之復返，此仰賴仁姸維護，鼎力主持，始獲令山館之蕩然一空者漸復汗牛充棟，義應專函聲謝，永矢勿諼，謹代我江蘇父老子弟竭誠致敬於鈞座。惟尚有請者，舊籍運回而勉守一隅之館屋，不敷存貯，館員駐守及辦公食息均無隙地，更不必論京市學者來館閱覽矣。十數日來，大車絡繹運書到館，道途見者欣然來問何時即可來此閱書，詒徵報顏不知所對。以故收回書籍益感困難，仍祈我公始終援護，言之部長，迅飭第一臨中交還敝館全部房屋，以便暫行儲書，詒徵奉職無狀之愆，或可稍減萬一。迫切待命，冒昧上干，諸惟鑒宥，不盡。專此，即頌公綏。五月十五日

致彭百川函

百川仁弟閣下：頃有致杭次長一書，請為代呈。如杭公不在京，請即呈朱次長核閱。書中所言，弟當知其苦衷，並祈老弟電屬黃校長先行讓出館屋一部分，以濟眉急。此事終始亦惟吾弟玉成，述之石珍則遠水不

能救近火也。五月十五日

致省主席王函

主席鈞鑒：詒徵奉命接收館書，頃已收回十五萬餘冊。惟館屋不敷存貯，館員不敷工作，館款不敷支配，三者均感困難，衰朽迂愚，束手無策。惟有上請鈞座，亟據下情致電教育部，請將第一臨時中學所借館屋全部交還，目前至少即須讓出一部分，庶館書勉可存放。並乞屬陳廳長派員蒞館視察實際情形，協助處理，俾詒徵有所稟承，以免貽誤公家之事。所有館員逐月工作及歷次收回書籍器物，均經陸續呈廳。詒徵因整理此項大宗書籍，埋首工作，不克到鎮面呈，謹此上聞，敬希鑒納。專此，即頌公綏。五月十五日

致翁副院長函

詠霓先生鈞鑒：前爲敝館器具經敵僞劫遷至地質調查所事，迭函聲述，并謁崇階，請閔山館之凋殘，准收舊物以藏庋，當□莞納，至感雲情。茲除清點文物□竣未畢之時，敝館書籍自竺橋運回者已達十五萬數千冊，劫餘櫥架向各方羅致者，不敷存放。各書堆叠地板桌杌之上，無法整理。館款奇絀，又不能添購書櫥。就此次清點之際而言，敝館舊有之櫥架櫃桌經敝館職員認明并由繆君贊虞與周君衡、席君蕃諸先生逐一點驗，準備歸館者，不下七八十具。倘獲即日領回，則群書得所，殘籍加珍。伏冀鼎言，屬調查所執事察納鄙

請，早予發還，濟茲窘境。一旦劫餘之書冊與原貯之器具復合，實存先生與君子之賜於無既也。附呈器具清單一紙。五月十九日

呈教育廳

爲請續發臨時費，以完成接收工作由。查自本年一月教育部組織南京區清點接收封存文物委員會以來，本館遵即派館員十名，會同各機關所派人員，分別前往僞中央圖書專門委員會、中央圖書館及中央研究院等處，清點本館書籍器具。至四月中旬，該委員會添設發還組，開始分發各機關文物。本館除館員十名繼續參加外，加派工役四名，隨帶大批繩索、包袱等必須用具，以便包紮善本書籍及搬抬器具，雇用大車陸續運回。所有逐日工作概況，業經按月呈報在案。至普通書籍及散在各處器具，迄今尚未運畢。奈邇來物價指數日見增高，所有員工逐日車費、膳費、書籍器具運費，歷時既久，所費不貲。且運回之書籍固然凌亂不堪（容俟整理後造冊，另案呈報）書櫥損失頗多，鎖搭更無一存留，以致多數書籍堆積滿地。而館屋又年久失修，風雨滲漏，門則僅有其框，窗則格扇不全，辦公用具尤需逐項新置。刻下亟待鉅款，略先修理添置，以濟眉急。至房屋修理，容後另行估計，造冊呈核。所有以上各節需款之處，除前領貳佰萬元不敷甚鉅外，理合備文附具歲出臨時費概算書，呈請鈞廳鑒核，迅予批准撥給，以完成接收工作，再行逐項開明用途，造冊呈報核銷，實爲公便。附本館三十五年度歲出臨時費概算書三份。五月二十一日

致葉遐庵函

遐庵先生道座：十八日示敬悉，小兒業已將書單寄來，茲謹繕具正式收據寄呈，下月中旬當赴滬面謝也。翁山書之目錄與寒燈課讀圖紙，前屬貢禾代上，計已達覽。謝君所述係據靜嘉堂書，如能歸國必可檢校也。復頌道安。五月二十一日

致馬叔平函

叔平先生道席：旌從蒞寧，故物光復，曷勝忭祝。山館藏書，前藉鼎力維護，近又荷貴院諸君推愛協助，俾善本書得以收回十之八九，俯仰今昔，感與愧并。本擬走謁聲謝，阻雨未果，先行奉書致敬。附善本書損失第一次報告清冊，祈垂清鑒。蓋敵偽啓箱時與編目改寫目時迭有出入，至清點未完，又將梅田潔放走，致無從追質，我公當亦與有同慨也。肅此布臆，敬頌公綏。不一，諸知好並候。七月四日

呈教育廳

呈報二十六年館款積餘及建築經費專款等單摺清單，請查明前教廳所存江蘇農行收據，以憑處理由。

竊詒徵於二十六年十一月率館友避兵興化，二十七年四月率同會計周啓文將館存積餘及建築經費專款等現金及各銀行存摺存單，齎呈淮陰教育廳清點存貯。當經教育廳秘書代理廳務馮策派員將現金及存摺存單統

交江蘇農民銀行代爲保管，掣取收條在案。抗戰期間，該行妥愼保管。詒徵於三十三年旅渝時，曾函農行查詢存件及各行利息，農行及交通銀行等均經查復本息確數。竊以此項存款，在今日視之雖爲數無多，而當時積累非易。既屬詒徵經手事項，應行詳細具報，以重公款而明責任。謹屬會計周啓文開具各項單摺及現金清單，以及江蘇農民銀行掣交教育廳之收據號數，備文呈報，伏候核奪處理。去歲農行函稱單摺具存，如持有前致教育廳之收據，即可將單摺取回。倘上項收據因兵事遺失，應否由廳備文通知農行，或登報聲明上項收據作廢，應憑鈞廳印文，及屬館原卷。不識上項收據，經淮陰、興化、曹甸種種事變後，仍否存在，移交在經手人蓋有公私鈴記名章之函件，始得將原存單摺及現金提取。至登報後，上項單摺及現金仍否存貯各行，及歸館指定用途，敬候廳令處理祇遵，實爲公便。附呈本館寄存江蘇農民銀行之各項存摺存單號碼、款數及現金數目，農行掣付教育廳之收據號表一份。　七月十七日

致杭次長函

立武先生大鑒：敝館亡書，仰荷鼎力主持，得還舊管。權宜存放，實不足以重典藏。京市學者時時來此欲觀書籍，清理稍竣亟須開放閱覽，以饜學人之望。大部前借敝館舊屋辦理臨時中學，劉英士先生原議以今年七月爲限，現在大部已將各臨時中學結束。第一臨中尚有沈公祠可以使用，所有借用敝館房屋，敬祈屬該校全部交還，以符前議。前已託瞿毅夫先生代陳鄙情，茲因爲期孔迫，再行專函奉懇。俾館書之由散佚而收

回，由收回而典藏閱覽，忝復舊觀，皆出於我公之賜，此非承乏之者之私，實京市學人所同感禱也。專此布臆，肅頌公綏。再，該校用具依蔣特派員去歲規定，亦請移交敝館，尤所感盼。緣敝館器具雖在各處收回若干，然計算舊數，損失泰半，分布閱覽各室及書樓上下仍感不敷也。七月十八日

致曹漱逸函

漱逸老同學惠鑒：第一臨中業已結束，敝館開放閱覽爲期孔迫，前訪瞿秘書請代陳述於杭次長，茲再具箋聲請，希即代陳迫切需要實情，迅屬該校交還館屋，以便計日布署。是所至禱，此頌暑祺。七月十八日

致省主席王函

主席鈞鑒：國學圖書館書籍現已收回十八萬餘冊，暫庋館中旁屋。山地卑溼，不適於藏書，非將館屋全部收回，無法處理。詢徵迭向教育部聲請，及向第一臨時中學黃校長交涉，定於八月一日開放閱覽，並須將全份書籍貯入書樓。顧教育部雖已決定不辦中學，將臨時中學移交市教育局，在此結束轉移之際，尚未肯即日表示全部房屋交還。黃校長僅允先將閱覽室讓出，尚思保留書樓爲教室之用。詢徵人微言輕，雖竭盡心力，現仍處於偏安之局，自奉鈞令到寧接收，荏苒十月，對全館房屋未能收回，尤爲疚心之事。市教育局辦理臨時中學，擁資十一億有奇，無論建屋、租屋，皆屬長袖善舞，假定館中全部房屋一百二十餘間，除貯書、閱

覽、辦公、寄宿等屋，尚有空閑之所，際此京市房荒之時，能以善意租與相當之文化機關，亦可藉收房租補助

館用（館員係照江蘇待遇，而在京市生活，非籌有的款補助其生活，則賢能之員將捨此他就，辦理館務益形困

難）。今為臨時中學久假不歸，無費占屋，即為最大損失。詼徵蚊負徒勞，鳩拙無術，計惟詳述下情，懇請鈞

座迅電教育部，請將第一臨中所占館屋剋日全部交還，事關蘇省主權，兼為藏書寶貴，非詼徵一己之私。暑

假期間師生星散，教部既不續辦，亦無何等理由久占館屋，但得鼎力主持，自可迎刃而解。為此迫切上陳，敬

祈本前屬詼徵接收主旨予以電助，實為公便。七月二十五日

致教育部代電

教育部長朱鈞鑒：大部前借用國學圖書館房屋，辦理第一臨時中學，原議至三十五年暑假交還全部館

屋，現大部辦理臨時中學事業已結束，敝館應遵原議接收全部館屋，以便妥庋藏書，恢復各閱覽室。敬祈

迅飭第一臨時中學黃校長，正式將館屋交還。□敝館藏書著稱海內外，久為國寶，現因書樓為臨時中

學借用，不得已暫庋旁屋，山地潮溼，暑天溼鬱，設因霉溼損壞，詼徵不敢負此重責。為此迫切聲明，至

八月初，敝館即須將全部書籍移貯書樓，職員亦亟需要移住樓下，以重典藏。諸希鑒察，實為公便。七

月二十四日

致趙吉士函

吉士仁弟惠鑒：晨談甚快，致部長快郵，請與漱逸同閱，代爲請求，務達目的。書樓是主體，藏書非書樓不克。臨中無教室餘屋，亦合用市府□巨資十一萬四千萬元自辦教室，決無問題。大部示信於省館，則省館受惠多矣。請屬漱逸星期五開會時，以省館堅決收回全部館屋爲前題，不可以臨中校舍有辦法再允交還館屋，對於市顯有軒輊也。君與館有舊誼，漱逸蘇人，加以助力，惠而不費，諒兩君必深表同情也。館友苦幹，各機關共同查書時所公認。教廳不之恤，只厭其要錢。浙館四庫書只三萬六千册，部撥兩千萬運費。此館收回書十八萬册，大部不畀以一文也。然尚以無費而用省館之屋爲得計，江蘇之可憐如是。書不盡言，即

頌文祉。七月二十四日

呈省政府

爲請撥京市所轄蘇省社教機關舊地價，建築本館藏書樓及收購亡書、增購新書由。竊本館藏書著稱海內外，而舊式書樓難以保險。詒微自十六年承乏斯館，迭經聲請建築新式水泥鐵筋藏書樓。直至二十三四年始獲定案，指撥三萬元，每年僅撥一萬元，積至二十六年六月，實得二萬六千元，連前後息金積足三萬元，前後上下公牘具載年刊。嗣經建築工程師計畫繪圖招工投標，甫將動工，而八一三變作。積年筆舌，付諸泡影，而建築專款則保存未動。勝利以來，宜可再圖營建，無如物價狂漲、幣值低落，所存建築專款，殆不足以

營造一立方。目前館書收回者，雖止得戰前之數四分之三，而善本書籍載在《覆校善本目》者尚存十分之九，其他書籍不乏精槧秘帙。在今日雖蕫金數十億搜求此項書籍，恐尚不易若此完美而精善。第木質書樓，存儲保管均難保無意外，蘇省教育經費拮据萬狀，更不能謀及新式建築。故詢徵對於收回館書，一則以喜，一則以懼，如蚊負山，一籌莫展。最近側聞本省當局以京市所轄從前社教機關，如民衆教育館、公共體育場等地基，售與鹽務總局，業有成議，可得現金數億。此項地價若何補充各種教育機關之用途，尚未定議。竊以上項地畝既在京市，且屬舊日之社教機關，則售地之價似宜儘先補充在京市之社教機關，庶爲合理化。爲此陳述本館急切需要及戰前成案，請求俯閱本館藏書之珍貴及館員負責之艱鉅，准予在上項售地價內指撥一億五千萬元，以備建築水泥鐵筋書庫之需。此項約數雖似甚鉅，第以戰前後物價比例，戰前值一元者，目前達五千倍，則戰前造一小小書庫已定撥三萬元者，在今日按照比例即爲一億五千萬元，事理甚明，非屬臆度。假使工師復估，照案改造，極力撙節，尚有盈餘，亦不妨儲爲收購散佚之書，及添購新出關於學術之重要書籍爲此館舊藏所未備者。詒徵風燭之年，雖對於職責應行建議，亦未敢必其能晬厥成。第身屬蘇民，濫竽學界，典掌秘籍，亦既有年，知而不言，恐負吾蘇及海內外學者所屬望。爲此冒昧上陳，竭其一得。姑以尋常計較言之，公家撥發一億數千萬元保存價值數十億之國籍，供吾蘇及海內學者研求採索，其效率似不亞於興辦其他教育學術事業。矧地價甚豐，除本館所請外，仍可分布各方面，並非專重保守舊學而不計及倡導新知。管見所及，是否有當，伏候採奪施行。七月十八日

呈教育廳

爲請求行文上海高等法院提訊梁逆鴻志前劫本館書籍字畫及所印《明實録》勒令交還本館由。竊梁逆鴻志前在本館劫取藏書，具載該逆所撰《印明實録序》。三十四年十二月二十八、九日，詒徵業在國民政府後樓，將該逆所劫之書籍大部分取回，分報教育部及鈞座在案。惟該逆所劫去之《明實録》全份，僅有天啓朝一部，餘自太祖至崇禎實録原鈔本均不知何往。又自《明實録》外，依據梁逆所劫館書底册，尚少十三種四十八册。同所劫去之書畫共計七三種，亦僅發見五種，尚少六十八種。該逆所印之全份《明實録》，前經呈請向商務印書館追究，該館復稱并無存書。是前項館藏書籍字畫，在國民政府後樓未能查得，及該逆所印《明實録》均應向該逆本身追究。現在該逆監禁上海高等法院，業經判處死刑，尚未執行，理合聲述各情，請求鈞廳行文法院，提訊該逆所劫本館書籍字畫及所印《明實録》私藏何處，勒令該逆書屬其家庭或親友負責之人，按照本館造具清册檢點交送本館。　至所印《明實録》每册首頁均有本館藏書圖印，并每頁有「江蘇國學圖書館傳鈔本」字樣，人所共見。此項書籍無論該逆當時共印若干部及現存若干部，均應没收歸館，以重版權。　乘兹巨憝尚未伏誅之時，宜求法庭切究逆産所在，倘原物不可蹤迹，亦宜估計價值，將該逆入官財産畫出一部分，以償本館損失，庶足以伸公憤而彰法紀。　附呈清册一份，梁逆撰《印明實録序》二紙。　八月四日

致曹漱逸函

徑啓者：本館書樓剗一臨中已遵所諭，正在搬運室內學桌等物。但略觀樓上壁窗三十餘對，所有上面玻璃缺少甚多，約計少去一千三百餘片。其他樓上下大小窗格及風窗等，所缺玻璃亦復不少，窗扇且不完全。現正在檢查中，所有缺少實數，尚未計出。如此等損失之大，修補工料之巨，本館實難勝任，應屈駕蒞臨本館，視察實際情形，以符一方交代、一方面接收之主旨。至紉公誼。八月十二日

致彭百川函

百川仁弟大鑒：本館書樓現一臨中已遵上峰諭，正在搬運室內學桌等物。但略觀樓上壁窗三十餘對，所有上面玻璃缺少甚多，約計少去一千三百餘片。其他樓上下大小窗格及風窗等所缺玻璃亦復不少，窗扇且不完全。現正在檢查中，故缺少實數未得。如此損失之大，修補工料之巨，本館實難勝任。應請屈駕蒞臨視察實際情形，方知與去歲修理後改換面目，一方以符交代與接收手續，是盼。專此，即頌近祉。八月十二日

致陳其可函

其可仁弟偉鑒：二十三示悉，臨時費承鼎力垂注，至感。館書大部到館，而書樓為臨中久假不歸，迭請於省部，不得要領。詎乃矢死力爭，始獲於十二日正式交還。而前後樓上下門窗隔板，破壞不堪。召工修理，

在在需款，館空如洗，籌墊力窮。已具牘請將此款速發，久候不報，仍祈鼎言一救眉急。此款早到一日，則館

書得早一日復返書樓，盼企之至。倘已匯發，并祈示覆，以慰懸望。承示施君願來相助，極所歡迎。詒在渝

讀其研究諸文，信爲吾黨傑出之士，倘得共朝夕商量舊學，何樂如之。惟員額固定僅十二人，早已滿額。目

前開放閱覽整理館書已不敷工作，甫邀一舊友臨時協助，尚慮薪津無從支付，姑移詒薪供給。不識能否在臨

時費中，指令添幹事數缺，則不但新邀舊友得以安心服務，即施君到館研究，更可相得益彰矣。前聞彭秉侯

言行政院飭查戰前各機關員額，已將此館戰前職員二十八人之數呈報。館員亦曾聲請，辦理此館至少需二

十餘人，久爲廳令所束，無從推廣。館友皆以一職兼數職之事，而局外人恒以爲圖書館事最清閒，無須多人，

此非君曾領此職者不能知其甘苦也。詒猝發舊恙，已十餘日不能治事，今甫強起奉復。諸維亮照，即頌近

祉。八月二十三日

致容鼎昌函

黃裳仁兄惠鑒：迭承垂注山館，至感盛誼，比荷手書并賜像片，尤感。敝館荒僻，整理未竟，所示問題，俟

暇當應教，日前未遑也。平生宗旨略可奉告者，今世一切固皆應遵天下爲公之旨，而圖書館事業尤屬爲人之

事，非典守者所得私也。學爲天下器，任何學者詎能盡擅一切學問？惟有公之於世，與天下學者共同研索，

庶不負往哲而能開來賢。往典此館十許年，抱此宗旨，限於財力，未能充其願量。中方丁浩劫，勉強收復，視

前此之規模，益形隘陋，所志殆不能遂，然不敢背其初衷也。尊示慨近日學者矜秘其有，此亦一時風氣，不識學字之義，凡學者所以學爲人學爲國，非學爲骨董商人也，骨董商不但可爲軍閥鉅商之清客，兼可作碧眼黃鬚者之陳列品，搜僻探奇，惟恐一泄於人。則其骨董生意不足居奇，而國學二字乃爲若輩壞盡。凡爲學，舉無益於人，無用於國，而其人亦自甘卑陋，不知天下國家爲何事，語以聖哲之要義，必盡力吹垢索瘢，謂是不足信，實則若輩所信者，金條法幣，外此皆不信也。鄙見如此，因君垂詢，略述一二。衰朽荒廢，臨楮恈恈，尚祈隨時賜以箴儆。即頌近祉。 十月三十日

三十六年分

致南京市教育局函

竊市立第四中學租借本館房屋，立有契約，至本館書樓下大院，並不在租借兩約範圍以內，亦本未允許該校使用通行，該校前在院中堆積桌凳，懸挂號鐘，庋置揭示牌，師生前後通行，閑人闌入，亦復無從稽察，殊與館務有妨。本館爲愼重藏書，迭經催促該校遷讓，并聲明書樓下三面門户，均須堵閉。該校遷延數月，將號鐘、校牌等陸續遷讓，而門户洞開，訖未能分畫界限。現值該校所建房屋竣工，又在寒假期間，本館迭於本月四日、十四日通知該校，謂不日即須閉塞院中各門。該校亦未聲述異議，本館遂於十七日召工先將書樓東北面板門關閉，次將書樓西南面編紮竹笆，正在編紮中，該校長邃來院中，擅將所植木椿及竹笆拆毁。又命人將東北院門門衝斷，肆意橫行。本館職員與之理論，悍然不顧，詰亦不知是何理由。伏思本館藏書著稱海內，典守之職不容疏忽。該校所租本館房屋，兩邊均有門户可以出入，並無必須在本館書樓院內行走之必要，何得喧賓奪主，毀損本館竹笆門扇？似此逾越範圍，不顧一切，則本館書樓藏書岌岌可危。該校長得在本館自由行動，本館即無法行使職權，晨昏風火，閑雜盜竊，在在堪虞，設有不測，應屬何人負責！詣徵衰朽

九五三

致戴院長函

殘年，無力與較，館中職員亦多文弱，不能抵抗暴力。爲此謹將經過情形陳報鈞局，請予處理。伏冀局長主

持公義，愛護公書，俯念本館在京市辦理社會教育，與學校教育性質並無軒輊，務祈迅飭該校長遵守範圍，不

得阻撓本館紮笸閉門各事，並須賠償此次工料損失，兼負以後安全責任，實爲公便。一月十九日

孝園院長道座：久未瞻覲，恒從陳念中兄敬問興居，惟新年曼福爲無量頌。茲有瑣事冒昧上干，敬祈鼎

言一紓眉急。緣教育部前借國學圖書館房屋辦理臨時中學，一稔有奇，結束後屋宇敝漏，窗壁洞穿，省款支

絀，無力修繕，爰以實情呈請教育部，酌予補助。經中等司蒞館察視，約需一千萬元，簽呈部長請示在案。詒

徵側聞消息，以藏書之所，亟須修繕，迫不及待，先行挪移修理，延至歲杪，尚未奉到部令。而挪移虧空，無從

彌補，窘迫萬分。書生迂愚，不敢徑請於朱驥公，反復思維，素荷我公骿庇，不識旦晚公暇，能否以鄙情代達

驥公，浼其核準該司簽呈，在部款非甚鉅，而在省館則拜賜孔多矣。館中藏書，舊有二十四萬册，一年以來各

方搜集已十八萬册，餘尚在訪求中。詒徵嘗自比於破廟枯僧，劫後募化裝修，奉藏經典，雖在方盛，實賴大護

法潤以法雲，倘荷仁者一言，俾於歲除得訊，則虧款有著，涸轍頓蘇，長恩有靈，必感佛光普被。臨楮主臣。一

月二十一日

致朱紹濱函

紹濱老同學惠鑒：荷二月十四日書，知主講鳩茲，復與皖學，甚盛甚盛。京蕪咫尺，課餘入都之便，當可晤談。輔仁前有小小風波，計圓公已處理就緒矣。屬鈔馮覯校本，已由寫官錄成，付郵寄覽。鈔費八千元，至希示復。即頌箸祉。二月二十三日

致馬局長函

元放局長先生偉鑒：敝館杜閉院門事，諸承垂愛，並荷章、陳諸君處理，荏苒月餘，始定晨夕啓閉之議，敝館對於市校可謂極端忍讓。詎自二十夕以後，市校師生於敝館各門，迭有衝損及鑽越情事，館員爲之深夜不寧。今日又將敝館厠所後門任意衝開，自由行動，是敝館爲慎重典藏計，反致無從防護。所有前經議定之三門，尚未能確定晨八時啓，夕八時閉，而厠所後門又爲市校衝開，盡夜皆不能閉。詎徵奉職無狀，以致館屋主權日日時時遭受蹂躪，即在普通房屋賓東尚不致若此，而以教育界文明人對於迂朽凌蔑之事，層出不窮，竊爲教育界羞之。門扇事小，權限事大，省館隸市治，萬乞大賢俯予愛護，聲明館屋主權，租借鄰近之人，須明法紀，不得肆意侵毁。至於館員如何典守門户，亦祈示以善法，俾得盡其職守。瑣末之事，謹屬敝館李主任詳晰上陳。不能伺候學校師生糞溺也，但恐世界圖書館學說中，亦無此等先例。詎徵愚拙，只知整理書籍，詎徵慚憤之餘，草此奉瀆，諸惟鑒照，乞示指揮，不盡欲白。即頌公綏。二月二十五日

致教育部函

敬啟者：遼寧博物院貯存《清實錄》印本多份，聞該院金院長擬分贈國內各大學及重要之圖書館。敝館側聞此訊，迭與金院長接洽，金院長慨允備贈。但須敝館聲請大部，俯予核准，金院長即可將該書全份寄京，惟郵費歸敝館匯寄。伏思上述《清實錄》為研究清代史事要籍，本京文化機關頗有接收或購置，敝館絀於財力，無從籌措鉅資，倘荷大部矜全，俾金院長美意，能令各學者同受文化食糧之賜，則大部一舉而數善備，匪惟典守者之私幸也。尚肅上干，伏惟鈞鑒。三月二十日

致徐森玉函

森玉先生道鑒：前承惠臨後，詒即抱病多日，比始痊可，久疏箋候，敬惟興居康豫為祝。報載敝偽產業清理處查獲梁鴻志隱匿古籍數萬冊，意公當悉其詳。如該項書□經執事清點分配，擬仍援曩例，遇有敝館圖記之書，隨時賜予，公厚愛此館且厚愛詒，當不待切託也。又金靜安君允以遼寧所得《清實錄》分畀一部，第屬請之教部。詒意教部惠而不費，宜可得請，詎竟以分贈已罄相復。聞實未罄贈，第以敝館在部中久視為化外，故拒之耳。詒請頒此書，非敢私也，為來閱書者之參考，部中即不嫌於詒，何必靳於學者！他不具論，即中央研究院勞、王諸君，亦恒來此館研索，似於中央不無關係。不識我公能以此意婉達當事，頒給一份乎？迂愚之見，只為學者盡力。觀近日學潮澎湃，似都不甚愛惜學生，第用為政爭工具，杞憂曷極。匆此布臆，敬

頌公綏。慰堂兄已否出院，便乞致候。　五月三十一日

致張敬禮函

敬禮先生大鑒：春正聚首，倏已夏初，惟公私康豫爲頌。兹有啓者，崙公《九録》，此間舊藏爲敵僞劫去，來館者頻詢此書，未有以應。不識尊處尚有複本可以惠贈，或以敝館印行書交換否？南通各家著述、貴廠公布記録等，如可代求，並祈隨時索寄，以惠學者。專此布臆，即頌公綏。　五月三十一日

復徐森玉函

森玉先生道席：正殷懷仰，遂荷朵雲。敝館逸書，續承檢寄，眷注之殷，無任感謝。惟書之來源未測何許，其爲軍統局所儲，抑爰居閣搜獲耶？節前曾上一箋，乞訪梁寓書册，並懇轉商教部分頒《清實録》一部，當時誤寫三十九號，未知曾邀青及否？梁氏儲書騰載報紙，當即分函有關方面，近得復牘，均謂未見館書。跟究僞立法院所藏，現在何所，業經聲復，當時所獲，久經造册分報國府、市府、教部、教廳在案，惟有目無書者及書畫多件，迭訪未獲，呈請追求，訖無下落。竊意此次滬上所搜梁之藏藉，或可發見若干，故特浼我公注意。至《清實録》，乃金静安君允贈者，第須經教部認可，而部方靳之，似此惠而不費之舉，部方何必留難？倘藉鼎言，嘉惠學者，爲德無既，尤所感盼。專此布臆，敬頌公綏。　六月二十七日

致張衣言函

衣言老同學惠鑒：在鎮罄談至快，讀致李君書，承託友調查興書，頗有好音，興城確甚安謐。魏書首宜索還，然亦須爲其轉圜之地，附錄致魏書，乞審正，可致之否？印書目款廳已撥發，惟時期已逾，物價勝踊，非倍原估不能進行，已另上牘請求，尚祈與曹、劉諸君切商。俾現存書目之印布早日實現，是所至禱。三十六年預算，月内能否宣布？昨徐君來視察，詳告實況，亦代爲扼腕也。七月二十四日

致魏克三函

克三先生老同年道鑒：前寓昭陽，渥承惠愛，每聆塵論，傾仰靡既。流轉天涯，時縈懷想。客歲東返，聞台從游邗，亟思奉訪，俗務羈身，未克如願。入冬又聞珂鄉安謐，杖履遄歸，潭邸歸然，老懷欣慰，曷勝景忭。前荷賜館友函，未見寄遞，殆因貴邑甫經戡定，各事尚未清晰，比聞前假之書僅少有損失，蓋非全數淪胥，際此城區大定，當已檢登記室。伏希推實愛公家書籍之盛心，就所物色臘餘之部交郵寄遞，以清手續，至紉公誼。詒徵典守不力，負咎孔多，前在南京散出之書，已收得十之八九，整理經營，粗有眉目，惟運興之書，僅在蘇州覓得千數百册。夙夜思維，恒懼不識爲知己羞。私冀收得一宗殘書即減少一分罪戾。馬某所劫，廣託燕友偵訪，盛莊所寄，聞已運至中圩，急切尚不可得，恃愛上聞，冀邀鼎力，鑒其愚而爲之將伯也。臨潁神馳，不盡欲白。敬頌道綏。七月二十四日

魏克三復函

翼謀老哥同年座右：不聆塵教幾寒暑矣。客春爲索還借書，曾接大函，藉悉道履東歸，欣忭無似。而吾邑奈又困於水火，弟彷徨終日，作逃難計。未幾日，即偕朋輩往揚暫避，致不能立時作復，抱歉殊甚。泰兒則早已外出，幸舊曆十月初收復，越半月始回。嗣石君劍青又查陳事，經劉君仲書詳作答復。比聞鎮江又派人調查此被匪摧毀大略告之，請轉達先生。某日，即李際和先生來舍，談貴館索還借書一事，當以借書事真相，至前日又接尊函，爰將茲事概略爲先生陳之。此次修志，弟以前文獻會關係，無法避免斯役，彼時借書負責居名者數人，弟何能獨異。藏事後，安豐已成匪區（現尚未收復）當事人因收藏縣商會西進朝北樓上，不可謂不密。詎至三十四年舊曆七月二十外，被匪攻陷入城，即踞商會，交通斷絕。時弟與劉君仲書，朱君良甫等難計及此事，然已無敢過問。當年年底即聞該項藏書不知去向消息，弟等無不引爲大憾。回里後本可設法查搜，奈今春情形日劣，幾演二次逃難，迄今除揚、郵、泰三路可通外，餘俱楚歌盈耳，與未收復等。尊函云云，□一理想之興化。且似此項損失仍在本城，故弟得以從容携取，踞爲私有，弟雖不學，公私界限尚能分清，倘意存乾沒，不但無以對公家、對朋友，真與竊盜無異，此毫無人格之舉動，自問生平尚未有過。果真少有損失，非全數淪胥，尤爲弟所深願，無論如何爲難，必百計搜還，方安清夜。不知先生聞自何人，有無實證，如有，即盼明白賜告，以便追尋；否則以耳代目，故意誣衊，難保無其他作用。倘先生對於此信仍有懷疑，敝鄉任君乃虞亦負責人之一，現寓首都文昌橋中大宿舍，暇時不

妨電召面詢一切，便知確實矣。接函多日，弟適患痢，惟迭與劉君仲書商，於極端抱歉之餘，作萬一如願之想，一俟肅清，即分向各鄉，竭力搜羅，一面仍在城區查詢，如有眉目，準羅致歸公，略表信用，但非早晚間事耳。掬誠敬告，言不盡意。肅此，敬頌時綏。　年小弟魏雋頓首。　八月八日即立秋日

復魏克三函

克三先生老同年大鑒：荷立秋日示，敬承一一，高懷盛德，曷勝欽仰。尊借書籍，經過各節，迭見前示。詢所聞僅少有損失云云，係得自貴鄉人述之教廳友，而教廳友函告李君際和者，詢徵斷不敢鄉壁虛造也。大示概允訪求，且不分城鄉各地，廣爲勾集，以昭信誼，詢徵謹爲江南學子九頓首以謝。　緣是項書籍淪胥，外人不察，恒對詢徵責問，詢徵夙夜難安。苟能得一途徑，依我公之鄉望，失而復返，不惟詢徵稍減詈尤，亦公家及各方學子釋其懸念者也。　臨穎神馳，不盡欲白。　敬頌道綏。　八月十三日

致劉季洪函

季洪先生大鑒：前承枉駕，未克報謁，甚歉。敝館藏書散佚孔夥，側聞部中分發各處之書，尚有敝館舊籍，誤插入無主書內者。所賴各方知好，相助尋檢，倘有發見敝館藏印之書，務祈分別檢賜，實紉公誼。專此布禱，即頌道綏。　十月十四日

致徐森玉函

森玉先生道座：日前聞旌從蒞寧，即擬詣教，尋聞遄返滬上，未克一傾積愫爲歉。茲有懇者，詒前運存興化館書有萬數千冊，爲馬又銘劫去，百方偵訪，未得蹤迹。近聞滬上有人以馬所劫書求售於合衆圖書館，以索價過昂未諧，現尚有在滬上兜售者，未識我公悉其經過否。詒之不職，求索亡書，茬苒兩稔，苦無線索，側聞此訊，恨不立即赴滬，謀返趙璧。第恐書賈詭幻，譁有爲無，正面追求，轉成僵局。能否乞公託合衆館友，鈎致其情，第稱有鉅室欲購舊籍，屬其開示書目，或懸議價格，兼訂款書互交之所。迅賜詳示，俾詒憑此線路，力籌善策，收回館書，以弭譽咎。鄙衷蘊結，不敢冒昧託之他人，惟公愛護盈館，推屋及烏，屢以公誼爲詒將伯，爲此特愛上干，予以鼎助。詒一俟得有確信，即束裝赴申，乞公面授機宜，應付對象。公私戴德，永篆勿諼。專此布禱，敬頌道綏。 十月二十六日

復李白華函

白華老弟偉鑒：荷手書及詩文，至慰懷想。令弟事今日面託汪君，促其速成。汪允之，敬以報聞。詒頗有來滬之念，以前存江北之書，爲馬又銘劫去者，頃有人在滬求售。已託人調查詳情，若有端倪，即來滬根究。事關法律，當求老弟爲我策畫。先此布臆，即頌時祉。 十月二十九日

李白華來函

翼謀我師大人函丈：二十九手教奉悉，舍弟事仰荷玉成，感慰兼極。追返亡書，法律極有根據。龍蟠里圖書皆有印識，無論經過多少轉手，皆當論以賊贓，知其所在，可立時狀請扣押。吾師望即來滬，晉今已函慈明，告知晉滬寓及電話，師來時但遣通話，立趨奉謁。專肅，敬頌鐸安。　受業李晉芳謹上十月三十一日

復李晉芳函

白華同學大鑒：手書敬悉，所事正向各方偵查，惟宵人詭秘，尚未得確訊。又緣嗜購書者不肯絕書賈，寧不以實告詒，而某書賈之鬼祟也。詒所知者，上項書籍，由書賈向合眾圖書館託售，該館顧起潛君知其詳而不願爲證，又蘇州潘景鄭君亦知之，此乃上月之事。近聞該賈曾來寧兜售未成，又去滬。詒反復熟思，必先假託有力者購書，得其目錄及某種頭本，始可據以舉發，否則打草驚蛇，深秘不出矣。尊示賊贓之說最當，不知現行律中，購買賊贓之處分如何，乞抽暇詳示。假如某某出錢買得賊贓，原主管者告發，證據確實，固可將原物收回，是否須將該買主所出之財補償，抑勒令賣者交出此項？買者賣者交付實數，又不易吐實。此皆須著著算到也。連發快信致其他滬友偵訪，又在寧、揚兩方偵察，如得復再告。此頌旅祉。十一月四日

致李拔可函

拔可先生大鑒：屢從夏劍老道履佳勝，爲之欣忭。又從徐森老處得合衆圖書館所儲張菊老藏目，至佩菊老之公德。詒嘗謂天下財産不可共，惟書可共，一書而供多人研索，視私之一家，其效霄壤，而書之真值仍在。安得天下矜收藏者，悉化私爲公乎？此間舊典之書，雖已收回十八九萬册；前運存興化之書，爲僞副師長馬又銘劫去者，訖未能收回。比聞馬雖物故，其餘黨潛匿邘上，擁有此項書籍，密屬書賈向寧、滬各方兜售。館書悉有圖記，非私人藏書，比之盜劫，尤應懲創。頗有人訪聞馬所託書賈，以上項書向合衆圖書館求售。館友以係龍蟠里故物，不便收購，且索價甚昂，亦不易買。展轉傳聞，屬詒蹤迹。詒意正面追索，徒使諱匿，必從側面，託知好作購書之說，鈎致真相，始易著手。謹以此請拜於我公，倘能代浼合衆館友潘、顧諸君，從該書賈覓一書目寄示，並詢其索價若干，及款貨若何交兌，詒即來滬設法矣。特愛奉求，望雲九頓。即頌

道安。十一月一日

徐森玉復函

翼謀先生道座：寶前來京，偶有小疾，兩日即返滬，未能奉謁，至爲歉仄。昨接手教，敬悉一一。馬幼銘所劫之書，寶密詢合衆圖書館顧起潛兄，云館中經費奇絀，書賈絶迹，數月來並無以大宗書籍來館求鬻者，恐係傳聞之誤。寶復託忠實書友四處偵訪，亦不見朕眼，但深信此宗書籍仍在滬上，擬設他法詢追。

復徐森玉函

俟有頭緒，再行奉告，以副尊屬。專復，敬請撰安，惟照不一。徐鴻寶再拜十一月三日

森玉先生道座：荷三日大示，敬悉道躬康復，垂注館書，分神詗偵，感佩曷極。前信未言顧君，以顧君屬友人告詢，如能備價購收，亦不必道及顧君，以避嫌怨。詢所以略知梗概，專函奉懇者，暗中實由顧君展轉傳述，因深感謝之不暇，不敢強之作證也。私意但冀仁人君子，閔詢訾咎，爲之將伯，收贖館書，使詢得以就木之先，稍減罪戾，雖及黃泉，不忘大德。前得某友屬詢籌集巨款，即可收致。館窮省窮，世所共知，款於何得？然此事詢亦不能徒恃空言，必須有款，以餌書賈，始可以返趙璧。詢意館有地權，可在銀行押款，公家不能籌還，則詢決以私人之力，不恥其文與字之拙劣，儘量出鬻，以償銀行貸款。惟此事必須得有確實緣索始能進行，僅以紙聞空中樓閣之說告之官廳，詢將以地權向銀行貸款贖書，官廳且一笑置之。滬友之愛此館愛此書且推而愛詢者，無出我公之右，故敢瀝誠以告。惟冀機緣成熟，該書仍歸館有之定數，則我公所託之書友，必能早得朕兆，召詢赴滬，得正當之步驟也。望雲九頓，不盡神馳。敬頌道綏。十一月五日

李拔可來函

翼謀先生有道：頃讀大教，所論惟書可矣一節，大義凜然，曷勝敬佩。合衆圖書館乃係葉揆初、蔣抑

之、葉遐庵、陳叔通、張菊生及鄧人等捐贈而成，不過菊老之意，多屬橋李文獻較有統系，故先成一目録耳。

貴館叢書一萬餘册，意爲匪徒盜賣，聞之髮指。昨詢顧起潛，據云近來合衆無力購書，書估不常來，亦

無大批書籍發現於市面，來函云恐係傳聞之誤。但既承諄屬，自應隨時留意，代爲蹤迹，如有消息，即當奉

告。弟生平不諳版本，與書估絕少接洽，何不一託鄭振鐸，愛書者或可得其門徑。至潘景鄭刻已離館，無

從轉託矣。專此布復，祗請大安。 弟李宣龔謹啓。十一月六日

復劉百川函

百川仁兄大鑒：荷七日示，敬承一是，修善校牌，請寄紙來寫奉。農行存款稍緩提取亦無礙，但冀能增加

比數耳。侯君薪事廳牘屢查，館牘迭復在案，敬祈查核發款。簡要言之，侯君薪津是中央部款，館中經費是

江蘇預算。中央部款如未發至三十六年，則在江蘇預算內勻支，猶可説也；部款確已照發，廳中何必留難？

館中遵照預算用十五人，另遵部令，廳令用分發侯君一人，共十六人，未嘗違法。省方預算迄今始發，侯君薪

給墊付孔久，廳方應恤其奉公守法之苦衷，不應示移花接木之巧術。 若在江蘇預算內勻給，是否以已發之部

款（指侯君之薪）繳還教部，似部中亦未靳此一員之薪津也。專此布復，即頌時綏。十一月八日

再啓者，館書前經僞副師長馬又銘劫去萬數千册，曾經呈請飭江都縣查報。馬逆故後，其家匿居邗上，

號稱已遷回北平。館書之隱匿何處，亦久未得消息。最近有人函告，上項書籍有人在滬兜售，殆馬之餘黨夥

同書賈爲此不法之事。詢得信後，屢託友人在滬偵訪，尚未得確實報告，又擬在邗密切根究。無論在邗在滬，如有確據，預計收回此萬數千冊之書，必須有法律、經濟二者之力，延請律師訴之法庭，至少必有若干費用，川旅運載，又須若干費用更無論。如某君來信，備兩三億購買矣。請先以此情言之廳長，酌示辦法。詢如需赴邗至滬接洽此事，必先行到廳與諸公商定步驟，非私人一身所能爲力也。

呈教育廳

查本館藏書，當抗戰之初移存三萬冊於興化。二十九年日軍一度陷興化，焚燬觀音閣所存館書六千八百零三冊，其餘均貯存興化北安豐鎮之中圩羅漢寺。三十二年僞副師長馬又銘劫去一萬四千四百八十五冊，當時保管員曾分寄六千八百二十五冊於盛莊民間，均經先後呈報在案。復員後，迭經訪求，或謂盛莊民間所存均經匪燬，或謂尚有若干存在。興化各鄉尚多匪蹤，館員無法往取。頃閱本年十二月四日南京《中央日報》載，國軍攻克蘇北匪巢鹽城合德鎮，查獲匪軍劫存書籍十餘萬冊。竊思此項書籍，難保無本館寄頓盛莊民家之書及馬又銘所劫之書，爲匪軍在各處劫藏者。理合呈請鈞長，轉呈主席，電淮海綏靖區司令長官及攻克匪巢將領，注意上項書內有無本館藏書。凡館有之書，皆鈐記蓋「江蘇省立第一圖書館藏書」「江蘇省立國學圖書館藏書印」等印，不難辯認。倘軍務旁午，不遑檢查，可否允許本館派員馳詣軍前，隨同軍事長官派員清查該項書籍。事關保存文獻，仰祈裁酌施行，實爲公便。十二月五日

致劉百川函

百川兄鑒：昨由會計周君繕呈館友足數及薪給詳表，請發侯女士應領部款，計已入覽。詢玩來書，詢及前兩月考勤表，十五人有無侯女士在內，周君未行聲復，特再陳之。館中職員，詢外計十四人，加一侯女士爲十五人。詢具考勤表到廳，是否應連詢在內，詢不知官廳辦法，故妄意主持一切，考察職員勤惰，似不必并自己勤惰之報聞。詢因當日在館，主持一切，不敢曠職，假使以後具報考勤表，并詢之早到、遲退、缺席數小時，亦須具報，自當寫十六人，不敢自外於法紀也。再有一疑義奉詢者，前奉發下公務員請假規程，每人每年得請假五星期（即扣足一個月）本館職員自詢外共十四人，依法給假，即一年之內十四人輪流休息，必須有兩個月僅十二人，十個月僅十三人。其病假、婚產假等尚難預計。故總額十五人，實際每月每日無一足數之時。在大機關職員數百人數十人者，輪休雖多，尚不患其不敷辦公；而在此館人數本少，有一人而兼數種事務者，休假時間既無補充之人可以替代，是否任其曠廢？假令各員勤勉，常年并不請假，是否有額外薪給予以獎勵？若各銀行通例，不請假者得多發一月薪水，此館亦無此餘款也。蘇、鎮兩圖書館職員休假之法若何，敬祈示知，以便遵守。此館十五人外，幸有分發之侯女士，如正額之十四人中有一人休假，而工作仍有十四人。但侯女士之薪給，必須頒給部發之款，礙難在省款內勻發，目前墊支侯女士之薪已及千萬，辦公費又虧空五六百萬，年關瞬屆，無可爲計，爲此牘聞。即頌公社。十二月十六日

呈教育廳

敬陳者：江蘇省產之在南京者所在多有，龍蟠里曾文正公祠□地，其一也。當時指撥官款，購收民地，建築祠宇，全份檔案現存國學圖書館內，可以證明。地必江蘇省官產，非曾氏後裔所有，亦非南京市產。頃見南京市地政局公告，該地收爲市立第四中學校產。自本年十二月十三日至三十七年一月十三日止，如無產權者異議，即行確定。未知此事京市地政局曾否通告江蘇省當局，亦未知此事應咨由江蘇省提出異議保留產權。詒徵服務國學圖書館，保存曾文正祠案卷，不敢緘默，謹以上聞，伏候裁奪。　十二月二十日

三十七年盋山牘稿

三十八年盋山牘稿

盦山牘稿 [一]

目次

三十七年 ……………………… 九七八

致張衣言函 …………………… 九七八

致胡適之、袁守和函 ………… 九七八

致袁孝谷函 …………………… 九七九

袁孝谷復函 …………………… 九七九

復袁孝谷函 …………………… 九八〇

袁孝谷復函 …………………… 九八一

[一] 首次面世手稿整理本。——編者註

復孝谷函 …………… 九八一

致袁孝谷函 …………… 九八二

致袁孝谷函 …………… 九八二

致袁孝谷函 …………… 九八二

袁孝谷復函 …………… 九八二

覆袁孝谷函 …………… 九八三

袁孝谷來函 …………… 九八三

覆袁孝谷函 …………… 九八三

致袁孝谷函 …………… 九八四

致陳天鷗函 …………… 九八四

致李齊芳函 …………… 九八五

致劉百川函 …………… 九八五

致張衣言函 …………… 九八五

致中央大學圖書館函 …………… 九八五

致朱實秋、淩農孫、龐壽峰函 …………… 九八六

致朱實秋等函 …………… 九八六

致陳毅丞等函……………………………………………………………………………九八七

致陳廳長函……………………………………………………………………………九八七

致董廳長函……………………………………………………………………………九八八

董肖蘇復函……………………………………………………………………………九八九

呈江蘇省政府文………………………………………………………………………九九〇

呈省政府並教育廳文…………………………………………………………………九九一

呈教育廳文……………………………………………………………………………九九二

呈教育廳文……………………………………………………………………………九九三

致教育廳洪廳長鈞培函………………………………………………………………九九四

洪廳長復函……………………………………………………………………………九九四

致朱部長函……………………………………………………………………………九九五

朱宗英來函……………………………………………………………………………九九五

復朱仲英函……………………………………………………………………………九九五

朱宗英復函……………………………………………………………………………九九六

復朱宗英函 …………………………………………… 九九七

金崇如來函 …………………………………………… 九九七

復金崇如函 …………………………………………… 九九八

呈教育廳文 …………………………………………… 九九八

復董綬庵函 …………………………………………… 九九九

致教育廳洪廳長函 …………………………………… 九九九

致高吹萬函 …………………………………………… 一〇〇一

致首都衛戍司令張總司令耀明代電 ……………… 一〇〇一

張子明來函 …………………………………………… 一〇〇二

復張子明函 …………………………………………… 一〇〇二

教育廳洪廳長復函 …………………………………… 一〇〇三

致徐秘書長道鄰代電 ………………………………… 一〇〇三

致趙棣華函 …………………………………………… 一〇〇三

致朱騮先院長函 ……………………………………… 一〇〇四

徐壽城先生來函 …………………………………………一〇四

復徐壽城函 ………………………………………………一〇五

致楊允中函 ………………………………………………一〇五

趙棣華先生復函 …………………………………………一〇六

復趙棣華函 ………………………………………………一〇六

復袁伯庸函 ………………………………………………一〇七

三十八年 …………………………………………………一〇七

致陳代部長雪屏函 ………………………………………一〇八

致顧廳長函 ………………………………………………一〇八

致盧于道函 ………………………………………………一〇九

致陳代部長快郵代電 ……………………………………一〇九

致桂林漢民中學任校長函 ………………………………一一〇

致廣西大學陳校長函 ……………………………………一〇一〇

致貴陽大學張校長 ………………………………………一一一

致教育廳洪廳長函 …… 一○一一

致王仲武函 …… 一○一一

致南京中央銀行函 …… 一○一二

致教育廳洪廳長快郵代電 …… 一○一二

致交通部長快郵代電 …… 一○一三

致端木秘書長 …… 一○一三

任仲敏復函 …… 一○一四

陳劍脩復函 …… 一○一四

張子明來函 …… 一○一五

趙棣華復函 …… 一○一五

致故宮博物院南京分院公函 …… 一○一五

故宮博物院復函 …… 一○一六

致教育部長陳代部長函 …… 一○一六

致江蘇省主席暨教育廳長快郵代電 …… 一○一七

復趙棣華函 …………………………………………………………… 一〇一七

復陳校長函 …………………………………………………………… 一〇一八

復任校長函 …………………………………………………………… 一〇一八

復張校長函 …………………………………………………………… 一〇一八

三十七年

致張衣言函

衣言老同學鑒：八日示悉，請補發印刷費三千五百萬事，前已有公文於十二月十四日掛號寄廳，由劉科長百川轉交。當已在案。館中既未奉廳令駁斥，似無再行繕發公牘之必要。此殆廳長未閱公事，故以爲本館未有公文説明需要耳。請即以前牘提府會，申請撥發，似較便捷，此事誼已與廳長面託尤會計長，會計長認爲印目亟需，不致駁斥，但祈廳中迅速提辦耳。 侯女士墊款，亦已有詳賬寄與百川。前又另造一名冊寄廳。茲仍須再行開賬，是否每項公牘皆須一次、二次、三次造上，方能作數？乞代詢陳、劉諸君，迅示遵辦。此頌時祉。一月十日

致胡適之、袁守和函

適之、守和先生道鑒：獻歲發春，伏維曼福，文化名城，益臻安謐。報載部頒巨款，專託執事收集公家散佚之書甚盛。盍山舊籍，現僅匈合十九萬冊，尚多闕逸。伏冀分神垂注，遇有坊肆庋集此間藏書，有印記可證者，務祈推同舟之誼，一律收購，寄遞山館，以昭盛德。 省力不足，不得不乞助於中央，諒大賢必矜許其請

也。臘月得裝姓一函，屬購舊藏方志。按之館目，知係二十六七年敵僞在寧劫遷館書時散出者，索價甚昂，無可爲計。前已函託趙斐雲君就近調查，茲謹録原函呈覽，如該書尚未他售，即祈以爲嚆矢。涸轍之魚，仰希河潤。臨穎愧悚，即頌公綏。二月十一日

致袁孝谷函

孝谷老同學偉鑒：在鎮多擾，至感。新年維公私順適爲頌。戰前銀行存款，已定加千七百倍付還，敝館存單，前由教廳交貴行保管者，亟應聲請收回。茲以廳令謂已經通知貴行，由館派員直接領取，昨屬會計周君赴鎮，至貴行接洽。鄙意以爲可無問題，詎貴行執事謂是項單摺確有案牘賬册可憑，而原物不知存放何所，一時不易查得，屬周君先回，俟行中查得，復函屬往取，以致周君徒勞往返。館中需款孔亟，不勝盼切。敬祈執事爲詒切託主管存件執事迅速檢查，快函示知，以便早日得件付款。目前幣值日落，物價日騰，耽延一日，即損失若干，不但車旅費之消耗也。倘檢尋不得，則聲明遺失，向各行擔保證明，并須由貴行負責辦理，手續煩重，益須敏捷從事。如須詒到鎮與董廳長面洽，亦請酌示。費神至歉，即頌時綏。三十七年一月十八日

袁孝谷復函

翼師尊鑒：快示奉悉。日前在總行經濟研究室，戰前存放各款整理室在一起。見有人接洽戰前存款事，并

国立中央大学国学图书馆馆小史　盔山案牍　合刊

聞係教廳存款，不料係吾師之圖書館也。來人既不知梅爲何許人，梅亦以事非我管，故亦未加查詢。今奉大示，當即往總行晤主辦此事之周副總經理聘耕及倪專員松年，詳洽一切。據云中央雖已將《戰前存款償還條例》交立法院議決通過，但財部尚未正式令知，且支付施行細則亦未頒發，故各行均無以着手，一時即無得結算。貴館所存各戶款單據，二十七年由教廳在蘇北送請本行寄存，又以輾轉遷移，至今尚未找到，恐已遺失。此事非目下即可付款，必俟財部公事奉到，照施行細則結算後，當可撥付。聘老在重慶商藻老處識吾師，并敬仰高賢，并云力之所及，無不儘先結算撥付。松年專員吳江人，與仲深、松岑均至戚，人亦極誠懇，對師亦素敬仰，并以奉聞。專此奉復，敬請福安。門人袁季梅拜上一月十九日

復袁孝谷函

孝谷老同學偉鑒：昨奉快函，敬承一一。即日見《中央日報》所載，聚興誠銀行通告存戶取款，廣告謂已奉部頒條例，自登報日起，屬各存戶持摺向該行取款。詢前晤湯小齋，任玉岑，均云各行已可提取戰前存款。來示云云，似與南京情形不符，未識何故。至前項單摺，詢於三十四年偕巢肇覺君晤潘遜百先生，詢訪單摺存否。嗣得巢君書，并附渝總行唐科長詳查清單，并未聲明遺失，有總行益字八九五號公函及巢君函可憑，是應請執事切屬自渝東返各執事，確實查復者也。至銀行向例，即有遺失，亦可登報聲明。如果敝館所存各行單摺寄存貴行者在貴行遺失，即請貴行刻日在京鎮各報登廣告聲明，并須代敝館分別向交通、江蘇各行聲

述上項情節，開載存款數目、單摺號數，俾敝館得向各行取款。至貴行所存之一萬餘元由貴行遵現章支付，所不待言。總之貴行能查出單摺最好，設竟遍查不得，亦必維持信用，不至使敝館存款無着，一切仍希鼎力爲詣將伯。渝行公函及所查清單，昨已由敝館會計周君鈔寄，倘需查閱原件，即祈快函召詣持上項各件來鎮面洽。歲事將闌，需款孔迫。雖存款無多，急待應用，知好當深諒也。專此，即頌公綏。一月二十二日

袁孝谷復函

翼師賜鑒：昨奉二十二日快示，敬悉一一。當又與周副總經理、倪專員晤商，均以本行實未奉到部令，未便即發戰前各行存款。大約此項部令，或由省府轉來，一俟奉到，當即結算照付。聚興誠及湯小齋、任玉岑兩兄所云已可提取，諒係指首都而言。唐科長詳查清單及總行益字第八九五號公函又巢君書，均未言及遺失，但此時遍查無有，亦係實情。已代切實檢查，并詢自渝返省各同仁，均以未見此項單摺爲答。總之本行絕對維持信用，決不致累貴館存款無着，不過稍待時日，敬請釋念。專此奉復，敬請尊安。門人袁季梅拜上一月二十四日

復孝谷函

孝谷老同學大鑒：前荷一月二十四日手書，悉戰前本館存款及各銀行存單摺又承查詢一過，絕對照手續

辦理，甚感。所須鈔錄副本已備好，今日三號，想兄已公畢返省。茲特快函寄上，即希查照辦理爲荷。專此，

即頌公綏。二月三日

致袁孝谷函

孝谷兄鑒：新正忽已五日，單摺已否查得，日夜盼企。中、交兩行熟人，皆催詁早日付款，謂遲一日則受

一日之損失，幣值日落，物價日騰，單摺則日延宕。務請我兄代詢董肖翁，作有效之措置，千萬從速，勿與窮

館開玩笑。此頌春禧，竝候好音。二月十四日

致袁孝谷函

孝谷老同學大鑒：荷十六示，頃又過元宵矣。檢還單摺，代辦手續，日夜企盼。昨得湯小齋箋，録請察

閱，並祈轉告董廳長，乞以財廳公函爲此館證明，則諸事迎刃解矣。證函請發同樣四紙，中國、上海、交通、江蘇。

其某行單摺號數、款數，前已郵陳，均祈查照填明，萬乞從速。此頌春祺。二月二十五日

袁孝谷復函

翼師賜鑒：快示奉悉。周副總經理已返鎮。在滬清理一大部分，尚未得到貴户單摺。留倪專員松年

在滬，再將其餘各箱逐一檢查，約三數日即可查竣返鎮，當有正當辦法云云。師如有暇，似宜來鎮面洽，尚

祈酌之。匆復，敬請尊安。　門人袁季梅謹拜上二月二十七日

覆袁孝谷函

孝谷老同學偉鑒：二十七示悉。一箋往復即三數日，計檢查已竣。要言不煩，單摺若存，請即郵遞；否

則請財廳迅賜證明書（前信請分致中、交、上海、江蘇四行，若貴行需敝館另取保證，亦請示之）。諸仗鼎力。

物價日騰，幣值日落。希諸公垂念，勿故靳之，爲德大矣。此頌春祺。三月二日

袁孝谷來函

翼師賜鑒：昨雖通電話，惟以聽不清楚，未能詳談爲悵。周副總經理、倪專員先後自滬返鎮，所有卷箱

十八件均已詳細檢查，關於貴館存款單摺，未能檢到。現已分別函致中國、交通、上海、江蘇及敝南京分

行，代爲證明。即祈持同證函，分別前往洽辦爲荷。專此，敬請福安。　門人袁季梅拜上三月四日

覆袁孝谷函

孝谷老同學偉鑒：快示及證明函領悉，種費清神，無任感荷。頃已向各銀行接洽，并訪貴分行林君，請其

證明印鑑等手續矣。賜示所云，尚有三存單，特再具公函，請依前例再函聲明遺失，以便一同接洽。瑣瀆，惟亮察不償。即頌時祉。三月十日

致陳天鷗函

天鷗先生道座：陪都一晤，倏忽數年。傾慕光儀，與時俱積。近聞中宣部提倡文化事業，有平價白報紙配給如文化機關。詒徵服務舊館，館中經費較之戰前尤形短絀。擬印年刊及叢書等，均因紙價奇昂，月增日異，無從估計，無從着手。夙承我公愛護山館，時予提挈，雖經戰亂，猶荷周全。不識目前能再推舊誼，為之援助，俾仿各機關事例，配給紙張否？如蒙金諾玉成，乞示以呈請辦法，當即具牘進行。專此奉懇，敬頌公綏。愚弟柳詒徵頓首三月十三日

致李齊芳函

齊芳老弟如晤：昨承枉駕，失迎為歉。殷君孟倫願將在書肆所購敝館經敵偽散失之《宋詩略》一書轉讓，感甚。敝館因經費支絀，已呈請教育廳核示，俟奉令再議。便中請將該書肆地址及店號密示，以便再行偵訪有無敝館其他書籍，為感。專復，敬頌公綏。三月十三日

致劉百川函

百川先生大鑒：在鎮晤談，忽已逾月。《書目》上冊，計邀鑒核。催印下冊，擬儘端節前趕成，而款紲不繼，羅掘無方。追加之款，不知何時可以邀准，不識可否先行墊撥若干，以濟眉急。事業費積欠未發，館空如洗，節前如無接濟，萬不得了。此館情況，在職員生活，加成尚可與京市相等。而辦公費、事業費太少，不能維持。詒徵復不敢吃空名，作商人，百事公開。且欲印書，報告全國，誠屬迂愚。以兄前允續印下冊，必可設法，故冒昧繼續從事。謹以實況奉瀆，書不盡言，諸維垂察。即頌公綏。 五月十八日

致張衣言函

衣言老同學大鑒：昨得百川兄書，允撥臨時費，以濟眉急。祈致謝忱，並祈促其從速。轉瞬節關，無法應付，物價之漲，一日千里，官廳而緩，確成反比例。敬希鼎言協助，是所至盼。文郎在此甚好。此頌近祉。 五月二十五日

致中央大學圖書館函

逕復者：頃荷賜函，擬訂約互借館書。查敝館藏書，現尚陸續收集編次整理，頗需時日。館際借書一節，一時未能辦到，擬俟緩議。專此奉復。 此致

中央大學圖書館六月十五日

致朱實秋、淩農孫、龐壽峰函

實秋、農孫、壽峰三先生大鑒：三十七年下半年預算，昨付審查，未識可否加以修正。如能由會修正，擬請對於國學圖書館職員十四人聲述意見：「辦理圖書館，應以圖書多寡、工作繁簡為經費、員額之標準。本省三圖書館，以國學圖書館圖書為最多，嘔應增加經費及員額，方為允當。本年度即不能多增，應加為職員十六人，至少亦須十五人，不得少於鎮江圖書館。」鄙見如此，未識當否。似區區之數，不第於全部預算無大出入，即就教育一部分而論，亦甚易易。敬希卓裁，無任盼企。專頌公綏。　七月五日

致朱實秋等函

實秋、農孫、壽峰先生偉鑒：前上快函，計邀青及。所請增加敝館職員名額，於財政關係甚微。推而論之，社教職員依目前預算加生補費，平均每人每月所得不足一石米，財廳又依中央通令逐月減削。七月份已減至百分之十一，聞尚須逐月減至百分之二十，此尤為不平之事。學校經費不扣，社教經費獨扣，豈社教職員皆無父母妻子，且可逐月遞減生活所需乎？查下半年預算冊，全省社教職員一三五人，每人每月支底薪平均四四元五角，再合工友七十二人，平均十五元。照定章逐月減削，亦不過省去二十九億，在全省財政及中央財政中，尚不逮九牛之一毛，何必對於安分寒士銳意削減？以目前物價論，既已不敷生活預想，後來更不知伊於胡底。詒徵在社教言社教，敬祈諸先生主持公道。謂社教與學校教職員不應歧視：（一）宜增加底薪。

（二）宜依預算發經費，不得削減。北平圖書館、中央研究院皆未照各機關削減。（三）宜謀特別救濟。各學校教師進修費之類。又照預算冊，京滬區有配給米，近亦停發。蘇省對民眾則增借增徵，而對教育界則不發食米。此亦由會提出，以助寒士者。瑣瀆。即頌公綏。七月六日

致陳毅丞等函

衣言、穀丞、吟秋諸先生均鑒：物價狂漲，萬方惶駭。社教機關同人尤感困難，底薪既低，生活補助費平均分配，每人每月不足石米。又因通令，經費總數逐月減縮，視學校迴殊。亟應聯合呼籲，以冀勉可維持。鄙意宜分三點：（一）增加底薪。（二）不減總費。（三）特殊救濟，如學校教師進修費等。諸公主持各機關，當認為勢所必爭也。實則以上三點即使辦到，亦難與物價之奔馳相副，逆計三二月後，寒士生涯不堪設想。教廳只計維持學校，對社教職員永不與學校教職員平列。然學校教職員有父母妻子，社教職員獨無乎？安分貧儒被逼至此，不能不大聲呼籲，但詒此箋非為一身一家一館計也。即頌公綏。七月六日

致陳廳長函

石珍廳長老同學偉鑒：物價狂騰，萬方惶駭，社教機關人員病苦不堪。此館依預算應發二億八千餘萬，逐月削減，以十四五人平均分配，尚不足石米一人。七月份所發乃僅二億四千餘萬，則更不及七八斗米矣。逐月削減

經費，固中央通令。然學校不減，而社教獨減，社教機關之職員，獨無妻子，獨應貧宴乎？社教底薪既低於學校，逐月減削又異於學校，寧得爲平？執事主持全省教育，應以哀多益寡、稱物平施爲主，不宜茹剛吐柔。即爲教育行政，中央減削各機關經費，北平圖書館、中央研究院即未減削，有此先例，何不援之，以惠蘇省社教少數之寒士？即與省財政当局言之，亦可劃切告以蘇省社教経費總數无多，逐月減削，於全省財政所省幾何？依學校例不減，於全部財政所損幾何？開源節流當從大處落墨，何必靳此區區。倘倚鼎言，依額不減，姑先平寒士之憤，即以示長官之仁。高明之見以爲何如？詒貢此箋，匪爲一身一家及一館私計，乃爲蘇省社教同人及其家屬計，即亦爲閣下弭謗示惠計。謹布區區，伏希荃察。即頌公綏。七月六日

致董廳長函

肖蘇廳長偉鑒：物價狂漲，萬方惶駭，中央財政遂爾矛盾，一面按生活指數加成，一面減削機關經費，自百分之二至百分之十一，大機關有所把注，小機關何從補苴？例如敝館，按照預算，月僅二億八千餘萬，十四五人平均不足一石米。七月份扣去百分之十一，止發二億四千餘萬，則更不足七八斗米矣。此事雖係中央通令，然學校并不照扣，止社教機關爲然。社教機關之職員獨無妻子乎，獨應貧宴乎？權豪勢要，官營商業，吞噬小民，敲骨吸髓，狂歡浪費，侯服玉食。而責令寒儒下土，柔懦之夫，共體時艱，甘受減削，成何政體？應請台端對於省屬機關酌量分別，聲請中央不得一律削減。社教機關經費無多，按照預算頒發，在全部預算所

省幾何，諒大財政家必深悉其數，無煩詒觀縷也。倘依預算不減，實爲造福匪淺。詒貢此箋，匪爲個人一身計，實爲社教機關一般職員上言，且爲台端對貧士弭謗示德計，爲中央示行政權衡計。冒昧陳言，伏惟鑒納。

即頌公綏。七月六日

　　　　　　董肖蘇復函

翼謀先生惠鑒：頃奉手書，敬悉一是，承囑將社教機關經費免予減削一節，尤表同情。惟此案係根據中央命令辦理，并非本省單行辦法，中央原規定本年二至六月份，照一月份應發生補費數額各須減發百分之五，下半年七至十二月份再共減發百分之十，總共須減發百分之三十五。省府爲顧慮各機關實際困難起見，發交會計處邀集各機關首長與保安副司令會同詳細研討，擬定本年二至六月份照各機關應領生補費僅共減百分之十，較中央規定已屬減少。至下半年度七至十二月份，以省費不敷甚鉅，不得不遵照中央規定，共再減發百分之十，總共全年減發百分之二十，均經先後提交第一五六及一七四次省府委員會議決通過施行。實非財廳所可獨斷，亦非個人力量所能堅持異議。用特將經過情形縷陳諒察，尚希鑒原爲幸。專此奉復，祇頌道安。董轍

照此項標準撥發（保安部隊及學校除外）。

拜上七月二十二日

呈江蘇省政府文

為衰邁庸愚、難勝艱鉅、籲請退休、亟候交替由。伏爲勝利以來，詒徵以經手未完之責任，銳意接收江蘇省立國學圖書館，荏苒三年，備嘗艱阻，一切經過均陸續呈報鈞廳在案。今春以經費折減，難以維持，自思領薪獨多，若獲奉身而退，即可節省公款。年屆七旬，早應退休，具文聲請，未獲遽准。彼時以印刷《現存書目》尚未完竣，姑事濡忍，以俟書成。茲幸《書目》下冊印就，除本年上半年收購祇有寫目者外，新舊書物一一臚載其中，公家派員接替，按目點收，易於從事，孰存孰亡，海內共睹。其運存興化及魏克三所借、馬又銘所劫者，百計偵求，訖難收返，夙夜疚心，尤應自請處分，以爲不職者戒。近自三十七年下半年預算公布，社教機關經費逐月須減至百分之二十，顧恤寒素，誼難恝然。屢經聲請，比照學校免予折減，迄之誠未獲鑒納，不得已專就一館設計，私冀增加館屋租金，或可維持現狀。七月十日左右，先詢市立第四中學，原租館屋瞬屆期滿，是否續租。該校校長迭次答復，願將所租東院之屋三十餘間退租，仍續租西院之屋十餘間。當經託中人確詢，到期能否即行交還，該校復允到期必交。因即分招租戶，訂立契約。詎該校當局，於退租續租尚未履行之時，該校學生自七月三十一日起即迭車滋擾。至七日上午該校甫將東院前進之屋十間交出，即有原住該校而號稱流亡學生者，來館百端要挾，指定非住此十間不可。當告以該校原有布告，屬其住大禮堂，設尚不敷，東院之屋除本館出之二十五間外，尚有群屋可以暫住。上項學生去來多次，至夕遂衝門逾窗，鼓噪擲石，蜂擁而入。詒徵雖欲以殘軀殉難，卒不能禦此有計畫有組織之舉動。此事匪僅係屬館屋權界，實

關教育風紀。蓋聲稱退租，實欲占屋，罔獲陷阱，久有成算，誘弄庸愚，利用流亡。孤館窮蹙在該校包圍中，收屋續租，至是皆無從著手。是皆詒徵才識庸拙，辦事不善之咎，引譽去職，夫復何待。竊以到館艱困，其有數因，一則社教機關不能齒於學校，眾皆視爲閒曹冗食之所，曾不恤其抱殘守缺之難；二則省館寄在京市，本省以爲無關於江蘇，京市以爲不屬於府部，存亡興廢，無足輕重，三則時局日新，人情幻譎，迂拙書生，不知時變，篤守正軌，實爲背馳。綜此三端，決非另擇賢能改弦易轍不可。詒徵求退已久，失職孔多，經此挫折，益深戰懼，爲此瀝陳各情，聲請退休，敬祈迅速遴員蒞寧，接替所有。詒徵近年經手事件，表冊具存，已屬在事各員慎重清釐，隨時可以移交，鈐記、館章均交主任汪闓暫行代理。迫切上陳，不勝悚皇待命之至。謹

呈

　江蘇省政府主席王、教育廳長陳八月九日

呈省政府並教育廳文

爲敬陳衰朽，籲請退休，亟候交替由。伏查國家定制，公務人員服務至十五年以上，年齡在六十五歲以上者，得自行聲請退休。詒徵自民國十六年七月接任省立國學圖書館館長，至二十六年十一月因國難遷避興化，督率館員保管所遷書籍繼續至三十年一月，奉第三戰區顧司令長官電邀赴上饒，展轉入蜀。至三十四年勝利後，由教育部指派乘坐江安輪船回寧。續奉江蘇省王主席令，接收書籍器具房屋，印行《現存書目》，歷經呈報在案。綜計詒徵服務年限，久達十五年以上，實年已屆七旬，精力衰頹，難以再行任職。迭經呈請

照章退休，未獲邀允。近來館務日益棘手，屢驅益覺不支，際茲節麾肇蒞，百度振新，竊冀獲申素志。謹遵定

章，聲述年歷，請予退休。迅邇年富力強之賢，主持館務，曷勝企幸。所有詒徵經手收回書籍，及辦事艱苦各

情，印有《現存書目》二冊及《盋山牘存》一冊，隨文呈送，敬希鑒核。其公款帳目、器具清冊均已屬在事各員

慎重清釐，準備移交。止祈早日得卸仔肩，不勝皇悚待命之至。　謹呈　江蘇省政府主席丁、教育廳長洪　附

《書目》四冊、《盋山牘存》二冊，呈主席、廳長各一份。　九月十七日

呈教育廳文

竊詒徵以年力衰邁，屢請退休。重荷誣諉，彌深警惕。近又專任史館纂修，兼顧不皇。遵章不復支薪，

以冀減輕責備。惟本館以蘇省機關，寄隸京市，藏書名貴，性質特殊，保守進行，均匪衰朽所能獨力肩荷。夙

夜思維，計惟陳述實況，籲請添設一重要職員；或代理館長，或副館長，贊助詒徵，督同館友處理要務，庶免頹

廢。其薪水及特別辦公費，即以詒徵所停領者支付，亦不致增加經費、追改預算。　是否可行，伏希鑒核。倘

荷採納，務祈遴蘇省學界才猷資歷各方允愜者，加以新命，早日蒞館，以重公務，實爲德便。　謹呈　江蘇教育

廳長洪十一月三日

呈教育廳文

爲館務繁重，衰朽難勝，請添聘副館長，并於三十八年起增加員額，以重公務由。竊詒徵年力衰邁，迭請退休，未獲允許。前經聲請添設副館長一職，以冀分擔勞勘。緣社教機關職員名額，固有中央及省廳普通規定，但國學圖書館性質特殊，書籍名貴，卷冊豐富，他省立圖書館均不之逮。僑寄京市，時有與府市接洽事件，海內外學者參觀諮訪，均甚重視此館。詒徵衰朽之年，又以國史館延聘專任纂修，不能兼負重任。爲此一再陳請，幸邀鑒核。伏查省廳延聘專門委員金宗華，學識資望卓著學界，贊助此館事務亦有年所，爲此擬請求敦聘該員兼任本館副館長，既可匡詒徵之不逮，兼可增加廳館之聯繫。詒徵應領薪水及辦公費爲副館長薪遇。詒徵疾病或他往時，代理詒徵職務，實爲公私交便。省立各館，事異情殊，自亦不至以爲援例。再有附請者：詒徵謹再臚陳各節，籲懇俯如所請，聘任副館長早日蒞館，并呈省府備案，以重職權，無任盼企之至。明知公家財政未裕，各方均從節減，第爲文化學術及館務急需計，擬請於編製三十八年預算時，增加本館職員四人，合計二十員，庶幾更加工作之效率，漸復舊日之規模。冒昧上干，伏希鑒核。謹呈

江蘇省教育廳廳長洪十一月七日

抗戰以前館中職員達二十八人，分擔總務及保管、閱覽各部事務。目前止有十六人，視戰前之員數尚遠。

致教育廳洪廳長鈞培函

廳長勛鑒：京市饑荒，山館窮迫，切祈鼎力速謀救濟。謹陳兩事，亟乞卓裁：（一）財廳加發一個半月薪水，迄今未接通知，請速催發，但此項加薪，仍無補於寒士之生活，以物價之飛騰與加薪之比例，相去霄壤，請速再謀救濟，以應眉急。（一）館有房租存項，墊發館員火食，業已一空，即使所加薪給發足，尚難扣還，且無以爲繼。因館友向遵法令，不敢預儲食料，今則配給米油均領不到，肆中黑市石米五百或至一千，兩油一元數角，館員不但久未肉食，即蔬菜亦無油烹調，忍耐一日，即澎漲一日。此且非省会所能接濟，可否籲請廳座急電沈市長、馬局長，請其在京設法速撥米數石、油若干斤。若直接託社會局長尤妙，惟局方撥發，務須電飭館員確知某處具領，恐商店以所配給者偷售黑市，館員文雅，仍領不到也。以上兩層，均爲前在省時所未逆料，斯實受京市官商之茶毒。迫切上陳，無任悚皇待命之至。專此，敬頌公綏。　十一月十一日

洪廳長復函

翼謀先生道鑒：本月十一日手緘奉悉。山館窮迫，至深焦慮。見囑二事，敬當盡力設法。近來市場情形漸已轉佳，本月份加薪金亦經補發。今後同仁待遇應如何調整，鈞培職責所在，當竭全力以赴。關於油米問題，已函請馬局長元放兄惠撥，即希派人往洽。朔風漸勁，諸維順時攝衛，不一。專此奉復，祗頌公綏。

洪鈞培謹復十一月十八日

致朱部長函

驪先部長先生鈞座：經濟恐慌，京市爲甚。敝館窮窘，職員薪給微薄，館中共同火食幾不能維持。詒徵已向方呼籲，誠恐鞭長莫及。夙恃台愛，深倚姘幪，謹述鄙況，切祈救濟敝館。《現存書目》自贈售外，尚存數百部，每部二冊，售價拾元。擬齎呈二三百部，請大部發給金圓二三千，俾敝館勉購市米五六石，以濟眉急。想大君子胞與爲懷，必憫其貧而許之。上項《書目》由部分頒各學校，計亦可收回所撥之款。於公於私，均有裨益。倘荷俯允，當率館員齎書上謁，祗領撥款。冒昧上干，無任皇悚。祗頌公綏。十一月十二日

朱宗英來函

翼謀老姻伯大人道鑒：手教誦悉。關於副館長一節，遵命照辦，聘書不久可以奉上。現以局勢動盪，瑣務紛繁，是以遲遲未能發出，敬請原宥。目前希望旋乾轉坤，惟靠彭城一戰。瞻顧國事，衷心如焚。專此稟達，敬請福安。 愚姻侄朱宗英叩上十一月十三日

復朱仲英函

宗英姻仁兄大鑒：手書敬悉。副館長事承已定局，所云聘書寄來，似可即由廳送至金君處，第須有一廳令通知此間耳。時局岌岌，誠如所示，姑作穩定之説。而公教月薪僅加倍半，一切油鹽柴火所加若干倍，不

必説米及魚肉，何以使人安心服務？此必須設法救濟者也。專以此館薪給論，詒徵自十月起即不支薪，逐月折扣，勉可抵算。十二月即須減至九折，不但將館長應領之數扣盡，其他職員之薪均不能發足，則詒前牘所稱副館長之薪不必另籌，即以詒應領之薪水公費支給者，徒虛語耳。且各員薪額本依縱發足尚不能維持生活，況再折扣乎！洪公前允詒，轉瞬三十八年可以增加經費。詒思目前最要者，先不折扣，將每月兩個半發足。其次須在兩個半月外，謀普遍救濟。再其次則此館藏書倍徙他館，應依學校班次多寡，經費多寡之法，確定比例。詒本擬二十日到鎮，適有他事，是日不能成行，又畏火車擁擠，衰朽幾於不能上車下車。故先以函達，即祈先以此函商陳洪公及趙、陸諸君，切實規畫，否則詒難力挽金君，不能使渠枵腹從公也。至於戰局若何，廳方對此館作何計畫，并乞密商密示，為盼。此頌公綏。十一月十五日

朱宗英復函

翼謀老姻伯大人鈞鑒：手論誦悉。國學圖書館情形特殊，他處當不能援例，然為公私兼顧關係，擬請老姻伯直接延聘金師襄理館務，然後將此事電廳備案。另由洪公致函金師，說明顛末，并促駕早日赴京，則此事可告一段落矣。生活艱苦，人所共感，究不知中樞作何策劃也。貴館自八月份起，預算列為十六人，其詳細辦法須待洪公自京返鎮後再為商量。耑此，敬頌鈞安。愚姻侄朱宗英叩上十一月十九日

復朱宗英函

宗英兄大鑒：惠書誦悉。昨得金君書，知洪公已面邀兼致聘函，金允于月初到館，無任欣慰。第詢前函所述，館款減至九折，則詢所不領之薪已爲財廳扣去，何以致送副館長？若歸詢及金君，就此數中裁員減薪，以求收支適合，則更是虐待寒士，奪小職員之薪界大職員，詢與金君皆不忍爲也。館員薪給最少者五十元一月，即以五倍計亦不過二百五十元。八一九時五十元尚有二石五斗米，今則二百五十元不能購一石米。使之努力從公，已不免于窮餒，若再淘汰，使之另謀生路，在各方緊縮時，何從覓枝棲耳？故詢請添副館長，即抵准詢之薪給，欲得詢之原薪送與金君，非照十六人之預算十足發給不可。此是正當要求，并非額外呼籲。以現狀論，照預算十足發給，并加五成，仍是杯水車薪，何況任意折扣乎？山館如此，他機關當亦同然。故社教必須視學校一概不折不扣，請與洪公切言，并請其向財廳會計長力爭爲盼。至所示呈廳備案一節，已寫一稿寄金君，屬其邀君同閱，如可，即寄還繕發。或須修改，請勿客氣，改正寄下。月初參議會駐委會，詢必來鎮，一切可以面罄。此復，即頌時綏。十一月二十四日

金崇如來函

勉師座右：教廳專委聘書及商請襄理館務箋函，分於昨日送到。前洪君來訪，談具遵師意與採取間接方式緣由，委婉謙恭。并持示法規，說明館章係教部訂頒，未便遽予增改。爲手續簡便計，最好由館專案

申述必需增聘副館長理由，經廳批准報備案云云。華答素重道義，不拘方式。既師命與友情難却，當勉盡
一時期之分勞義務，籍酬雅意，惟綢繆未雨，仍須官方預有指示耳等語。刻以冬令病胞特救正開始實施，
主持查放向由華一貫負責，暫難分身。擬于下月初趨前受訓，先此禀聞。敬請道安。弟子金宗華頓首十一
月二十二日

復金崇如函

崇如仁弟惠鑒：荷手書，知洪公禮聘孔殷，文旌惠允月初蒞館，無任欣幸。詎徵私志非爲偷安謝責，實以
館書宏富，欲公之江蘇學者。兼以肩荷既久，省廳不明瞭其內情，非廳方實力主持，轉疑詆徵自殖封域。故
《書目》印成，亟求嬗替，寤寐懷賢，匪伊朝夕。今幸遂其宿心，尤以能屈高軒爲快。孟子曰：「以天下與人易，
爲天下得人難。」南面百城，亦書生之天下也。月初議會常會，詒必來鎮。即盼屆時同來，都門一切，均俟面
馨。此頌時綏。十一月二十四日

呈教育廳文

爲時局緊張，呈請預定應變計畫及籌撥經費，以備急需由。竊時局緊張，各方動盪，屬館力持鎮靜，照常
工作，未敢懈弛。惟備豫不虞，古之善教，愚者千慮，宜防萬一。屬館性質與普通機關學校不同，機關學校員

工師友移動較易，集散不拘；屬館典藏秘籍，設值非常時期，比之機關學校難易懸殊，斯亦識所共曉。詒徵爲此夙夜思維，罔知所措，理合陳述特殊情況，籲請省廳預先籌畫，作何措置，規定步驟，無論臨時固守或者先事遷移，均須籌有應變經費，始免臨渴掘井，措手不及。惟此項經費，亦非愚慮所能預算，敬祈上陳主席周咨各廳，并密邀金專員在鎮就近商榷，務策安全，俾可遵奉。臨穎無任迫切待命之至。謹呈

江

蘇省教育廳廳長洪十二月七日

復董綏庵函

綏庵先生大鑒：荷八日賜示，敬承一是。《萍聚詩》鈔費，戔戔不足齒及。又荷賜《樽酒銷寒詞》精校本，尤爲刻感。頃又承寄吳惺園《將進酒詩》，於青山莊掌故裨補匪鮮，感甚感甚。前詢貴鄉先賢行狀、事略等，可隨時録寄。時局緊張，而雅懷高致，挂張文獻，曷勝欽企。敬頌箸綏，不一。十二月十三日

致教育廳洪廳長函

廳長勛鑒：前陳公牘，請示機宜并籌款以備應變事。荷屬金君垂詢善本書數，昨即復金君，屬其轉陳。

目前京中疏散、緊縮，日有所聞，人心皇皇，應付匪易。詒徵前請增設副館長一席，良以衰朽難勝艱鉅，不得已而爲此請。京鎮懸隔，函牘往返，恒誤事機。衰朽之身既不勝奔走，即使勉力趨鎮請示，復不敢多延時日，

使館員疑其避難他往，自主任以下又須處理日常應辦之事，亦不能時時外勤。雖承廳長盛惰，於三十八年預算增加員額，而目前應變，尚不能立即添人，此詣徵所最爲焦灼，亟求臂助，而又不敢首先偷惰，致使館員解體者也。至論書籍性質，亦未易以常識判斷，常識則所謂宋元明本、孤本、稿本爲最重要；就學術方面言，則印刷之精且而流傳少者固極可珍，而參考應用書爲他館所無而此館尚屬豐富者，數更多於善本倍蓰，且在戰前，普通人視清代刻本不甚重視；至戰後則清代刻本以及民國各方精印者，其價値均屬不貲。故爲文獻計，爲學術計，此館之書所應鄭重保存求免劫毀者，殆不下十數萬册。兼籌並顧，若何始可以無負所守，蓋甚難言，前牘所云應變之費至難預算者此也。江蘇經濟困難，詣徵所深知，省庫一時能籌若干專爲遷移書籍之用，廳長當已商陳主席及詢之財廳。鄙意似宜由廳呈請敎部，補助若干應急之費，説明此館寄隷京市多歷年所，府部院會及京市各校學者參閲研究，獲益綦多，際此危難時期，陳請中央補助若干，非他省他館所可援例，似當不可爲越分妄請。且抗戰時期浙江省立圖書館之書運至貴州，以至勝利後運回浙館，其經費人事均由敎育部隨時指導，力予協濟。浙館尚止屬一省人公閲之書，矧此館久供京市公閲之書乎！經費既須寬籌，計劃尤應預定。江蘇之書，以不離江蘇爲原則，假使必須移動，則在京者是否商之故宮博物院或中央博物館、開國文獻館等有保險庫屋暫行寄存，或以名貴之書分裝箱隻，寄存上海某某銀行。此外若宜興等地，有無山洞寺廟可免危險者，亦希廣在抗戰時期即係寄存銀行，至今具存，似亦可以仿辦。此皆詣徵愚慮所及，不憚覼縷，伏爲計及，預接洽。

蘇州館書從前寄存洞庭山，亦獲免劫火，目前不知如何。聞常熟瞿氏善本書，

候裁擇，以便遵行者也。抑關於應變各事，接洽奔走，固須有資望才識及精力幹濟者，始克機敏應付。而館

務進行事若何時期停頓，館友若何分別去留，均非詁徵所敢擅定。再，館書運赴他省，則若何押運，若何監

守，萬緒千端，匪楮墨所能罄。詁徵前在抗戰時運載普通書三萬冊至興化，迄今未能悉數收回，負咎無可逭

恕，故對目前局勢尤深惴栗，止冀省廳迅予罷黜，不敢再肩重任。惟愚管所及，不敢不上陳左右，區區之誠，

倘荷鑒納，非詁徵之幸，實館書之幸，文化之幸也。專此密陳，敬頌公綏。十二月十六日

致首都衛戍司令張總司令耀明代電

張總司令鈞鑒：竊以江蘇省立國學圖書館隸在京市龍蟠里，藏書達二十萬冊，其名貴甲於他省，各方學

者來館閱書研究者相續不絕。近雖時局緊張，館中各部仍照常工作。惟時有外來軍隊或軍官眷屬來館探

詢，意欲居住。館書重要典宜嚴，碍難應其所請，誠恐各方不諒，發生誤會，引起糾紛。伏祈頒給示諭，聲明

致高吹萬函

吹萬先生道座：前荷惠賜大集，具復敬候興居，欽遲靡已。頃聞狄君武兄述鄴架藏書已別藏於宛委，所

遺書箱孔夥，尚待善價而估，未識公私各方擬購箱件，蔞售分購之值若何，便乞示知。詁或專誠來滬奉謁也。

專此，即頌道綏。十二月十七日

藏書要地，軍隊及軍人眷屬不得強行借住，以重文化事業，而免紛擾。實爲公便。十二月十七日

張子明來函

夫子大人道席：自別光儀，每深馳溯，南天烽火，牽繫彌殷。受業痛斯文之將墜，念往哲之投荒，敬掬愚忱，恭迎道座，庶西南文物從此增輝，上舍師生得所矜式。翹望雲天，無任延企，不宣。肅此，敬頌道安。受業張延休拜啓十二月四日

復張子明函

梓銘老同學惠鑒：四日書敬承惠愛，感荷無量。風燭之年，實憚遠引。私冀蟄匿近地以終，倘不穫遂而有意外，亦命也。頃金崇如以省廳各方之意，來商保存館書善本，頗擬運至西南，約百十箱數萬冊之譜。若抵桂則投任中敏，若抵筑則投君，當可保護得所。至空運、陸運，亦未定，須視費及局勢而定，姑先以此奉聞。若前車甫輟，來輈方邁，瞻念全局，曷勝杞憂。筑校孟晉地運亦人力，何錢、張諸君宣導學風，恒爲神泫。前致館書目及館刊兩小冊，計均青及矣。匆布，即頌冬綏。十二月十八日

教育廳洪廳長復函

翼謀先生道鑒：龍蟠圖籍，文化所關，久藉聲華，瑯環增重。迺奉手書，忽懷愒影，主持處理，端賴高賢。惟爲耆獻分勞之計，謹如來旨，增置副席，奉屈崇如先生暫就，業承慨允，並加禮聘，名師高足，相得益彰，風聲所樹，士林共仰，固非特弟一人慶幸已也。館中人事不敷，下年度預算已增加員額兩人，似於館務不無裨益，並以奉聞。專此布復，諸希荃察。祇頌道祺，不備。弟洪鈞培拜啓十二月四日

致徐秘書長道鄰代電

秘書長勛鑒：山館藏書，甲於他省。時局緊張，宜謀應變。頃電主席請示機宜，設須遷運重要名貴之書，未識孰爲妥適安全之地。遷地遙邇，運量多寡，均視財力而定。粗擬將一部分善本運滬，其餘善本在京運寄有保險庫屋之處。概略估計，已需二十萬元左右。若運赴他處，費更不貲。敬祈上陳主席，切屬財廳垂念蘇省文獻，迅發此項應變專款，以濟急需，實爲德便。十二月十七日

致趙棣華函

棣華先生大鑒：在京奉教甚快，茲有兩事奉懇：（一）館藏善本書計百一十箱，擬遷至滬暫存，不知各銀行庫可納費寄頓否，銀行公會有空屋可借藏否，希調查示復。倘有可寄頓之處，亦不拘銀行方面，公以爲相當

者乞示知，以便陳之官廳，至進行時，亦由官廳及館雙方接洽也。（一）此項運轉或不拘泥滬地，亦有友人勸

遷至桂林、貴陽者，若爾需費更鉅，敬祈便晤奚廳長時，以館書之名貴重要語之，盼寬籌應急之款，館方已有公文

聲請，冀鼎言爲奚君所重。并迅速指撥爲要。瑣事奉干，毋任盼企。敬頌公綏。十二月十八日

致朱騮先院長函

騮先院長先生鈞鑒：山館藏書，久隸帡幪，渥承護注，京市及蘇省學者，同深感仰。頃緣時局緊張，擬將

善本若干萬冊運寄湘黔內地，冀避兵燹。蘇省財力困難，僅能籌撥裝購箱件之費，而大宗運輸保管費尚難籌

措。伏思館書供給府部院會各大學校學人研閱，多歷年所，視各省立圖書館書只供一省人士閱覽者不同。

因此請由江蘇省教育廳據情呈請特別指撥運輸保管費，以應急需。日內廳文計已到部，伏希鈞座愛護文化，

重視寶書，迅賜大萬，俾獲應急。恃愛切陳，諸維鑒宥。敬頌鼎祺，不宣。十二月廿四日

徐壽城先生來函

翼謀先生賜鑒：憶自春初接奉惠書，欣諗整理館務，佩仰賢勞。旬月以來，時從菰京返金友人處詢悉，

道履綏和，興居康勝，殊深忭慰。弟在此來往城鄉，兼事耕讀，本年在城建築一室，尚可居住。歲月易逝，國事益棼。徐蚌作戰以來，聞都中頗爲震動，不勝遙念

暇蒞臨，游覽北山，俾得掃榻以歡迎也。

之至。近據報載，孫閣已成立。任重時艱，深望能挽國運於垂危也。蕭此奉候，臨穎神馳。祇頌著祺，並

賀年禧。 弟徐東藩拜啟十二月廿四日

復徐壽城函

壽城先生道座：久未通問，恒縈懷想。頃奉朵雲，關垂舊雨，招游珂里，曷勝感荷。詒自秋間力求擺脫館

務，現尚匆繁，未能恝然捨去。時局緊張，尚須為現存珍秘名貴之書謀一善地。把玩手書，謂北山洞府清幽，

不識能憑藉數椽，寄頓百十箱否。假使有可位置，幸賜數行，以便言於蘇省。或至新年，詒先趨前一商步驟，

由京覓卡車裝運，能直達尊處否。火車上下，運費奇昂，力不能辦也。京中各大機關紛紛赴臺灣，詒不願附麗

其間，故以近在蘇浙，遠或桂黔，各方接洽，不卜運數若何。專此布聞，并候福示。即頌年禧。十二月二十九日

致楊允中函

允中先生道座：秋間一晤，瞬屆新年，惟興居幽適為頌。茲有懇者：明復圖書館前曾寄存北平館書，在國

難時獲全，目前不識能否援北平館之例，寄頓敝館書百數箱否。敬祈商之同社諸公惠復，如尚餘地或另需商

權，詒當來滬奉教也。此頌年禧。十二月廿九日

趙棟華先生復函

翼謀先生左右：奉誦賜翰，敬悉種切。承示江蘇省立國學圖書館所藏善本書擬移滬寄藏一節，茲有滬地福開森路法國圖書館尚可存貯。惟此項書箱一百十箱，每箱大小如何，是否一律，尚祈先將容積（高闊長）開示。又如移滬後，貴館是否派員常駐看管該項書籍，能否在滬供人閱覽，統請函示，以便再與法國圖書館接洽。又承屬致函奚廳長勉之兄寬籌移徙費用一節，并已照函奚廳長矣。知關廑注，專先肅復。即請道安。

趙棟華拜啓十二月二十九日

復趙棟華函

棟華先生道座：福示敬悉。法國圖書館可寄書箱最好，現製板箱高闊長均不過英尺二尺八至二尺五，可以積叠三隻一行，所需容積不至過鉅。書籍只能保存，不便展閱。能與該館商洽訂立契約，月出租費若干，似亦可不須派員常川駐守。諸希先行詳商，俟得示復。詒或先行來滬奉教，并至該館相度一切，再請官廳派員督同館友以大卡車遵公路由京徑運滬上。其實行與否，亦須視時局消息也。財廳款已撥，諸承鼎力，感荷無既。專此布託，敬頌年禧。十二月三十一日

復袁伯庸函

伯庸先生老同年大鑒：讀手教敬承興居曼福，送臘迎年，當更延和集祜也。劉公託鈔《留留青》約計需費百八十元，現館友鈔書十五元一萬字，加紙筆校費估計如此，乞代達，寄款到即着手。風鶴聲中，館書方裝箱擬他運，此書當提出鈔畢再妥藏。專此布復，即頌年禧。

再啓者，敝館傳鈔部前議決鈔費二十元一萬字，祈依此數核計匯款爲要。上紙所云，系誋記憶未確也。

十二月卅一日

三十八年

致陳代部長雪屏函

雪屏先生勛鑒：時局緊張，各方動盪。首都文物慎重遷移，備豫不虞，是爲善教。江蘇省立國學圖書館現有藏書，向甲他省。隸大部之蚌壚，供首都人之研閱，頡頏各館，亦既有年。比以時局關係示，擬擇重要名貴之書，運藏善地。屢請於蘇省當軸，亟籌應變，絀於經濟，僅能購備箱隻，運輸之費，無從籌措。伏思從前浙江圖書館書，由浙運黔，由黔返浙，一切均仗大部規畫攽助，乃底安全。蘇館久隸京市，視浙館之書僅供浙省學人閱覽者，尤爲有裨於國家之文教。際此時艱，欲求轉地計，惟呼籲於大部，庶可勉葆此寶書。爲此敬陳館書重要，經濟艱困，雖裝箱隻，無力運移，假定指運湘黔，或近徙滬浙，純視財力以定方針。迫切上干，情非得已。夾京之省館，與中央各館文物，事同一律，俯撥應變費若干萬，並示以運輸保管之方。仰先生仁聲義問，學界同欽，諒不斥其顓愚，而樂予以補助也。臨楮悚皇，佇聞明命。肅此，敬頌新祺。三十八年一月五日

致顧廳長函

希平廳長先生勛鑒：新年霽景，政躬集祜，以欣以祝。崇如到館，述承錦注，維護館書，無任感仰。頃以省中撥款，勉敷裝箱，設需遠運，懼仍不敷。已上書教部聲述：此館寄隸京市，供給中央各方學者閱覽研究，與中央院館文物視同一律，請求補應變費若干萬。誠恐人微言輕，難邀邀准，不識旦晚旌從入都之便，能向教部陳政務次長一爲説項否。部省合力，竊冀鼎言。或發快函，或通電話，諸希卓裁。爲書請命，臨楮悚仄。

敬頌公綏，伏惟監察。 一月六日

致盧于道函

于道仁兄大鑒：前函楊允中先生，擬寄敝館書箱若干于明復圖書館。楊君復書謂已轉商執事，徑賜復書，不識歲首已與理事諸公商洽否。函盼台示，以定行止。如須詣徵來滬面商，亦祈函召爲荷。專此，即頌

新禧。 一月七日

致陳代部長快郵代電

陳代部長勛鑒：首都重要文物，奉命刻期運移。 江蘇省立國學圖書館久隸京市，藏書名貴，亦與中央各院館頡頏，夙承大部骈庇。 兹謹遵應變方針，遴選尤爲貴重者十餘萬册，裝成木箱八十隻，編列『蘇書』字樣，

自一號至八十號，重量約在十噸上下，擬由火車運至桂林寄存。敬祈大部據情陳報行政院，彙轉交通部配合

單位，排定裝運車次，候命出發，以期迅速妥慎，實爲德便。江蘇省立國學圖書館館長柳詒徵真印 一月十一日

致桂林漢民中學任校長函

仲敏仁兄惠鑒：都中一別，時縈懷想。側聞校風鼎進，教思無疆，曷勝企仰。茲有懇者，首都重要文物紛

運各地，敝館藏書亦已先裝八十箱，擬運桂林，期離赤焰，庶葆青箱。念昔台從在寧諗習館書，藉縹帙之舊

緣，冀仁姉之遠庇。先行函達，請賜福音。屆時當屬館友押運，投前奉教，摒當寄頓，度必妥慎安全也。春和

景明，詢徵或更輕齎游桂。臨楮神馳，諸希愛鑒。敬頌鐸綏。 一月十一日

致廣西大學陳校長函

劍翛先生偉鑒：巴渝一別，倏忽數年。世亂如麻，又罹劫運。瞻念桂省學府豐昌，曷勝景企。茲有懇者，

首都文物紛運各地，敝館擬亦裝運善本八十箱，附交通部疏散列車徑投桂林。請先生閔念同舟之誼，賜擇妥

慎屋宇寄頓。屆時當派館友押運，趨前奉教。惟恐事前未先聲請，或涉冒昧，用特飛函上干，倘蒙姉庇，青箱

庶幾遠離赤焰，謹爲寶書虔祈仁者。臨楮悚仄，祗候福音。敬頌公綏，不儩。 一月十一日

致貴陽大學張校長

梓銘老同學大鑒：前荷手書，招詣游筑。嗣即具復，擬運館書寄存貴校，諒邀電及。頃詢交通當局，以館書八十箱交各路局聯運，只宜運至桂林。若入黔，則都勻至筑，必須另行設法。詢爲此躊躇不能決，不識都勻至筑有無運輸方便。度鼎力與黔當局必能爲謀，謹以此情奉商，務希惠我數行，以定行止。此頌新祺。一月十一日

致教育廳洪廳長函

廳長勳鑒：前在廳報告，接洽貴州大學及滬法國圖書館、明復圖書館，擬寄存館書事，迄今均未得確切函復。參議會提及運書，洽朱諸君主張遠運，以桂爲宜，當爲廳長及徐秘書長採納。詢徵到京，即偕金崇如君專詣交通、教育部聲述，館書擬運桂林，請求編列首都移運文物各單位中，以期費省期速。一面即發航快信至桂大校長陳劍翛、漢民中學校長任仲敏兩君，告以擬運館書百十箱至桂，請其妥爲寄存，盼復即運。第恐信件往返稽延，擬請廳以官電分致陳、任兩校長，屬其電復，必較迅捷。倘得其復允，即行啓運。當再具牘造冊報告，先此陳述，祗候進行。即頌鼎綏。一月十一日

致王仲武函

仲武仁弟大鑒：教部、政院均已通過，日内當可將館書運桂事。特知貴部所裝箱件，二十號前可齊，屆時

候命站出發，並商派館友酌隨運書車前後赴桂。尚祈惠賜大片或手札，分致各路局長，以備途中或有稽延妨
礙情形，館友可持書投各局長，臨時商權設法也。瑣瀆諸維察納，即頌時祉。一月十三日

致南京中央銀行函

敬啓者：敝館因裝運重要書籍，需用堅固箱件，聞貴行存儲裝運鈔票之空木箱堅固適用，擬請酌讓三五
十隻，示以定值，俾敝館備價派員投前祗領，實紉公誼。此致　中央銀行京行經理陳　一月十四日

致教育廳洪廳長快郵代電

教育廳洪廳長勛鑒：前以議會駐委討論館書宜運桂林，爰請省廳官電分致桂省主席及桂大、漢中兩校長
事，計邀察核。連日分向交通部、行政院接洽運輸之法，院部允可配合中央各院部單位重要文件箱隻，指定
路車運達預定地點。館員現正將善本書趕裝八十大箱，編定蘇書字一號至八十號，得爲一單位交部。刻尚
未通知發運之期，伏思此次裝箱之書，均極名貴，長途遠運，所宜計慮周詳，不敢冒昧從事。謹呈三點，請求
明令指示：（一）目前可否即行運桂，蘇省及他省有無適當之所，比較運桂便捷安全，可以改定運之處。
（二）裝箱館書照中央規定各單位運輸文件箱隻辦法，逕交交通部配載聯運車輛運達預定地點，似較便捷經
濟，未審是否適宜。（三）府廳可否派員，督同諮徵或館員隨交部配車至指達地點，監視接受寄存箱件，以昭

慎重。至府廳派員督運旅費，自即在前頒應變費內支給。以上三項，愚慮所及，迫切上干，敬祈一一電復，以便祗遵，實爲公便。　江蘇省立國學圖書館館長柳詒徵刪印　一月十五日

致交通部長快郵代電

交通部俞部長鑒：前以敝館書箱八十號，擬運桂林。請教育部代致行政院秘書處轉達鈞部，配合單位箱件由火車聯運至桂林，計已奉達。本日江蘇省教育廳洪廳長來館，述教育部陳代部長意，此項書箱能運至福建，較運桂林尤妥。屬詒徵以此旨赴鈞部商洽，能改定指運地點，即請配合船隻噸位，徑運廈門。倘船隻不敷及配合未便，則仍照前請指運桂林。爲此謹以電陳，乞即示復遵辦。不勝盼切。　江蘇省立國學圖書館館長柳詒徵銑印　一月十六日

致端木秘書長

鑄秋先生大鑒：前荷賜復，垂注館書運桂事，已承轉致交部，感激無既。嗣因江蘇省教育廳洪廳長來館，述教育部陳代部長之意，以爲此項書箱能運至福建廈門尤善。詒徵爰本斯意，詢訪船期，側聞運輸公物之船，止達廣州，如須水路轉運者，由交通部電廣州航政局負責辦理云云。竊思政府愛護公物，體恤周詳。不識能否仰祈鼎力俯鑒下忱，准予將館書木箱八十號改指廈門。倘目前急切，無駛泊廈門之船，即由廣州再轉

厦門，一切遵章趕辦。所有改指運地，未及先行投前請示，實緣近患腹疾數日，致未能親詣崇階，曷勝歉疚。

計惟恃我公多年惠愛，瀝述近情，請予特別通融，俾山館寶書得大君子爲之續命。轉地保存，安全徑捷。感

荷鴻施，寧有涯涘。臨穎虔祈，伏候鈞裁。敬頌公綏。一月十八日

任仲敏復函

翼公館長道席：奉示囑闔地存書八十箱，敢不遵命。此間藏書有樓一座，尚餘頂層未用，或可以容此

數，當不慮鼠濕諸患也。附由此間車站，至敝校路徑情形，可供貴館諸君抵桂以後參考。台旆何日西來，

當肅寒齋，恭承雅教，幸何如之。藉叩塵安。晚任中敏敬上一月十八日

陳劍修復函

翼謀先生賜鑒：頃奉一月十一日惠書，如親教誨，歡慰自不已於懷也。世亂紛紜，舉目無一是處，真堪

痛哭，未審碩學老成如先生者感慨如何。貴館善本八十木箱，如運桂林，到校當騰出書庫，妥慎保藏，當不

致有何疏失。并祈派員住此，就近保管。此間近日物價亦漲，外來人士亦衆，敝校幾有人滿之患，將來情

勢如何，未可逆料。然一般百姓暨教育界人士，莫不祈禱和平耳。匆叩年綏，不一。學晚陳劍修白一月十

八日

張子明來函

劬堂夫子大人函丈：館書八十箱運黔，極所贊同。都勻至筑一段，當負責續運來校，代爲保存。敬請

示以由京起運日期，及接洽方法，以便辦理。專肅，敬叩崇安。　學生張廷休頓首一月二十一日

趙棣華復函

翼謀先生道鑒：頃接崇如兄函，藉悉種切。貴館珍本書箱，可存放法國學校圖書館，即請派人運滬面

洽。專此肅復，即祈察照爲荷。　敬頌年安。　趙棣華拜啓一月二十七日

致故宮博物院南京分院公函國圖字第八四號

敬啓者：頃因時局緊張，商請暫將本館書箱寄存貴院地庫，以冀安全。當荷歐陽科長慨允，茲謹裝運木

箱，編標蘇書字號共計八十箱，投前寄頓。敬希按照箱數，惠予點收，寄存地庫。並祈賜以復函，俾本館呈報

主管官廳，實紉公誼。至將來提取時，須由本館備具正式公函，加蓋館長印章，以昭慎重，合併聲明。此致

故宮博物院院長馬

江蘇省立國學圖書館館長柳詒徵一月廿七日

國立中央大學國學圖書館小史　崑山案牘　合刊

故宮博物院復函

頃准貴館三十八年一月二十七日國圖字第八四號公函，並運到編標蘇書字號書箱共計八十箱，商洽寄存本院南京分院文物保存庫，業經點收存入二庫無誤。惟查本院地庫，在復員後久已廢棄不用，因潮濕太重，不適儲藏圖書，合併聲復。此致

　　江蘇省立國學圖書館　院長馬衡三十八年一月二十七日

致教育部長陳代部長函

雪屏代部長先生大鑒：前以時局緊張，擬將敝館藏書重要部分運存湘黔等地。絀於經費，請大部補助應變之費。江蘇省教育廳亦據情聲請，並由洪廳長轉述盛愔，屬運閩省以圖安全。當向交通部接洽運輸工具，又承大部代呈行政院，轉知交通部準照中央疏散文物事例，竊感先生愛護敝館藏書之至意。惟是蘇省所發應變費僅敷裝箱近存之用，若指運遠地，費鉅途長，無從籌措。渴盼大部早日賜撥鉅款，以便進行。迭蒙大部但司長審核簽呈，積日尚未奉到明令。交通部舟車疏散公物之期已過，致館書不及趕運。猶冀部款迅頒，庶可另行設法。本日詣親詣大部訪但司長，據云已將簽稿並呈分別行知江蘇省政府及敝館，第敝館訖未奉到部令。再乞但司長在秘書處、會計處訪查，亦未見上項公事，不知已否發出，抑裝入疏散公文箱內。時機緊迫，瞬息變遷，館書生命，惟視部令。不識能否懇賜手批，以緊急處分，頒賜若干。俾獲祗領，以應急需。臨楮悚皇，不勝迫切待命之至。專此，即頌公綏。　一月二十七日

一〇二六

致江蘇省主席暨教育廳長快郵代電

江蘇省政府主席丁、教育廳長洪勛鑒：竊查國家定章，公務人員年滿六十五歲應予退休，優恤衰老，意至厚也。詒徵自十六年服務國學圖書館，迄今閱二十餘年，中經國難，憂患餘生，幸獲重反江蘇，復典舊館。始意將收回之書編印目錄，報告府廳及蘇省父老子弟，即行引年告退，故至去歲《書目》印成之後，送次聲請遵照定章，退休鄉里。渥承眷注，叠予縶維，衰朽日增，艱危益甚。從前散逸叢書，未能全歸趙璧，最近寄貯善本，未能遠適樂郊。實緣年已七旬，故難因應事變。當兹和戰未定之際，正屬倚畀賢能之時。一月以來，已將經手事件與廳聘專門委員、襄理館務金君宗華接洽交替。金君亦閔其衰老，篤念時艱，代陳各情，計邀鑒納。兹謹正式聲明，自即日起，不再擔任館長名義，其應領退休養老金等，遵章請發，祗候台命。所冀跧伏草茅，苟全性命。猶希無傷薪木，行止自由。臨楮不勝迫切悚皇之至。 江蘇省立國學圖書館長柳詒徵蕪印 一月二十九日

復趙棣華函

棣華先生偉鑒：兩荷賜書，銘感無似。敝館書箱，初擬運桂或閩，嗣以交通困難，猶冀運滬。不得已就近先將所裝善本八十箱，寄存故宮博物院南京分院庫中，藉免兵災火險。教部款無著，形勢日益緊迫。教廳仍擬請教部發款續裝次等善本再運，目前恐不可能。屢費清神接洽法國圖書館，至感不安。專奉復，即頌公綏。 柳詒徵、金宗華同啓。二月七日

復陳校長函

劍翛先生大鑒：荷手教，允寄館書，至感高誼。敝館善本，初以蘇省臨參會主張運桂，遂即奉干貴校。嗣教廳改議運閩，亦未成行。而交通經濟日益困難，不得已祇將所裝八十箱，就近寄貯本京故宮博物院分院庫中，以防兵燹。前所擬議，都成泡影。種費清神，謹銘心曲。專此奉布，即頌公綏。二月七日

復任校長函

中敏仁兄大鑒：荷手書，允寄館書，感仰無既。敝館善本，初擬運桂。嗣教廳屬運閩，或運滬。而交通及經濟日益困難，竟至無法運出。只可仍寄南京故宮博物院庫中，藉免兵火危險。一切計議，都成泡幻。高誼盛情，謹銘心曲。專此奉復，即頌公綏。柳詒徵、金宗華同啓。二月七日

復張校長函

子銘老同學偉鑒：荷手書，屬運館書徑投尊校，並允設法在都勻接運，感何可言。館書善本八十箱，初擬運桂，嗣教廳屬改運閩。交通經濟日益困難，無可爲計。祇能寄貯本京故宮博物院庫中，藉避兵火。前此籌維，都成幻想。計賢者聞之，亦爲之感喟。詒自元旦起，正式聲請退休，日內即赴滬，並以奉聞。即頌春祺。

二月七日

柳詒徵國學圖書館四種著述整理後記

武黎嵩

此次印行的柳詒徵國學圖書館四種著述，包含《國立中央大學國學圖書館小史》《國學圖書館年刊案牘輯録》《盋山牘存》《盋山牘稿》。其中《小史》爲柳詒徵撰述，主要揭示國學圖書館的發展沿革及其接手圖書館前後的館務情況。《案牘》《牘存》《牘稿》三種爲柳詒徵擔任國學圖書館館長之後來往的公私函牘，均與館務相關涉，足見其主政之後國學圖書館發展之脈絡。以上四種柳氏著述，除《小史》外，一九四九年之後均未曾重印或刊布，世所罕知。此次集中整理出版，足見柳詒徵對圖書館事業所做出的貢獻與其爲保存歷史文獻所做出的努力。

柳詒徵關於國學圖書館四種著述整理所用底本説明如下：一、《國立中央大學國學圖書館小史》，柳詒徵撰，民國戊辰國立中央大學國學圖書館印行，據南京大學圖書館古籍部藏本。二、《國學圖書館年刊案牘輯録》，柳詒徵撰，據《國學圖書館年刊》，國學圖書館印行，南京圖書館藏。三、《盋山牘存》，柳詒徵撰，江蘇省立國學圖書館叢刊第一輯，民國三十七年一月印行，據柳詒徵第四孫柳曾興提供原件及復印件。四、《盋山

國立中央大學國學圖書館小史　盋山案牘　合刊

牘稿》，柳詒徵撰，抄本，據柳詒徵外孫章以昕提供原件及掃描件。

兹據上述柳氏著述及柳定生所撰《柳詒徵先生年譜》略述柳詒徵先生與國學圖書館之淵源。

一、柳詒徵與國學圖書館的因緣

柳詒徵（一八八○——一九五六），字翼謀，亦字希非，晚號劬堂，又號盋山髯、龍蟠迂叟。江蘇丹徒（今

鎮江）人。清光緒廿一年（一八九五），年十六，補博士弟子員。宣統元年（一九○九）舉優貢。經橫山鄉人

陳慶年先生介紹，任職江楚編譯官書局，拜入宿儒繆荃孫先生門下。光緒二十九年（一九○三），柳詒徵隨繆

荃孫東渡日本，考察教育，繆氏就柳之《日記》彙集而成《日遊彙編》。既歸國，柳詒徵以那珂通士《支那通史》

爲底本，加以芟削增補，成《歷代史略》八卷，蕲合課程之用，是爲吾國近代以來最早之歷史學教科書。清季，

柳詒徵教授江南高等學堂、江南商業學堂、兩江師範學堂，著《中國商業史》《商業道德》《倫理口義》，取材宏

富，思想嶄新。受端方之託，據故提學使黃紹箕手訂序目，撰成《中國教育史》，爲自來言教育史者之先河。

足見其在清末，已經是江南學界知名教師。

辛亥革命後三年，在兩江師範學堂基礎之上，南京高等師範學校成立。校長江易園（謙）聘柳氏主持南

高師文史地部。高師旋改東南大學，柳氏爲國立東南大學及之後國立第四中山大學(後更名國立中央大學、

南京大學）籌備委員。在校授讀，著有《中國文化史》《東亞各國史》，編《史地學報》《學衡》諸雜誌。旨在以

「大公至正，不偏不激」之態度，發揚國學，介紹西學。胡適、陳獨秀等視爲勁敵。錢穆評價柳著《國史要義》：

「柳氏所指示之國史大義，宗綱所在。」並言道：「柳氏講學南雍，隱然爲一方重鎮，而砥柱之屹立，終無以障洪流之奔騰。」張其昀回憶乃師，「儼然以繼承中國學統，發揚中國文化爲己任。柳師領袖群倫，形成了中流砥柱的力量」。言民國學術者，咸云「北大、南高」。而南方學術，所以成其高者，正賴柳先生維持綱紀，領袖群倫，砥柱其間。

南京高等師範學校在改設東南大學期間，積累下不少矛盾。校長郭秉文擅自裁撤工科，引發茅以升、楊銓（杏佛）等教授的強烈不滿。民國十四年（一九二五）一月，北洋政府教育部突然發佈命令，免去郭秉文東南大學校長職務，由胡敦復接任。三月，胡敦復前往東南大學接任，被擁郭派師生毆打。一時間東南大學因「易長風波」斯文掃地，師道尊嚴完全不顧。柳詒徵、竺可楨等名教授皆憤而出走。柳詒徵轉任東北大學、北京女子師範大學教授。

柳詒徵離開東南大學，却引起了他與國學圖書館的另一番因緣。

清末，光緒三十三年（一九〇七）陸心源之子陸樹藩以十萬銀元價格，將乃父皕宋樓、十萬卷樓和守先閣藏書十五萬卷售與日本岩崎氏的靜嘉堂文庫。此事引發江南乃至全國學界爲之憤慨震動。同年，在兩江總督端方的主持下，由繆荃孫、陳慶年等籌辦公立圖書館。在龍蟠里上元縣高等小學（原惜陰書院舊址）內，興建藏書樓兩棟四十四間及附屬建築，耗銀三四七六一兩，藏書樓於宣統元年（一九〇九）九月竣工，定名江南

圖書館，宣統二年（一九一〇）八月十八日正式開館。江南圖書館創建之初，由繆荃孫任總辦，陳慶年任坐辦，丁國鈞任典守編纂，陳作霖任司書官。經繆荃孫斡旋，丁立誠以七萬兩書價、兩千兩運費的價格，將父輩的八千卷樓藏書售與江南圖書館。此後，武昌范氏木樨香館藏書、宋教仁遺書陸續入藏是館。繆荃孫主持編纂了《江南圖書館善本書目》，這是近代圖書館編制善本書目之先河。

辛亥革命爆發，粵軍進駐圖書館中，員工四散。民國元年（一九一二），南京臨時政府教育部改江南圖書館為江南圖書局，次年七月再改江蘇省立圖書館，民國八年（一九一九）改江蘇省立第一圖書館。經整頓於民國十年（一九二一）七月乃重新開放，此前圖書館閉館達十年之久。圖書館自創辦之初，就因革命的動盪而停滯不前，經費、人員艱於保障。

民國十六年（一九二七）三月二十四日北伐軍攻克南京。國立東南大學改設國立第四中山大學。六月中，柳詒徵到寧任第四中山大學籌備委員。旋奉江蘇省教育廳禮聘，任江蘇省立第一圖書館館長。七月一日柳詒徵到館蒞事，七月十九日起會同教育部課員甘豫源在館會查書籍，逐日點收善本書，原共一八五四九冊，續提善本書三一七二六冊。全館藏書約一七七二三四冊。

柳詒徵選擇擔任圖書館館長，而未再繼任執教多年的大學教授，有着十分深刻的原因。首先，在東南大學的易長風波中，柳詒徵被傷透了心，他對於徐養秋（則陵）等人的羞辱記憶深刻。再則，圖書館創辦自柳氏之師繆荃孫、友陳慶年，繼承師友遺誌，將故國文獻事業發揚光大，也符合柳氏一貫學問宗旨。

可以說這一次在大學與圖書館之間的抉擇，讓柳詒徵後半生的事業和人生發生了轉向，此後柳氏可謂與圖書館相始終。

二、柳詒徵主持國學圖書館最初十年

南京國民政府建立之初，實行大學區制，江蘇省立第一圖書館由大學統一管轄，先是定館名爲第四中山大學國學圖書館，民國十七年（一九二八）二月改江蘇大學國學圖書館，當年五月改中央大學國學圖書館。直到次年（一九二九）大學區制取消，館名始定爲江蘇省立國學圖書館，由江蘇省教育廳社會教育司管轄。

柳詒徵主持國學圖書館，使得十餘年間，該館事業、面貌爲之一新。

整頓館務。借助於北伐勝利和國民政府定都南京，柳詒徵主持國學圖書館，開始整頓館務。館長下設主任一名，管理總務、文牘、庶務、會計、書記等。又分設保管、編輯、閱覽、傳抄、訪購和印行六個部，每部設主幹一名，事務員若干。

撰寫館史。在任圖書館館長的第二年（一九二八）秋，柳詒徵撰成《國立中央大學國學圖書館小史》，詳細叙述國學圖書館緣起及沿革變遷，館藏特色及各項規章制度；凡與館有關的名勝、書林掌故、學者軼事等都有介紹，並附有照片。此館乃逐漸爲世人所知。

延聘參議。就在編纂《小史》的同一年，柳詒徵聘請中央大學陳漢章（伯弢）、王瀣（伯沆）、湯用彤（錫

予），金陵大學李國棟（小緣）四位教授擔任國學圖書館參議：陳漢章先生字卓雲，號伯弢，浙江象山人，舉人出身，博通經史，曾在京師大學堂、北京大學任教有年。王瀣先生字伯沆，號冬飲，江蘇溧水人，民國初年即在江蘇省立第一圖書館善本室編目，又與柳詒徵在南高、東大共事多年。湯用彤先生字錫予，湖北黃梅人，美國哈佛大學哲學碩士，回國後在東南大學、中央大學任教，精研魏晉南北朝佛教史。李國棟先生字小緣，美國哥倫比亞大學圖書館學碩士，於國學亦深有根柢，任金陵大學圖書館館長。國學圖書館定期邀請四位專家蒞館，指導學術及會商館務。

招攬人才。柳詒徵爲圖書館發展，延聘人才，先是其弟子繆鳳林、范希曾在館任職。民國十八年（一九二九）繆鳳林諸人組織中國史學會，借館址爲會所，並創辦《史學雜誌》發表會員的研究著作，討論教學中的專題，並介紹史學界消息及出版情況。創刊號於三月發行，柳詒徵爲之撰發刊詞。范希曾，淮陰人，畢業於南京高等師範學校，對校讎、目錄之學尤爲留心，柳詒徵延聘范希曾協助編修《國學圖書館圖書總目》，范氏又完成了《書目答問補正》。《書目答問》爲張之洞所撰，「在光緒初足爲學人之津逮者」，但是幾十年過去了，一些訛錯漏也逐漸暴露，葉德輝曾批校增輯之三四本，未能印行。江人度所作《書目答問箋補》流傳未廣。范希曾《補正》訂正了書名、卷數、作者、版本之誤；補充了原書漏記版本，以及光緒二年《書目答問》成書以後刊行的版本；補錄了一些和原書性質相近且晚出的書目，是一部學術價值極高的國學目錄工具書，柳詒徵評價「希曾所輯最後較備」。民國十九年（一九三〇）七月，范希曾病故，繆鳳林轉任國立中央大學史學系教

職。柳詒徵又延聘續聘王煥鑣、周愨來館任職，王、周是民國十五年（一九二六）南京高等師範學校畢業生，也是柳門高足。

印行年刊。柳詒徵是典型的學者型館長，在發展圖書館社會教育功能的同時，他希望將國學圖書館辦成研究型的學術中心。故而柳詒徵主持出版了《國學圖書館年刊》。《年刊》並沒有像一般的圖書館刊物一樣，僅介紹館藏和發佈統計年報之類信息，而是將《國學圖書館年刊》辦成一部帶有學術文獻研究性質的刊物，成爲學者發表論著的陣地。《年刊》在柳詒徵任館長後一年開始出版，第一年題名爲《中央大學國學圖書館年刊》，第二年起題名爲《國學圖書館年刊》，共出十期。儘管同時期尚且有《國立北平圖書館年刊》出版，《國學圖書館年刊》的辦刊宗旨和編輯方針並未受到《國立北平圖書館年刊》的影響，而是主編柳詒徵辦館思想的具體體現。《年刊》設有插圖、專著、校刊、目錄、題跋、表格等，其中尤以專著價值最高，十年共發表論文五十七篇，如金鉽《江蘇藝文誌稿》，范希曾《書目答問補正》，柳詒徵《盧抱經先生年譜》、《族譜研究舉例》、《明代江蘇倭寇事輯》，向達《唐代刊書考》，王煥鑣《明孝陵志》，趙鴻謙《宋元本行格表》等都是學術價值極高的著作。

編輯總目。民國二十四年（一九三五）柳詒徵主持編纂出版了《國學圖書館總目》，兩年後又出版《補編》，體例與正編一致。總目四十四卷，補編十二卷，共計五十六卷。內分經、史、子、集、志、圖、叢七部，八十五類，八百三十二屬，並將叢書子目分隸各類，部別居分，以便檢閱。由於國學圖書館藏書，主要以中國固

有學術體系爲主體，故而《總目》的分類法，既繼承了自漢魏以來的四部分類法，又對清代編纂《四庫全書》的分類體系有所突破。如增加志書部專收各類方志，增加圖書部收錄地圖和圖冊，增加叢書部收錄叢書。柳詒徵「發凡其例，審訂類目，指示綫索，審核補正，藉以成此巨製」。（陳訓慈《柳詒徵師從遊記》讀者一展卷而學術之源流，書目刊刻之先後，悉可窺其概要，《總目》可謂是當時問津國學之指南。自中國近代有圖書館以來，能將全部藏書編成總目者，以此爲第一家，皇皇巨編，三十餘冊。

擴充藏書。至抗日戰爭全面爆發前，江蘇省立國學圖書館藏書增加到二十四萬餘冊。柳詒徵以三種辦法豐富館藏：一是全力向社會各界徵購古籍，二是用館藏古籍的影印本與全國各地藏書家和圖書館交換圖書，三是對一些無法徵集、收購及交換的孤本、善本進行抄錄或者委託抄錄。僅民國二十四年（一九三五）一年，便抄書九百餘萬字。此外，國學圖書館還自行印書六十三種，其中經部五種、史部三十四種、子部八種、集部十六種，多爲善本古籍。

三、抗戰期間國學圖書館圖書的轉移、保存情況

民國二十六年（一九三七）七月七日，全面抗戰爆發。八一三事變後，日軍進攻態勢加劇，次日爆發中日空軍的筧橋空戰。

八月十四日，柳詒徵指揮國學圖書館員工裝運善本書五箱寄存朝天宮故宮博物院南京分院地庫。其後

雖警報迭作，槍聲炮聲絡繹轟傳，柳氏仍日夜督員工裝運書籍。至八月十六日，又運送一〇五箱善本書至朝天宮故宮博物院南京分院地庫。

八月十九日起敵機頻繁轟炸南京。鑒於上海、蘇州相繼淪陷，南京岌岌可危，徵得江蘇省教育廳同意後，十一月十五日柳詒徵主持陸續將館書運至江北興化。首批裝運地方志及叢書五十箱，由保管部主幹汪閶、庶務王焕銶乘木船運興化西倉。十一月二十日至二十八日又續運出藏書五十七箱，合計三萬餘册，由張主任逢辰、汪主幹閶、王事務員必旺、謝事務員德淦四人押運至興化。留守職員四人，公役三人在館照料。

十一月二十四日柳詒徵與朱焕堯、周啓文、戴瑞琪運載館中重要文件，取道揚州（民國二十六年十一月至十二月江蘇省政府臨時駐地），向江蘇省教育廳臨時辦公處報告一切，並於十二月五日到達興化，在興化西倉設立江蘇省立國學圖書館臨時辦公處。從現存的《目録》可知，在興化期間，國學圖書館還曾短暫開放對外閲覽，後因形勢惡化而終止。

民國二十七年（一九三八）按照江蘇省教育廳三月二十八日准字第一〇七七號指令：「所有公務員薪不得超過聯合中學教職員待遇標準，並須遵照省府新訂公務薪給折扣辦法辦理。以二十元爲底薪，二十一元至六十元者七五折。一、二兩月份過支之款並應追回。」柳詒徵乃將個人溢領之款一六一．〇五元呈繳。柳氏雖在顛沛流亡之際，經濟困窘，亦向親友告貸籌足繳還，足徵立身之嚴，絕不存苟偷之念，而對館中各職員所溢領之款，則代爲函告教育廳懇請從寬豁免，並建議將寄存羅漢寺的八箱私人書籍以抵扣各職員賠繳之

款，以幫助戰亂流亡中的職工。其時，浙江大學遷往江西泰和辦學，邀請柳詒徵赴贛講學，因柳女定生在浙江大學工作，柳氏乃有入内地之意，同時探訪圖書蹤跡。四月七日，柳詒徵與館員朱焕堯離興化赴淮陰（民國二十六年十二月至民國二十八年三月江蘇省政府臨時駐地），函請江蘇省教育廳，辭去國學圖書館館長之職；並率會計周啓文將經手摺單、現款一併呈繳教育廳。事後，經徐州轉道鄭州，再經平漢路至漢口。由漢口乘輪至九江，换南潯路火車至南昌，又乘汽車於四月二十六日抵達泰和。自南京淪陷後，柳詒徵日夜懸念館藏善本書籍一一〇箱寄存故宫博物院南京分院地庫者，是否隨故宫文物西遷。道經漢口時，往訪杭立武，杭曰僅將故宫書物運出，未能兼顧館書。但又經追詢確實情況，杭又答曰地庫所存悉數運出至成都，詳情可詢馬衡。柳詒徵抵泰和後，即致函馬叔平詢問國學圖書館寄存善本是否運出等情形。在泰和期間，柳詒徵中風卧病良久，痊癒後返回興化，而浙江大學又前往廣西宜良。此番浙大之行，未能探知圖書確切下落，柳氏猶冀能入蜀與有關方面探獲確訊。

民國二十九年（一九四〇）五月二十六日，興化一度失守。原國學圖書館寄存興化觀音閣之書，地方志七千餘册，悉遭焚燬。國學圖書館遷興化後，留任的職員尚有張逢辰、王焕鏕、周慤，直到興化淪陷之後，方自行返回南通、海門等處。堅守崗位者有周啓文、戴瑞琪、謝德淦等人，與藏書轉徙至中圩羅漢寺。柳詒徵與家人遷避竹泓港，而政府亦電請柳氏赴渝。

民國三十一年（一九四二）六月初，柳詒徵經由上饒，先入福建，再過瑞金、贛縣渡大庾嶺，經衡陽、桂林、

柳州，抵達貴陽，北上遵義，直到十月二十七日抵達重慶。間關萬里，海陸奔馳，險阻備嘗。先是任貴陽大學文學院特約講座教授，又經中央大學聘爲研究所歷史部主任及導師，兼任復旦大學教授。國民政府教育部聘柳詒徵爲部聘教授，兼學術評議會委員。

四、抗戰勝利後的圖書回收與解放戰爭後期的圖書歸宿

民國三十四年（一九四五）八月十五日，日本正式宣佈無條件投降。柳詒徵聞捷大喜，急圖東歸收復國學圖書館舊藏。遂與教育部聯繫，得於九月廿八日搭江安輪離渝，三十日啓碇，于十月十日安返南京。次日便回龍蟠里館舍視察。八年戰禍，故籍星散，爲之痛哭。十一月八日，柳詒徵始由江蘇省教育廳領到經費二十萬元，即招舊日會計周啓文，庶務王焕鉽、戴瑞琪，保管員汪閭、董廷祥諸人，商洽國立第一臨時中學騰讓館舍，部署辦公。

回收圖書。在回到南京的一年多時間中，柳詒徵主要做的工作是回收圖書。如在他的主持下，從玄武湖僞圖書館檢得館書三一四册、櫥桌十件；從氣象研究所檢得館書四種一八三册；從國民政府後樓僞行政院長梁鴻志劫掠物品中收回圖書八四〇種四三二四册，書畫三種，爛書一束。從上海購回《明實錄》英宗、孝宗、世宗、神宗四朝一一七册。抗戰初，館藏叢書及地方志，藏於興化羅漢寺及北門外觀音閣，計三萬余册，大部分爲日僞軍焚燬、小部分散失，損失較大。後從北平修文堂、無錫社教學院、蘇州圖書館收回部分散佚

圖書。經過兩年多的努力，在柳詒徵主持下，國學圖書館共收回圖書十八萬余册，而館藏善本書損失較小。

回收館舍。抗戰後，圖書館館舍爲國立第一臨時中學佔用。柳詒徵通過杭立武等多次催促該校騰讓館舍。民國三十五年（一九四六）八月十一日晚柳詒徵赴一臨中校長黃昌年家，交涉還讓藏書樓事宜。因情緒激動，觸發舊恙，昏厥中風。連夜請醫師急救，抽血打針，始漸漸甦醒。一臨中次日始允將陶風樓等處歸還。

此前，柳詒徵又與前中央圖書館館長蔣復璁交涉歸還圖書及傢俱事，陸續運回書櫥、書架、桌椅、用具。

凡原屬國學圖書館用物，有標識明註者，皆逐一認領。其他國學圖書館原有的器具、匾額、書櫥、書架、書箱、几桌、卡片目録櫃、椅凳、收音機、油印機等也通過清點會議的認定悉數歸還。

重新開放。民國三十五年（一九四六）八月一日，國學圖書館重新開放閲覽，自抗日戰争前民國二十六年（一九三七）十月二十三日閉館後，閲時已九年於兹。

重輯書目。民國三十七年（一九四八），柳詒徵主持編輯印行《國學圖書館現存書目》兩册，上册含經、史、子三部，下册含集部、志、叢、金石拓片目等部。柳詒徵主張對戰時文物圖書損失作詳細調查，冀可追索賠償。備文送教育部所設調查文物損失委員會，附呈國學圖書館運往興化被燬書目録、國學圖書館印行書損失目録。

印行牘存。就在《現存書目》印行的當年，柳詒徵以國學圖書館叢刊第一輯名義，印行《盋山牘存》。《牘存》彙編抗日戰争爆發以來與各方聯繫運寄館書之公函；民國二十七年（一九三八）遷避興化後致教育廳公

函及向寧、渝各地詢問館書下落函札；三十四年（一九四五）抗日戰爭勝利後與各方接洽收回館書、館舍、用具等有關函件，共輯至三十六年（一九四七）年底止，以便瞭解抗戰期間國學圖書館圖書轉移、保存及回收經過詳情。

解放前夕，國民黨機關紛紛逃往臺灣。柳詒徵向時江蘇省教育廳請示圖書保護安全之策，教廳當時指示運書往廈門，再相機運臺。柳氏鑒於祖國文獻應珍藏愛護，勿使散失海外，主張就地轉移，分別將國學圖書館宋、元、明、清等善本書裝箱，共八十箱一萬二千餘冊，每箱造有清冊，於一九四九年一月二十七日全部運送南京朝天宮故宮博物院分院地庫保管。

一九四九年一月二十九日即農曆新年，柳詒徵寫就聲請退休呈文，快郵寄江蘇省教育廳，並從國學圖書館中搬出，移居百子亭女婿章誠忘、女兒柳定生家中暫住。三月中，江蘇省教育廳正式批准其退休並予以名譽館長職務，金崇如（宗華）繼任國學圖書館館長。四月中至國學圖書館正式辦理移交，造就清冊逐一蓋章。所有圖書、物資均案冊可稽。四月二十二日晚，柳詒徵偕夫人吳素鸞，乘考試院疏散列車赴上海。柳詒徵晚年在滬上的生活與工作情形，可參看商務印書館印行之《柳詒徵家書》。

余自幼好讀古人之書，中學時代即捧讀柳詒徵先生的《中國文化史》。及負笈江左，擔簦南雍，及從諸老輩先生遊，尚有能講柳先生之學行掌故者。先師卞孝萱先生，曾持柳詒徵先生手書對我言道：柳先生學問好，品德高尚；他待學生好，提攜後進；他愛國，他的滿腔愛國熱情，不僅洋溢在史學論著裡，還體現在他從

事的教育與圖書館事業中。我們要宣傳柳先生。卞孝萱先生在世時，曾與柳詒徵先生親屬多有聯繫，他在給柳氏第四孫柳曾興的信中寫道：「我與府上，三世交誼。……柳老文錄、詩錄保存完好否？」卞老十分關心柳先生身後遺著整理出版情況。二〇〇九年九月五日，卞孝萱先生過世，未能看到十餘年後柳先生遺著陸續整理出版，甚爲遺憾。

二〇〇九年秋，柳曾興先生來寧，我們在南京圖書館首次晤面。此後他一直南北奔走，各方聯絡，促成柳先生遺著的出版和研究工作。有一次，我在上海番禺路柳曾興先生家與他長談，他說他叫曾興，是因爲一九三八年出生在興化，自幼隨祖父、祖母生活，記得很多人很多事。柳曾興先生說，過去姑母柳定生和大哥柳曾符爲了祖父遺著做了很多工作，現在他們不在了，自己要從頭開始學，繼續做下去。那一次晤談，我便深深感慨，詩禮傳家，劬堂有後。

因爲卞孝萱先生、柳曾興先生這諸多因緣，又因爲我從本科起便在南京大學歷史系學習，後又留校任教，常感念柳詒徵先生在南京大學的教澤綿長。故而十餘年來，一直致力於柳詒徵先生的遺稿搜羅與整理。例如《盋山案牘》的抄稿，便是我在章以昕先生家中掃描《柳詒徵家書》時在柳先生舊存不多的圖書中發現的，孤本未刊，極爲可貴。

然而，整理出版柳詒徵先生遺著，也讓我備嘗艱辛。二〇一四年年初，爲了整理出版柳先生遺稿，我申請了一個校內的基金項目，但過程卻是一波三折。後來，項目是批准通過了，可項目的主持人卻換作他人。

當然，項目經費也就不可能用在柳先生遺著的整理出版上了。那一兩年我特別沮喪，我很擔心前賢的著作就此埋沒，擔心無法了卻老輩先生們的心願。甚至一度萌發了離開南京大學的想法。柳曾興先生一直鼓勵我說，你看看我們柳家，是踩不死的小强。雖然是一笑之間，也是一位祖輩的老人對我們後生晚輩的支持和期待。

現在，柳詒徵先生國學圖書館四種著述即將出版，這是繼《家書》之後，柳先生又一組比較完整的著作。希望讀者能藉此看到，柳詒徵先生樹立風範、抗論憪俗的一面，以及在他身上所呈現出的儒家古典文化所訓練得來的偉大人格，和現代的精緻的理性人有許多不同。

圖書在版編目 (CIP) 數據

國立中央大學國學圖書館小史 盋山案牘 合刊 /
柳詒徵撰；武黎嵩, 李昕垚整理點校 . — 北京 : 商務
印書館 , 2021
　ISBN 978-7-100-16762-8

　Ⅰ. ①國⋯ Ⅱ. ①柳⋯ ②武⋯ ③李⋯ Ⅲ. ①院校圖
書館 – 圖書館史 – 南京 – 民國②柳詒徵 – 書信集 Ⅳ.
① G259.253.1 ② K825.4

中國版本圖書館 CIP 數據核字（2018）第 245206 號

本書的出版得到教育部人文社會科學研究青年基金項目
"柳詒徵先生年譜長編"（16YJC770029）、
南京大學人文基金的支持

權利保留，侵權必究。

國立中央大學國學圖書館小史 盋山案牘 合刊
柳詒徵 撰
武黎嵩 李昕垚 整理點校

商　務　印　書　館　出　版
（北京王府井大街 36 號　郵政編碼 100710）
商　務　印　書　館　發　行
江蘇鳳凰數碼印務有限公司印刷
ISBN　978-7-100-16762-8

2021 年 6 月第 1 版　　　開本 880×1240 1/32
2021 年 6 月第 1 次印刷　　印張 32¾

定價：180.00 元